U0139560

纽约 芝加哥 洛杉矶

【上】

美国的全球城市

[美]珍妮特·L. 阿布-卢格霍德——著

杨 光 王 丹——译

东方出版中心

图书在版编目（CIP）数据

纽约、芝加哥、洛杉矶：美国的全球城市／（美）珍妮特·L. 阿布-卢格霍德著；杨光，王丹译. —上海：东方出版中心, 2021.8

ISBN 978-7-5473-1840-9

Ⅰ. ①纽⋯ Ⅱ. ①珍⋯ ②杨⋯ ③王⋯ Ⅲ. ①城市史－纽约②城市史－芝加哥③城市史－洛杉矶 Ⅳ. ①K971.2

中国版本图书馆CIP数据核字（2021）第116093号

合同图字：09-2022-1001号

纽约、芝加哥、洛杉矶——美国的全球城市

著　　者　［美］珍妮特·L. 阿布-卢格霍德
译　　者　杨　光　王　丹
责任编辑　徐建梅
封面设计　青研工作室

出版发行　东方出版中心有限公司
地　　址　上海市仙霞路345号
邮政编码　200336
电　　话　021-62417400
印 刷 者　上海颛辉印刷厂有限公司

开　　本　890mm×1240mm　1/32
印　　张　25.625
字　　数　580千字
版　　次　2023年5月第1版
印　　次　2023年5月第1次印刷
定　　价　128.00元

Contents | 目录

致　谢

在本书进行研究和写作的短短 5 年时间内，我受惠良多，（本处所提及的）这些在某种程度上是最易溯及与感受的部分。在我工作研究期间，有两所大学给予了直接的帮助：一个是纽约社会研究新学院研究生院（Graduate Faculty of the New School for Social Research），即我过去八年教书的地方；另一个是加利福尼亚大学洛杉矶分校（University of California, Los Angeles, UCLA），这所杰出机构慷慨地向我发出周期性访学邀请，对我开放全部资源。

在新学院大学我不仅有了一个研究纽约的理想基础，还获得了教授关于纽约、芝加哥、洛杉矶作为全球城市（global cities）的几个研究讨论班的机会。这些研讨班的学生们使我收获颇丰。最初，他们的探索观点在某种程度上不成熟且紊乱，但在此过程中，他们表现出了一定的耐心；另外，他们在搜集原始资料、分析调查结果以及分享观点、相互激励方面，都给研究提供了直接的帮助。特别有两位学生作出了重大的贡献：艾勒克斯·富迪（Alex Foti），一位经济学研究生，帮助我搜集了许多当代芝加哥的资料；克里斯多夫·威廉姆斯（Christopher

Williams），一位社会学研究生，耐心地研究了多种晦涩难懂的资料，寻找测量全球化对城市化进程产生的影响程度的方法。新学院大学慷慨地从我的教学任务中划出休假，包括一个学期的带薪休假以作为其他来源基金的补充。

在纽约，我同样受益于哥伦比亚大学的同僚。 肯尼斯·杰克逊（Kenneth Jackson）的权威性著作《纽约百科全书》（*Encyclopedia of the City of New York*）出版的正是时候，它帮助我查证了余下的细节。 彼得·马库斯（Peter Marcuse）对"它何以成其所是"（how it coming along）的持久兴趣，总是在我懈怠时给予我鼓舞；我要特别致谢他对于本书倒数第二稿的细读，让我可以及时地纠正一些错误。 我很幸运能够拥有萨基亚·沙森（Saskia Sassen）的友谊，她在全球化和全球城市方面所做的开创性工作，在我探究一般性命题对"我的"三个案例的适用性时给我提供了必要的灵感和激励。 我从不会放过任何在例行组会中与沙森会面的机会，并将之作为与她探讨、声明彼此立场的时机，我知道我总能从她那儿学到东西。 感谢纽约区域规划协会（New York Regional Plan Association），他们借给了我两幅《危险地带》（*Region at Risk*）中的原始地图，当第三幅地图无法找到时，协会里的斯蒂文·韦伯（Steven Weber）替我从协会电脑数据库中生成了一张复件。

在我居住于加州大学洛杉矶分校开展研究的两个夏天及一个学期的时光中，我都能感受到他们的殷勤好客；我经常去麻烦的秘书，玛莎·布朗（Marsha Brown），她简直就是效率和善良的化身。 这一阶段性访问使我获得了进入洛杉矶图书馆的机会，以及一个便利的办公室。 更重要的是，还有一批极好的同事，我从他们身上学到了许多有关洛杉矶的知识。 从他们之中单挑出几个致谢并不容易，但我还是要特别提出最亲近的朋友约翰·弗里德曼（John Friedmann）和爱德华·索亚（Edward Soja），他们具备的专业知识，对我的鼓舞也超越他人，更是我良好的伙伴。 在20世纪40年代末至50年代的芝加哥大学中，我和约翰都是同一个学生团体的成员，这是首个试图研究新的平面设计方法的学生团体。 我总是怀着浓厚的兴趣追随他的研究，从某种意义上说，本书的想法一开始源于他1982年关于世界城市（world cities）的先锋性论文（现在已经成了经典）。 多年以前，索亚和我在西北大学（Northwestern University）就是同事，在那里我们由于对第三世界城市的共同兴趣而聚在了一起，他对非洲感兴趣，我对中东感兴趣。 当我们在洛杉矶的土地上相逢之时，我们的道路再次产生了交汇，而一笔来自盖蒂基金会（Getty Foundation）的资助直接促成了这一次的合作。 他仔细地阅读了书中关于洛杉矶的内容并提出了修改意见，修正了错误，指出了需增补的材料，并分享了他关于洛杉矶未发表的手稿，故此予以他特别的感谢。 在加州大学洛杉矶分校，我拥有从艾伦·司各特（Allen J. Scott）那里研读出版或未出版的著作的便利，他同样非常慷慨地分享其藏书，并对原始资料提供建议。 其他的还有保罗·昂（Paul Ong）、阿兰·赫斯金（Alan Heskin），以及加州大学洛杉矶分校扶贫研究项目小组成员［约翰·乔纳森（John Johnson）、梅尔·奥利弗（Mel Oliver）和拉里·鲍勃（Larry Bobo）］。 另外，还要感谢社会学家乔治斯·萨巴格（Georges Sabbagh），几十年前我们由于共同的兴趣在北非初次相识，在我于洛杉矶旅居期间，他正忙于整理洛杉矶复杂的种族、民族人口统计情况。 当时，他正与罗杰·瓦尔丁格（Roger Waldinger）、迈赫迪·博佐尔格梅尔（Mehdi Bozorgmehr）一起领导一个学者小组，准备开展一个"洛杉矶民族"（ethnic Los Angeles）的集体研究，这使我有机会看到未出版的手稿。

在洛杉矶的 10 个月生活中，可谓是上了一堂关于这座城市的"速成课"。 我常乘坐当地人避之不及的公共交通工具，虽然很少见到有哪篇致谢中会感谢一个租车中介，不过我希望在此指出，我永远感谢企业租车公司（Enterprise Rent-a-Car）的周末特别优惠（3 天才 33 美元！），因为它促使我每隔一个周末就去探索洛杉矶的大街小巷。 他们的车也为我在圣马力诺亨廷顿图书馆（San Marino at the Huntington Library）的工作提供了便利。（该图书馆）关于洛杉矶历史资料的收藏，如地图、照片、论文、书籍十分丰富。 一张阅览证不但可以看到所有图书馆藏，还可以使用运动场地，远离了城市灰尘烟雾，这种变化令人欣喜。 后来我又在档案管理员阿兰·尤齐（Alan Jutzi）和摄影监理詹妮弗·华兹（Jennifer Watts）的帮助下找到了合适的地图和图解。 圣塔莫妮卡（Santa Monica）的午夜特别书店是另一个必不可少的所在，尽管昂贵，但没有哪本关于这座城市的近期著作他们是无货的，也没有哪本这样的书能让我抗拒购买。

在准备这本书的过程中，芝加哥需要花费的时间较少一些，因为我已为此地奉献了约 25 年（在芝加哥大学做了 5 年社会学与规划专业的学生，随后在西北大学做了 20 年城市社会学教授），对这座城市已十分熟悉。 我可以通过大量的回访更新我的资料；我很感激路易斯·坎卡（Louise Cainkar）和艾琳·丹尼斯（Arlene Daniels），他们的殷勤好客使得那些访问成为一种快乐；此外，还有芝加哥大学、西北大学、芝加哥历史学会（Chicago Historical Society）以及纽贝里图书馆（Newberry Library）里的上好收藏，这些收藏可以从中查阅到纽约和洛杉矶都没有的资料。 同样，我很幸运还能够查到市政参考图书馆（Municipal Reference Library）里极好的文件，我不在芝加哥的时候它搬到了崭新、高雅的芝加哥公共图书馆大楼里去了。 我同样受益于伊利诺伊大学（University of Illinois）与国家基础设施保护中心（National Infrastructure Protection Center，NIPC）完成的卓越的数据分析，以及芝加哥城市联盟（Chicago Urban League）的出版物中的研究成果，其中富含了有价值的信息；另外，还有那些芝加哥地铁信息中心（Metro Chicago Information Center）发行的刊物。 我特别感激加斯·泰勒（D. Garth Taylor）（之前是联盟中心的研究主任，现在是芝加哥地铁信息中心的研究主任）向我提供了大量他研究中的原始地图。 我同样对杰弗里·莫仁奥夫（Jeffrey Morenoff）心存感激，他十分慷慨地（也很辛苦）检索自己的数据文件，为我提供了电脑制作的1970—1990年芝加哥分布图。

盖蒂基金的高级合作资助项目（与爱德华·索亚共享）和美国学术协会理事会（American Council of Learned Societies）的资助使我获得了充裕的时间撰写本书。 要是没有这些资助给予我宽松的时间和游历，这本书的写作大概要花上1/4个世纪吧——如果是那样，我极可能被逼着在洛杉矶耗费尽可能多的时间，或者回到芝加哥完成关于那座城市的必要研究。

同明尼苏达大学出版社（University of Minnesota Press）一起

护持着这本体大思精的著作进入印刷厂，是相当令人愉悦的事情。 感谢策划编辑凯瑞·莫兰（Carrie Mullen）热忱、温暖的支持和专业的能力；责任编辑劳拉·威斯特兰（Laura Westlund）坚定的引领；还有文字编辑朱迪·希尔赫斯特（Judy Selhorst）的一丝不苟与博闻强识，她是一位杰出而又坚韧的女性。 我希望他们能够分享我面对这份业已完成工作时的自豪。

以上是"短期内"最能溯及的感谢，在我为诸多城市所着迷的半个世纪中，我欠下的人情无法厘清了。 从我为城市社会学所写的一篇相当早的学期论文［1948年于芝加哥大学，关于艾达·贝尔·威尔斯住宅计划（Ida B. Wells housing project）］开始，我便知道我将耗费我的一生去试图理解各种城市。 长久以来，芝加哥都是我随身携带的研究范例与认知工具，即便我很早就意识到从单一个案中获得的视野是狭窄的。 不过，正如我被教授过的那样，我在城市社会学的20年中，也很难抗拒将芝加哥作为一个"实验室"去研究使用。 毫不夸张地说，成百乃至上千的大学生都是我在城市里的耳目。 但对我而言，最有价值的经验恰是阶段性地"逃离"与现代芝加哥密切相关的时空藩篱的机会。 我曾在学术之余对中东城市如开罗（Cairo）、拉巴特（Rabat）与"第三世界"城市研究了一段相当长的时间，在此之间甚至还研究某些"全球"城市是如何在13世纪的世界体系内组织贸易和交流的，这些经历使我确信，相较于大多数城市专家所做的，在更深的时间框架内对城市进行横向比较，具有绝对的必要性。

这是我写作这本书的目标。 如果没有那些明显的"离题"，而仅仅将美国城市作为研究对象，这本书会完全不同。

不管怎样，如果这本书能够取信于读者，促使他们运用相同的方法研究城市，无论他们身在何处，这就是它的成功了。

珍妮特·L.阿布-卢格霍德（Janet L. Abu-Lughod）

纽约

第一章
概　论

研究对象

　　本书聚焦于三个巨型的城市化区域——纽约、洛杉矶与芝加哥，它们至今仍然在空间结构、美学、经济、持续变化的人口、争议的政局与不断演变的美国历史文化价值等方面占据支配性地位。 到 20 世纪 90 年代，这 3 座城市都成为巨大的区域性人造建筑星群，就像广袤的土地上散落的五彩纸屑，各自有 1 700 万、1 400 万与 800 万人生活其中[1]。

---

[1] 在 1990 年，纽约人口普查时划定的都市综合统计区（census-delimited consolidated metropolitan statistical area, CMSA）包含大约 8 000 平方英里（1 英里 =1 609. 344 米）的区域，相应地，芝加哥的 CMSA 约有 5 600 平方英里，而洛杉矶的 CMSA 则是一个约 34 000 平方英里的区域。 不过，不能认为这些区域都建筑饱和，并进行持续的城市化发展。 而简·戈特曼（Jean Gottmann）在其开拓性的研究中指出，东海岸沿线从波士顿到华盛顿的城市群自 1960 年起便容纳了约 3 700 万的人口，城市化区域包括森林、园艺农田以及其他点缀在多个人口密集中心之间的开放区域。 参见 Jean Gottmann, *Megalopolis: The Urbanized* （转下页）

　　这些人烟之境大概是我们的文化所生产的最令人印象深刻的东西，它们的分布并非随机。在自然与人为边界的限制下，每一个城市化区域都被通路的固有架构（inherited armatures）塑造。在本书中，我们将会研究这些形态及其成因，并试图捕捉这三座城市从原始定居点向更复杂形式演变的过程——或许，这一过程的单个影响都已在预料之中，但整体作用从未在研究方案中，也无法被完全预见。

　　这三个城市化区域提供了肥沃的土壤，帮助我们研究全球城市的本质，追踪它们在国际社区的角色和它们在演进中的全球体系中不断变化的嵌入方式，连同在长久以来应对挑战的独特方式。这些挑战在全球城市的普遍性范畴内造成了显著的异化。

全球城市的概念

　　最近，"全球城市"（Global Cities）这一主题近年来引起了城市研究者的极大兴趣，但是我必须强调，这些令人兴奋的文献大多数都相当地罔顾历史，就好像这些当代的趋势不是全新的现象就是一种对过去的决裂。而且，无论是对世界城市（World Cities）的一般描述还是将其共性归因于国际经济最高水平带来的普遍性的因果分析，都忽略了全球城市面对这些新力量时反应的差异。

　　试图定义"全球城市"的当代学者认为，这是一种近期在被

（接上页）*Northeastern Seaboard of the United States*（Cambridge：MIT Press，1961），5.

称为后资本主义（late capitalism）、后工业主义（post-industrialism）、信息时代（informational age）的无所不包的世界体系中形成的比较新的现象[1]。 这种新型全球城市的特点有通过国际贸易进行的市场扩张、运输与通信技术的革新、资本与劳动力的广泛跨国流动、商业服务的日趋重要，相反相成的中心化经济活动和去中心化生产，特别体现在名为 FIRE（金融、保险和房地产）部门的增长中。 与这些变革相伴随的是全球城市中阶级结构的分化，以及日益增加的贫富差距，且这些现象常常被认为是上述变革所引发。

这些洞见的价值难以否认，但需要商榷的是，这一现象是否像人们所宣称的那样，是最近才出现的。 正如我在接下来的一

[1] 关于是什么构成了"全球城市"的文献，其最早描述可参见：John Friedmann and Goetz Wolff, "World City Formation: An Agenda for Research and Action," *International Journal of Urban and Regional Research* 6（1982）：309－344。 也可参见：Saskia Sassen, *The Global City: New York, London, Tokyo* （Princeton, N. J.：Princeton University Press, 1991）; Susan Fainstein, Ian Gordon and Michael Harloe, eds., *Divided Cities: New York and London in the Contemporary World* （Cambridge, Mass.：Blackwell, 1992）; Paul L. Knox and Peter J. Taylor, eds., *World Cities in a World-System* （Cambridge：Cambridge University Press, 1995）。 参见 Ernest Mandel, *Late Capitalism* （London：New Left Books, 1975）。 "后工业主义"是由丹尼尔·贝尔（Daniel Bell）创造的术语，参见其著作：*The Coming of Post-Industrial Society: A Venture in Social Forecasting* （New York：Basic Books, 1973）。 现在这一术语已经得到了广泛的应用。 应用于城市研究之中的术语"信息时代"显而易见来自曼纽尔·卡斯特斯（Manuel Castells）的著作：*The Informational City: Informational Technology, Economic Restructuring and the Urban-Regional Process* （New York：Blackwell, 1989）。

章中所要强调的，在 1875 年，纽约被清晰地界定为一个"现代"全球城市之前，**所有的这些特征**——至少其早期形式都已经出现了。 虽然今天全球经济的节奏更快、规模更大——从而全球城市也起到了一种"大本营"（command posts）的作用——而整合的机制也更彻底、运行更加迅速，不过我认为当今"全球城市"扎根于 19 世纪中叶曼哈顿的土地上。 分别在 30 年和 60 年后，芝加哥和洛杉矶才终于（先后）跟上这一模式。 不过，在环境已发生变化，且生产、流通、消费以及政治制度都有了调整的情形下，它们能做到这一点是很自然的。

考察这三座城市的早期历史有助于辨明它们各自的全球功能和根植性的起源，尽管这些现象在今天已经变得更加显著和普遍。 不过本书并不仅仅是一项单纯的城市历史比较研究，即仅仅为了研究其全球性功能而提出经济与体制变量。 虽然本书处理的是经济和政治结构问题，然而出于相当的社会学理由，它也是以城市地理学家的方式认真对待空间问题的。 在当前关于全球城市的文献中，空间几乎不再是焦点了。 然而，对于一个曾经逗留过这三个城市的人而言，它们最主要的区别是，独特的空间安排，以及与这些城市的特征相关的内在生活方式和社会关系。 空间范式与社会生活的多样性和居民的相互关系之间存在着深刻的联系，这些社会联系产生了城市生活的不同类型，从而为每个城市赋予了根本性特征。

全球城市比较研究的逻辑

当前对于全球城市的性质与功能的概括低估了其发展背后特有

的国家体制所产生的差异。 由于全球城市的比较研究中包含了繁多的不同案例，所以厘清它们的运转机制，并追踪这些机制如何在当地产生出不同的空间布局是很困难的。 因为既有环境本身便是过去力量集聚的产物，所以从过去遗留的影响中区分出当代的效果是不可能的，更不要说从那些由本地社会与物理条件所塑造的影响和那些产生于国际层面的环境的作用之中作出进一步区分了。

　　全球城市的比较由于其历史传统深度的不同而变得更加复杂。 大多数在今天被视作"世界城市"或"全球城市"的特大城市聚落（megalopolitan agglomerations），如伦敦、巴黎、阿姆斯特丹、东京，它们都经过了数个世纪的发展。 因此，这些城市包含了多种连续性居住类型的沉淀，具有层层嵌套的多个层次，和多种不同的发展与重构形式，直到结合成极难把握的整体。 不仅仅它们的景观（landscapes）难以"解读"，它们之间也很难相互比较，因为它们所处的国家和文化语境都十分不同。

　　对美国三座最大的全球城市进行更可控的比较，在某种程度上缓解了这些困难。 它们基本上都建立在空白区域（tabula rasa of terrain），受限于一种前城市化（preurban）的传统，其所有的实用目的与欧洲新移民选址的用途完全不相干。 另外，每个城市的景观发展都不过一两个世纪的历史，几乎完全是在所谓的现代重商主义／工业资本主义时期内和世界体系内形成的。 而大约5个世纪以来，该世界体系都被西欧霸权力量以及他们的阿尔泰后裔（Altantic offspring）支配。 虽然随着时间的推进，在经济生产体系和技术层面都有了急剧的变化，不过变革的源头本质上来自文化和经济演进中同一整体框架。 即便存在着政治性环境的转变（美国从一个乡村／农耕（rural/agrarian）社会转向一个城

市/工业社会），这三座城市依然在一个不断变化又不失共性的
法律框架下发展了起来。

不过，虽然在经济、技术、社会与政治环境的主要方面，三
者的城市化区域是相似的，但它们仍然提供了许多显著区别可资
比较。 这为当代城市变革过程的研究提供了丰富的资源，有利
于新见解的产生。 如果说它们全都以这样或那样的方式被放置
在全球城市的范畴中，那么它们之间的多样性就能提供一个更好
的机会以区分全球性与本地性的因素。

这三座城市彼此之间有着根本的不同，尤其是：

1. 由自然地理环境如气候、资源、地势，为城市的发展和
功能设置了显著不同的参数；

2. 它们在空间上与外部世界的特殊联系，外部世界的轮廓
在三个城市的两个多世纪里发生了巨大变化；

3. 原始经济功能、政治倡议、首批居民，这些从某种意义
上促成了影响深远的文化类型的确立；

4. 最剧烈的物理扩张时期 [我称之为同龄层或同一代
（*cohort* or *generation*）]，该时期建立了城市未来形式独有的基
本面；

5. 移民人口过速增长和来源变化，其框定了城市随后的种
族和民族以及持续的政治结构与实践；

6. 最初阶段的运输技术，其以完全不同的方式形成了三座
城市的通路框架；

7. 该项长久以来生产与通信的社会、技术组织以独特的方
式塑造了土地、位置与规模的必然面貌；

8. 为每个区域赋予了自身生活方式（modus vivendi）的跨阶

层与政治联系，即权力关系的特性模式、冲突与解决冲突的模式，我将之称作独特的**公民文化**（civic culture）。

通过追踪这些差别**如何**导致我们在当前纽约、芝加哥和洛杉矶这些大城市区域所发现的"全球城市"独特变异现象，我试图阐明产生全球城市普遍性与特殊性的机制。

概念框架

在近距离观察这三座城市之前，我们需要抛开纯粹的城市视角，因为城市的发展虽然各凭本事，但却非孤立，而是更大经济和政治空间的物质表现。再没有比城市规划更古老的陈词滥调、更不准确的陈述了，比如，将纽约比作托普西（Topsy）（"可以自己长大"的孩子）。但既有环境**不是**纯自然的，尽管他常常出现未预料的混乱状况。环境已被创建并持续重建，尽管其是通过参与连续、象征性互动的复杂舞蹈的社会大众所共同作用的。这些互动将自然、物质、技术、社会经济进程与文化形式持续地编织在一起，形成了这种城市构造——一种空间的短暂表达，就像艺术创作一样，其意义更多地源于观者的回应而非作者的意图。

此种环境构建的结果通常不能精确达到个体贡献者的期望，这并非否认城市状态是一种"艺术"（技术性创造）"工作"（oeuvre）。不过与通常诸多更为短暂的艺术形式不同，建筑环境具有持久性，其**通路架构**甚至比单个建筑物所使用的石头更长久[1]。另外，自然环境的**边界**（平原与高地的边缘、水域与沿

---

[1] 因此，印第安小径——如百老汇（Broadway）呈斜对角，偏离（转下页）

岸的界线）虽可移动，不过更重要的是所有权的**边界**［墙、地界
线（property lines）、地役权（easements）、各族的归属地、不同
的土地用途］刻画了城市空间，创造了持久性的单元和**模块**，不
仅仅描画了当前的轮廓形式，也塑造了未来的用途[1]。

　　然而，既有环境并不仅仅是无生命之物，居住在这块土地上
的人类赋予了环境以象征性的意义。他们将之灌输于城镇
（places）及其上的建筑物，对它们的评估则通过联想与情感
（associations and emotions）：敬畏、爱、吸引力、恐惧、憎恨、
厌恶，甚至是简单的漠不关心[2]。这些地方是频繁竞争的所
在，且不仅仅涉及物质利益。因为城镇象征着观念和意识形
态，有着更为实用性的目的和用途，构建了一套符号系统，一份
信息编码文本，潜在使用者必须对之进行"读取（read）"与解码
（interpret）。但如此表达的邀约与拒绝不需要留意，使用者可
以默许这些限制，也可选择冒着被制裁的风险打破它们[3]。

―――――――

（接上页）了后来的曼哈顿岛计划；皇家大道（El Camino Real）勾连了洛杉
　　矶与蒙特利（Monterey）；通过塞普尔维达通道（Sepulveda Pass）的路
　　线成了加利福尼亚南部圣迭戈（San Diego）高速公路的基础；甚至印第
　　安格林湾（Green Bay）小径都成了芝加哥环路（Chicago Loop）到其北
　　部郊区的通道——通道架构比任何人工设施都要早。

[1] 故而德国在经历过二战的地毯式轰炸之后，他们能在惨不忍睹的通路架
　　构和边界的范围内进行重建，部分原因是幸存的地下设施线路和幸存的
　　专有边界线路。

[2] 对这一主题最为细致的研究之一是：Dolores Hayden, *The Power of Place:
　　Urban Landscape as Public History*（Cambridge：MIT Press, 1995）。海登
　　强调保留洛杉矶工人阶级和过去种族的符号与象征，以及较少争议的精
　　英阶级居住的标志。

[3] 所谓的种族暴乱是打破边界最剧烈的形式，不过也有一些微（转下页）

本书的组织结构

　　首章概论纵览了过去几百年间美国的物质与社会状况，生成一份影响美国城市化模式的长经济周期年鉴。 每座城市的发展都被锚定在这一框架之内。 接下来的章节会更详细地考察各个阶段，以表明所有这些区域的城市建设不仅仅被普遍性动因影响，且对它们作出不同的反应并形成特有形式。 当然，城市享有的反应的自由度，部分取决于影响产生时的状态。 这一方法允许我们持续辩证地（dialectic）探讨过去与未来城市形态——在先前存在的建筑环境和由文化、社会组织与政治旧例形塑的社会环境的中介。

时序框架

　　美国城市化的历史学家们将近四百年的"新世界"定居分为四个主要阶段，从 1607 年第一个殖民地詹姆士敦（Jamestown）的建立开始到近当代（20 世纪 60 年代末期至 20 世纪 70 年代[1]）结

（接上页）妙的抵抗方式。 早期的反对违法滞留的法律在贫、富城区的实施是有区别的。 对于流浪汉或无业游民的隐蔽居所的细致研究，可参见：James S. Duncan, "Men without Property," *Antipode* 10（March 1978）: 24 - 34。 当下对于我们主要都市中心街道上可以看到的对越来越多的无家可归者的关注，以及将这些"冒犯者"迁移到城市外围不那么显眼的地区的频繁提议，说明了这是当地政府在应对打破空间边界行为时长期惯用的制裁方式。

[1] 我的分段方法更贴近常规用法，虽然我对每一阶段的描述有一定程度的偏离。 1820—1870 年、1870—1920 年、1920 年至今这种传统的分段方式最早由帕特里克·戈德斯（Patrick Geddes）提出，并为刘 （转下页）

束。 最近，有学者指出，急剧变化的第五个新阶段已经开始了，不过其主要框架仍然存在争议并有待商榷。

自然，当下任何的阶段划分都有些武断。 从发展低谷到低谷或者从发展波峰到波峰进行划分，还是试着辨析出某个带有理论性意义的"转折点"，这两种划分法无论研究者采取哪一种（我倾向于后者），日期都只能是近似的。 跨时代的历史性"突破点"很难精确定位，因为整个变迁往往以 10 年甚至更久的时间为单位，不过剧烈的经济危机可以获得较为精确的日期。另外，关键性转折点出现之后的长久时间内，旧的社会构造中的一些元素仍会在新的社会构造中存在。 超前性和滞后性因素的共存会模糊以叙述连贯为目的的任何整齐的划分。 这一点对于既有环境也是如此，它对变化环境的瞬时适应起着显著的阻碍作用。

在其发展轨迹中相互隔开来考察很有帮助，这小小的区分却

（接上页）易斯·芒福德（Lewis Mumford）在其著作 *The Culture of Cities*（New York: Harcourt, Brace, 1938）中采用。 我增加了关键的 1820 年前的形成阶段并将第三阶段停留在 1965 年。 我假定了一个后续的阶段，这一阶段始于 1965 年至 1973 年间的某一点，至今仍处于演变之中。 我主张这是世界历史中的一个新阶段。 我的分析中所依靠的部分材料，更多的细节可参见：Janet L. Abu-Lughod, *Changing Cities: Urban Sociology*（New York: HarperCollins, 1991），79 - 182。 不过，我也拓展了另一些所使用的材料，参见：Eric H. Monkkonen, *America Becomes Urban: The Development of U. S. Cities and Towns 1780 - 1980*（Berkeley: University of California Press, 1988）。 它太晚才可以看到，所以没能很好地融入本书。 不过其分段太过粗犷：1830 年以前、1830—1930 年以及 1930 年以后。 这或许跟他的目的有关，他主要集中于城市的政治作用；为了我的讨论目的，我需要更为复杂的分段系统。

导致了大大的差异。 将三座城市置于同一比较之下，需要考虑每座城市达到 10 万人口的标志性时间，因为在达到这一基准之后的四五十年间，是每一座城市变化最重大的时段，由此形成的基本特征甚至在今天依然定义着它们特殊的空间和经济性质。

我们将在第二章看到，纽约（那时还仅有曼哈顿）在 1820 年达到了 10 万人口。 如第三章所叙述的，在接下来的半个世纪中，纽约经历了其功能的重要演变和规模的相应增长（尤其是在忽略了边界扩张影响的情况下——目前这是必要的）[1]。 下一阶段会在第四章谈到，纽约确立了其在内地贸易区乃至全国的统治性地位。 在今天，它依然占据这一位置，尽管似乎有所退步。

到 1860 年，芝加哥的人口达到了这一基准点。 在随后的半个世纪里，芝加哥的增长比历来任何其他城市都要快。 它将其经济建设基于重工业，并结合阶层、民族、人种间的差异构建。今天，这些差异在城市中依然存在。 这一点将在第五章进行叙述。

历史将在约 40 年之后在洛杉矶重演。 1900 年，洛杉矶的人口达到了 10 万。 之后，它不但接任芝加哥成为美国增长最快的城市，还在不断扩张的区域中建立了白人本土精英的支配性地

---

[1] 许多关于这三座城市人口增长的肤浅研究中所犯的错误在于，忽略了所有关于边界扩张的重要问题。 虽然出于某种目的，在一座大都市的范围内忽略其法定边界的变化而将人口总量作为一种"真实的"人口增长的测量方法或许是有用的，不过对于纽约和芝加哥而言，当时间跨越 19 世纪 90 年代重要的十年时，这种方法有相当大的迷惑性，因为纽约在 1898 年获得了合并，而如我们所见，芝加哥在 1893 年之后未增加任何可观的区域。

位。 第六章的主题，即这两个特性及其演变了它们赋予洛杉矶极大的前景，也构成了它日后多年的问题[1]。

虽然区分了不同的年代，不过在 19 世纪末期的几十年至 20 世纪初的几十年间，这三座城市都在美国崛起的大环境下得到了普遍的发展。 当然，每座城市受到这种趋势的影响不尽相同。

国家环境

首先，在国家层面的趋势中，最重要的是依赖农业的劳动力比例显著下降——从 1870 年、1880 年的 50% 下降到 1890 年、1900 年的 36%，再到 1920 年仅剩 25%[2]。 另外，制造业的雇佣情况则有相应的增长，虽然其在 1870 年的劳动力才占 17%，至 1890 年便增加至 20%，甚至比 1900 年还高[3]。 然而，比从事制造业的实际工人比例更重要的是该部门性质的根本变化： 它的特点已日益变为大规模资本密集型（capital-intensive）的 "重"

---

[1] 参见 James E. Vance Jr., *The Continuing City: Urban Morphology in Western Civilization* （Baltimore： Johns Hopkins University Press，1990），361，Table 7.4。 但是在这里必须要小心，因为我们将在第六章看到，1915 年所兼并的超过 176 平方英里的圣费尔南多（San Fernando）山谷打断了洛杉矶的时间线，虽然不可否认，这一广大地区的人口在解决农业灌溉之前是很稀少的。

[2] 纽约较少受到这种趋势影响，因为在其起初的贸易区中，农业所带来的影响很微弱；而作为 "大自然的都市"（nature's metropolis）的芝加哥，感受到的影响就更为强烈，它依靠着铁和钢以及其加工处理，解救了食品加工行业的当务之急。 洛杉矶落在后面，直到 20 世纪 30 年代至 40 年代工业填补了其经济基础，在此之前，它仍然有大量的农业。

[3] 即便到 1970 年 "去工业化的" 的趋势开始以前，这一数字都从未超过 27%。

型实业,其依赖蒸汽动力和装配线上的低技术流动工人[1]。

第三个环境趋势是人口统计学(demographic)上的。 首先,新的移民潮从 19 世纪 80 年代开始,正如我们将要看到的,这与芝加哥的重工业对非技术性劳力的需求相当同步。 随后,接近该阶段的末尾,也是大移民的初始阶段,最终众多的非裔美国人从南方农场迁移至北方的主要城市中心。

然而,这些力量影响每座城市的具体方式部分取决于既有环境的遗留和治理(governance)传统,它们已演变成形。 正因如此世代(generation)成为一个关键的变量[2]。 不过这些影响在某种程度上同样取决于城市面对这些新挑战所做的政治回应,这使得对当地权力结构和公民文化所做的分析成为讨论的中

----

[1] 这在费城以及芝加哥这样的城市中更为典型。 我们很快就会看到,纽约从来没有经历过这一变革,直到 20 世纪 20 年代,这一模式依然没有传到洛杉矶。

[2] 理论的考量由现实的经验所支撑。 由于我选择了东部沿海、中西部与西海岸的主要城市,我会强调它们的相继出现是这一历程的关键部分,对于通过考察美国主要城市(那些在 1870 年人口超过 10 万人的城市)的"建立时期"是很有用的。 在美国东部有 49 座这样的城市,其中 1850 年之前建立的有 33 座,有 12 座其源头可追溯至 17 世纪。 它们成立的年代中位数是 19 世纪 30 年代至 40 年代。 相对地,在中西部的 54 座主要城市中,只有一座建立于 1800 年以前,36 座开始建立于 1830 年至 1870 年之间。 其建立的中间年代是 19 世纪 40 年代至 50 年代。 这与西部截然不同: 根据麦考因的研究,该区域的 55 座主要城市中,没有一座建立于 19 世纪中叶以前;一般城市的建立时间是 19 世纪 90 年代,中位数是 19 世纪 80 年代至 90 年代。 参见 Monkkonen, *America Becomes Urban*, 80, Table 3, 编辑自美国 1970 年人口普查回顾(事实上,麦考因并非完全正确;旧金山与洛杉矶都建立于 18 世纪)。

心。 如下文所构造的一种历史性叙述对达成我们的目的是有用的。

周期 1：从殖民地的成立到（约）19 世纪 20 年代

第一个周期或可看作殖民主义/非殖民化（colonialism/decolonization）包括"前工业化"（preindustrial）的商业时期，其由两个连续的阶段组成：从 1607 年至 1776 年间延续着的长期殖民阶段，以及从 1776 年至（约）19 世纪 20 年代间的一个较短的重组非殖民化阶段。 在这三座美国当代的世界城市中，只有纽约算得上进入了最早的历史周期，这对于它成为东海岸具有支配性地位的城市起到了关键作用。

芝加哥直到本周期的第二阶段才诞生。 直到（一个法国边疆居民与一个曾为奴隶所生的黑白混血）琴·普安·杜·萨博（Jean Point Du Sable）建立了他的皮货商小屋。 小屋就处于随后美国构建的边防站迪尔伯恩要塞（Fort Dearborn）（1803）附近，也就是后来的芝加哥（伊利诺伊州在 1817 年之前都不被联邦承认）。 而在其起源与合并的过程中，洛杉矶核心区产生的时间要更晚。 它直到 1781 年才"被发现"，随后经过西班牙统治的殖民努力，作为一个时代错误，于后来成为独立的墨西哥。我们不需要在此涉及这两座城市，这是下一个发展周期的问题。

周期 2：从 19 世纪 20 年代至 70 年代的萧条

通常认为，第二个周期的起始是 19 世纪 20 年代中叶伊利运河（Erie Canal）的开凿以及机械化和早期工业化所带来的最初推动力，不过如我们将在第二章看到的，这只是纽约的中心性在1812年战争后美国城市化体系发展中日趋增长的表现之一。 在奥尔巴尼（Albany）[在哈得孙河（Hudson River）边]和布法罗（Buffalo）[在伊利湖（Lake Erie）畔]之间开凿的运河划定了一个比纽约港附近的哈得孙河河口更为稳固的增长性农业核心区。 交织于中间区域的湖泊河流构成了另一个网格联结系统，这导致了大陆系统的急剧扩张，涵盖了后来被称为"美国西部"（即中西部）的大部分地区。

开凿运河的时代，很快被更具野心的铁路建设时代所强化（在某种意义上，所取代），后者迅速地改造了美国东部1/3地区的城市空间系统。 多亏了运河与铁路，芝加哥在19世纪中叶的几十年间，苗壮成长为发展中的大陆系统的关键性中心。 这同样是快速帆船的时代，在英格兰与美国之间已经有了航船固定班次，这些在后来被轮船所取代。 这些革新使得国际旅行、贸易有了革命性的变化，并通过对城镇间的"空间-时间"进行激烈的压缩形成了（区域）一体化（integration）。

然而，这一时期全球性重组（restructuring）的增长是间歇性的[1]。 它不时被"国际性的"经济收缩以及与此相伴的欧洲大陆的政治动荡打断。 当欧洲高度不稳定的状况传到了新世界，西方世界包括美国经济的非生计性部门，在19世纪中叶遭遇了经济危机。 这表明它们的经济相互关联。 欧洲经济危机时，美

---

[1] 到了所谓的"地理大发现"（Age of Discovery），我会在首次提到"重组"时，对之进行概念化。

国常常出现"镜像"式的危机，因为纽约是旧大陆过度集中的投机资本和过量人口的蓄水池[1]。 被饥荒所驱逐的爱尔兰（Irish）农民布满了东海岸城市，他们以蛮力充当劳力；被故乡政治压力驱赶的德国不同政见的移民在他们的新国家培养了初期的劳工运动[2]。

在 19 世纪中期，纽约巩固了其在美国体系内的支配性地位，并且在国家与世界的联系方面获得了实质性的垄断。 曼哈顿人口已超过了 50 万，因而其采用了一种经典的大都市形式：一个封闭的中心区（这是多单元住宅建筑核心的开端，它日益割裂了与仍集中在核心区附近的工业区贫困人口）；还有沿着公共交通线伸展的少数上层阶级近郊区域的发展（这里最先有了公共马车和市内电轨）。 需要去办公室和店铺通勤的精英依然集中在中心商业区[3]。

---

[1] 需要指出的是，世界体系的欧洲核心的经济周期与在美国的情况没有必然的一致性，特别是在较早的时期，美国不仅仅是边缘地带，并且其在核心地带过度积累的经济还常常被转移。 因此当西欧在 1825 年到 1845 年经历了康德拉涅夫周期（Kondratiev Cycle）的衰退，并随后一直持续到了 1856 年的债务危机时，美国正经历其扩张时代，直到 19 世纪 70 年代下一场始于欧洲的危机同时冲击了美国。 随后，美国经济越来越与世界融为一体。 参见：Christian Suter, *Debt Cycles in the World Economy: Foreign Loans, Financial Crises, and Debt Settlements, 1820-1990*（Boulder, Colo.：Westview, 1992），esp. 66 and 70-71, Table 5.3。

[2] 关于移民在美国城市所起作用的经典著作仍为：David Ward's *Cities and Immigrants: A Geography of Change in Nineteenth Century America*（New York：Oxford University Press, 1971）。

[3] 有关这一主题的最好的研究可参见：Kenneth Jackson's *Crabgrass Frontier: The Suburbanization of the United States*（New York：（转下页）

在这些变革中，芝加哥与其他中西部城镇同东海岸城市相比落后了很多，因为它们既不像纽约、费城（Philadelphia）、波士顿这样人口稠密，也没有交通不便的缺陷。不过中西部城镇的过多限制（overbounding）也有助于（至少在一段时期内）避免城市与郊区间的政治分歧，这已经在东北部城市中显现出来了。另外，既有建设的负担对其未来的束缚很小。特别是在芝加哥，过去本来就不重的负担随着 1871 年的大火中付之一炬，当时其木质结构建筑几乎被焚烧殆尽。商业中心已准备好用砖块和石头重建。

周期 3：从 19 世纪 70 年代到 20 世纪 20 年代

从 19 世纪 70 年代开始，全球体系被再次重构。欧洲帝国主义（imperialism）从"私人"投资公司间以寻求加大对"欠发达"地区（无可否认背后有来自其本国政府的军事力量）原材料的控制以保障供应为目的，竞争转向了对更外围地区的直接占领和帝国力量的直接统治[1]。在这些帝国所触及的新环境中，银行和金融技术开始进行更为正规化的管理，运营更为复杂并日益扩大为跨国规模。投资本身成了一种更为抽象的商品。大型垄断企业激增，股份制公司开始补充以前最常见的家族合伙企业的

（接上页）Oxford University Press, 1985）。特别是第 1 章至第 3 章，描述了"运输革命"如何将边缘的贫民窟和/或农村转换成精英居住区中的零星区域。

[1] Eric Hobsbawm, *The Age of Empire, 1875 - 1914*（New York： Pantheon, 1986）.

所有权形式。 西方主要城市的公司股份、股票市场交易变得日
益"国际化"，发展贷款流动亦是如此。 结果就是系统内局部
地区的经济危机不可避免地在其他地方也产生震荡[1]。

大企业的所有权与管理权开始分离，而小规模企业中合伙经
营与家庭作坊的形式仍居主导地位[2]。 与此同时，蒸汽动力的
应用将资本和劳动力集中在了真正实现重工业化生产的大企业
中[3]，而通信技术的发展也使得管理层与生产地、"总部"与多
个生产中心的分离成为可能。

第三个周期包含了从 19 世纪 70 年代末到 20 世纪 20 年代这
一时段（虽然有一个和"一战"相关的重要断点），在此期间，
美国城市系统一直扩张到西海岸，大规模生产开始为接下来的早
期"福特制"（Fordist）阶段打下基础[4]。 生产中的蒸汽机及

---

[1] 讽刺的是，在列宁 1916 年的文章 "The Highest Form of Capitalism" 中，
他描述了全球性资本主义的特征，有些仅仅会在第四、第五阶段发展成
熟，而在他写完文章之后就出现了。

[2] 尤可参见：Alfred D. Chandler Jr., *The Visible Hand: The Managerial
Revolution in American Business*（Cambridge, Mass.：Belknap, 1977）。

[3] 关于这一变革在某座美国城市中的研究可参见费城历史小组的工作，特
别是：Theodore Hershberg, ed., *Philadelphia: Work, Space, Family, and
Group Experience in the 19th Century*（New York：Oxford University Press,
1981）。

[4] 福特主义（Fordism）当然是一个更加有争议的术语。 在此语境下，我
实际上采用的是原始的葛兰西式（Gramscian）的含义，即大众生产与科
学管理。 这一术语随后被应用于工会（劳动者中的"贵族政治"）与
大型企业之间的"和平"谈判；这种和平永远不会扩展到大多数工业部
门，农业部门则从未得到过。 这段文本可视为第三、第四卷的导言，
当福特制与后福特制应用在这三座城市中时，可对它们进行更细微的考
察和更具批判性的讨论。

随后的发电机，用于通信的电报机、电缆及随后的电话（电报机
与电话网络在两世纪之交时联通了两岸），用于运输的汽车和卡
车（以及与之相应的公路），是这一时期意义最为重大的三类技
术革新。

　　这一周期也经历了第二次巨大的移民潮——这次是来自东欧
和欧洲南部半边缘地区——这为遍布在东北部和北部中心区域
［现在被蔑称为"锈带"（rust belt）］的制造厂和血汗工厂提供
了大部分的劳动力。萨姆·巴斯·华纳（Sam Bass Warner Jr.）
对这一时期总结道：这是一个流水线机械化（in-line
mechanized）和高度资本化的工厂生产获得自主的时代；是电
力"取代水力并超越蒸汽动力"的时代，此时国家铁路运输系
统"与电力火车、载货卡车、汽车局部互补。**这种生产和运
输模式创造了巨大的工业大都市和东北部及中西部相连的制造
业城市带"**。巨大区域，"被纽约和芝加哥组织在一起，既为
国家进行生产，也提供交易市场……每样东西都朝着巨型化方
向发展"。公司成了主要的组织形式，同时工人们则努力加
入工会。"城市土地……变得高度专门化［并且］……上班族
按照阶层、族裔、人种分类聚集。巨大的规模、中心化以及
种族隔离是工业化大都市的显著标志。"[1]这一阶段对这三个
城市都十分关键，只是由于之前的状况不同，对各自来说情况又
有所不同。

　　纽约巩固了其主导地位，但是相对于偏僻的内地而言，不再

---

[1] Sam Bass Warner Jr. , *The Urban Wilderness*（New York： Harper & Row，
　　1972），62.

那么疏离与独立[1]。 在 19 世纪的最后几年，现行的五区治理系统已被建立，它极大地拓展了城市的范围。 随着政治上的统一，桥梁开始建立，在 20 世纪头十年里，一个经拓展的地铁系统将相互分离的各个区联结了起来。 而后，吃水线更深的大型远洋货轮，停靠在哈得孙河滨（勇敢面对了更为可怕的冬日风暴），停靠在新泽西和布鲁克林海滨。 虽然早在 1840 年，新泽西大陆到曼哈顿西区码头之间就有了一条单独的铁路线，但是直到 1920 年，多个铁路桥才将四个区与曼哈顿联结起来，整个城市也融入了更大的地区性和国家性系统。

从 1870 年到 1920 年这 50 年时间里，纽约垄断了国家的金融机构并且充当了几乎是唯一的新移民"进入港口"，虽然随后许多人不过是通过它去其他地方。 与此同时，城市的治理结构发生了变革，市政府的功能得到了显著的扩展，一种公民文化逐渐形成，在该文化中，基于"婚姻"与"老板"系统的新种族移民、劳工组织以及因潜在易骚乱又高度多样化而极易分裂的大众学会了谈判、交易。

在这段时间内，纽约和芝加哥在美国城市层级结构中占统治地位，它们相互协同，资本同资本家和城市建设者一样在它们之间来回移动。 用来进行芝加哥早期设施建设的资金大多来自纽约及其邻近地区，这一情形一直持续到了下一阶段。 这两座大

---

[1] 评价取决于视角。 许多仅仅聚焦于纽约的研究者将统治地位的丧失阐释为纽约的"挫败"，而若采用一种国家的视角，则会将这种发展归作大陆体系扩张的自然而然且不可避免的结果。 重要的是不要混淆客观增长与相对"份额"。

都市在人口上也有所关联，芝加哥大多数的定居者和美国土生土长的"精英"，他们都来自纽约地区或者新英格兰[1]。

在城市的建筑艺术方面，这两座城市的关联更为紧密。 景观建筑师弗雷德里克·劳·奥姆斯特德（Frederic Law Olmsted）、城市设计师丹尼尔·伯纳姆（Daniel Burnham）及建筑公司麦克金（Mckim）、米德 & 怀特（Mead & White）都在这两座城市间来回奔走以执行委托。 他们都受到欧洲布杂艺术（beaux arts）观念的深刻影响，不少人还在那培训过。 1893 年的芝加哥世界博览会展现了该种设计类型的巅峰，这一类型由纽约的建筑师传入并以观念和人事的形式反馈给了他们的城市[2]。

在这一阶段，洛杉矶明显落后了，甚至在加利福尼亚内部也

---

[1] 雅赫（Frederic Cople Jaher）在 *The Urban Establishment: Upper Strata in Boston, New York, Charleston, Chicago and Los Angeles*（Urbana: University of Illinois Press, 1982），453–575 中追溯了在 19 世纪芝加哥发展中"重要"人物的出身。 1892 年，芝加哥超过 200 个"百万富翁"中，只有 6% 出生于本市；30% 出生于大西洋中部各州；另外 30% 来自新英格兰（第 496 页，表 6）。

[2] 纽约是哥伦布纪念博览会（Columbian Exposition）主办方的主要竞争者，因芝加哥出价高深受挫败。 然而，即便在不同地点，两座城市之间的人员可自由往来。 纽约建筑师参与设计了博览会的建筑，查尔斯·戴尔·诺顿（Charles Dyer Norton）在博览会结束并完成随后的芝加哥规划之后加入了纽约设计师的行列。 诺顿曾经是芝加哥商业俱乐部（the Commercial Club of Chicago）的主席，1909 年该组织赞助了芝加哥的伯纳姆规划（Burnham Plan）。 他随后到纽约担任罗素·赛奇基金会（Russell Sage Foundation）的财务总监，并在此构思了纽约的区域规划——在他死后，于 1927 年才完成。

是如此，旧金山仍然是加州唯一重要的城市。 不过，从旧金山到洛杉矶的铁路线在 1875 年就位，19 世纪 80 年代洛杉矶又成了两条横贯大陆的交通线终点，其经济融入国家体系的所有先决条件都已经具备了。 如果说芝加哥的形成是由于受到东海岸的哺育，那么，洛杉矶则可说是在其历史上的后西班牙时代（post-Hispanic）（这一时段着实短暂）由中西部移民改造而成。

然而，此时洛杉矶尚未工业化。 首要的经济基础依然是农业，尤其是大牧场，不过前墨西哥精英的大批土地已被查抄或以少量津贴买走，这为更新型的大城市建筑形式奠定了基础，即在个人或企业所有的土地上设计整个城镇与分区。 起初，城市的主要魅力，特别是对于在 19 世纪末被吸引过来的中西部的退休者而言，是清爽的气候，相较于他们逃离之处的凛冬，这是极大的改善。 急剧的人口流量带来了惯常效果——刺激因素，在进入该世纪末的过程中，出现了在 19 世纪早期形塑了曼哈顿并在世纪中期塑造了芝加哥的力量，城市土地无限制地用来投机。

对于洛杉矶的未来至关重要的时段是 20 世纪的前 20 年，这一时段对洛杉矶（未来的重要性）来说正如 19 世纪初期的纽约以及 19 世纪中期的芝加哥。 而在 19 世纪末，由于受到了鼓吹者的宣传和火车票降价的刺激，1900 年中西部人口的流入将城市人口推到了近 10 万（排除了处在城市界限外的 7 万人），在20 世纪的第一个 10 年，城市人口增加了 211%，这一比例比后来的增幅都要大。

但是缺少水的供应，缺乏自然深水港（以及与大西洋贸易的航线开发），缺少便宜的能源，这些制约了城市的发展。 不过这些妨碍都依次被解决了，至少是短期解决了。 通过沟渠的开

凿，欧文斯山谷（Owens Valley）的水被引入了都市（规划于
1905 年，但直到 1913 年才开通）；兼并的圣佩德罗（San
Pedro）港在第一次世界大战期间被联邦政府投入了大量资金进
行了改造[1]；1914 年巴拿马运河（Panama Canal）的开通使得
加利福尼亚南部能够以更短的距离到达东、南海岸[2]；随后，
到了 1917 年，渡槽带来了低廉的水力发电，这使制造业的繁荣
成为可能。

　　20 世纪 20 年代，洛杉矶已经为成为一个全球城市做好了准
备。这触发了第二波的土地投机浪潮，在此期间，许多现存的
牧场被大规模地切割以建造整个"新城镇"。为了保证水的供
应，其中一些人感觉到了来自城市兼并的压力，但是其中许多人
对这种压力做出了反抗，因而开启了洛杉矶式的城市模式，即具
有多重地方自治的"碎片化"大都市[3]。1924 年，洛杉矶郡

---

[1] 1898 年西班牙与美国的战争在太平洋和加勒比地区产生了第一个美国
　　"殖民帝国"，在洛杉矶的城市发展研究中，常常忽略这一世界体系的
　　因素。旧的西班牙"帆船贸易"现在换上了美国的旗帜，往来于洛杉
　　矶和菲律宾（从这儿到中国沿海）之间，这可以说明为何联邦政府会在
　　1899 年耗费巨资在圣佩德罗构建深水港并于 1916 年在此修建工事，
　　1922 年洛杉矶港成为美国太平洋舰队的基地。然而，对于海港活动的
　　促进源于石油，这是 20 世纪 20 年代早期主要的贸易出口物。巴拿马
　　运河的完工允许油轮以更低的成本将加利福尼亚的石油运输到新奥尔
　　良和东海岸。

[2] 有必要指出新奥尔良港在联结整个密西西比流域和世界贸易上的重
　　要性。

[3] 关于这一阶段的最好的书是 Robert M. Fogelson：*The Fragmented
　　Metropolis: Los Angeles*, *1850 - 1930*（Berkeley： University of California
　　Press, 1993 [1967]）。其标题十分恰当。

成了一个拥有 100 万居民的都市，比生活在洛杉矶市中的人口少
了 60%。

经济繁荣部分是由于石油生产。 虽然石油在 19 世纪 80 年
代才进行了首次汲取，1892 年经历了短暂的繁荣，但直到 1897
年石油才开始在商业上大规模提取、加工和贸易。 到 20 世纪 20
年代早期，信号山（Signal Hill）、亨廷顿海滩（Huntington
Beach）与圣菲斯普林斯（Santa Fe Springs）的油井供应了世界石
油产量的 1/5！ 洛杉矶港（那时它是美国最大的终点站）的主
要出口物是"黑金"其影响被证明比 1849 年淘金热（gold rush）
时的黄金还要持久。

洛杉矶的发展在最大限度上反映了当时全国范围内正在发生
的普遍趋势。 在一战后，美国进入了一个极其重要的转型时
期。 汽车与高速公路在一种更新、更大的规模上推动了郊区
化，在此之前设施沿着铁路线围成一圈（字面上的环绕），并被
过早细分的郊区的巨大区域填充。 在 20 世纪的早些时候，国家
电信网络联通到了西部和西南部最偏远的地点。 大陆经济联合
体最初由铁路线和电话塑造，现在又加上了汽车和卡车的网状公
路运输系统。

第一次世界大战也强化了国家在海洋一体化方面的努力，在
西海岸取得了革命性的效果。 而规划远远早于实际的实施，巴
拿马运河在 1914 年的开通与联邦政府对圣佩德罗港资助的加强
与石油出口，刺激了洛杉矶的增长。 从欧文斯山谷调来的水不
仅保证了城市的用水，还为更集中的农业以及随后住宅区发展开
发了圣费尔南多山谷（San Fernando Valley）的广袤土地。 虽然
洛杉矶与纽约之间的首次飞行服务直到 1929 年才开通，不过坐

落于纽约和芝加哥的早期航空工业已经对联系两座城市之间的经济起到了促进作用[1]。

生产组织与劳资关系之间的根本变化也正在发生。 第一次世界大战期间，特别是在美国迟来的参战之后，北方工业中心产生了重大的劳工短缺，原因在于移民潮被战争阻碍，并且联邦政府对移民的限制条令进一步强化（1917 年强制推行，在长久的争议和多次研究之后，于 1921 年至 1924 年间再次收紧），同时工业中心对于劳工的需求增大了。 取而代之的是系统性的雇佣来自南方城市和农场的"剩余"黑人劳工，这一措施促进了规模更大、种族隔离程度更高的黑人住宅区，许多北方工业中心的形成，特别是纽约和芝加哥。 在洛杉矶，劳力短缺的补足首先是由于墨西哥移民的增长，因为移民限制法案对来自新世界诸国的人口依然是加以豁免的。 在第一次世界大战期间及其后，只有少部分黑人进入了洛杉矶。

与此同时，生产空间的规模增长，管理层与其工厂，管理者与所有者的分离飞速推进，恶化了资本家与劳工间的关系。工会、劳工动员与罢工不时地打断纽约的历史，甚至还有芝加哥也牵涉其中。 所有的这些事件中，洛杉矶再次落在了后面，不仅仅因为它还没有建立深厚的工业基础，还因为它的精英们通过推行无情的商户开放政策（open shop policy）对工会先发制人。

---

[1] 首次横贯大陆的飞行花了 36 个小时，包括一个整夜的停靠。

周期4：从1929年的经济危机到20世纪70年代间世界经济的重构

　　所有这些发展都由于一场世界性的大萧条戛然而止——不幸的是，国家充分融入世界体系后，其命运将与远超其疆域的力量联系在一起，大萧条是对这一点的印证。20世纪20年代末世界范围内的产业危机（20世纪20年代该年代初还有全球农业危机）将原有的稳态打破。工厂的设施被关闭并闲置不用。不久，纽约与芝加哥的失业率便达到了极高的程度，东北部与北部中心区域的其他城市也是一样。

　　虽然西海岸未能独善其身，不过在加利福尼亚会感觉国家经济危机没那么严重，持续时间也更短暂，这大概证明了州里更低的一体化和农业上更强的独立性，此时这一"边疆"区域仍然处于城市生产循环的早期阶段[1]。其他城市中的绝大多数都完全停止了建设，与此同时人口还在增长，因此许多的城市人口，特别是那些来自乡村的，放弃了艰苦的城市生活而去寻求在乡村种植农作物口粮的机会。

　　然而，到了20世纪30年代末，受到欧洲战区需求以及在罗

―――――

[1] 1935年往前，加利福尼亚南部，特别是洛杉矶区域，吸引了在其他地方失败的工业。这说明，在国家层面上，美国"刀耕火种"（slash and burn）的城市体系整合太过粗糙，难以分解。洛杉矶之所以对工业有吸引力，不仅仅是因为城市的整合度较弱，而且是因为在资本主义的发展过程中，它通常是正确的。获取的最大利润仅仅源自低成本区域的新企业。在下一阶段，"前沿"的投资转向了第三世界。

斯福新政（New Deal）背景下开展的内部"重建"政策的刺激，美国开始走出萧条。而这一阶段开始于大萧条的最低谷，在后二战时代达到了顶峰，此时美国的工业差不多发展到了极点。从 20 世纪 30 年代晚期到 60 年代早期，美国以其宰制性力量巩固了其在世界体系内的位置。

美国之所以参与二战，与其说是战争的推动，不如说由于其独特的地理必要性，这足以永久地改变这一国家的区域平衡。战争向西海岸指示了一个新的发展重点，以此对传统上所依赖的纽约港和中西部的工业基础进行补充。1941 年的珍珠港被炸，标志着此后战争将会波及大西洋与太平洋的东西两岸，不过芝加哥和中西部如往常一样继续生产战争重型机器。纽约的定位被限制在船舶制造和一些航空制造，还有少量国防工业，与芝加哥相比算是少的。而与洛杉矶相比，它们便相形见绌。洛杉矶获得了大多数有利可图的战争合同，尤其是与空中力量相关的新技术[1]。

在第二次世界大战期间，南方黑人向北方城市的大量迁徙再一次改变了中心城市的人口结构，这一浪潮同样冲击了西海岸——至今仍然使用"外来人"形容有色人口——"受控制的"服装业以及主要的农业生产。洛杉矶招聘非裔美国人以应对战时生产，不过享受此优待的不包括墨西哥裔和亚裔，至少在早期阶段如此[2]。

---

[1] 在大萧条早期，汽车、轮胎与飞机制造业在加利福尼亚南部健康发展。首先，这些新的设施是中西部企业的分支，特别在航空方面，这些企业都是崭新且富于创新冒险精神的。

[2] 对西海岸日裔居民的拘留是对亚裔移民漫长的隔离、歧视史上最丑陋的篇章。

　　纽约、芝加哥和洛杉矶在战后全都获得了繁荣，因为联邦政府在战时倾斜的资源都无偿集中在这里。 大量的新建设——居住区、工业车间与消费零售设施——促进了一个爆炸性的郊区化进程，联邦政府资助的高速公路建设极大地拓展了外围区域。在将这些外围区域从农业用地转化为城市用地的过程中，可获得极大的利益。 新增的第二与第三环通勤区域数超过了战前建设良好的留置郊区（inlying suburbs）。 这是"社区建设者们"的时代，他们的客户通过签署退伍军人管理局（Veterans Administration）与联邦房屋管理局（Federal Housing Administration）的抵押获得新的低贷款率，在超出合理通勤距离之外的偏远、低密度区域购买独户住房。 这同样是市区重建，贫民窟翻新/公共房屋与公基金竞争的时代，在三座城市中产生了不同的结果，我们将在第七章至第九章介绍。 这些趋势在战争的余波中出现——对房屋的更高要求[1]，大量的去中心化，中心城市及其边缘地带之间种族与经济更大分化——继续沿着相当清楚的分界推进，设计者依然毫无顾忌地规划着未来，完全忽视了这些趋势扩大了社会分裂。 事实上，在 20 世纪 50 年代晚期，纽约区域规划协会（Regional Plan Association of New York）委托进行了一整套研究以修正 20 世纪 20 年代晚期的所作所为，这暗示了这些趋势将会进一步持续。 纽约、芝加哥与洛杉矶在这样的设想下构建了自己新的总体规划，即在边缘地区继续扩

――――――
[1] 当国内建设被推迟，不仅仅在战争期间存在大量积压的事务或是对房屋建筑的需求，而且在战后阶段，曾被战争耽误的新结合的家庭达到了天文数字。 短期爆发的"婴儿潮"打断了美国婴儿出生率的长期下降趋势。 这些趋势同时驱动了城区的扩张。

张，并保持中心区的强大。 这根本就是不切实际的设想。

这一周期的末尾，无疑是 20 世纪 70 年代早期，主要的变化都在进行中，国际经济的变化极大地削弱了美国在世界经济体系中的垄断地位，雇佣场所的空间结构不仅仅使得雇员分散了（正如在之前所发生的一样），还使得之前向大城市中心集中的工作岗位（行政办公楼、商铺与工厂）也去中心化了。 不仅现存的城市化区域呈现出了离散化的面貌，如飞散的纸屑，而且整个美国的城市系统都被再次塑造，因为联邦政府资助的高速公路和航空"枢纽"压缩了各中心之间的通行时间，并延展了通向其他位置的距离[1]。

在这三座城市中，这种再塑造有所不同，并在某种程度上呈现出相反的效果，一方面使得它们愈加成为国家与世界经济交易的中心，而与此同时，也削弱了它们在居住与生产集聚方面的垄断地位。 在 20 世纪 60 年代中期，许多变化更改了这三座重要的城市化区域的相对位置，也使内部居民的关系变得更不稳定。因为在此期间美国参与的两场战争（20 世纪 50 年代的朝鲜战争，以及 20 世纪 60 年代更剧烈、更具有破坏性的越南战争）都位于太平洋战场，西海岸军事相关的工业接收了国防部（Department of Defense）大量的资金和对航空研发几乎无限资助。 相应地，这些政府投资不仅忽略了东海岸和中西部，实际上还抽干了它们的资源。 因此，当洛杉矶及其周围地区［包括

---

[1] 20 世纪 60 年代与 70 年代间变化的详尽阐述参见：Thierry J. Noyelle and Thomas Stanback Jr., *The Economic Transformation of American Cities* (Totowa, N. J.: Rowman & Allanheld, 1984)。

圣佩德罗港、长滩（Long Beach）以及奥兰治县（橘郡）（Orange County）的高科技走廊］获得迅猛的发展和充足的预算盈余时[1]，芝加哥和纽约（以及其他"锈带"上的工业城市）都经历了数量不大的但确凿的人口流失——增长率在大城市区域有所下降，到了 1970 年，在中心城市中甚至有了负增长率。

然而，在 20 世纪 60 年代中期，本地经济无论增长或停滞似乎都无损于市区的"安宁"。 1964 年前，在这个国度有上百座城市出现了人口种族上的激增，有些城市有大量的少数族裔人口，如芝加哥；有些较少，如纽约；其他城市，如洛杉矶，有少数的黑人。 有一些城市经历了工业部门就业数的下降，如芝加哥和纽约；而其他一些城市，如洛杉矶，仍在扩张之中。 没有现成的政策帮助贫困的少数族裔来确保避免"骚乱"。 之后便暴发了一系列动乱，首次"暴乱"［1964 年于贝德福德-史岱文森（Bedford-Stuyvesant）］的发生地是拥有一个慷慨的福利体系、支持大量福利房持续建设的纽约。 纽约有第一次"暴乱"就发生在新增序列中，洛杉矶紧随其后，在 1965 年发生了瓦茨（Watts）"暴乱"。 洛杉矶基本上拒绝公共房屋，因为在麦卡锡主义（McCarthyism）的背景下，这会与"社会主义"联系起来。芝加哥有着大量的、增长中的黑人人口，它经历了一系列持续

----

[1] 到 1964 年，加利福尼亚南部自称约有 1 321 家"高科技"企业（雇佣了超过 3.15 万名工人），与国防相关的在 2/3 和 3/4 之间。 参见 Allen J. Scott, *Technopolis: High-Technology Industry and Regional Development in Southern California* （Berkeley: University of California Press, 1993）, 38, 表 3.1, 数据源于美国商务部，人口调查局: *Country Business Patterns*。

的、由种族问题引发的"边界战争",这是由于该城市极端的种族隔离形式导致其"黑色地带"（Black Belt）不断扩大，但是一直没有出现大规模的暴动，直到 1968 年马丁·路德·金（Martin Luther King Jr.）遇刺之后，在全国运动的背景下城市西区才爆发骚乱。当芝加哥要求废除种族隔离时，此处的公共房屋计划事实上已经停滞了。

在 20 世纪 60 年代，这种不稳定将自身放大至了全国范围，尽管其表现形式在纽约、芝加哥与洛杉矶稍微有所不同，不过也深深根植于三种**普遍**且相互关联的状况中，这三者通常并不会被关联到一起分析：民权运动（civil rights movement）、越战反战运动以及美国在世界上的经济霸权。这三者之间的彼此关联（以及它们与第四次发展的关系很少在这种背景下进行讨论，即 1965 年移民限制法案对美国自 20 世纪 20 年代以来移民政策的有效逆转）将会在本书第四篇详细介绍。

周期 5：全球性的重构/空间重组

无论对于世界还是对于美国在其中的作用而言，过去的几十年都标志着一个重大的重构性变迁时期。诚然，许多事情发生了变化：第三世界正式的"去殖民化"，生产的全球化，劳动力的重新流动，移民的成分重构以及"外来工人"潮。随着这些趋势的到来，是美国曾拥有的资本垄断的下降；是泛太平洋（Pacific Rim）诸国的崛起；如今还是中国这一沉睡巨人的觉醒。在过去，冷战一方面使得美国耗费了大量的财富；另一方面也长久性地刺激了其经济。而今欧洲的联合以及随后冷战的结束，进一步记录了仍尚未充分发展的设计，它被泛称为后工业社会（最近，在欧洲的中心和东部地区新发生了许多未知的事件）。

在这一过程中，金融与生产服务业成了经济中发展最快的部门，但这样创造的就是其岗位与低端低薪服务业岗位的扩张和向"弹性"生产的转变无法匹配。随后的一个趋势由优质工会工作的急剧下降所带来，因此战后劳资之间短暂的福特制契约被颠覆了。去工业化，或者说一种对于工业的重构，开启了一个经济变革的新阶段，我尝试着在本书的最后一部分捕捉其本质。

所有的这些力量都影响了这三个城市化区域，但方式各不相同，并且结果也并不一致。正如早期曾在这三座城市中出现了差别一样，今天"后福特主义"时代的全球化经济在这三个地区中也产生了非常不同的效果，这构成了我们研究的对象。鉴于对最近这一周期发展的解释构成了本书的最终目标，并将在第十、第十一、第十二章得到更为细致的阐述，那么在此不再赘述。而我们需要重新回到前述的四个发展周期，以构建它们发生于其上的历史地基。

最初的源起

第二章
1820年以前的第一个增长周期

唯有纽约

　　任何关于美国都市化（urbanization）的描述都必然始于纽约。 正如肯尼斯·杰克森（Kenneth Jackson）曾经指出的那样，"由于在圣·奥古斯汀（St. Augustine）（1565）、詹姆斯敦（Jamestown）（1607）与普利茅斯（Plymouth）早期殖民定居点的完全消失……或者无以复加的衰败，**纽约作为最古老的重要城市在今日美国的大地上**"[1]。 在本章所述的这一时间段里，纽约是三座城市中唯一已经存在的。

　　纽约的形象与其起源一般古老和多样。 面对这座城市，美国人总是抱有某种矛盾的情绪，这一点可以通过他们给纽约起的多种多样的绰号反映出来。 纽约曾被叫作"愚人村"（或译作

---

［1］ Kenneth Jackson, "The Capital of Capitalism: The New York Metropolitan Region, 1890 – 1940," in *Metropolis 1890 – 1940*, ed. Anthony Sutcliffe（Chicago: University of Chicago Press, 1984）, 319, 加粗字体为原作者所加。

"哥谭市")（Gotham）、"地铁上的巴格达"（Baghdad-on-the-Subway）、"我们的巴比伦"（Our Babylon）以及"大苹果"（Big Apple）[1]。从弗里茨·朗（Fritz Lang）在其早期的经典电影

———

[1]　"根据传说，哥谭是英格兰的一个镇，因其盛产'聪明的愚人'（wise fool）而广为人知，当时其居民哄骗约翰王，使其不在此地建房。当国王派去的人骑马经过小镇进行勘察时，居民们装出疯子的样子。皇家的家臣打马而去，而一个说法从此诞生：'穿过哥谭的笨蛋比留在那儿的还多。'华盛顿·欧文（Washington Irving）被认为是第一个称呼纽约为哥谭的人。在他发表于 1807 年至 1808 年的定期杂录（Salmagundi）中，他使用这一名字以作为他对其复杂的或有些做作的同辈人的评价。"*New York Times*, February 5, 1994. 大概没有哪个作家像欧文一样，在其对故乡的直接讽刺中，包含着对一个城市如此深厚的情感。他关于城市及荷兰创始人/居民的传记是：*Knickerbocker's History of New York*，最初出版于 1809 年（New York: Frederick Unger, 1928）。这本书有些古怪，但并不尖刻。

　　在欧·亨利（O. Henry）的一系列短篇小说中，他将之伪装成了《一千零一夜》里的故事，但是将之置放于一个更具讽刺性的纽约中。在这些故事中，哈里发哈伦·拉希德（Caliph Haroun Al-Rachid）[阿拉伯帝国阿拔斯王朝最著名的哈里发，《一千零一夜》里有许多他的故事。——译注]伪装成一个穷人，试图给予遇到的纽约穷人以特殊的赠予，然而出于对无所不在的骗子的警惕，所有这些好意全都被多疑的市民拒绝了。

　　"我们的巴比伦"是喜爱城市的莫利的充满爱意的绰号，他亲切地说："她是唯一一座城市，可以让喜欢她的人总是生活在惊奇感与期待中。"参见 Christopher Morley, *Christopher Morley's New York*（New York: Fordham University Press, 1988），11。

　　据 Kenneth Jackson, ed., *The Encyclopedia of New York City*（New Haven, Conn.: Yale University Press, 1995）107 页的条目，深情的绰号"大苹果"最早在 20 世纪 20 年代被一位赛马记者使用，他从新奥尔良的黑人马夫那里听来，而后在 20 世纪 30 年代被爵士歌手采（转下页）

《大都会》(*Metropolis*)[1]中描绘的狂热、危险的反乌托邦到约翰·卡朋特(John Carpenter)在《纽约大逃亡》(*Escape from New York*)中更为糟糕的描述——曼哈顿岛成了被封锁、抛弃给罪犯的霍布斯式流放地(Hobbesian penal colony),纽约不太正面的形象总会与这些情感激烈的词汇相对应。

不过,更多的描述是试图捕捉这一城市的矛盾本质。纽约常常被描绘为拥有金子般心灵的妓女这一老套形象,还有,自作聪明的城市,金钱万能的城市,孤独、隐秘然而令人兴奋的所在[2]。最常被铭刻在明信片上的两座纽约地标是帝国大厦和自由女神像,前者象征着曼哈顿岛的高度;后者在广度上欢迎外来者,并向他们承诺了希望——尽管常常为了自身发展剥削他们。虽然从 19 世纪初开始,这一来纽约的移民比例开始下降,大多数移民都是乘飞机到达美国而非从海上,但直到今日仍有半数到

(接上页)用。在被放弃使用后,又于1971 年在纽约会议和旅游局(New York Convention and Visitors Bureau)主导的宣传活动中被再次启用。

[1] 澳大利亚导演弗里茨·朗在 1924 年访问美国,在纽约和好莱坞考察电影生产。当他被耽搁在纽约港时,获得了下一部电影 *Metropolis*(公映于 1926年)的想法。这部电影的拍摄耗费了两年时间,并几乎使他的公司破产。该电影描绘了一个令人十足恐惧的"双面城市"。

[2] E. B. White 对于城市的情感在其著作 *Here is New York*(New York: Harper & Brothers,1949)中一目了然。这一洞察描述了纽约对其居民的馈赠:"对于任何期盼古怪礼物的人而言,纽约会赠予他孤独和隐私……赠予这份具双重性礼物的能力是纽约的神秘才能。它能够摧毁一个人,也能够成就他,这很大程度上要靠运气。如果没有运气,你不应该到纽约来。"(9-10)他继续写道:"纽约将私密性与刺激感混合在一起,这好过大多数稠密的社区……成功隔离的个体……抗拒无时无刻不在发生的所有宏大的、猛烈的、精彩的事件。"(13)

达美国的移民从纽约的大门穿过。

　几乎从一开始，纽约便展现出了某种独特性：相对远离国民冲突，或至少时刻准备着从中渔利[1]；作为战略性的海港所在地，相对于美国内陆，更多地面向欧洲，被设计为联结"新世界"与全球体系的纽带，其中心地位愈加凸显；它吸引着那些通晓多种语言的人们，致力于（或说迷恋于）贸易和商务，永远为订单严阵以待，时刻准备吸引新来者，用其生硬又傲慢的口气包容多样性；具备了一种企业家走南闯北（adventurism and mobility）的流动精神（fluid spirit），不仅仅体现在贸易上，还体现在政治、观念和文化上。

水：纽约的决定性元素

　纽约具有如此之多特性的关键，取决于最初它作为世界性港口的功能。我想，简·莫里斯（Jan Morris）在她为纽约港所作

[1] 由于纽约服务于英国的统治者，所以在革命期间，它一直疏离于独立斗争，因此其爱国主义仍然是值得怀疑的。布赖斯勋爵（Lord Bryce）在其涉及19世纪后半叶的著作 *The American Commonwealth* 中称纽约（第二章开篇的句子）为"一座没有自身起源的欧洲城市"。多元的移民持续强化着这一疏离型的角色。报道说："纽约大都会地区的移民从1986年至1988年间的不到12万人每年跃升到了1989年的约13万人，在1992年下降到15万人之前，于1990年与1991年一路到达20万人……[然而]计划留在纽约的'净'人口仅仅从早些年的约9万人增加到后面的约11.5万人。"甚至在今天，很多美国人仍坚持认为纽约不是美国的！取代了欧洲城市叫法，现在它有时被称为第三世界城市。

的充满诗意的颂词中确实捕捉到了某种东西，她称其为："一座浮动码头（landing-stage），一条沟渠（conduit），一个流动不定的所在（place of movement）……［它的］特性总是被贯穿整座城市、永远喷薄且绵延不断的能量之流支配。除了分裂性（fissile）的事物，还有各类人、观念和哲理——这些总会成为纽约港的主要产物，以及这座城市存在的理由（raisons d'êtres）。"[1]

当然，其他人也始终都强调同样的流动性。沃尔特·惠特曼（Walt Whitman）——这位纽约的吟游诗人无论从哪一方面看，都可比之为卡尔·桑德堡（Carl Sandburg）之于芝加哥——他 1860 年的颂歌《曼哈顿》（"Mannahatta"）中以下面的诗行作结："湍流与波光之城！尖塔与桅杆之城！／筑巢于海湾中的城市，我的城！"[2]后来的写作者同样唤醒了水的形象和隐喻：大街上迅捷游动的人流就如大河一般。如果过去曾经有某座城市可以作为"流动的处所"（space of flows）的完满范式——曼纽尔·卡斯特尔（Manuel Castells）似乎暗示，这是一种"新［原文如此］信息时代"[3]的**后现代效果**——那一定是纽约。

---

[1] Jan Morris, *The Great Port: A Passage through New York* （New York: Oxford University Press, 1969）. 这段引文出现在未标页码的 "Reservations" 背面。

[2] 对于这首诗的进一步讨论参见 Peter Conrad. *The Art of the City: Views and Versions of New York* （New York: Oxford University Press, 1984），16－17。

[3] Manuel Castells, *The Informational City*; *Information Technology, Economic Restructuring and the Urban- Regional Process* （New York: Blackwell, 1989）.

这些隐喻极为生动。它们以平庸的描述所匮乏的方式指出了本质，水既是纽约的物质，又是纽约的象征。不同于将纽约视为一个广阔而又破碎的城市化群落（fractured agglomeration of urbanized），这一作法彻底反转了形象，就像颠倒了罗夏墨渍测验（Rorschach inkblot test）中的黑白答卷。取而代之，它们认为纽约庞大而复杂的身躯由水塑造而成，边缘则是城市居住区，那里一度除水路之外彼此无法接近[1]。没有哪个曾从空中飞越纽约的人会怀疑这一点。

三个州围绕着这片水汪汪的"中心"，这导致了一种反常情况，一个城市化的区域却**没有完备的政治系统**——以后也永远不会有。事实上，纽约的历史上充满了一个又一个政治和/或经济上的权宜发明，它们被设计出来用以克服这种根本上的碎片化。乔治·凯里（George Carey）的描述捕捉到了这里的本质：

这一地区便是著名的纽约大都会区……遍及三个州的

---

[1] 该区域增长的早期历史最好在某种程度上被视为凭借孤立的设施而发展起来的过程，这先于各部分彼此间通过桥梁（1883 年，与布鲁克林间的桥梁竣工）、铁路［到 1910 年，大多数西向的铁路线在泽西海岸（Jersey Shore）设置终点站，宾州车站（Penn Station）最终将之引入岛上］、公共交通高架与地铁线（高架线在 19 世纪末完成，随后的地铁线在 21 世纪初建好）逐渐联系在一起的过程。直到 1898 年，各自治镇政治上都没有统一，此后也没有实质上的合并，除去曾发生过的从布朗克斯到韦斯切斯特（Westchester）的扩张。新泽西与康涅狄格（Connecticut）海岸依然保持司法权上的"独立"，不过严格地限于经济领域。虽然大量的独出心裁的技术和制度性安排被设计出来以修正殖民地时代遗留的错误，但是并没有完全令人满意。

部分区域，在其周围，哈得孙河（Hudson）与拉里坦河（Raritan Rivers）的水流与大西洋、长岛海峡（Long Island Sound）以及无数的海湾、水道相交汇，并减弱了纽约及新泽西港口的势利……这一庞大的都会大体上包括了 22 个郡——1 个在康涅狄格州（Connecticut），9 个在新泽西，12 个在纽约州。核心区是纽约市，坐落于水系主要结点的一组群岛上。**纽约城的 5 个区只有……布朗克斯（Bronx）大部分位于大陆上**[1]。

芝加哥与洛杉矶和水的关联

芝加哥与纽约的对比再鲜明不过了。芝加哥坐落于密歇根湖畔，基本上位于一个毫无起伏的平面上（一个货真价实的冲积平原），它的地理结构（与扩张模式，即便今天也是这样）惊人的简单。对称的半圆形核心几乎单调地沿着湖岸扩张到了这一完的（平面）平原上。湍急的河流和铁道线塑造的扇形区域略微改变了这一地形。芝加哥的政治实体完全处于一个单独的郡中（库克郡，Cook County），其在南北方向分别围绕着一个内部郊区环形带。越过库克郡，是它的 5 个"卫星城镇"（collar counties）（湖泊区，威尔县，凯恩县，麦克亨利县以及杜佩奇县）（Lake，Will，Kane，McHenry and DuPage），也包括了独立郊

---

[1] George W. Carey, *A Vignette of the New York-New Jersey Metropolitan Region* (Cambridge, Mass.： Ballinger, 1976）, 1，加粗字体为作者所加。

区和卫星城的溢出区域[1]。 即便有部分芝加哥的扩展城市群分别向北方及东南方向越过了威斯康星州和印第安纳州的边界，但其功能规划区基本上都位于伊利诺伊州以内。

尽管有明显的地理优势，但芝加哥的定位不像纽约那般唯我独尊。 直到 19 世纪中叶，芝加哥的本地支持者对美国铁路系统的许多组织者进行了恳请和游说，将其中西部终端集中于此，这才让芝加哥巩固了相对于其竞争者如加莱纳（Galena）和圣路易斯（St. Louis）的优势。 如果说纽约从其建立之初便打入了全球体系中，其一开始便是新、"旧"世界跨越大西洋进行联结的关键点；那么芝加哥从**一开始**便是一个边缘城市（outpost），其与全球体系进行联系需要通过中介的**链条**（intermediary hinge）——纽约来进行。

纽约与洛杉矶的对比甚至会更加鲜明。 虽然洛杉矶拥有上佳的海岸线以及现在它自夸的美国情形，即它是（如果不是全世界的话）最大、最繁忙的国际性海港之一，可它最初甚至还不如芝加哥有前途。 洛杉矶诞生于荒漠与群山的怀抱，而非成长于海洋膝下，甚至连内陆湖都谈不上。 值得一提的是，虽然现在洛杉矶是国内最大的制造业中心和主要的农业财富集聚地，但在刚开始时，这些经济优势是不存在的。 随后，通过意外的征

---

[1] 对芝加哥来说，边缘城市并不是一个新现象： 郊区，接着是城市远郊、间隔城市核心 10 千米到 20 千米连续出现的环带，最近期的是福克斯河谷（Fox River Valley）的边缘城市，现在包括城区快速发展的城郊。 环形公路和对角高速公路将这一外围区域划成多个部分，从而复制了芝加哥的基本生态结构。

服，洛杉矶获得了重要的政治优势。

如果说纽约必须冲破种种地理与司法上的藩篱，而后再去打造一个自身没有特定边界、多元、复杂且难以协调的城市化区域［更别提完全自成一体的波士华地区（Boswash）］；那芝加哥的城区则从一个固定的中心向外平滑地扩张，打乱这一进程的障碍少得惊人，直到其在南部和北部遇到绝境。芝加哥仅在地理上而非司法上兼并了印第安纳州北部和威斯康星州南部的诸多工业设施[1]；而洛杉矶的城区，不管变得多大，仍然保持在同一个州内。

虽然如此，洛杉矶的城市外表高度复杂且**不连续**，因为它建设在离散的冲击层上，必须楔入荒山之间的低地以及任何便于取水的地方[2]。不像纽约与芝加哥，它们本来就有地表水和地下水，这是城市集中的必要条件（sine qua non）。而加利福尼亚南部本质上是半干旱（semiarid）的状态[3]。如果任其自由发

----

[1] 当然，政治边界在某种程度上造成了芝加哥的外向流动。在 19 世纪末的合并大潮之后，几乎整个库克郡都并入了芝加哥，城市不再吸收其增长中的边缘城郊。因此，今天都市核心区包括：城区、主要在库克郡西北部的一小块独立边缘市镇、所谓司法上独立于城市的卫星小城镇。一个"地区"规划代理（伊利诺伊州北方规划委员会）尝试整合伊利诺伊州北部的城郊地区，不过与芝加哥没有官方联系。

[2] 洛杉矶的地形约束，参见第三章。

[3] 干旱的情况比加利福尼亚南部 1995 年 1 月出现的大暴雨和洪水更具有代表性。这一地区的风暴仅仅是偶然现象，对暴雨缺乏准备及相应的政策，让结果变得更糟。铺设了道路的洛杉矶河床阻止了土壤的吸收，泥泞不堪的峡谷被地面房屋建设加剧，如果仍有树林会好一些。参见 John McPhee, "Lost Angeles against the Mountain," in *Control of Nature* (New York: Farrar, Straus & Giroux, 1989), 183–272, 可看到对于山地发展的严厉批判。

展，这片土地最适合发展畜牧业，直到 19 世纪末期它还常常发挥着这种作用。 要在加利福尼亚南部城市和乡村地区开创生活，水是一种必要的魔法材料。

不过，政治性的碎片化几乎是人为造成的。 虽然洛杉矶市完全包含在更大的洛杉矶郡内，但其城市的实际形态却是独有的： 其可谓千疮百孔（小的本地社区要么抗拒并入城区，要么后来退出）还被狭长的尾部给抻长了（所谓附加的"鞋带"）。正如我们将在第六章看到的，洛杉矶的市政控制以及随后的水源供给垄断权的逐渐消失决定了兼并政治，从而塑造了独特的城市形态。 从城市边界向南的怪异延伸起到了脐带的作用，勾连了它原本偏远又不相连的港口圣佩德罗（San Pedro）。 环绕着洛杉矶的 5 个郡同样是互不相连，它们"斑点状"的城市区域被贫瘠的山丘或者繁茂的农业谷地所隔断。

正如我们将要在下一章看到的那样，这些不同的地理环境起到了关键的作用，从而赋予了每个地区不同的特点。

纽约的早期历史：作为一个多元文化的商业城市

曼哈顿岛居于哈得孙河的入海口，河道在此处变宽，进入海湾并最终汇入大西洋。 这一战略性的港口位置对于一个沿海城市来说特别理想。 然而，在冰河世纪（ice ages），曼哈顿本位于在内陆深处。 融化的冰川"冲刷着哈得孙河的巨大河谷……形成了一个像科罗拉多大峡谷（Grand Canyon）一样深［的洼地］"。 随后，随着海平面的上升，"原本的位置至少高过旧的海平面 3 500 英尺（1 英尺 =0.304 8 米）以上的曼哈顿，现在成了一个四面环水的低洼岛屿"[1]。

起初时的人口多样性（多元文化主义？）同样塑造了这一城市的特征。注意，在这一简短描述中也包括国籍的多样性。在乔凡尼·达·维拉萨诺（Giovanni da Verrazano）[一个效忠于**法兰西国王的佛罗伦萨**（Florentine）航海家]于 1524 年进入下纽约湾（New York's Lower Bay）。几百年以前，该岛的南端是**不同的印第安部落当面交易的中立地点**[2]。1525 年，哈得孙河河口[随后被叫作圣·安东尼奥·里约热内卢（Rio de San Antonio）]被一个**葡萄牙**海员在一次由**西班牙**国王所赞助的航行中绘制出来。随后**英国**航海家亨利·哈得孙（Henry Hudson）作为第二个探险者于 1609 年到达此处，他的船"半月号"（*Half Moon*）由一家**荷兰**公司赞助（直到 50 年后，这条河才以他的名字被重新命名）。

即便有许多的主张者，不过确实是荷兰公司首先于 1624 年在曼哈顿建立了第一个城寨（fort），并命名为新阿姆斯特丹（New Amsterdam）。这一布局从一开始就被整合进 17 世纪世界体系的扩张性殖民计划里。英国和荷兰就全球殖民体系的领导权展开了激烈的争夺[3]。第一批定居者约有 30 个家庭，主要是瓦隆人（Walloons）[来自后来变成**比利时**（Belgium）的**讲法**

---

[1] Workers of the Writers Program of the Works Projects Administration of New York, comp., *A Maritime History of New York*（New York：Haskell House, 1973），5 - 6. 这是 20 世纪 30 年代再版的版本；包含了拉瓜迪亚（Fiorello La Guardia）的前言。

[2] 同上，9。

[3] 在此段时期，荷兰东印度公司将其势力植入了印度尼西亚，（转下页）

语者]，他们于 1624 年 5 月被安置在殖民地——一些在曼哈顿岛，不过大部分逆流而上，到了奥尔巴尼（Albany）。这些船只回程的时候携带了 700 张的海獭皮和 4 000 张的海狸皮，这表明了早期国际毛皮贸易和殖民地间的联结[1]。

后来的船只携带了更多的殖民者。1626 年，皮特·米奴伊特（Peter Minuit）受荷兰西印度公司（Dutch West Indies Company）派遣，任新阿姆斯特丹殖民地的总督。该殖民地是公司在美国运转的总部。皮特以传奇的 60 个荷兰盾（legandary sixty guilders）（即 24 美元）"购买"了曼哈顿岛[2]。这大概是一个合理的开头，因为这片土地据说什么都能得到，并且绝大多数东西甚至窃取的赃物都可售卖[3]。荷兰西印度公司设立在新阿姆斯特丹和奥尔巴尼上游，其直接商业目的是垄断毛皮贸易，

（接上页）使新阿姆斯特丹成了其北美运营中心。参见：Immanuel Wallerstein, *The Modern World -System II: Mercantilism and the Consolidation of the European World-Economy, 1600 - 1750*（New York：Academic Press, 1980），其中包含了荷兰与英格兰尖锐冲突的更多细节。

[1] Workers of the Writers Program, *A Maritime History of New York*, 15.

[2] Elizabeth Blackmar 在其精彩的纽约房地产市场发展史 *Manhattan for Rent, 1785 - 1850*（Ithaca, N. Y.：Cornell University Press, 1989）中指出，"所有的文化都有其创世神话…… [曼哈顿购买故事] 的持久性……相较于过去，更能够用以为我们当下时代的战略提供合法性"。（1）她继续说道："这一神话宣告了纽约房地产交易的原初历史，为塑造城市景观和限定日常生活地理条件的房地产市场的权力增添了不可见的灵晕（aura）"。（12）而相应地，她的书则探讨了在 19 世纪上半叶市场如何通过社会关系自行创生。然而，如我将在随后指出而布莱克马自己的证据也显示了的，在曼哈顿发现的 1811 年的正交直线规划模板甚至早于独立战争。

[3] 倒卖赃物的路边市场在纽约每天都到处存在。

但利润一开始便令人失望，于是很快增补了木材和农产品[1]。
截至 1628 年，只有约 270 名定居者生活在曼哈顿周围，到 1664
年，这一数字才增加到了 1 500 名。 此时，城市已经易手，兵不
血刃地落在了英国人手里[2]。

　　然而，在荷兰人短暂的统治时期，他们为这一地区做出了重
要的贡献。 他们开拓了围绕着岛屿尽头洼地的沼泽海滨，运用
了他们非凡的技术，这不仅仅扩大了岛屿，同时还扩充了码头区
域（那时候都在东海岸）以供日益增多的往来船舶停靠。

　　　　在 17 世纪，海岸线当然与今天相当不同。 现在的弗朗
　　　特街、沃特街及南大街（Front, Water and South Streets）当时
　　　都会在涨潮时被淹没……现在的宽街（Broad Street）早先则
　　　是运河入口……这并不奇怪，即便在那么早的时期，荷兰殖
　　　民者也已经拥有了填海造陆（land fill）的传统，（认为）应
　　　当填充海滨、扩大海岛[3]。

[1] Eric Lampard, "The New York Metropolis in Transformation: History and
　　　Prospect. A Study in Historical Particularity," in *The Future of the Metropolis:
　　　Berlin-London-Paris-New York*, ed. H. J. B. Goddard, and H. Matzerath
　　　（Berlin: Walter de Gruyter, 1986）, 29 - 31.

[2] Ira Rosenwaike, *Population History of New York City* （Syracuse, N. Y.:
　　　Syracuse University Press, 1972）, 2 - 3. 作者编辑了早期出版的曼哈顿
　　　岛人口统计文件。 他的著作提供了基础性的文献，从档案、文件、
　　　所有现存的人口普查以及其他更多的资料中整合了数据。 他指出，
　　　当市政当局落入英国之手时，大约有 1 500 名居民生活在非常分散的
　　　区域中。

[3] Workers of the Writers Program, *A Maritime History of New York*, 21 - 22.

荷兰人也在哈得孙河谷的富饶土地上开始了农业生产，随后为国际市场提供粮食和磨碎的面粉，这是比毛皮更为成功的出口商品。荷兰殖民者在哈莱姆（Harlem）和布鲁克林（Brooklyn）设立的小型农业殖民地为这两个城市带来了持久的荣光，最终使它们融合进了美国城市。

英国或许取代了荷兰成了殖民地有名无实的"统治者"，但是这里的人们继续使用多种语言。根据一个在 1643 年来到新阿姆斯特丹的耶稣会传教士的记录，在曼哈顿四五百人中间呈现出了 18 种不同的语言，源于不同的教派和民族[1]。这种多样性还在持续[2]。然而，早期的社会结构呈现出一种基本的矛盾。虽然城市人口源于广阔而多样的民族和文化，其社会流动性当然比欧洲大陆大得多，然而最初的上流阶级只来自某些更狭窄的特定地区。事实上，前独立时代（pre-independence period），在荷兰和英国的统治下，纽约是"北美最符合贵族政治的殖民地之一"，是一种经由私人情谊维系的"庄园贵族、海外商人和顶级律师"精英团体[3]。

---

[1] 引用自 Robert Greenhalgh Albion, *The Rise of New York Port*, *1815 - 1860*（New York: Scribner, 1970 [1939], 235）。就南北战争以前，海洋在纽约的生活中发挥的作用而言，这是一项决定性的成果。我的研究从这一优秀成果中受益良多。

[2] 这大概并非完全是古怪的巧合，在 1995 年，纽约建了一个新的多语言学校，意在为新移民提供一个跨民族的环境，指导说明中给定了 18 种语言，虽然早期曼哈顿居民中没有同一个人能掌握这么多语言。

[3] Frederic Cople Jaher, *The Urban Establishment: Upper Strata in Boston*, *New York*, *Charleston*, *Chicago and Los Angeles*（Urbana: University of Illinois Press, 1982），160. 雅赫在第三章涉及了纽约。

　　荷兰西印度公司将哈得孙河谷的巨量土地授权给了原始的参与者（大多是荷兰人），由于长子继承制（primogeniture）的存在，他们的财产在几代之后仍然原封不动，这与新英格兰更为普遍的遗产可分割制度（partible inheritances）形成了对照[1]。 然而，正如雅赫所强调的，民族基于乡村（rural-based）的财产和城市贸易的繁荣是协同关联的："土地贵族参与进商业之中，相应地，显赫的城市商人也频繁地获取广阔的内陆房产，对内陆及城市财产进行广泛投机，有时还和庄园贵族一起。"[2]在英国获胜之后，最初的荷兰贵族与英国商人的联手，以及荷兰土地所有者和新兴显耀的商业"家族"之间的内部联姻进一步巩固了这一阶层。 尽管有荷兰人和英国人占据统治地位这一事实存在，但城市中"渗入上层"（permeated the upper stratum）的其他种族人数仍在不断增加[3]。

　　在精英族裔多样化之后，乡村经济大权与城市商业活动之间的紧密关系，毫无意外地被转化为城市与州政府层面的政治权力。 "事实上，每一片伟大的土地背后都列着一个显赫的商业家族……[并且他们的]大量城市房地产打造了另一条地主（房

---

[1] Jaher, *The Urban Establishment*, 160. 对此问题雅赫进行了详述。 他说，因此这更像是南部上流人士，而不是统治 17 世纪马萨诸塞州海湾殖民地的清教徒商人、地方官员与大臣的做法。 然而，其他人看到了相当不同的证据。 另外的论述参见：Blackmar, *Manhattan for Rent*. 布莱克马宣称，"荷兰"遗产体系给继承人们同样的份额。 我不确定如何在论述中解决这一分歧。

[2] Jaher, *The Urban Establishment*, 164.

[3] 同上，165，加粗文字为原作者所加。

东）与城市间的纽带。 政治权力促进了地主与商业巨头的发展。"[1]这种裙带关系相当值得注意，由此精英家族的成员得以占据高级公职。 雅赫指出，"哈得孙河谷和长岛的商业贵族（merchant-barons）及其人脉……在纽约市和奥尔巴尼同样起到了重要的政治作用，可借此为其城市牟取商业利益"[2]。

纽约与美国革命

在美国独立战争（Revolutionary War）爆发时，纽约城市居民不足 2 万人，都集中在曼哈顿南端。 在华盛顿的军队撤退至大陆之后，该岛在接下来的 9 年时光中充当了英国军队的主要指挥部。 只有在 1783 年的最后几个月，当洲陆军（Continental Army）正式占领城市之后，联合王国国旗（Union Jack）才正式降下，英国军队也撤退了。

然而，即便在战争的余波中，纽约贵族的深厚根基和多民族特性依然保证了某种阶级结构的稳固性。 那些荷兰后裔仍旧存在，虽然一些上流阶级成员随着英国军队撤离，然而他们的亲属（那些选择"战争中正确一方"的人）仍然留在这里并宣示他们土地的所有权。 根据雅赫所言，这"阻止了上层秩序的激烈变动"。 虽然，革命对统治阶级（ruling class）确产生了一定的转变，然而，那些"上层阶级构成的变化并没有很明显地改变其特

---

[1] Jaher, *The Urban Establishment*, 161.

[2] 同上，163。

性。 海外贸易依然是城市商业活动的中心"[1]。

战争期间，纽约遭到了严重的破坏，"由于纵火、倒塌和掠夺"，其失去了"大约一半的建筑"，但是到 1787 年，它便恢复了战前的人口[2]。 杰克逊（Jackson）指出："在民族独立成功之后，纽约很快便超过了它的竞争者［波士顿（Boston）与费城（Philadelphia）］。 至 1789 年，它已经成了沿海贸易的领军城市。 在 1794 年，其船舶总吨位已经超越了费城，进、出口额的胜出分别在 1796 年和 1797 年。 在 19 世纪早期，这一哈得孙河畔的城市作为新世界最大的都会，彰显于世。"[3]至 1800 年，曼哈顿人口增长到超过 6 万人，与费城相当，费城在此之前是美国最大的城市群。 十年后，曼哈顿连同其小邻居布鲁克林（Brooklyn）[4]的人口达到了令人震惊的 10 万人，首次超越费城[5]。

然而，要达到如此卓越不能没有挣扎。 独立自有其代价。战后，美国船只被隔绝在英国同西印度和欧洲的优先贸易关系之外，这种驱逐遭到了美国私掠船的激烈抗争。 公海里，英国封锁与美国舰只的骚扰相伴随，这种状况在 1812 年的战争中达到

[1] Jaher, *The Urban Establishment*, 171 - 172.

[2] Workers of the Writers Program, *A Maritime History of New York*, 75.

[3] Jackson, "The Capital of Capitalism," 319.

[4] 在 1816 年，布鲁克林被合并为一个镇，几年之后，在 1819 年，布鲁克林高地（Brooklyn Heights）作为一个通勤的城郊，被开发者进行了改善。 东河两岸的通勤仍然通过渡船实现，直到 1883 年布鲁克林的建设提供了另一种选择。

[5] 除非有其他引用，否则所有的人口数据都出自： Rosenwaike, *Population History of New York City*。

了顶峰，这一战部分目的是保护美国船只在国际贸易中的自主权和安全。但是英国对美国口岸施加的强制性战时贸易禁令产生了一个计划外的后果：它鼓励了进口替代（import-substitute）产业的发展。"在商业驱逐的防护墙后面以及随后的战争中，美国已开始制造一些以前需要从英国进口的货物。"然而，一等到战争经谈判结束：

> 英国制造商……［寻求］重新获取他们在美国市场的利益……决定……在一种［暂时性］的亏损之下……推销他们的产品……当和平条约签订的时刻临近之时，他们针对美国市场装满了货船。当……和平来临，他们［大多数］的船只驶入……纽约港，在这里货物……以低于平时的价格……被"倾销"（dumped）。这一政策成功让许多美国制造商破产了，也使纽约对内地城镇的买家产生了特别的吸引力，这些人现在成群结队地到这儿来，赋予了海港一种超出其他城市的、显著而偶然的……优势[1]。

纽约被英国船只选作竞拍（倾销）货物的港口，这种优势被

[1] Charles N. Glaab and A. Theodore Brown, *A History of Urban American* (New York: Macmillan, 1967), 37. 关于这一发展过程的完整资料可参见阿尔比恩（Albion）的卓越研究 *The Rise of New York Port*。阿尔比恩相当令人信服地强调，虽然纽约的优秀自然海港较波士顿更少结冰，这使得纽约较其东北海岸的竞争者具有无可否认的优势，不过是其商人的经商天才与纯粹的进取心，在1812年之后的岁月里，通过拍卖体系才将其潜在能力转化为面向海外贸易的商业垄断。

精明的纽约商人转化为一种永久性的优势。他们通过革新，使得信贷和交易简便化，促进了整个北部海岸线贸易功能的集中[1]。

雅赫引证这些材料，将之作为巩固纽约在 19 世纪开放时代占据主导性地位的三个因素之一。另外两个，一是伊利运河（Erie Canal）的修建，这使纽约港融入了五大湖（Great Lakes）的航运系统（这一发展的更多细节可参见第三章）；二是黑球航线（Black Ball Packet Line），在 1817—1818 年间，该航线在纽约与利物浦之间变得频繁而迅捷[2]。这些航班能运载更多的货物和人。在长途通信极其简陋、迟缓、不规律的时代，纽约商人拥有一个相对于其他港口竞争者的短暂的认知跃迁，这一事实

[1] 相关讨论参见，Albion, *The Rise of New York Port*, 12 - 13。书中宣称，如果没有涉及拍卖的立法革新，纽约被英国选作倾销港口所获得的优势将无法持续。新法律"通过在万一投标走低时阻止货物撤回，以保障所有用来竞拍的货物的最终销售"（13）。一场"信息革命"同样在巩固纽约于国际航运中的垄断地位时发挥了重要的作用。《纽约航运与商业日报》（New York Shipping and Commercial List）始于 1815 年，直到电报时代，它"对非本地的到达船只和全美所有地方能获取的清仓甩卖提供了最为详细的报道"。Allan R. Pred, *Urban Growth and the Circulation of Information: The United States System of Cities*, *1790 - 1840*（Cambridge: Harvard University Press, 1973），24 - 25.

[2] Jaher, *The Urban Establishment*, 176. 正如普莱德（Pred）所言："直到 1838 年跨大西洋轮船服务开通时，纽约的包裹——携带着'媒体的一般新闻；影响棉花与面粉价格的特殊信息；常规信件；官方急件'——这使该城近乎垄断了一手信息。"*Urban Growth*, 29. 普莱德的资料来源是：Robert Greenhalgh Albion, *Square-Riggers on Schedule: The New York Sailing Packets to England, France and the Cotton Ports*（Princeton, N. J. : Princeton University Press, 1938）。

意味着在货物供过于求或供不应求的国际性消息在其他地方传播开来以前他们进行资产投机。这更加巩固了纽约的优势[1]。

但是，早在 1812 年战争以及纽约通过伊利运河扩张其内地贸易（见下文）并开始蓬勃发展以前，纽约或至少说是曼哈顿岛的基本发展面貌已开始明确确立了。但直到 19 世纪末期，该面貌尚有很大的局限性。如爱德华·斯潘（Edward Spann）所指出，曼哈顿的网格规划图在 1811 年通过，它将早在 1804 年便开始的市政决议推到了顶点。这一规划体现了对于更为优雅的欧洲传统城市规划的重要突破，当然，仍未突破自 18 世纪最后几十年便开始成形的曼哈顿城市面貌[2]。然而，这一规划明显地将商业/房地产作为主要考虑因素，从而塑造了延续至今的城市特性。城市规划仅仅是拓展了岛内的许多其余部分，因为城市面貌早在土地"私有"者分割其大片的土地时就已经决定了。随着雇佣劳动逐渐取代自耕农和奴隶，私人业主租给承租人的土地从最开始时的农业用地，最终变成更小块的自建寓所的房屋用地。

在独立战争以前，曼哈顿的土地并不被视为"稀有物"，因此也不曾变成投机商品。当财富被投资在土地上时，很大程度上是为了把储蓄"存"起来并通过乡间庄园展示社会地位。布莱克马（Blackmar）曾经恰当地指出，鉴于长期投资的不稳定

[1] 参见：Albion, *The Rise of New York Port*, 51－53。

[2] Edward K. Spann, "The Greatest Grid: The New York Plan of 1811," 参见：*Two Centuries of American Planning*, ed. Daniel Schaffer（Baltimore: Johns Hopkins University Press, 1988）, 11－39。

性，土地至少是一种相对安全地安置闲散资本的所在[1]。但是随着人口的增长与建筑位置要求的提高，一些大地主将其财产划分为更小的份额（常常是25英尺×100英尺，这成了标准尺寸），将之租给新的定居者；然而，产权拥有者不是房屋投资者也不是建造者。"大多数租约约定，租客需要在到期后10天之内移除他们新建在地面上的所有建筑。进入19世纪以后，在长期土地租约到期之后搬家的纽约人被总督视为麻烦。"[2]如早期的曼哈顿岛地图所示，至少有一个大地主，德·兰西（De Lancey）按照网格形状细分了他造船厂以北的大型地产，这种分割方式之后被普及。这一模式扩展到了一系列向北的移动中。

至1811年，曼哈顿的定居者仍然少于100 000人，官方正式批准的区域切分已经遍布整个岛屿，往北到达哈勒姆区，足以供给数倍于目前数字的未来人口。

纽约1811年的规划是美国首个重要大都市的总体规划（master plan），旨在满足大西洋中型港口的需求……这一规划产生了几个影响，其中之一便是使纽约无缘成为政治中心之一；19世纪90年代它同时失去了其早期的国家第一首都……和纽约州首府的地位。从此以后，城市规划的考虑

---

[1] Blackmar, *Manhattan for Rent*, 24-25.

[2] 同上，31。关于这一有趣的信息，布莱克马引用了她自己的档案研究。实际上，纽约人对5月1日特别拥堵的路况有所抱怨，即城里传统的"搬家日"。

开始服从于更为实用的需求，以满足城市纯粹的商业功能[1]。

这一设计几乎毫无想象力，事实上在满足后续的需要方面，它也被证明是相当失败的。通过 155 个仅仅相距 200 英尺的同样狭窄的交叉路（大概 1 英里有 20 条东西向的街道），它构建了一种由狭窄的矩形街区组成的永久性网格，极少有例外[2]。另一方面，穿越南北轴线略宽的主干道有利于南北向的通行，这在某种意义上更实用些。除了早先的百老汇（Broadway）之外没有任何斜线存在，这也造成了东西向通行的永恒困境。

然而，未来的交通不在规划考虑之列。这种网格状的设计，有利于将全岛细分为一系列 25 英尺宽、100 英尺长的模块，就像具有同样尺寸的硬币一样，这便于使之成为本地的硬通货——投机买卖。除了岛上一些低洼地，高于水平面的地区都被强制性改造了。那里，除了早年的百老汇印第安小径外，没有斜路，且只保留了一小部分的公共开放空间（大部分处于百老汇主干道交叉形成的剩余三角地带；早先的公墓还有"无用"的沼泽地）。随着道路的延伸，哈得孙河与东河之间越来越窄，难以容纳城区的交通状况，这一状况早已远超当初的预估。这是这一规划缺乏远见的绝佳例证。

但是规划的短期获利状况引人瞩目。它促进了城市土地投资的飞速增长。哈得孙河谷的"乡村"荷兰和英国贵族，还包

---

[1] Spann, "The Greatest Grid", 14.
[2] 仅仅有 15 条交叉道路是例外，它们宽 60 英尺，其间隔十分少见。

括在曼哈顿国际贸易中进行毛皮贸易的"强盗贵族"（robber barons）、批发商、货运代理商、律师，他们之间的古老联盟现在通过城区土地收购得到进一步的巩固和加强[1]。德国出生的约翰·雅各布·阿斯特（John Jacob Astor）（他在毛皮交易中赚到了第一桶金），他的后裔最终成了曼哈顿的最大地主[2]。

这一精英联盟同时也在伊利运河（Erie Canal）的规划中发挥了作用。这一野心勃勃的计划将促使纽约的进出口得到极大的繁荣，刺激人口的快速增长，随之而来的便是对城市用地需求的极大增加。这最终导致了芝加哥城的建立，尽管运河的终点布法罗（Buffalo）最开始时是一个远在纽约与五大湖贸易规划之外的穷乡僻壤。这要求对运河、更重要的是对铁路进行更多的投资，后者断然取代了水路运输的企图。

但是这些发展必须等待下一轮的城市化。在进入下一周期之前，我想简要介绍一下洛杉矶与芝加哥在未来成为美国全球城市的条件。

19 世纪 20 年代以前的洛杉矶

在洛杉矶早期的历史阶段，很少会有美国人把它看作一个"地方"（place），尽管欧洲人后来"发现"纽约和洛杉矶几乎同时出现了居住区。尽管在早期阶段，纽约毫无疑问是**唯一**的美国城市（the American city），但只有一种美国的盎格鲁东海岸中心视角（Anglo East Coast-centric view of the United States）才能

---

[1] "甚至在其房地产消失之前，贵族们已经退出了贸易……将海洋 [遗弃给] 城市房地产。"Jaher, *The Urban Establishment*, 173.

[2] 据说在他死前，阿斯特曾经说，他很后悔没有将曼哈顿的土地全买下来。Jackson, *The Encyclopedia of New York City*, 63.

说明下列事实：1850 年，美国通过武力从墨西哥夺过加利福尼亚，将其并入联邦成为一州，在此之前它在美国历史上被普遍忽略[1]。在这里，我希望修正这种狭隘的视野。

采用一种更宽广的世界观，我们定然会认识到，16 世纪的大西洋沿岸"大发现"与太平洋的类似发现是并行的，并且都部分服务于同样的欧洲在该世纪的目标：通过航路进入印度和中国市场，而非传统上更短的中东陆路，因其是欧洲未能控制的。如果说 1492 年标志着克里斯托弗·哥伦布（Christopher Columbus）发现西行航线的成就；那么 1498 年达·伽马（Vasco da Gama）在环球旅行中通过南部和东部航线经由非洲到达东方以及随后 1520 年麦哲伦（Magellan）最终绕过南美，就标志着欧洲航线持续西行深入太平洋的成就。

在麦哲伦的历史性航行不久后，在 1524 年维拉萨诺"发现"哈得孙河下游仅 18 年后，将要承载洛杉矶的那片土地也进入了欧洲人的视野，虽然只限于西班牙人。与哥伦布、达伽马、麦哲伦相比不太为人所知的是罗德里格斯·卡布里略（Juan Rodriguez Cabrillo），他从新西班牙（墨西哥）向北航行，去寻找古中国（Cathay）的北部航线，同时探索仍旧不顺畅的水道以联结太平洋和大西洋。根据尼尔森（Nelson）的描述：

> 卡布里略所发现的是加利福尼亚……卡布里略……不是

---

[1] 这是否是因为统计是由英格兰人、法国人以及荷兰人所做，而非西班牙人？或者说，是否不愿意承认，目前洛杉矶的拉丁化并不是让人痛惜的新情况，而是我所称作的墨西哥民族统一主义（Mexican irredentism）？

寻常的船长。 在美好的特诺奇蒂特兰（Tenochtitlán）被攻占期间，卡布里略与科尔特斯（Cortez）在一块儿。 他还参与征服了危地马拉、萨尔瓦多与尼加拉瓜（Guatemala, El Salvador, and Nicaragua）……卡布里略……在 1542 年 10 月 3 日离开了圣地亚哥湾（San Diego Bay），继续北上，沿着海岸行进了三日……到访了圣克莱门特岛和圣卡塔丽娜岛（islands of San Clemente and Santa Catalina）……在 10 月 8 日，他们到达了大海湾的大陆……第二天，他们继续沿海岸航行……［大概停锚］在圣塔莫尼卡湾（Santa Monica）……卡布里略死在了路上，但是……他的航程在回返新西班牙之前至少到达了波因特阿里纳（Point Arena）[1]。

即便是 16 世纪马尼拉（Manila）和阿卡普尔科（Acapulco）间繁盛一时的大帆船贸易时代，以及偶尔在前往菲律宾前沿加利福尼亚海滨的北向航行，西班牙船只很少在加利福尼亚北部着陆，也从不需要在加利福尼亚南部停泊。 所以直到 1602—1603 年，阿卡普尔科（Acapulco）和俄勒冈（Oregon）之间的海岸线才最终由塞巴斯蒂安·比斯卡伊诺（Sebastián Vizcaíno）进行勘测。 在此过程中，塞巴斯蒂安进入了被他称为圣佩德罗（San Pedro）的海湾（现在是洛杉矶的一个港口），并且汇报了富有吸引力的周边地区。 虽然这些早期的描绘强调了加利福尼亚的富饶并编入了西班牙的航海书籍，然而西班牙因更好的地方而无暇

---

[1] Howard Nelson, *The Los Angeles Metropolis* (Dubuque, Iowa: Kendall/Hunt, 1983), 126.

他顾。 因此，直到 1768 年一个陆战队被派遣进入该区域之前，这种吸引力才被西班牙注意到[1]。

在这次陆地和海洋的双重调查中，西班牙的探险队损失特别惨重。 只有一小部分的幸存者设法在圣迭戈与加斯帕·德·波尔图拉（Gaspar de Portolá）船长取得联系，在回旧金山港的路上，船长带他们穿过了未来的洛杉矶[2]。 他们在未来洛杉矶附近的经历少得可怜，但却被当地报纸的读者口口相传。 在他们北上途中，他们被一连串的地震吓坏了，而且返回路上"在通过洛杉矶河的时候，他们观察到了最近一场大洪水的迹象"[3]。 在近期打击洛杉矶的许多大灾难之中，只有森林火灾和飞车枪击没有记载在波尔图拉的日记中。

从 18 世纪 70 年代开始，西班牙在加利福尼亚建立了许多移民团，其中一个是位于洛杉矶的。

> ［在 18 世纪 80 年代］里维拉船长（Rivera Captain）开始招募 24 名合法的已婚移民及他们的家庭来洛杉矶定居。他们将获得加利福尼亚的土地；每月 10 比索（pesos）且持续 3 年，以及定量供应的每日津贴。 每一个移居者还能获得从马鞍到鞋子的全套个人用具，还有他的务农所需： 两

---

[1] 西班牙人害怕俄国人，大约还有英国人在太平洋北部的活动，并且在 1768 年下达的这一对加利福亚南部的远征命令，是用来阻止这类活动的。 本质上并非由对该地区的兴趣所驱动。 参见 Howard Nelson, *The Los Angeles Metropolis*, 126 – 127。

[2] 同上，127。

[3] 同上，131。

头奶牛，两头公牛，三匹母马，一匹骡子，两头母羊，两头山羊，还有相应的工具和器械。这些本金的偿还将出自未来的生产中……［即便有这种慷慨激励］招募第一个愿意去加利福尼亚的移居者仍被证明是极端困难的[1]。

到头来，只有14个家庭应征，其中有两个家庭中途离开，一个家庭死于天花。最终，移民团队只有11个家庭——总人数是44人。几乎所有这些人都是印第安人、黑人或黑白混血。

1781年，他们一经到达便开始了一项定居计划：他们安置在接近河流的高地上，在此建立了中心广场，甚至划出了长条形的带状种植区[2]。每人都被分到一块房屋建筑用地和四块相邻的田地，只有两块有条件灌溉。"所有闲置的土地……都以国王的名义保留着……留待无偿授予后来者。"[3]最后这一条款对于发端如此卑微的大都市的发展，起到了长久的作用。

据尼尔森描述，1781—1821年之间的洛杉矶仅仅是一个农业小镇，靠自给农业生活，不过"一些牧场逐渐发展出了相当大的牛、马畜群"。到1790年，这一令人难忘的地方（字面意思是，我们的天使女王），其人口依然只有140人。随后这

---

[1] Nelson, *The Los Angeles Metropolis*, 132 – 133. 额外的信息可参见：John Caughey, LaRee Caughey 的原始文献：*Los Angeles: Biography of a City*（Berkeley：University of California Press，1977）。

[2] 这几乎是所有西班牙移民区的典型样貌。不同于其他欧洲国家的殖民地，西班牙人所建立的居住区根据集中管理进行规划。

[3] Nelson, *The Los Angeles Metropolis*, 133, 加粗字体为作者所加。

一数字逐渐增加，1800 年为 315，1810 年增至 365，到 1820 年已到达 650[1]。

1820 年前的芝加哥

鉴于芝加哥第一个"永久性"小木屋仅可追溯至 1779 年，且美国边界贸易站的设立要到 1803 年，其发展的早期阶段很少报道[2]。在 19 世纪 30 年代之前，这一城镇都未曾留有记录。如果说地震、干旱、河流量分布不均（洛杉矶河有时洪水泛滥，有时则会干成小沟）曾让洛杉矶不宜居住，那么密歇根湖畔沼泽底部过多的积水同样推迟了芝加哥的建设。这一阻碍直到通过一系列的沟渠开凿、土壤稳固之后才得以改观。在史前时代，曼哈顿离海洋有好几英里远，而芝加哥较之现在，有更多的部分处于湖水之下。

在近代，芝加哥是在徒劳地寻找通往东印度全岛的通道过程中被"发现"的，这同样也曾使得早期欧洲冒险者发现了纽约和洛杉矶。在 17 世纪晚期，法国"探索者们"发现了通往芝加哥湖畔的道路［马凯特（Marquette）与朱丽叶（Jolliet）于 1673 年和拉萨尔（La Salle）及其同事于 17 世纪 80 年代］，而这一"发现"被法国人用以索求围绕着它的更宽广的印第安毛皮贸易区域。1763 年，他们向武力之下的英国退让，在《巴黎条约》（Treaty of Pairs）中放弃

---

[1] Nelson, *The Los Angeles Metropolis*, 134, 135.

[2] 这一边界贸易站在 1812 年战争期间被撤掉，此时印第安人对临时居住者和士兵展开伏击并烧毁了贸易站，直到 1816 年才进行重建。Irving Cutler, *Chicago: Metropolis of the Mid-Continent* （ Dubuque, Iowa: Kendall/Hunt, 1976 ）, 16.

了他们对美国人的权利（rights），这终结了 1783 年的独立战争[1]。

　　但是这一"权利"的转移从未被现在的居民所认识。　自始至终，这一区域的真正"统治者"依然是帕塔瓦米族印第安人（Potawamis），他们偶尔会露宿在被他们称为 Checagou 的帐篷中[2]。　对于美国殖民地的真正威胁并非来自法国或英国，而是源于使用这块土地的本土部族。　这是从 1795 年开始的，那时这些最早的土地占有者被强迫签署协议，割让一块位于 6 英里（1 英里≈1.61 千米）见方的土地给予最早的殖民者；而直到 1832 年黑鹰战争（Black Hawk War）结束，大规模定居才成为可能。

　　Checagou 的位置或许相当重要，虽然该地需要做许多工作以使之变得宜居。　在史前时代，后来的芝加哥核心区域还位于一片巨大内陆湖的水下；而后逐渐沉积构成了水滨，但是临湖的土地是一片沼泽，"野洋葱"是那里的主要植物（大概是大蒜），它的气味催生了芝加哥的印第安名字。　冰川纪之后的沉降（depressions）产生了能进行简单运输的河床，经开凿后几乎打开了密歇根湖至密西西比河（Mississippi）流域的通道[3]。 1803 年从法国购入的路易斯安那州，打开了通往广阔中央大陆

---

[1] 英国人违反了约定，实际上一直待到了 1794 年的《杰伊条约》（Jay Treaty），条约中他们最终承诺会离开。

[2] 我没有试图对部落的名字或地点的音译进行调整，在不同的来源中，其形式差别很大。

[3] 这是芝加哥河的北部和南部支流，其分叉点是未来的芝加哥中心商业区的"环带"，还有德斯普兰斯河（Desplaines River），与南部支流汇合在了一起。

的水道入口，同时也打开了位于新奥尔良（New Orleans）的世界
贸易出口。 这促进了联邦政府保卫芝加哥地缘的积极性。 如
此，1803 年迪尔伯恩要塞（Fort Dearborn）的构筑也就并非巧
合了。

不过迪尔伯恩要塞不是首个后来归属芝加哥的"欧洲"定居
地。 大概这象征了城市的"尴尬"起源：第一个"白人"殖民
者负责人琴·普安·杜·萨博 [也被称为普安·德·赛博（Point
De Saible）] 实际上是一个"黑"人，对于一个现在的"多数"
人口由"有色人种"组成的城市而言，这大约是一个相称的开
始。 杜·萨博声称的自己作为创建者的宣告总是不时地被后来
的芝加哥白人精英抗拒。 到了 1933—1934 年的芝加哥世界博览
会，为了将杜·萨博的小木屋复制品包含在展览中，芝加哥的黑
人群体不得不努力斗争[1]。 虽然并非所有的事实都为人所知，
不过杜·萨博作为"奠基人"或者至少是 1779 年现场第一批永
久性小木屋构造者的证据源于"英国对革命年代的记录以及
1800 年德·赛博的房产卖契，这份文件完整地包括了美国政府
迪尔伯恩要塞建造之前的三年时间"[2]。 在杜·萨博离开之
后，"那里散落着殖民者"。 约翰·坎齐（John Kinzie），这位

---

[1] 参见 Christopher R. Reed, "In the Shadow of Fort Dearborn': Honoring De
Saible at the Chicago World's Fair of 1933 - 1934, " *Journal of Black Studies*
21（June 1991）： 398 - 413。

[2] 同上，401。 实际上，杜·萨博被认为是一个法裔加拿大贸易商人
与一个非裔美籍女奴所生的孩子。 当然，非裔美国人的请求权有些
讽刺，因为印第安人在他们之前，并且杜·萨博离开了"芝加哥"与
一个帕塔瓦塔米印第安女性成婚，并加入了她的部族。 瑞德
（Reed）宣称："德·赛博的活动很广泛并超出了其参与 （转下页）

公认的城市建立者在 1804 年才到达此处[1]。

不过，城市建设真正的主要力量确是坎齐一家，以及起初的运河公司（Canal Company），这为 19 世纪 30 年代早期的发展准备了地理坐标，并在 19 世纪 40 年代诱使铁道线路将其终点站设置在芝加哥。约翰·坎齐的经历不但在芝加哥未来几十年的发展历程中投射了意义深远的光芒，还同样深刻影响了这段历史与纽约人在塑造"第二城市"（Second City）时扮演的角色两者间的紧密关系。事实上，坎齐是作为约翰·雅各布·阿斯特纽约公司的代表来到这里的，由于他的一个儿子继承了他的职位，此后他的家庭从不曾失去过这种背景关系。就职期间，他的这个儿子同时也成了"芝加哥镇的首位镇长、公共土地登记人员、运河通行费收费者、公共资金收款员、大地主"，以及储蓄工会

（接上页）的在五大湖有利可图的毛皮贸易，包括原欧洲居民的政治活动。德·赛博在帕塔瓦米（Pottawamie）、欧吉布瓦（Ojobwa）、齐佩瓦（Chippewa）、温尼贝格（Winnebago）族以及湖畔和水陆联运区域的其他土著人那里，是一个有影响力的外来者……可以认为，1800 年在他决定卖掉其宅地之前，便寻求随后在帕塔瓦米人中获得一个权力位置。毫无疑问，当他与帕塔瓦米族联姻并组建一个家庭之后，他与该族裔的关系得到了加强。对于该地区的土著人而言，他的确是一个'白人'，但存在着可以与之建立联结的友善基础。关于他的活动与名望，在三项关于芝加哥的重要研究中可以见到：Andreas（1884）、Quaife（1933）以及 Pierce（1937）。"（412，n. 1）然而，为了支持他们的论断，杜·萨博的黑人拥护者称他为"该地区的**首个文明人**"（402−403，加粗字体为作者所加）。

[1] Harold Mayer and Richard Wade, *Chicago: Growth of a Metropolis* (Chicago: University of Chicago Press, 1969), 10. 该著作仍然是关于该市地理扩张的最权威资料。

（savings association）的创始人。 另一个儿子成了"治安官
（sheriff）、保险代理人、芝加哥保险公司董事会（Chicago Board of
Underwriters）董事长、房地产投机商和芝加哥首个拍卖商"[1]。

坎齐家族很快与其他白手起家的先驱者联合在了一起，如奥
格登（Ogden），首位芝加哥"市"的市长；麦考密克
（McCormick），著名的收割机的发明者，并拥有本城中首座工
业设施。 他们大多数要么来自纽约，要么与这座城市的投资人
有商业关联。 不过，他们的故事更适合在下一章讲述。 同样重
要的是，芝加哥承担着谷物和其他粮食债权人以及这些货物远销
"商"的角色[2]。

---

[1] Jaher, *The Urban Establishment*, 454.

[2] 在 William Cronon 的著作中讲述了这一故事，并有着迷人的细节。 参见
  其：*Nature's Metropolis: Chicago and the Great West*（New York： W. W.
  Norton，1991）。 其叙事本质上在芝加哥 1893 年的世界博览会便结束
  了。 1848 年粮商组建了芝加哥交易所，但是到 1852 年仅有 52 个成
  员。 在南北战争之后，它才开始在管制粮食期货中起到重要的作用。
  参见： Bob Tamarkin，*The MERC: The Emergence of a Global Financial
  Powerhouse*（New York： HarperCollins，1993），该著作聚焦于交易所的
  竞争对手，即芝加哥商业交易所的历史发展。

第三章
19 世纪 20 年代至 70 年代间的发展

曼哈顿：美国首个全球城市

　　萨姆·巴斯·华纳（Sam Bass Warner）挑出了 1820—1870 年这一时段，认为这是美国城市都市化风格的顶点，并将纽约视为最典型的案例："如果都市风格的标准就是不同阶层与种族的融合……连同高密度的生活、熙熙攘攘的街道以及每个住宅区附近无处不在的、各种形式的商业活动，那么 1820 年至 1870 年间的美国城市就标志着我国都市风格的顶峰。"[1]可从多个层面

---

[1] Sam Bass Warner Jr, *The Urban Wilderness: A History of the American City* (New York: Harper & Row, 1972), 84. 值得注意的是，这是我发现的唯一一个尝试着对这三座美国大城市进行比较的历史性文献，但即便是本书，也回避了准确比较，而选择相继对各个城市进行描述作为替代：1820—1870 年间的纽约，1870—1920 年间的芝加哥，1920 年以来的洛杉矶。这一策略丧失了追踪其在当前时段的趋同性，甚或是探究三者之间超越时间的重要内在关联的机会。

指出这种都市风格依然在纽约盛行，至少是曼哈顿的大部分地区，其物理形态正是在这段时期被定型。

　　然而，矛盾的是，尽管土地混合使用，阶层、种族相互融合，却没有保证 19 世纪的和谐，正如它同样没有在今日的纽约做到这一点。 19 世纪显著的阶级分化（bifurcation）伴随着卓越的经济进步。 萨姆·巴斯·华纳指出，虽然在 1776 年至 1820 年间"美国看起来正朝向日趋增长的平等主义（egalitarianism）迈进……19 世纪 20 年代初……良性趋势开始走向了自己的反面"。 工人们组织起来抗议日益加深的分化，这加剧了社会的动荡。"所有的大城市都经受着四处蔓延的暴力，有劳工暴动、种族暴动、本地人与外来者的冲突、天主教与新教间的冲突、贫富间的冲突。 在 1834 年至 1871 年，纽约市遭遇了一连串的骚动，包括 8 场大型暴动和至少 10 场小型骚乱。"[1]另外，还可以补充的是，同其他地方一样，日趋深化的居住区分裂被视作使敌对人群彼此隔绝的方法之一。

　　1820 年至 1870 年的时间里，纽约将所有争夺美国城市体系支配地位的竞争者远远甩在了身后，此时这一城市体系正在向西蔓延并日益一体化。 在本章中，我将探讨这些为何发生，以及如何发生。 然而，我的解释在某种程度上要比华纳的更为复杂一些。 正如通常的城市地理学家和历史学家所做的那样，华纳将这段时间内出现的国家城市体系的变革归结为运输技术的革命，其拓宽了市场的规模；以及蒸汽动力，其使工厂的规模与复

---

[1] Sam Bass Warner Jr, *The Urban Wilderness: A History of the American City* (New York: Harper & Row, 1972), 79.

杂性也大大增长。这仅仅描述了这一历程的一部分；人口的涌
入与商业及政府机关的社会发明也必须被视为促进这些变革的
因素[1]。

成为运输网与信息网的核心

毫无疑问，这第二阶段的美国城市发展革新了现存的运输系
统。在 1815 年至 1837 年的"大恐慌"（"Panic" of 1837）期
间，约开凿了 2 000 英里的运河，一开始运河仅用来实现大西洋
港口城市间的彼此联结，随后也将它们与中西部联结了起来。
至 1840 年又增加了 1 000 英里的河道，这不仅仅实现了市场的一
体化，还切实降低了运输成本。"它们之中最成功的是纽约的伊
利运河，从布法罗运往纽约城的货物平均价格比率从 1817 年的
19 美分·（吨/英里）（ton-mile）降至 2 美分·（吨/英里），最
终在多年经营之后降为 1 美分·（吨/英里）。"[2]但是铁路的
重要性要更大些，它迅速取代了运河成为地区间的主要运输方
式。至 1840 年，纽约与圣路易斯以及随后快速崛起的对手芝加

———

[1] Eric H. Monkkonen，在 *America Becomes Urban: The Development of U. S.
Cities and Towns 1780 – 1980*（Berkeley： University of California Press，
1988）中强调，城市历史学家这种仅仅聚焦于技术变革的倾向，阻碍了
他们对同样重要的社会与政治因素的认识。我同意这一点，但是我相
信这些方面的基本重要性也同样被马虎地低估了。在我的阐释中，我
试图给予环境与人口特性以合适的权重，还有机械（技术）以及社会
（组织与政治）发明。参见： Janet L. Abu-Lughod, *Changing Cities*
（New York： HarperCollins, 1991）。

[2] Warner, *The Urban Wilderness*, 68.

哥之间大约有 3 000 节的铁轨，15 年之后联合太平洋铁路公司
（Union Pacific）与中央太平洋铁路公司（Central Pacific）完成了
横贯大陆至旧金山的线路[1]。

　　连同举足轻重的英国公司和银行家族一起，纽约的投资者们
也在这些扩张融资中起到了重要的作用。

　　　　［纽约］商业精英和庄园后裔参与创建了新的运输系
　　统……在 19 世纪 40 年代晚期，纽约的保守派（Old Guard）
　　与沿海金融精英开始对西部铁路产生兴趣。他们的努力化
　　成了伊利诺伊中央铁路（Illinois Central）（1851），这是美国
　　中部最早、最合理、最大的道路之一。**伊利诺伊中央铁路
　　是一个崭新的东部造物**[2]。

　　康内留斯·范德比尔特（Cornelius Vanderbilt），一个前渡船
甲板水手，开始接管纽约铁路线并在 1867 年取得了对纽约中央
铁路公司（New York Central）的控制权。两年以后，范德比尔
特合并了哈得孙河铁路公司的线路，并提出修建中央车站
（Grand Central Station）的计划，该项目于 1871 年才完成[3]。

―――――――

［1］Warner, *The Urban Wilderness*, 68 - 69.

［2］Frederic Cople Jaher, *The Urban Establishment: Upper Strata in Boston*, *New York*, *Charleston*, *Chicago and Los Angeles*（Urbana： University of Illinois Press, 1982），198 - 199，加粗字体为作者所加。

［3］火车站位于当前的位置，但是最初是一个非常小的建筑。参见：*Christine Boyer*, *Manhattan Manners: Architecture and Style*, *1850 - 1900*（New York： Rizzoli, 1985），135。

　　而后到 19 世纪中期，纽约就像"一只伏在美国经济之网上的蜘蛛，吸取资源以构筑大都市，进而转化它们并将之输送到或近或远之处[1]"。尽管运河和铁路阐明了纽约对于内部偏僻地区的支配权，但城市领导权（hegemony）的关键点仍是它借由港口获得的国际性地位。港口汇聚了运河、铁路，并能接收到来自大西洋贸易的辐射。这一联结使得财富、生产性资本、商业服务业、权力与经济控制不断集中，这些至今仍用来定义一座"世界城市"[2]。

　　杰克逊（Jackson）强调了这种统治对港口的依赖："在最初三个世纪的'愚人村'时代，自始至终，［纽约］发展的基石都是贸易，其经济支柱则是其靠水的位置……从 1820 年，纽约港一直被视为世界最繁忙的港口，直到 1960 年被鹿特丹超越。"[3]

　　雅赫同意这一点并指出，从那时到 19 世纪 20 年代，波士顿

[1] 我从斯文·贝克特（Sven Beckert）那里借用了这个"蜘蛛"的恰当比喻，见 "The Formation of New York City's Bourgeoisie, 1850 - 1896"（未出版手稿，New School for Social Research，1993），1。引文可参见其完整的博士论文，"The Making of New York City's Bourgeoisie, 1850 - 1886"（Columbia University，1995），30。

[2] 出自雅赫："依靠每一种经济增长、人口增加、资本资源扩张以及资产估值的措施，纽约领先于其对手……该城市成了美国的经济之都。" *The Urban Establishment*, 177 - 178.

[3] Kenneth Jackson, "The Capital of Capitalism: The New York Metropolitan Region, 1890 - 1940," in *Metropolis 1890 - 1940*, ed. Anthony Sutcliffe（Chicago: University of Chicago Press, 1984），321. 雅赫告诉我们，"在 1860 年，国内有 2/3 的进口以及 1/3 的出口都经由纽约。" *The Urban Establishment*, 177.

的快速帆船参与进了远东茶叶贸易并开始在曼哈顿停靠，特别是自 19 世纪 50 年代之后，波士顿的大量棉花批发贸易也在这儿进行。这时，毫无疑问，纽约不仅成了全国的航运与贸易中心，还是首要的资本市场。到 1860 年，将近一半的美国对外贸易都经由纽约港进行[1]，而到了 1870 年，可以说纽约的市场甚至能对那些中间品进行定价。通过由纽约主导的城市层级结构，国家经济正在形成。

银行业、农产品批发贸易以及工业制造产品被······［大概可以这么说］国内和国际贸易中心的······市场利率和价格

---

[1] Jean Heffer, *Le Port de New York et le commerce extérieur américain*, *1860 –1900*（Paris： Publications de la Sorbonne, 1986），22. 很难将诸多的二手数据与一手文献进行统一，后者参见 Eric Lampard 的详尽博学的章节 "The New York Metropolis in Transformation： History and Prospect. A Study in Historical Particularity"，见 *The Future of Metropolis: Berlin-London-Paris-New York*, ed. H.-J. Ewers, J. B. Goddard, and H. Matzerath（Berlin： Walter de Gruyter, 1986）。根据 Lampard 的表 3, p. 45, 该表编辑了纽约港 1821 年至 1860 年的国际贸易数据，数据源为多期的 *Annual U. S. Report on Commerce and Navigation*，纽约的压倒性支配权直到世纪中叶才建立。我根据 Lampard 的数据计算了 1821 年至 1860 年美国主要港口的进出口价值量百分比：

港 口	出口价值量百分比					进口价值量百分比				
	1821	1831	1841	1851	1860	1821	1831	1841	1851	1860
纽 约	20	31	27	39	36	37	55	59	50	69
波士顿	19	9	9	6	4	23	14	16	15	11
新奥尔良	11	20	28	25	27	0	1	1	1	1

控制。小麦、棉花、玉米、钞票、债券、布料、铁、书籍，以及各种各样在区域中心的大型市场上［完成了］交易的货物，不过**仍需考虑到纽约以及最终大西洋的需求和价格**[1]。

FIRE 部门：金融、保险与房地产

在当代对"全球城市"的讨论中，一种特殊的经济部门 FIRE（Finance, Insurance and Real Estate）的增长被挑了出来以当作最重大的全球化征候（symptom）。在 1820 年至 1870 年间，这一部门在曼哈顿发挥了特殊的作用，促成了上层阶级的联合，他们开始将自身与其余的城市居民日益隔离开来。

金融

纽约不仅是在国际贸易、航运与"定价"方面，而且是在所有重要的金融领域确立了自己的统治性地位。最初，在贸易发挥更专门的作用之前，商人们已经扮演了许多银行家、融资人和保险代理人的角色。然而，至 19 世纪中期，这些角色得到了逐渐明晰的划分[2]。虽然纽约银行早在 1784 年便建立了，不过

---

[1] Warner, *The Urban Wilderness*, 71, 加粗字体为作者所加。

[2] 参见 Jaher, *The Urban Establishment*, 178, 184–191。依 Beckert 所言，"法国人是早期一般商人的商业基准之一——信贷展期（extending credit）是确保贸易流动的一种方式——随着专门贸易商的增加，一些商人发现这一交易利润是如此丰厚，这使得他们最终抛弃了商品贸易而集中于银行业"。"The Making of New York City's Bourgeoisie," 43. 他引用了 Glenn Porter and Harold C. Livesay, *Merchants and Manufacturers:* （转下页）

它还是落后于其他港口城市。直至 1824 年，它在 13 个银行中的资本达到 1 600 万美元，才最终超越了其他的港口城市[1]。到 1831 年，纽约城所有银行的资本超过了 1 800 万美元，相较而言，波士顿 1 400 万美元，而费城也仅不到 1 100 万美元[2]。

通过追溯 1837 年金融（铸币）恐慌，其从西部向纽约的迅速蔓延，随后又从纽约银行业向其他城市辐射，可以看到这一财政中心早早确立的有力证据。当 1837 年 5 月 4 日，首次暂停用纸币支付的时候，恐慌于 5 月 11 日从纽约向新英格兰 [北至普罗维登斯（Providence）] 以及大西洋中部 [南至巴尔的摩（Baltimore）] 的城市蔓延。5 月 12 日至 15 日，恐慌波及了北部的蒙特利尔（Montreal）和波士顿，往西则到了匹兹堡（Pittsburgh），往南最远则到了弗吉尼亚州的里士满（Richmond）和诺福克（Norfolk）。5 月 22 日，恐慌往南传至查尔斯顿（Charleston）、萨凡纳（Savannah）、莫比尔（Mobile）、新奥尔良（New Orleans），往中西部到达了底特律（Detroit）、克利夫兰（Cleveland）、辛辛那提（Cincinnati）、路易斯维尔（Louisville）与圣路易斯（St. Louis）[3]。

（接上页）*Studies in the Changing Structure of Nineteenth Century Marketing*（Baltimore: Johns Hopkins University Press, 1971）。

[1] Lampard, "The New York Metropolis," 50.

[2] Jaher, *The Urban Establishment*, 191.

[3] 杰克逊主义的政策要求为西部土地的政策铸币，这引发了资金循环的雪崩式大恐慌。参见这些银行业相关的迷人地图，见：Allan R. Pred, *Urban Growth and the Circulation of Information: The United States System of Cities, 1790 - 1840*（Cambridge: Harvard University Press, 1973），250 - 252, Maps 7.1, 7.2, 7.3。

19 世纪 50 年代银行业务的扩展，部分是由于欧洲资本对铁路投资的参与，还有部分是因为加利福尼亚"淘金热"带来的硬币刺激，这是另外一个国家初期经济一体化的迹象。 到 1855 年，纽约有超过 55 家的银行在运营[1]；仅仅三年的时间（1854 年到 1857 年），它们的存款便增加了 70%[2]。 但不幸的是，它们的贷款增加得甚至比其资本还快。 由于周转不灵，这些贷款在 1857 年造成了又一次以纽约为辐射源的国内金融恐慌。 不过，纽约的银行在第二次恐慌离开纽约之后迅速复原，成了不可撼动的国家经济中心[3]。

股票交易

股票交易、保险与信托公司（trust companies）也是早期纽约资本聚集（以及精英职位）的重要来源，这些在 19 世纪中期的

---

[1] 参见 Henry W. Lanier, *A Century of Banking in New York*, 1822－1922（New York: Gilliss, 1922）。 Beckert 指出："在 19 世纪 50 年代……纽约的银行很大程度上将英国及欧洲大陆的资本导入了美国的农业及贸易中……因此这两个最重要的城市的银行家是欧洲资本的首席代理人：乔治·嘉博·沃德（George Cabot Ward）代表巴林兄弟（Baring Brothers）的伦敦银行，奥古斯特·贝尔蒙特（August Belmont）……代表着罗斯柴尔德（Rothschild）银行。""The Making of New York City's Bourgeoisie," 44.

[2] Jaher, *The Urban Establishment*, 179.

[3] 此外，参见 Beckert, "The Making of New York City's Bourgeoisie," 44。 不过也可参见 Lanier, *A Century of Banking*, 以及 Edward K. Spann, *The New Metropolis: New York City*, 1840－1857（New York: Columbia University Press, 1981）, 412－417。 扩张在 1857 年的大恐慌时戛然而止，铁路财政危机预示了这一点，当时纽约的贷方在筹集贷款方面出现了问题，并蔓延到了中西部。 不过这次危机很短暂。

曼哈顿进一步专门化。

证券交易商很快从公共证券拓展到处理银行、运河和保险公司及随后的铁路等方面的私人业务。通过经纪行和纽约证券交易所（New York Stock Exchange）（1792），他们的操作开始机构化……在1816年，纽约股票市场超过费城成为美国最为繁忙的市场。到20世纪30年代，华尔街的……市场报价单还会被费城、波士顿、巴尔的摩以及其他地方采用，这设立了国家价格的标准，而华盛顿的经纪人是美国最大的州和联邦银行运河及保险公司股票交易员，也是新股发行的主要发起人[1]。

1841年，纽约商品交易所（New York Merchants Exchange）搬迁到了华尔街的新街区，自此股票经纪人这一职业完全专业化了[2]。更好的交流进一步促进了纽约金融市场的中心化。至19世纪40年代末期，一项电磁线路的服务使得"纽约与其他东北部大城市间的即时电报通信"[3]成为可能。

保险

当然，海上保险（Marine insurance）历史悠久，故而得知这

---

[1] Jaher, *The Urban Establishment*, 190 - 192.

[2] Beckert, "The Making of New York City's Bourgeoisie," 46. 引证了 R. C. Mitchie, *The London and New York Stock Exchanges, 1850 - 1914* (London: Allen & Unwin, 1987), 181。最初的交易所毁于1835年火灾。

[3] Lampard, "The New York Metropolis", 56.

一美国第一港口同样持有着保险行业的最大份额应该不会令人吃惊。 雅赫告知我们"至 1824 年,纽约至少有 34 家公司提供[保险]以应对航海灾难和火灾……而其[保险]行业的资本总量"超过了费城、波士顿与巴尔的摩的总和[1]。 因为 1835 年的"大火灾"摧毁了曼哈顿市区的一大部分,这些企业中有许多破产了,但是重组后建立的保险系统,在某种程度上依托一种更稳固的基础进行扩张。 如今天一般,保险公司以及私人投资者也都和房地产有所关联,虽然有些时候是默认的[2]。

房地产

传统的纽约精英总是会在乡下和城里都进行房地产投资,商人们通常将土地所有权当作"银行",以存储闲置的资本。 随着城市的发展,其土地因其潜在的投机收益被需要,通过快速周转过程(quick turnover)进行变现(realizable)[3]。 然而,这种投机也使得房地产投资高度不稳定。 在 19 世纪中后期,风险逐渐增加,即便曼哈顿向北扩张获得了长期利润。

19 世纪 30 年代人口的扩张造成了运河街(Canal Street)土

---

[1] Jaher, *The Urban Establishment*, 193–194.

[2] 这是更为古老的船舶保险,其他的保险投机者从这一最早的原型中脱胎成长。 更详细的讨论参见 Robert Greenhalgh Albion, *The Rise of New York Port, 1815–1860*(New York: Scribner's, 1970 [1939])以及 Beckert, "The Making of New York City's Bourgeoisie," 47–48。

[3] Jaher, *The Urban Establishment*, 200–201. 不过也可参见 Elizabeth Blackmar, *Manhattan for Rent, 1785–1850*(Ithaca, N. Y.: Cornell University Press, 1989)以及 Tom Shachtman, *Skyscraper Dreams: The Great Real Estate Dynasties of New York*(Boston: Little, Brown, 1991),9–44。 其中有一些关于早期房地产的信息。

地价格的暴涨。 在 1832 年的霍乱蔓延时期，许多家庭寻求城郊的偏僻村落躲避，如格林威治村（Greenwich Village）。 1835 年市中心一场无法控制的大火迫使许多居民离开了城市最古老的区域，这驱动了外围地区的增值。 这些被放弃的地产随后成了贫民窟［如五分区（Five Points Area）］，或被改造为纯粹的商业设施。

然而，房地产的投机性泡沫从根本上反映了更普遍的繁荣与萧条。 比如，在 1837 年恐慌的余波中，价格曾有着短暂性的暴跌。 在 1841 年至 1843 年，被取消赎买权的抵押达到了新纪录，而像约翰·雅各布·阿斯特这样的放款人通过取消赎回权成为城中最大的土地[1]。 不过房地产通胀最大的推动力来自 19 世纪 40 年代晚期，一批移民接手了市区的房产，这是划分出来以使之居住的。 这进一步鼓励了财富向城郊富人区的进一步流动。 一等到 1842 年，科罗顿河（Croton aqueduct）开始为后来被称为曼哈顿"上"城区的地方提供新鲜用水，在第 14 大道新划出的开发区就变得更加富有吸引力了。"然而，仅仅伴随着价格的恢复，特别是农产品价格，1844 年之后，贸易与房地产出

[1] 早在 1842 年，约翰·雅各布·阿斯特便名列纽约（因此也是全国）最富有者的名单上了。 甚至在 19 世纪 50 年代及 70 年代大萧条，他的继承者通过全力买入财产及取消赎买权的抵押财产扩大了他们的房地产规模之前，他已是最大的土地持有者。 参见 Lampard, "The New York Metropolis", 54。 在这个王朝建立者于 1848 年逝世前不久，他带着悔意说："若我能再活一次，知道我现在所知的信息，并拥有投资的财产，我将会买下曼哈顿岛的每一寸土地。"参见 Marc Weiss 在其关于阿斯特的条目中的引用, *The Encyclopedia of New York City*, ed. Kenneth Jackson（New Haven, Conn.： Yale University Press, 1995）, 63。

现了反弹",幸运的是,这发生在 19 世纪 40 年代末最大规模的
移民潮之前[1]。 他们的到来加快了一向劳动力短缺的美国的工
业化步伐。

工业化

19 世纪的纽约与当今全球城市背道而驰的一点在于,去
工业化是后者的特征,而那时的纽约才刚刚开始经历一场深
刻的工业化进程。 不过,在纽约的这些产业中除了造船业
(其在 19 世纪中期达到鼎盛又开始下滑),再也没有在规模
大小、资本化高低或生产过程"轻重"方面能与芝加哥相比
的了,甚至还不如很多别的城市,比如说费城。 不过,到了
19 世纪中期,纽约已经成为国内最大的制造业城市[2]。 到
1860 年,曼哈顿已经建立了三个基础制造业: 服装制
作[3]、冶金工程与出版印刷。 然后,仅靠这三个产业部门
的约 1 200 个公司便雇佣了大约 50 000 名工人[4]。 到 1880
年,产业工人的数量增加了 1 倍以上,而最显著的增长时段要到

---

[1] Lampard, "The New York Metropolis," 55.

[2] 同上,57。 Jaher, *The Urban Establishment*, 200.

[3] 在 19 世纪 60 年代,女性占了曼哈顿服装制造业劳动力的 1/4。 然而,
这些女性中大部分工作于血汗工厂或自己的家中,并且大部分是最近的
移民。

[4] 如可参见, Patricia E. Malon, "The Growth of Manufacturing in Manhattan,
1860 - 1900: An Analysis of Factoral Changes and Urban Structure"(PH.
D. diss. , Columbia University, 1981), esp. 394。

这一世纪的最后 20 年才到来[1]。

然而，不像其他在东北部与中部中心区的大城市，制造业从不被认为在纽约经济中居统治地位，也从未完全取代小规模的手工生产，这一特征仍存在于许多企业之中并完好地保留进了 20 世纪[2]。 如华纳所说："新与旧常常各自存在，"并且"1870 年，对于遵循每年竞标建造一到两套房子且自己完成大部分工作这样的古老传统的木匠，独立量体、定做每一套西装的裁缝，以及携带着工具、奔走于一座又一座商店的木雕工"来说，都有存在的空间。 不过，通过企业化与经营规模扩张，他们能够增加利润。"虽然这一阶段的城市由许多小企业组成……不过互补行业的集聚使得扩张变得容易。"[3]大规模企业与小公司增殖的共存现象将会一直持续到 20 世纪，正如在 1911 年普拉特（Pratt）主持的研究中所清楚显示的那样[4]。

---

[1] Malon, *The Growth of Manufacturing in Manhattan*.

[2] 关于 20 世纪早期纽约工业设施研究的最卓越的文献为： Edward Ewing Pratt, *Industrial Causes of Congestion of Population in New York City* （Columbia University Studies in History, Economics and Public Law, vol. 43, no. 1, whole no. 109）（New York: Columbia University 1911）。 在第四章我有更多的细节讨论这一文献。 纽约市平均每个设施的工人数目在 19 世纪晚期及 20 世纪早期仍然仅为 11 到 12 人，而在同一时期，费城和芝加哥的每设施人数平均是这一数目的 2~4 倍。

[3] Warner, *The Urban Wilderness*, 74, 75.

[4] Pratt, *Industrial Causes of Congestion*.

移民中无产阶级的增长

今日"全球城市"的另一个标志是其民族/人种上的多样性，以及因此产生的劳动力的民族分化和基于种族的阶级系统的趋势。 重要的是，这些要素在 19 世纪 70 年代已经出现，当时是以身份为基础的本地政治关联模式。 在 1820 年到 1870 年间，从乡村到城市的人口迁移与海外移民潮完全重塑了纽约的阶级结构。 这些改变最终反映在空间与政治权力的重新分配上。

罗森维克（Rosenwaike）估计，1825 年仅仅"有 11.3% 的城市［曼哈顿］居民被算作外来者，［虽然］有多达 20% 的人口或许是在国外出生的"[1]。 我们有更为坚实的数据确认，在 1845 年，国外出生的人口增加了 1/3 以上，这些新移民大多来自饱受贫困的爱尔兰。

> 19 世纪纽约人口的增长与大量欧洲移民的冒险事迹是不可分割的……据报道，在 1820 年 9 月 30 日财政年度（fiscal year）结束时，仅有 8 000 移民到达美国，这是首次由国务院（Department of State）发布的统计数字。 不过至 1860 年，已有约 400 万的外乡人到达美国的海滨[2]。

---

[1] Ira Rosenwaike, *Population History of New York City*（Syracuse, N. Y. : Syracuse University Press, 1972），39. 直到 1845 年纽约州人口统计时，该区域出生信息才被统计，而 1825 年及 1835 年的人口统计并没有咨询市民（38）。

[2] 同上，39。 引自 E. P. Hutchinson, "Notes on Immigration　（转下页）

大多数人从纽约入境，且大都留在了这里[1]。

在 1845 年至 1860 年 [由于南北战争（Civil War）的原因，其后移民中有许多暂住者]，纽约国外出生的人口大约是原来的 3 倍——从 135 000 人增长至接近 384 000 人。虽然本土出生的人口也同样增长，不过国外出生的人口比例从早期的 36% 增长到了 1860 年的 47%。如果我们算上城市里出生的移民后代，那么在 19 世纪 70 年代，似乎 2/3 的纽约"本地人"在"种族渊源"上都是不纯净的，即便此时下一场移民潮尚未到来。在第一次移民潮中，爱尔兰人无疑居于优势地位。到 1845 年，出生地为爱尔兰的居民有 100 000 人，其数目在接下来 15 年中增至原来的 2 倍以上。第二位是出生于德国各邦联的人口（那时德国尚未"统一"）。虽然在 1845 年仅有 24 400 人，不过其总数在随后迅速增长，到 1850 年增长至 57 000 人，至 1855 年已为 98 000 人，到了 1860 年则超过了 118 000 人[2]。

像今天一样，纽约的墨西哥移民在城市"旧居民"间诱发了过度的防御性反应，所以，19 世纪 40 年代和 50 年代的德国与爱尔兰移民也在美国引发了恶意的本土主义反抗。即便事实是这个国家正承受着劳动力短缺，而新的工业化以及相伴随的雄心勃

（接上页）Statistics of the United States," *Journal of the American Statistical Association 53*（December 1958）：963 - 1025。

[1] 关于这一主题最好的书籍仍旧是 David Ward 的 *Cities and Immigrants: A Geography of Change in Nineteen-Century America*（New York： Oxford University Press, 1971）还有姊妹篇 *Poverty, Ethnicity, and the American City, 1840 - 1925*（New York： Cambridge University Press, 1989）。

[2] 参见：Rosenwaike, *Population History of New York City*, 42, 表 9。

勃的公共项目需要移民的贡献才能完成，但他们还要背上所有问题的罪责。 尤其是爱尔兰人，被污名化为酒鬼，因不守规矩让人畏惧；更糟糕的是他们的天主教（Catholicism）"教会"（Papacy），被认为有破坏美国社会新教（Protestant）品质的嫌疑。 无知党人（Know-Nothing Party）是这些"本土保护主义"情绪的中坚力量[1]。

由于被新来者排斥又被老市区住房日益增长的需要驱赶——其高密度的居住率使其环境最终迅速恶化，纽约市更富裕的市民已经搬迁到了岛屿北部，沿着第五大道及其侧面大街在较高的脊地上修整了优雅的住房，将他们的田庄转换为永久性分区，开始了与现在仍集中于运河街办公区域之间的"通勤"。

在他们空出来的附近地区，租住房屋开始建设，以提供给新到达的工人阶级移民[2]。 不过，岛上的建筑密集区仍然没有延伸出第40大街多少[3]。 这里的北部是小而分散、管理松弛、密度低的居民区——有些像塞内卡镇（Seneca Village）长久存在

---

[1] Amy Bridges 指出纽约市这些本地党派同经济衰退的时间有密切关联。 参见她的著作： *A City in the Republic: Antebellum New York and the Origins of Machine Politics* （New York： Cambridge University Press，1984），esp. the graph on 19。 "Three nativist political parties were formed in New York City： Samuel Morse's Native American Democratic Association in 1836；The American Republican Party in 1844 – 1845；and the Know Nothings in 1854 – 1856"（29）.

[2] 更多的细节可参见： Richard Plunz，*A History of Housing in New York City*（New York： Columbia University Press，1990），21 – 53。

[3] 据1811年的规划进行的扩张，进度缓慢。 到1839年，规划区域仅仅到达第35大街；然而，到1874年，土地细分已经施行到了第94大街。 参见 Boyer，*Manhattan Manners*，9。

的、以黑人为主的"郊区",大多的业主和居住者是服务业工人,通过种植生活作物补充他们在市区的工资;其他的则更多地被描述为令人讨厌的寮屋营地(squatter camps),在这些地方养猪、熬骨与捡木头成了那些尚未融入城市经济的爱尔兰与德国移民微薄的生计来源[1]。

这些移民以两种方式"威胁"着已定居者:他们削减了岛屿北部的社会吸引力,该处已被划分为建筑用地,但缺乏基础设施,更谈不上永久性建筑了;他们抑制了基于投机目的的土地价值的提升。而且,许多岛屿中心的"住宅区"土地——最终被选为中央公园的所在地——非常粗糙、崎岖,修建道路、开辟下水道和供水系统非常昂贵。

然而,这片土地确实适合建设公园,这能够达成三个目标:① "迁走"那些阻碍向北扩张的不受欢迎的居民;② 增加周边所有土地的价值,鼓励为了"更高"用处而对其发展的投机;③ 提供给纽约一个至今缺乏的公共便利设置——一个适合田园度假与时尚漫步的大公园。

中央公园的修建从 1857 年开始,它是塑造曼哈顿的地理形式最重要的一项建设。不能将之独立于精英与无产阶级、本地人与外来移民间日渐增长的隔阂这一背景之外进行理解。虽然直到 19 世纪 80 年代至 90 年代的建设热潮期,其对于曼哈顿生态结构的影响才被充分感知到(在第四章会有更多的细节),不过在把握阶层分裂方面,它依然十分重要。这种分裂在某种程

---

[1] 细节可参见:Roy Rosenzweig and Elizabeth Blackmar, *A History of Central Park: The Park and the People* (New York:Henry Holt, 1994), 65 – 77。

度上激发了城市规划中的非凡成就。

精英的增长与财富的聚集

　　当代全球城市的研究强调城市阶层结构中的贫富分化，相应的便是中产阶级的下降。在本书接下来的部分中，我将分析这一现象在何种程度上发生以及原因为何，考察了整体都市区域是否会得出不同的结论。在这里，我仅仅提供 19 世纪纽约市的主要特性之一，事实表明当时的收入差距甚至比今天的普遍差距更大。财富与贫困的聚集都很极端，二者之间的鸿沟日趋增大，即便那时的社会流动通道较之于今天更容易"白手起家"。

　　巨富的数量惊人地少。在 1842 年，摩斯·耶鲁·比奇（Moses Yale Beach）编辑了一份纽约资产达到 100 000 美元及以上的人员名单进行财产考察。他列举的人数不足 500 人，包括约翰·雅各布·阿斯特，他以 1 000 万美元领跑[1]。根据历史学家爱德华·派森（Edward Pessen）的研究，在 1845 年，最富有的 1% 的美国家庭控制了约一半（47%）的非法人性财富，次富的 3% 控制了另外约 1/3 非法人财富（32%）[2]。到 1856年，大约 9 000 个美国家庭"控制了城市与国家资源中的绝大多

[1] 参见：Moses Yale Beach, *Wealth and Wealthy Citizens of New York City, Comprising an Alphabetical Arrangement of Persons Estimated to Be Worth $100000, and Upwards* (New York: Sun Office, 1842)。

[2] Beckert, "The Making of New York City's Bourgeoisie," 29. 引自：Edward Pessen, *Riches, Class, and Power before the Civil War* (Lexington, Mass.: D. C. Heath, 1973), 34。

数份额"[1]，这些最富有的纽约人都是谁？

> 到目前为止，商人们是城市资产阶级中［19 世纪中
> 期］最重要的群体……到 1855 年所有纳税人中以实际个人
> 财富被评估超过 1 万美元者，约有 41% 都参与了商业活动。
> 他们不仅仅在人数上，也在财富总量上都是最大的群体：
> 在 1854 年，最富有的 1% 的纽约人中 70% 都是商人、拍卖
> 商、经纪人和代理人[2]。

到 19 世纪中期，商人们最终被实业家整合，这些实业家
将通过贸易或小型工匠工作积累的原始资本再次投资进生产
中。"在 1856 年，纽约所有资产阶级的 20% 都在以这样或那
样的形式生产货物。"[3]这些新晋精英不同于早期的联姻
（inbred）精英，实际上许多实业家确实是崛起于匠人之列。 不
过，制造业的资金仍然源自"老的"商人资本家的投资，老牌商
人和新富家族都或多或少投入了一部分资金用于新的工业企业和

———————

[1] Beckert, "The Making of New York City's Bourgeoisie," 29. 引自 *Boyd's New York City Tax-Book*（New York： Willam Boyd, 1857）。

[2] 同上，32-33。 作者从 *Boyd's New York City Tax-Book* 中抽出了接近 500 个财富超过 10 000 美元的样本。 他从多种城市目录中追踪了他们的职业并图绘了其地址，核查并详述了 1855 年人口调查中原始表格及讣告里的信息。 对于其方法论，参见 32-33，n.6。

[3] 同上，36。 基于他自己的个案研究。

铁路[1]。

到了19世纪50年代，精英间新的多样化开始显现，这一事实使得巩固、支撑贵族的城市权力变得困难。雅赫关于1856年精英成员出生地的信息显示，工业化与移民发挥了允许"外来者"进入阶级结构顶层的作用。而后，纽约最富有的人中约有一半出生于纽约市或纽约州（较1828年的68%有所下降），30%来自其他州（主要是新英格兰）；1/5出生于国外，主要是大不列颠[2]。如以前一样，新富阶层同传统土地主及商人间的联姻有助于巩固上层阶级，但是仍然存在种族上相当难以逾越的沟壑——特别是在德国-犹太新富精英［来自盎格鲁撒克逊系白人新教徒（White Anglo-Saxon Protestant, WASP）］与荷兰传统的后裔之间[3]。

---

[1] Beckert, "The Making of New York City's Bourgeoisie," 39. 引自 Douglas T. Miller's *Jacksonian Aristocracy: Class and Democracy in New York, 1830 - 1860* (New York: Oxford University Press, 1967), 122; 还有 Glenn Porter and Harold C. Livesay, *Merchants and Manufacturers: Studies in the Changing Structure of Nineteenth-Century Marketing* (Baltimore: Johns Hopkins University Press, 1971), 73。

[2] Jaher, *The Urban Establishment*, 205, Tables 4 and 5. 不幸的是，雅赫并没有展示19世纪70年代的同样信息，当时其社会流动性开始下降。然而，其表7（254）展示了1892年700个可以确认出生地的纽约百万富翁的地理来源，显示国外出生者下降到18%，来自其他州者降低到27%，出生于纽约者增加到54%。随后，所有的百万富翁中至少有1/3是"富三代"，而另外1/3者至少已经富裕了两代。（参见Jaher's Table 6, 253, 不过同样可参见258页表8中的不同数据，这里指出，到1892年，几乎80%的百万富翁是"旧财富"的代表。）

[3] 在1869年，Junius Browne将纽约的"社会"描述为，正在 （转下页）

南北战争进一步打破了顶层阶级的团结，当时纽约被寻求终结奴隶制的废奴主义者和财富建立在奴隶制度之上的棉花经纪人同时把持。而无论其意识形态的立场为何，战争带给纽约商人与实业家的净收益极大地超出了他们的损失。当战争暴利与债券融资带来了意外的收益，19 世纪 60 年代早期便产生了新的财富。这些尤其刺激了重建的房地产的繁荣，极大扩充了曼哈顿的城区构造——至少到 1874 年大萧条市场崩溃前都是如此。

阶级斗争

鉴于日趋增大的贫富差距和不稳定的繁荣——当其过后总会带来灾难性的衰败（在 1837 年、1857 年以及 1874 年），那么重大的劳动力市场动荡成为这个时代的特征也便不足为奇了。日渐增多的、主要由移民组成、依赖工资的无产阶级，不幸地受到这些周期的影响。年景好的时候，他们罢工索求更高的工资、更短的工作时间、更好的工作环境；到了危机时段，他们在市政厅示威，在公园抱怨，要求工作和救济。他们的示威经常遭遇警察的暴行，这一阶段建立了更为正式和统一的警察力量以处理对法律和秩序的威胁。公共工作的增加（包括中央公园的建设

（接上页）细分成"一个圈子套一个圈子……一段叠着一段"。引自：Rosenzweig and Blackmar, *The History of Central Park*, 217。这种复杂性被加剧了，由此到 19 世纪 90 年代，这些团体，根据哈迈克的说法，甚至形成了更为不同的网络。参见 David C. Hammack, *Power and Society: Greater New York at the Turn of the Century* (New York: Russell Sage Foundation, 1982)。

与纽约基础设施的修建）是对他们的工作要求的回应[1]。　住房改革过程中援助举措开始了与破败不堪的经济住房的长久斗争，这些住房被改造后或草草丢给了新移民住宿。

　　到 19 世纪中期，当曼哈顿的人口超过了 50 万时，经济住房开始成为穷人建筑的主要形式[2]。　菲利普·霍恩（Philip Hone），一个或许有些势利的著名纽约时事评论员，他曾经警告道："正如人口过多的欧洲所出现的，我们美好的纽约城也正处于这样一种状态，过度的奢侈……与污秽的惨状和困乏，这两种极端在日常生活中随时形成对比。"[3]他特别关心多户型住房（楼房）的激增与过度拥挤的现象。　因为，正如一直被强调的那样，穷人的房子（容易）滋生疾病和道德腐化。　这些关注吸引了经济住房改良者和慈善组织的注意，如早在 1843 年便成立

[1] 必须要指出的是，公共事务也让坦慕尼的"大佬们"赚了钱。　坦慕尼协会大约在这一时期，从一个相对具有新教徒性质的秘密精英团体［在独立战争之后由艾伦·布尔（Aaron Burr）建立］转向了一个不择手段的"种族经营者"（ethnic operators）大拼贴，几乎全是爱尔兰天主教徒，他们在世纪中期的市长选举中，勉强击败了反圣职的不可知论者，并利用公共服务工程改善和服务需求的日渐扩大作为手段，以为驯顺的组织追随者提供工作作为奖励。　这在特威德"老大"期间达到顶峰。

[2] 大多数穷人居住在被境况更好者抛弃的木棚屋以及群租房中。　不过，在 1850 年，曼哈顿下城区的哥谭法院（Gotham Court）是最早明确建设为"租住房屋"的地区之一，这种房屋形式最终蔓延至全岛水滨。　第五大道的中心"脊线"以及毗邻的诸大道将逐渐被富丽的宅邸以及法式公寓（中产阶级的多户住宅）先行占据。　具体细节可参见第四章。

[3] Philip Hone, *The Diary of Philip Hone, 1828 – 1851*, ed. Allen Nevins（New York: Dodd, Mead, 1927），785.霍恩在 1821 年以市长的身份正式开凿了伊利运河。

的纽约贫困状况改善协会（New York Association for the Improvement of the Conditions of the Poor, AICP）[1]。但是这种慈善冲动之下常常掩盖着自我谋利的行为，因为财富最好用于健康、沉默的劳动力身上。

纽约工人阶级移民对于他们所需要的工作环境和家庭环境的改变并没有那么反对，对于如何回应南北战争带来的问题也没有那么抵触。在充满争端的 19 世纪 50 年代，工人阶级有几种动议，主要集中于雇佣与救济要求。但是到 1863 年，这些冲突已经凌驾于显著的不平等问题之上了。

1863 年 7 月，纽约组织了一场抓阄，决定谁将去军队服役。鉴于抽到签的人可以通过支付 300 美元给那些愿意替他们应召的人从而"买到"军队服役的豁免权，这一遴选的过程公然地偏袒了富人。由于这笔钱是一个普通工人的年薪，故而这一选项几乎无法向穷人开放。另外，新移民（主要是爱尔兰人）对于参军很明显没有什么热情，他们在思想意识上不愿意承担义务，这根本不符合他们的利益。显而易见的不公平引发了 5 天的暴乱，在此期间，不但"抓阄"指挥部、市政建筑以及富人的家都受到了袭击。并且悲剧是，许多黑人的居所也成了暴力的目标，他们被看作战争的"起因"[2]。当局尝试控制愤懑的暴

[1] 房屋改革的更多细节还可参见：Richard Plunz and Janet L. Abu-Lughod, "The Tenement as a Built Form," in Janet L. Abu-Lughod et al. , *From Urban Village to East Village: The Battle for New York's Lower East Side* (Oxford: Blackwell, 1994): 63-79。

[2] 参见 Iver Bernstein, *The New York City Draft Riots: Their Significance for American Society and Politics in the Age of the Civil War* (New （转下页）

徒的努力不过是火上浇油。

阶级分化与人口密度的增加

大众以特定区域为目标迁徙的能力体现了以下事实，即由阶级和种族造成的居住区隔离在城市里已经泾渭分明了，不过贫、富区域相当近地并置在一起，使得两个区域间的通道比随后更容易通过。虽然土地仍在很大程度上混合使用，除去造船厂之外，工业厂房仍然分散在许多相当小的地方，不过以阶级和种族为基础的居住区隔离开始变得更加显著。

到19世纪50年代，纽约精英已在很大程度上完成了工作场所与家庭的分离……从19世纪20年代开始，纽约的富裕市民开始北移……1856年，华盛顿联合广场周围的区域是曼哈顿资产阶级最多的区域。在该地区四个毗邻的街区中……57%的纳税人修建房屋的预算就超过10万美元，还有……在第五大道以东的第14大街与第23大街之间，生活着市里整整1/4的商人、实业家与银行家……到1856年，很少有资产阶级生活在豪斯顿街以南——这是某种位于"受尊敬的人"与工人阶级区域之间的社会边界[1]。

（接上页）York：Oxford University Press，1990），该书描绘了一个更复杂的图景。事实上，在暴乱中的100多名被杀者中，只有11人是黑人。但是死亡占比是他们人口比例的2倍以上。

[1] Beckert，"The Making of New York City's Bourgeoisie," 60-62.　（转下页）

不仅仅分化在增加，居住密度同样如此。不可避免的是，到 1870 年曼哈顿的人口接近了 100 万。虽然铁道马车已经在 19 世纪 50 年代引进，不过尚未出现能够打开广大边缘地区并为之提供便利设施的运输业革命。富人们继续沿着第五大道修建奢侈的宅邸。与此同时，穷人们委身于拥挤的经济住房。中产阶级逐渐放弃了这样的念想：拥有一座独户褐色砂岩房屋（许多人可能再也买不起了）是唯一有尊严的居住方式。

在此之前，公寓住房必须与下层社会的经济住房相区分，且隐私也必须重新定义。楼房的新形式最早在 19 世纪 60 年代末、70 年代初出现于曼哈顿。这些楼房被委婉地称为法式公寓，试图通过援引高地位的巴黎原型以使之合理化[1]。理查德·莫里斯·亨特（Richard Morris Hunt）被认为首个设计出了这种住房的人，史岱文森公寓，位于第 18 大街近第三大道处。随后，在 1871 年，大卫·海特（David Haight）将一座附近的大厦改造为公寓[2]。这一发明花了一些时间才被接受，但是最终这类公寓作为必需品成了新建筑中最普遍的形式。直到：

（接上页）参见 Blackmar, *Manhattan for Rent* 中对日渐加剧的阶级隔离的讨论，也可参见：Bridges, *A City in the Republic*。

[1] 关于为纽约中产阶级居住所发明的公寓房屋及其扩展的最好的研究为：Elizabeth Collins Cromley, *Alone Together: A History of New York's Early Apartments*（Ithaca, N. Y.：Cornell University Press, 1900）。不过也可参见，Elizabeth Hawes, *New York, New York: How the Apartment House Transformed the Life of the City*（1869 – 1930）（New York：Owl/Holt, 1994）。

[2] Boyer, *Manhattan Manners*, 153 – 154.

20世纪第一个十年的末尾，［这种］公寓房完全成为
纽约最成功的类型。而在1890年，有835个独户住房（别
墅）设计提交给了建设局（Buildings Department），而到了
1901年仅仅提交了100个。同时，其价格从1889年的平均
每户花费16 700美元飞涨至1902年的64 000美元。在曼哈
顿，别墅变得如此昂贵，以至于几乎终止建造，**而公寓成了
一种每个曼哈顿中产阶级都期望居住的房子**[1]。

由于战争财富的促进，土地与建筑市场的后南北战争扩张潮
从1865年持续到了1873年。在1868年至1872年间，超过
11 000份的建筑规划提交到了市里，建筑密集区紧紧挤压着第
42大街以北的地区。1871年城建达到顶峰，那年建了2 800座
建筑，其中的1 000座是"头等住宅"（相对地，1868年至1872
年间只建了2座公寓建筑）。在1873年至1877年间的萧条期，
建筑市场也有所衰退，提交的规划不足7 000份。然而，在
1880年复苏时，新建建筑只有2 552座，其中有900座是头等
（独户）住宅。但是新增了516座公寓房，这体现了在住房配
置上对于此类型日渐增长的依赖[2]。显然，"在19世纪60年
代，中产阶级购房者……被投机买卖驱逐出了曼哈顿，城市里居
住的都是百万富翁和乞丐"[3]。

［1］Cromley, *Alone Together*, 209. 加粗字体为作者所加。

［2］Boyer, *Manhattan Manners*, 36. 参见其 Figure 23, p. 31，其中显示了1868
年至1897年建设存档总数目，以及 Figure 31, p. 36，显示了1868年至
1880年间按建设类型划分的建筑数目。

［3］同上，36。

政治文化的变迁

在 19 世纪 20 年代至 70 年代，本地政治就像其城市的地理
形态一样经受了巨大的转变。 如我们在第二章所看到的，早期
阶段，在执掌州政府的乡村贵族和纽约城同气连枝的城市精英
间，其利益没有冲突。 政治和经济契合得很好。 雅赫告诉我
们，在 19 世纪早期，像以前一样，"上层人士通过进入公职或与
政治家联合来控制纽约政策……由于同政府和金融间的密切关
联，商人-银行家对于公共生活特别热衷。 早期纽约银行的主席
几乎总是具有政治背景。"[1]但是随着权力的垄断被破坏，变
化逐渐出现了。

到 1825 年，公民权扩展到了男性非财产持有者，到 19 世纪
中期，选举权扩充到了新移民。 由于多个官员，包括州长和市
长，之前都是被直接任命的，而现在则通过选举任命，这使得选
举权变得更为强大了。 精英们的关注点在于，他们害怕并谴责
新移民及其上升的权力——他们当然有充分的理由。 坦慕尼协
会（Tammany）（一个古老的、秘密的"绅士俱乐部"，独立战争
之后由"出身较好的阶层"成员组织建立），传统上服务于"拥
王者"（Kingmaker）的本地官员任命办公室，现在逐渐被新的政
治阶层替代，后者的权力源于"新种族"的参政。 他们在城市
中的权力与政府赞助的项目、服务的扩张齐头并进，且后者还极
大地促进了前者。 从奥尔巴尼（Albany）攫取的来之不易的

[1] Jaher, *The Urban Establishment*, 210.

"地方自治"授予了这些选举官员们以城市的名义借用资金的权力，这强化了他们对银行家和金融家们的影响力，同时事实上给予了有权势的"巨头们"（bosses）以贪污的无限机会。因为他们控制了工作机会，并能够通过赞助进行分配，他们掌握着巨量的资源并常常用来巩固对于选票的控制。

到 19 世纪 70 年代，城市治理的新形式已然建立。改革运动会定期驱逐在职者［如 1971 年，"巨头"特威德（Tweed）因腐败被逮捕］[1]，且联合党人（Fusion）甚至社会主义者常常出现在候选人里。但是巨头们仍牢牢掌控着民主党与"政治机器"的权力，不仅在城市里如此，甚至在州乃至联邦选举中，它仍然是城市公民文化的重要组成部分[2]。

虽然旧贵族与政治组织下的新"下层阶级"在市政府的目

[1] 一份令人震惊但准确的记录可参见 Matthew P. Breen. *Thirty Years of New York Politics Up-to-Date*（New York：Arno，1974［1899］）。

[2] 虽然坦慕尼协会有许多学术性文献，不过最吸引人的纪实性的记录可参见：Alfred Connable and Edward Silberfarb, *Tigers of Tammany: Nine Men Who Ran New York*（New York：Holt, Rinehart&Winston，1967），本书追溯了其从革命时期的起源到 20 世纪 60 年代卡门·德萨波（Carmen DeSapio）时期的最终消亡，其间主要的人物、规矩的变化以及社会作用。关于这一时代一系列令人着迷的资料可见：Breen, *Thirty Years of New York Politics*。就纽约市政府自 19 世纪 20 年代贵族时期到后南北战争政治机器巨头时期之间的变迁而言，最好的学术描述著作大约是 Bridge, *A City in the Republic*。在这一过程中，"富人们从那些公、私很难辨别的领域中撤出了其领导权，将之施舍给了专业人士和政治团体……随后［即南北战争前不久，工人阶级的政治资源］被政治家用来为联合主义（unionism）背书，以保护（或解决）移民及天主教徒的公民自由，并且，大约最重要的是，增加本地政府的福利特权"。（158－159）

标、职能以及公共资源的分配方式上常常有所龃龉，但是在一个
项目上他们的目标达到了互利共生，即中央公园的修建。 这是
19 世纪对曼哈顿城市形式的最大贡献。

中央公园规划

许多纽约的上层阶级成员曾去欧洲旅行，他们倾慕伦敦与巴
黎的伟大的公园，并对自己的社区感到羞愧——尽管纽约这座世
界城市自命不凡——几乎没有一点公共空间，没有适合他们所要
的"高级"品位之处[1]。 这一城市原始提议的推动者和影响者
倾向于一个远离中心的公园选址（这样便于为他们的成员所特
有）。 到 19 世纪 50 年代早期决议达成，将这一雄心勃勃的城
市装饰计划选址在第 59 大街、第 106 大街之间与第 8 大道、第 5
大道之间超过 700 英亩（1 英亩 ≈ 4 047 平方米）的荒地上。 到
下一年，北部的边界扩展到第 110 大街，以囊括哈勒姆湖
（Harlem Meer）的斜面湿地。

公园建设的支持者不仅仅是富人，他们将之视为潜在的产
品，是自己急需的"游乐场"；还包括劳工，在 1857 年灾难性

---

[1] 在 1811 年的网格规划中，仅有几小块地方是开放的，其中，有两处实
　　际上是围着栅栏的私人公园，只对邻近住宅的业主开放。 后者中最著
　　名的是格拉美西公园（Gramercy Park），自 1831 年立契转让给私人后，
　　沿其边界，居住着市长、一个地方长官（蒂尔登，Tilden）、乔治·坦
　　普顿·斯特朗（George Templeton Strong）以及节俭的发明家彼得·库珀
　　（Peter Cooper）。 关于这一公园及其居民的完善研究参见： Carole
　　Klein, *Gramercy Park: An American Bloomsbury*（Boston： Houghton Mifflin,
　　1987）。

的大萧条期间，他们将之视为工作机会。 然而，经济萧条也使得打算用于支持该项工作的公债变得难卖。 虽然测量已经完成，而且由弗雷德里克·劳·奥姆斯特德和卡弗特·沃克斯的团队所做的设计已被接受（他们赢得竞标之后又做了充分的改进），然而工程实际上直到1858年才开工[1]。

中央公园很快成了一个巨大的工地，爆破小组、碎石机、修路团队、泥瓦匠、铁匠、木匠、石匠、园丁、马车队、二轮运货马车、独轮推车并肩工作。 在1859年与1860年，工程建设达到了顶点，中央公园监事会成为城市最大的雇主，每年平均雇佣4 000工人，在1859年早期的工程高峰期，每天曾有多达3 600名的劳动者[2]。

公共项目通常如此，原始的预算被证明太低了。 整合地面，造坡、排水、景观化，满足负责人奥姆斯特德的严苛要求——所有这些都耗资巨大，越来越多的钱被借出投入项目中。但必须声明的是，许多超额费用来自回扣和贪污，比如承包人提高投标金额以从中支付官员的报酬。 事态在威廉姆·特威德

---

[1] 关于奥姆斯特德如何从市议会那里获取的负责人职务，有一份不太可信的描述，大约有些挖苦的语气，出自奥姆斯特德本人一份不完整的自传片段，名为："Passages in the Life of an Unpractical Man," reproduced in *Landscape into Cityscape: Frederick Law Olmsted's Plans for a Greater New York City*, ed. Albert Fein（Ithaca, N. Y.： Cornell University Press, 1967）, 50 - 62。

[2] Rosenzweig and Blackmar, *The History of Central Park*, 160 - 161。

（William Tweed）当选后达到顶峰，相较于其前任，他参与了更大的腐败案件（在 1871 年，他被控告并判罪）。 城市里的重要人物已经被厌恶到了"根据政治学学者马丁·舍夫特（Martin Shefter）的描述"足以组织"一场税收、投资罢工"的程度，当扩张的公共支出被削减，产生了并行的城市财政危机，但随后得到了来自投资团体"看门狗"的紧急救助[1]。

　　因此纽约特殊的"公民文化"基线看起来在 19 世纪 70 年代奠定了基础轮廓，而更新的移民群体和甚至更晚的非裔美籍族群将会被吸纳进公共就业体系。 这看起来是关于纽约讨论的良好结尾，如我们将在随后的章节中看到的那样，许多在此处孕育的主题将在后续的阶段中定期出现。

1820 年至 1871 年间的芝加哥

　　虽然在 1820 年，芝加哥甚至都还没有以一个城市的面貌存在，而到了 1870 年，它已然站在了"世界城市"的门槛前。它经历了美国所有城市中最快的增长率——如果不是世界上的话。 而所有发生在 1871 年大火之前的事情都应被视为"序言"。 在第五章，我聚焦于这一工业巨人的创生与成熟，不过需要在此指出的是，这一成就的地基在之前的半个世纪便已经

---

[1] Rosenzweig and Blackmar, *The History of Central Park*, 273. 作者引自 Martin Shefter 关于坦慕尼协会政治的重复部分，见： *Political Crisis/Fiscal Crisis: The Collapse and Revival of New York City* （New York： Columbia University Press, 1992），chap. 2。舍夫特阐明了： 1970 年的财政危机与 19 世纪 70 年代存在类似关系。

打下。

关于 19 世纪的芝加哥，大约曾有过的最好书籍是威廉·克罗侬恩（William Cronon）的《自然的大都市：芝加哥与伟大的西部》（*Nature's Metropolis: Chicago and the Great West*）。他的观点很简单——城市与乡村发展本质上紧密关联而又相互依存。鉴于他决定研究芝加哥，那么他很难得出其他不同的结论。那时的芝加哥：

> **"城市"**，大量产生烟雾的烟囱和拥挤的街道，**与此同时，围绕着它的那些土地成了"乡村"**，不再出产青草和红翼黑鸟，而是小麦、玉米和猪。芝加哥的商人和工人修建了他们的仓库和工厂，**在同样的几十年里**，农民掀起了牧场草皮，伐木工人砍伐了北部树林里的大量松树。城市与乡村分享同一个过去，从根本上塑造了彼此[1]。

如果说海洋中的岛屿是纽约的合适比喻，其最经常被唤起的想象图景是：一个外国人，驶入港口，（视时代而定）要么看到岸上的印第安人或好奇或敌意地聚集在不断靠近他的独木舟上，要么看到自由女神像的火炬召唤着他进入一个令人费解的移民接待中心，被刺探，被调查，被跟踪。那么芝加哥的形象则是铁路终点站，在这一入站口，乡下人或困惑的波兰（Polish）农民在喧闹的火车旅行之后进入了地狱的大门，充满了火与浓烟、推

---

[1] Willam Cronon, *Nature's Metropolis: Chicago and the Great West* (New York: W. W. Norton, 1991), 7-8, 加粗字体为原文所有。

推搡搡的人群与"大城市"的危险和刺激[1]。 芝加哥的"船坞与码头"便是其众多的火车站，城市镶嵌于小麦、玉米波动起伏的"海面"上。 你可以通过水路来芝加哥，但自从这里有了火车之后，很少有人这么做了。

早期的地理与人口变化

在 1833 年，当芝加哥作为一个小镇建立时，它覆盖了芝加哥河主通道两旁不足 0.5 平方英里（1 平方英里≈2.59 平方千米）的土地，仅仅有 350 名冒险者居住，几乎全是男性。 殖民并不怎么受欢迎，这一地带本质上仍是不适合居住的。 然而，在 1833 年，"国会拨出 25 000 美元，主要用于港口的改善。 在 1834 年，一条航通穿过河口处的沙洲被开辟了出来"。 帕特里克·史瑞夫（Patrick Shirref），一个苏格兰旅行者描述指出，这一城市包括了"约 150 间木屋"，而他也指出，"投机者已经以高价购买了附近全部的地面建筑"[2]。 到 1837 年城市建立时，芝加哥已拥有 10 平方英里的土地；其边界随着城市的发展持续扩张。 根据约翰·李维斯·佩顿（John Lewis Peyton）的看法，虽然到 1848 年人口增加到了 20 000 人，但是城中依然既没有铺成的街道，也没有人行

---

[1] Cronon, *Nature's Metropolis*, 在其副标题为 "Cloud over Chicago"（尤其参见第 9 - 19 页）的章节中通过文学调用了这些形象。 重要之处在于，许多关于芝加哥的小说都以到达这一地狱般的火车站作为开篇场景。

[2] Irving Cutler, *Chicago: Metropolis of the Mid-Continent* （Dubuque, Iowa: Kendall/Hunt, 1976）, 17.

道，它的 3 000 座房子也"几乎全是小的木制建筑"[1]。

　　不过，制砖工人和石匠忙于准备更多坚固的建筑材料；铁匠和马车制造商正加紧生产以满足农民的要求；塞瑞斯·麦考密克（Cyrus McCormick）的收割机车间已经雇佣了几百个工人。未来的扩张备受期待，"房地产代理人已在地界内筹划了周围 10 英里到 15 英里的区域，为未来幻想中的街道、广场、公园预先起了名字"[2]。

　　他们的准备是有充分理由的。到 19 世纪中期，人口增长到了 30 000 人，城市作为运输枢纽和工业巨人的潜力得到了越来越清晰体现。"1848 年，伊利诺伊州与密歇根州间开通的运河将五大湖与密西西比峡谷联系了起来"，并且在"一段铁路建设热潮"之后，进入芝加哥的铁路"几乎每一个方向都有。到 1855 年，芝加哥成为……10 条干线的枢纽。每天有 96 次列车自城中往返，一天之内密歇根中央车站便运来了 2 000 个移民"[3]。

　　但是"火车不会自己创造城市"。不过，它让芝加哥成了"国家的集市（fair），且是世界曾见过的、最壮观宏大的国家博览会（fair）"[4]。这一伟大城市发展的根本，至少在最开始时，并不是与"担当着城市重任"或有相关的工业，而是农民在

――――――

[1] Peyton, *A Statistical View of the State of Illinois: to which is appended an article upon the city of Chicago*, Chicago: Spaulding & Tobey, Printers, 1885.

[2] Peyton, 引用同上，19。在 1847 年，最初的麦考密克工厂被迁移到河流以北，之前杜·萨博的小屋旧址，因此，不幸的是，它直接位于 1871 年芝加哥大火的路径上，并被全部焚毁。

[3] Culter, *Chicago*, 19.

[4] Cronon, *Nature's Metropolis*, 97.

宽阔、富饶的内陆生产的谷子、木材和肉类，并在铁路削减了产
品运往市场的时间成本后使其产量呈指数上升[1]。 这些农产品
的生产催生了制造业的发展和金融部门的繁荣。

　　不过，这些部门的发展并不一定都要无中生有（ex nihilo）。
其技术与产业配置可以从东部进口，同时还有许多公民，他们带
领城市进入改革时期。 雅赫曾经在"重要"的芝加哥王朝与东
海岸地区之间做过犀利的比较：

　　　　最近的开端、内陆的位置与早期重工业的标识将芝加哥
　　与波士顿、纽约或是查尔斯顿区分开来。 沿海城市散发着
　　典雅、世界主义、文化成就与以其历史地位为荣的光环，并
　　且在其社会结构上具有贵族化成分。 中西部的大城市则是
　　粗糙、强健的美国工业青春期的缩影。 即便是纽约这一国家
　　新贵（*parvenu*），其资本也有着过去之根以及一个影响其上
　　层阶级的归属性（ascriptive）群体[2]。

　　不过，即使是"自力更生者"，大多数芝加哥最早期的精英
都是来自纽约和新英格兰。 据雅赫所言，这些精英"主宰了经
济。 其成员塑造了第一批银行、保险业、制造业与公共事业公

---

[1] Jaher, *The Urban Establishment*，453 - 475 中述及芝加哥。 他指出，到世
　　纪中期，"芝加哥成为国内最大的谷物、小麦与木材初级市场……在南
　　北战争早期，它超过辛辛那提，成了国家的首要肉类加工城镇"。
　　（454）
[2] 同上，453，加粗字体为作者所加。（parvenu 原文便为斜体字）

司，并引领了零售业和批发贸易，运输企业与房地产运营”[1]。雅赫指出，"这些与东部地区的关联很自然地使得银行业与保险业位于领先地位，因为在这些地区［即，东部］资本家构成了早期芝加哥企业的资金来源”[2]。

只有在南北战争之后，芝加哥才真正成为一个制造业城市[3]。直到 1860 年，城市居民中尚只有 5%参与进工业中，而在 1870 年，这一比例已是之前的两倍。"但是到 1880 年，芝加哥拥有了阿巴拉契亚山脉（Appalachians）以西……最大的工业力量。"[4]由于最大的经济增长发生在南北战争后的时段，我将会在第五章进一步讨论这一话题。

大灾难的作用：1871 年 10 月 8 日的芝加哥大火

到 1870 年，芝加哥经济基础的进化已然相当可观，它已经呈现出一种可能对未来造成严格拘束的地理结构，这种结构并不会被"意外"摧毁。它成为一个过度增长的、蔓生的"村庄"，其人口迅速扩张。而对于一个扩张的区域，它已经开始向着重要的工业大城市和中西部中心转化。在城市发展的转折

---

[1] Jaher, *The Urban Establishment*, 456.

[2] 同上，461。

[3] 在南北战争以前，只有少部分工业值得一提：肉类加工业、铁加工、炼钢、农具生产。在 1848 年，麦考密克开始生产农具；铂尔曼（Pullman）在 1859 年开始组建其轨道车业务；1855 年，克兰（Crane）开始生产卫生器具。参见上书，第 460 页。

[4] Cronon, *Nature's Metropolis*, 311.

点上，奥雷利夫人的牛[1]简直就是天降神兵（deus ex machina），它们为城市结构重建突然"腾出了一片天地"，使得芝加哥更适合作为"北方与西陆的女王"，这一夸张称谓来自一位本地的拥护诗人威尔·卡尔顿（Will Carleton）写道：

> 这是富庶与娇艳的城市，
>
> 这美人云集、大厦装点的城市，
>
> 这黄金为冕、光彩照人的芝加哥。
>
> 北方与西陆的女王![2]

在火灾前夕，芝加哥的人口达到了 334 000 人，他们生活在中心枢纽周围约 18 平方英里的区域，有 13 条铁路主干道在此交汇。 在地理上，半圆形的城市"被河流分成三个区域，有 12 座木质桥梁跨越水上"[3]。 西边是工业区，尤其是沿着河流的两条支流区域。 中央商业区以南的湖畔地带随后被称为"芝加哥环带"（the Loop），是理想的住宅区，但是沿湖进入内陆后，建筑物要差得多，人口也贫困得多。

如前所述，城市的基本建筑材料还是易燃的木头，这使它成为一个火绒箱。 还有凸起的木质人行道以防止行人在雨后

---

[1] 芝加哥大火之后，《芝加哥论坛报》（*Chicago Tribune*）曾将火灾原因归结为奥雷利夫人养的一头牛。 ——译者注

[2] 引用但未注明出处，见 Herman Kogan and Robert Cromie, *The Great Fire: Chicago 1871*（New York: G. P. Putnam's Sons, 1971），9。

[3] 同上。

被泥巴弄脏，大街也以木块铺成，所有河面上的桥梁都以木材构筑。在中央商业区，最近砖石建筑才开始取代木头，这些新建筑的风格看起来着实像是纽约商业建筑和联排住宅的布杂艺术——纽约的典型风格。疯狂石碑（the crazy stone）与有垛口的芝加哥水塔在 1867 年建于北部，以将密歇根湖的水引入城区，取代此前一直依赖的水井[1]。

　　然而，连续好几年，干旱都是一个严重的问题，火灾变得更加频繁，仅 1870 年这一年，城里便有 600 次火灾。干旱持续到了 1871 年，"在 7 月至 10 月间，降水量只有 5 英寸（1 英寸 = 0.025 4 米）……在 10 月 8 日前的一个月，降水量不足 1 英寸……[并且] 这一月的第一周约发生了 27 次火灾"[2]。因而，此时的城市变得高度脆弱，10 月 8 日星期天的晚上，火灾起于城市南部德科文（De Koven）大街奥雷利夫人的畜栏，就在中央商业区的西南部[3]。

　　借助狂风，火势往东北方向蔓延，在肆虐了 29 个小时之后，火焰最终平息，剩下灰烬内的暗火。火势向北急速移动着，横穿芝加哥河，无视消防员用炸药制造的防火带，几乎摧毁了经过的一切事物。"损失了价值 192 000 000 美元的财产……73 英里的道路被火苗吞噬，17 500 座建筑被摧毁，100 000 个芝

---

[1] Herman Kogan and Robert Cromie, *The Great Fire: Chicago 1871*, 43, 现今仍然存在的水塔是该区域在大火后仍然完整的建筑。

[2] 同上，49。

[3] 奥雷利夫人的牛踢翻煤油灯，并随后引燃了稻草，继而是木质谷仓，这一故事即便降格为一个神话，也不能证明它并未发生。

加哥人流离失所。"[1]在 10 月 11 日至 23 日的余烬期间，城市实行了军事管制以恢复表面的秩序，国家层面组织了大量慈善活动以救济无家可归、没有物资的市民，他们中的大多数人避难时没有携带任何财产，仅仅待在湖边的浅水区以避免被火焰吞没。

虽然市区与北部周围地区被彻底摧毁，不过芝加哥许多交通与工业设施仍然未受损伤。虽然沿着北岸的木质谷物升降梯被烧毁了，不过码头没有受损。大部分铁路干线也安然无恙。西部和西南部大部分工厂和家畜围栏仍旧保持运作，没有中断。然而，麦考密克收割机工厂被完全摧毁了。

重建几乎立即就开始了[2]。大火之后仅仅两天，轨道马车便在市区开通交通得到恢复。临时修建的木屋被当作权宜的手段，而永久性结构的建筑被宣布非法，要以砖、石、灰泥为材料建成的新建筑为标准。虽然财产所有的边线没有变化，不过随报闻名的"芝加哥环带"和近北（Near North）地区的整体建筑景观——之前承受了毁灭性的打击——被一下子改变了。关于重建的大量需求驱动了贯穿 19 世纪 70 年代余下时期的反周期性（countercyclical）城市经济扩张，即便此时整个国家以及纽约的经济都在全球性的衰退中进入了萧条期。

---

[1] Kogan and Cromie, *The Great Fire*, 113. 被摧毁的建筑包括牢固的新商业建筑、新的法院、许多砖石教堂。

[2] 芝加哥引人注目的复苏不仅仅在地理层面，也存在于社会层面，这一完整的历程参见：Karen Sawislak, *Smoldering City: Chicagoans and the Great Fire, 1871-1874* (Chicago: University of Chicago Press, 1995)。

芝加哥大火就像一个天启式的神话，很快就融合进了城市的形象中。对于这种融合，罗斯·米勒（Ross Miller）（一个比较文学学者，而非城市学家）曾经做出过一个非凡的评估——这一形象一直存留着，并且不得不承认，继续灌输着"能行"（can do）（城市的座右铭）的精神，即便面对外界对其持有的不讨喜的形象[1]。米勒的一些洞见值得重述。他指出，在灰烬中升起的凤凰的形象遍及所有大火后的文学中：

> 芝加哥……成为美国城市中唯一一座其建立与发展的神话同其摩登环境（modern condition）同时代存在的城市……经由戏剧性的一幕，当下不再从属于过去。将芝加哥新兴的现代历史同另一座 19 世纪的城市分离开来，这使得其形象更为清晰。当其他人正在经历神经衰弱式的现代性症候时……芝加哥人感受到了被释放的可能性。这一现代性的初始图景是乐观的。从无处不在地对灰烬中腾飞的凤凰（这一意象）的刻画，到牧师与记者天启式的言谈，芝加哥人找到了一种捕捉其感受方式的办法[2]。

米勒也指出了一个令我十分叹服的主题，因其完美呼应了我自己对芝加哥"性格"（personality）的分析。他谈到了芝加哥的"双重身份（double identity）——既是内地湖区的皇后，又是野心勃

---

[1] 其中包括的芝加哥形象有：充斥着机枪与暴徒；种族冲突与劳动罢工，以及当前处在锈蚀与去工业化阶段工业退化中的城市。

[2] Ross Miller, *The American Apocalypse: The Great Fire and the Myth of Chicago* (Chicago: University of Chicago Press, 1990), 12-13.

勃、坚韧不拔的偏远城市……恰是这双重性，即便是面对大火之后城市越来越不和谐的现实，也赋予了现代芝加哥品格——一种被观察到并被系统否定的双重性，与这座城市一样古老"[1]。 至少就芝加哥而言，这一**双面城市**并非当代全球化的产物。 这种两面性从刚开始便出现了。

一名芝加哥人，希汉（J. W. Sheahan）于 1875 年在《斯克里布纳月刊》（*Scribner's Monthly*）上发表了一份关于芝加哥大火的记录，调用了"分裂（divided）的芝加哥"这一观念，不过不是在阶级的意义上使用的：

> 希汉注意到，在早期的文献中，没有文化焦虑的表达。一些已发生的事情改变了芝加哥人呈现与感知自己的方式。并不是事件有所不同，而是对待发展的态度改变了。 **芝加哥发现了一种关照自己的方式。它不再尝试着弥合分裂——如东海岸和欧洲城市之间，而是使这些冲突成为其身份的基础。**
>
> ……可能会使其他城市瘫痪的分裂（divisions）为芝加哥提供了存在的条件[2]。

我将在下一章回到这一主题，指出大众阶层与城市的种族分裂以及其政治文化中的对抗性特征如何一次又一次地出现。 这

---

[1] Rose Miller, *The American Apocalypse*. 引自 Miller，复制经 The Wylie Agency 允许。

[2] Ross Miller, *The American Apocalypse: The Great Fire and the Myth of Chicago* (Chicago: University of Chicago Press, 1990), 17 - 18. 加粗字体为作者所加。

些分裂实际上是其存在的条件。

洛杉矶：19世纪20年代至70年代间的发展

虽然在这一时期，很少有美国人将洛杉矶看作一个重要的城市中心，不过正在讨论的这50年是特别的转型期，为其未来的发展打下了基础。 与纽约和芝加哥的案例不同，它们那里有可以辨认的相当稳固的趋势，然而在这一阶段，洛杉矶的绝对主题便是政治上的**不连续性**。

有三个明显的标志性事件： ① 墨西哥在对西班牙独立战争中获得胜利，该事件于1822年达到了高潮，此时加利福尼亚成了墨西哥的一个省；② 19世纪40年代晚期的淘金热不仅仅直接导致了短暂的本地性繁荣，还具有长久性意义，从此角度来看，它引发美国征服了加利福尼亚州南部，并在1850年联邦政府的承认下成了一个州；③ （也许不是政治性的，但肯定是变革性的）随之而来的铁路将之与美国其他地区联系到了一起——最开始是1870年的旧金山，随后于1876年从旧金山扩展到洛杉矶。 与东部的联结直到10年之后才就位。 如果说在本章讨论的这50年中，纽约巩固了其在全国城市的领导权，芝加哥建立了其初期的工业力量，那么对于洛杉矶而言，唯一清楚的一点是，其"播种"的季节在同一时段来临。

尼尔森称，1822年至1840年间的洛杉矶仍然是一个"胚胎中的城镇……正在到处发展一种墨西哥式的城区形式，有一个聚焦于教堂的中心广场，被大地主的房子围绕着，外围有大量的农田和广袤的干旱牧场[1]"。 在墨西哥独立之后,即便圣佩德罗港重新开始进口外国货物并允许船只更为频繁地停泊,可是人口依然很少。 在 1830 年,印第安人的村庄仅有 770 名定居者,1840 年为 1 100 人,到 1845 年为 1 250 人,同时有同样数目的人口居住在偏僻地区的牧场里。 劳动的基本分工几乎没有出现。城镇里有少量的商店,一些工匠,甚至有一些家庭作坊,但是经济基础依然是畜牧业及其副产品(皮毛和油脂),这是唯一参与全球贸易的商品。

然而,墨西哥的革命让事情起了变化。 到 1835 年,小镇升格为市(ciudad),洛杉矶被宣布为该片区域的首府,虽然 10 年之后政府才搬过去。 然而,**牧场**在塑造该地区特色上更具决定性,因为 19 世纪 30 年代墨西哥政府将大量的土地给予其支持者,这形成了一批耀眼但又有些粗野的"精英"[2]。

虽然加利福尼亚的淘金热几乎主要集中在加州北部,但也向洛杉矶洒了一些金屑。 不仅仅是因为早在 1843 年于城镇附近发现了一些金矿,更重要的是在北部淘金热期间,加州北部的肉类以及其他食品需求得到了重要的增长。 以前有用的只有他们的皮毛和油脂,现在未屠宰的牲畜被成群赶往北方,以令人吃惊的价格作为肉类卖给矿工。 黄金热也加倍促使了加利福尼亚加入美国。 1846年,美国向墨西哥宣战,经过你来我往的多次战斗,洛杉矶数次易手。 1847 年,该城处于美军的控制之下。 1849 年,经过了"有秩

---

[1] Howard Nelson, *The Los Angeles Metropolis* (Dubuque, Iowa: Kendall/Hunt, 1983), 135 – 140.

[2] 同上, 138。

序"的征服[1]，奥德（E. O. C. Ord）进行了首次美国针对洛杉矶的测量，准备改造产权结构。他的规划展示了一个原始的边陲小镇。

1850 年的美国人口普查显示，城镇里墨西哥居民占大多数；只有大约 300 个洛杉矶人具有"美国血统"，男性比女性要多，比例高达 3 : 1[2]。与该州其他盎格鲁化的地区相比，加利福尼亚南部远远地落后了。这对于城市有着长远的影响，正如凯里·麦克威廉姆斯（Carey McWilliams）敏锐地认识到的：

在 1849 年之后的 30 年里，成千上万的美国人涌入加利福尼亚北部，占据土地并在其上构建设施，而加利福尼亚南部本质上毫无变化。整个 19 世纪 60 年代至 70 年代，在大多数社区，西班牙语都继续作为教学用语。在发现黄金 20 年之后，洛杉矶仍旧是一个墨西哥小镇，几乎所有人都讲西班牙语；所有的官方文件……都同时用英语和西班牙语发布……由于这一社会变革的时间滞后，西班牙-墨西哥的影响在加利福尼亚南部比州内任何地方都根深蒂固……直到

---

[1] 墨西哥政府没有能力保护其帝国，以 1 500 万美元的价格将新墨西哥和加利福尼亚"卖给了"美国。参见：Robert G. Cleland, *From Wilderness to Empire: A History of California*, *1542 - 1900*（New York：Knopf, 1944）以及 John W. Caughey, *California*（New York：Prentice Hall, 1940）同时引用于 Robert M. Fogelson, *The Fragmented Metropolis: Los Angeles*, *1850 - 1930*（Berkeley：University of California Press, 1993 [1967]），298 n. 19。

[2] Nelson, *The Los Angeles Metropolis*, 143.

19 世纪 80 年代大量人口进入之后，西班牙的影响才开始消退[1]。

　　然而，"**墨西哥的**"这一词汇隐藏着某种复杂的社会层级，在这里，"种族"、社会特权与经济阶层全被调动起来，用以从多数是"（拉丁族裔与印第安人的）混血儿"（mestizo）的普通墨西哥人（普通军人、工匠与移民）中区分自封的"西班牙"精英（包括大的地产持有者、政府官员、军官以及方济会修士）[2]。查尔斯·德怀特·威拉德（Charles Dwight Willard）描述了这一前美国的社会结构："不同于南方腹地：印第安人是奴隶，理智的绅士（gente de razon）是种植园主或'白人'，墨西哥人是'贫困的白人'。"[3]

　　在征服之后，土地所有权成为根本的纠纷对象。1851 年的土地授予法案（The Land Grant Act）要求墨西哥**农场**主确认所有权，这使他们损失惨重。"至少 40% 墨西哥授权下的土地被业

---

[1] Carey McWilliams, *Southern California: An Island on the Land*（Salt Lake City: Peregrine Smith, 1990 [1946]），50. 这一 1946 年的研究仍然是述及洛杉矶的最好的著作之一。

[2] 这些"西班牙"精英在外貌上，常常无法与沉沦于社会底层的"混血儿"区分开来。

[3] 为意译，非引用，参见：McWilliams, *Southern California*, 52。Greaser（意为，加油工）这一形容墨西哥人的美国种族主义词汇仍在使用，在时间上先于征服。麦克威廉姆斯将其追溯至皮毛与油脂贸易，当时墨西哥裔及印第安劳工被用来以高速帆船运载令人不适的兽皮。"在征服之后，greaser 成了一个墨西哥人的同义词，事实上，用于所有的深色皮肤者。"（57）

主卖掉，以支付……法案要求的费用。"[1]待土地调查在1860年完成，产权便在"盎格鲁"个人及公司的广泛投资下迅速易手。在几十年之内，畜牧业为"农业和城镇建设事务让出了道路"[2]。虽然1860年与1870年的人口普查显示葡萄酒商支配着小型"工业"部门，不过一些制造业已经出现了，而来自新英格兰、得克萨斯州甚至欧洲的企业家和商人，从海上而来，试图利用"新"的殖民机会。不过，他们在数量上仍然没有本地的加利福尼亚人多，因为后者失去了土地，正日趋无产阶级化而成为雇佣劳力和农民工[3]。

但是洛杉矶仍然处于全国铁路网络之外并一直被旧金山压制，自身相较于纽约和芝加哥又比较落后。直到下一阶段，当铁路开通——最初是通过旧金山，后来直接同东部相连——现代洛杉矶的历史才开始。而这一历史开始却与国家的大趋势相悖。19世纪70年代，纽约经历着经济困境，芝加哥由于大火掀起的建筑热逃过一劫，而此时的洛杉矶则因新移民激发了首个扩张阶段也未被大萧条打击。下一周期的众多细节将成为本书的第二篇的主题。

[1] McWilliams, *Southern California*, 62. 征引了西特尔（Hittell），但是没有指明来源或页码。与欧洲殖民者的帝国主义征服与土地掠夺同时进行的是罢工。在基础生存经济上强加的财政税收中，作为必需品的土地，以"外语"登记表进行记录和管理，以一系列不同的司法法案进行管理。并且，被新的政府当局所没收的公共土地全从墨西哥物主手里转移到了盎格鲁人那里。对这一进程，麦克威廉姆斯进行了严厉的批评。一种温和的描述可参见 Fogelson, *The Fragmented Metropolis*, 13-14。

[2] Nelson, *The Los Angeles Metropolis*, 141.

[3] 同上，146-147。

三足鼎立：
从股市崩盘（1873）
到股市崩盘（1929）

国际环境

对于后南北战争时期的美国经济，正不断深陷以英国与欧洲大陆为中心的核心世界体系的泥淖，再也没有比经济危机在该体系中相互快速传导更敏感的指标来描述这一事实的严重程度了。美国 1873—1874 年与 1893 年的经济危机由欧洲严重的通缩引起，这"抽干"了在美国的投资——主要来自英国对美国铁路上的投资，其之前曾大力促进了西部的扩张。但是 19 世纪末期大萧条对新世界影响的严重程度要比欧洲大陆轻一些[1]。而 20 世纪 20 年代的倒退则相反，从美国传导到欧洲。美国主导的危机在欧洲引起了回响，不过没那么严重。

这些危机的表征超出了正常的商业周期。它们将更长的经济波动与基础重组（restructuring）关联在了一起，此种周期最早由俄罗斯经济学家康德拉捷夫提出[2]。霍布斯鲍姆（Hobsbawm）敏锐地观察到：

　　　　资本主义经济的运行从不平滑，波动期长短不定，时常幅度剧烈且是全球性事务运行……整体的一部分。所谓增长

---

[1] 值得注意的是，欧洲文献中用**大萧条**（Great Depression）这一术语指 1873—1893 年 20 年间的经济低迷期，而美国的文献则用这同一术语指随后的 1929 年经济危机。

[2] "**重组**"这一术语在当下用来指一个已长达十年的时段，在此期间，全球经济经历了根本性的空间重新定位，并且在此期间，社会及地理的生产与交换"技术"经历了根本性的重新组织。

与衰落的"贸易周期"并不陌生……从 19 世纪［起］……每 7
到 11 年……［就被预期着］会循环往复。 首次引起注意的
更长的周期在 19 世纪末期出现，由此观察者回溯到了……
以前的几十年。 **从约 19 世纪 50 年代到 70 年代早期，一次
壮观的全球范围内破纪录的繁荣之后，是约 20 年的经济不稳
定时期**……随后，出现了世界经济的长期性飞速增长……在
20 世纪 20 年代，俄罗斯经济学家 N. D.康德拉捷夫……从
18 世纪晚期以来一系列 50 年至 60 年的"长期波动"中辨别
出了一种经济发展的模式[1]。

　　经济全球化[2]的进程从 19 世纪 90 年代早期一直保持惊人
的扩张，持续到了第一次世界大战；在扩张期间，世界贸易增至
原来的 2 倍以上。 随后是一个经济紧缩的阶段，其间"全球经
济整体陷入了停滞或衰退"。 到 20 世纪 20 年代晚期，国际贸
易仍没有恢复到战前水平，在大萧条的断崖式下跌之前，"国际
资金流似乎已经枯竭。 在 1927 年至 1933 年期间，90%以上的
国际贷款都被中止了"[3]。

　　这些国际系统的波动为美国全球城市发展提供了难以逃脱的

---

[1] Eric Hobsbawm, *The Age of Extremes: A History of the World*, 1914 - 1991
　　(New York: Pantheon, 1995), 86 - 87, 加粗字体为作者所加。

[2] 在这一早期阶段，**"全球化"**（globalization）这一术语更准确的定义是,
　　包括英属大西洋及其相关殖民地。 在此，它必须与包括世界大部分
　　的、当前阶段的"全球化"区别开来。

[3] Hobsbawm, *The Age of Extremes*, 88 - 89. 注意，霍布斯鲍姆的欧洲中心主
　　义偏见（Eurocentric bias）巧妙地改变了美国人在这件事中的重要
　　位置。

普遍环境，不过情况不完全一致，这主要是因为美国承受的灾难性影响比欧洲要小得多（甚至还从中获利），而这一影响期包含了 20 世纪的两次世界大战，霍布斯鲍姆称为"30 年欧洲战争"[1]。 在第四、第五、第六章将考察纽约、芝加哥与洛杉矶在此（大约）55 年的康德拉捷夫周期中的发展，这一阶段开始于 19 世纪晚期，终结于 20 世纪 30 年代的大萧条。

此后，国际事件也会在国内引起震荡，对这三座城市的命运行使着深远的"普遍"影响力。 美国在一战时不情愿地参战，标志着美国孤立主义的终结，虽然这种阻力在 20 世纪 30 年代晚期再度出现，拖延了美国参与二战[2]。 然而，在二战以后美国

---

[1] 针对经济状况在旧世界与新世界并不完全一致的原因的第二个且大约更令人满意的解释，见： Giovanni Arrighi, *The Long Twentieth Century: Money, Power, and the Origins of Our Times*（London: Verso, 1994）。 他指出，1873 年至 1893 年间的欧洲大萧条由一场"英国资本主义的转换危机"仓促引发，当时英国投资的资本家利润正在其传统批发领域下跌（参见其在 163–164 页的讨论）。 相对而言，在 1929 年于美国开始，并随后反射到欧洲的这场危机，其来源正相反： 美国海外投资的大量削减。 一种"美国国内的投机繁荣或爆发……导致［了］［美国］海外贷款的中止以及整个复杂结构的崩毁，这是［一战后］世界贸易恢复的基础……直到 1928 年末，华尔街的繁荣促使资金从海外贷款转移至国内投机。 随着美国银行召回他们的欧洲贷款，来自美国的资本净出口——从 1926 年的不足 2 000 万美元增加至 1928 年的 10 亿美元——在 1929 年再次骤跌至 2 000 万美元……这一美国海外贷款的中止由于华尔街繁荣的崩盘以及美国经济随后的萎靡而成为永久性的。"（274）

[2] 孤立主义被极大高估了； 它或许远离了欧洲的纠葛，但从未在自己的半球孤立——在世纪中期从墨西哥取得了加利福尼亚； 在 1898 年的西班牙美国战争中，美国获得了其首个"殖民地"以及对加勒比和太平洋的保护权。

的国际参与中，至少从当时到 20 世纪 60 年代晚期或 20 世纪 70
年代早期，事实上是霸权主义占了上风。 在我们的时间表里，
最后的转折点标志着城市化的第五个阶段的开始。

国内环境

从 1873—1874 年的金融危机到 1929 年 10 月股票市场崩盘
之后的大萧条，在这两代人的时光里，纽约、芝加哥、洛杉矶所
承担的不同角色使得它们进一步不同于彼此。 它们在人口
构成、经济功能、地理形貌诸方面的区别都比以前更大。 从某
种程度上，人们可能会将它们在第二次世界大战后作为世界城市
的 "趋同" 视为在 1874—1929 年间作为地区首都差异的
"镜像"。

不过这样的描述，会被几个矛盾混淆。 为何这些城市在角
色互相区分之时恰好是美国越来越陷入（并且是以一种不可逆的
形式）欧洲中心的世界体系的时候？ 恰好是美国的国内市场正
在固化，并将三座城市融合进于 19 世纪末几乎完全定型的大陆
城市系统的时候？ 恰好是国家层面的政治政策日益侵蚀本地独
特性的时候？

共同融入世界一体化并非这些城市的唯一共同点。 矛盾的
是，这三个城市区域在美国城市体系接近扩张至其现代形态的非
常时刻产生了本质上的分歧。 在 19 世纪的最后几年，"城市边
界的锁定"意味着，很少会有重要的城市能再加入系统，虽然现
存的组合型城市（conurbations）已扩张到包围了整个区域。 到
20 世纪 20 年代，这一城市系统真正成了一个已完成一体化的功

能性联合体，其在一种高度包容和一体的国际经济背景下，产生了一种国家经济。而在之前的阶段，尽管可以说三地之间的联系日益增长，但这些城市间的联结仍然只是对塑造各区域核心腹地的组织的一种补充。从 19 世纪 70 年代开始，国家市场开始居于优先地位，在大萧条期间，城市间的人口、经济与地理联系已成为各自运转中不可或缺的部分。各城市之间形成了深刻的共栖关系，偶尔协同运转，但这常常将它们置入——至少从它们自己的角度来看——一种彼此间的零和博弈中去。

另一个矛盾是，在这一关键阶段，三个地区间的人口结构差异变得更加显著，这正是联邦政府越来越多地涉入制定统一法律管理移民的时候。在 19 世纪 80 年代和一战期间，第二次美国移民潮达到顶峰，之后联邦政府对入境美国进行了严格的限制[1]。在 1914 年之后，欧洲战争缩减了来自东欧、南欧的"国家性"移民规模，因此，新的移民无法满足在纽约和芝加哥由战争引起的工业劳动力短缺。因此，这两座城市的企业都积极地从南部地区招募黑人，不过纽约从更为城市化的南部东岸以

---

[1] 美国对"过多""不可同化"的外国移民的当代焦虑，在国家历史上有两次征兆：第一次是在 19 世纪 40 年代与 50 年代之间，爱尔兰移民（以及，少部分德国人）的流入触发了对质量（以及纯粹度）下降的焦虑，并导致了不可知党的短暂流行；第二次是在 20 世纪初，在 1880 年后，由来自东欧及南欧的"大移民"所激发。即便在第一次世界大战之前（在 1911 年），便已委托进行了对由这种高程度的移民所引发的问题的研究。这一多卷本的研究随后为战后急剧减少的准入许可提供了知识依据。20 世纪 30 年代大萧条期间，将墨西哥人遣送回国以及对外来者公共资助、就业援助以及对他们利益的否定预示了 1994 年加利福尼亚的 187 法案。

及加勒比地区招募劳工，而芝加哥则几乎完全依赖乡村和落后农业州的工人，尤其是密西西比河流域。因此，在 20 世纪 20 年代便见证了这两座城市里"黑人贫民窟"分隔区的出现：芝加哥南部的"黑色地带"和曼哈顿北部区域的哈勒姆。

在这一阶段开始时，洛杉矶比全国其他城市有着更多的"盎格鲁"及本地人口，因此，很少受到欧洲移民减少的影响。虽然城市也吸引了很多来自中西部和西南部的非裔美籍移民，不过战争并没有抑制加利福尼亚南部墨西哥劳工的供给，他们或是服务于农业或是服务于城市建设，不过除去石油萃取和航运，洛杉矶没有更多附加的工业要求[1]。

一战结束后，劳工过剩的恐惧以及"民族主义"的迅速复兴导致了国家对移民的严格限制（见 1917 年、1921 年与 1924 年通过的联邦法案）[2]。然而，这些限制对于这三座城市的影响截然不同。虽然这种限制为所有的欧洲输出国和适用排除法案[针对中国人的《排华法案》(Oriental Exclusion Laws) 和限制日本人入境的"君子协定"(Gentlemen's Agreement) 在新的法案中扩展成了对所有来自亚洲广袤"禁区"移民的拒绝] 的亚洲人都设立了配额，但是来自加勒比地区以及美洲中部和拉丁美洲的移民在当时被免除限制性配额。这导致数量庞大的牙买加人（ Jamaicans ）得以迁入纽约（因而加入了现今城市中的黑人人口

---

[1] 以黑人为主的区域开始出现于洛杉矶，不过规模较小，同时伴随着的是中央大道的文化繁荣，但是与"哈勒姆文艺复兴"(Harlem Renaissance) 无法相提并论。

[2] 它同样导致了一系列遍及全国的罢工和镇压激进劳工运动的"红色恐惧"。

中），并允许墨西哥移民进入西南部农场和城市，包括加利福尼亚。这甚至在芝加哥产生了一个小型墨西哥移民潮。

在这城市化变革关键性的半个世纪中，工业化也是一种普遍性力量。蒸汽以及随后的电力长久取代了水力，成了美国工厂的主要能量来源，非生物性能量大量地用于生产，其"消耗"量在这一阶段增加了 10 倍，从 1870 年的每 100 000 人 43 000 马力（1 马力 =735.499 瓦）到 1920 年增加到了每 100 000 人 492 000 马力[1]。然而这三座城市工业上的区别是显著的；每一座城市都发展出了独特的工业企业配置，车间典型"规模"以及工业关联模式。

纽约继续聚焦于可在相对小规模的工厂和车间进行生产的消费品（与服务）。虽然这一阶段的工会联合有了重大进展并且劳工的动员也很频繁，但是工人组织（除了港口和运输业的工人）还是面对着这样的挑战，即联合的工人被分散在了诸多的车间和工作地点中。在福特制发源地的（proto-Fordist）芝加哥，重工业产品在大车间里快速生产，这是其典型的运作方式，大车间的工会规模也相应地放大，而"资本"与"工人"之间的对抗也更加激烈和富有冲突性。

洛杉矶的工业混合体缺少连贯性：重工业仍然只限于石油萃取，而到了 20 世纪 20 年代，其主要"工业"变成了电影生产[2]。

----

[1] Janet L. Abu-Lughod, *Changing Cities: Urban Sociology* （New York：Harper Collins, 1991），104. 基于 Hilda Golden, *Urbanization and Cities*（Lexington Mass.： D. C. Heath, 1981），199，表 8.3。

[2] 在电子图书馆搜索到的关于这一阶段洛杉矶的工业信息，几乎全部出现在其电影工业出版物中。

相应地，其工会模式也与众不同。 在 19 世纪末期，支持者们宣传道，在洛杉矶众多的吸引人之处，要数与强大的旧金山工会动员[1]形成对比的"自由雇佣制企业（open shop）"这一事实最与众不同。 任何的工会组织发展都会在 1910 年创立的《洛杉矶时报》（Los Angeles Times）的狂轰滥炸之后被镇压破坏；随后，工会组织被污名化为无政府的丛林。 而直到二战开始前，洛杉矶才成为一个"重工业"（汽车、电报，最终是航空航天）接纳地并在工会需求方面有相应的增长。

这三座城市，虽然在日趋统一的国家城市系统以及国家市场发展方面存在一些共同的现象，而且在国家政治体系和重新定义了地方政府职能的普遍演化中也存在一些共同的趋势，但是最终还是浮现出了差异。

市政环境

在 19 世纪的最后 10 年和 20 世纪的开头 10 年间，这三座城市都经历了内部政治权力平衡的变迁，由于遍布全国的进步主义运动（Progressive Movement），以及日趋复杂的城市"现代"公

---

[1] 这并非指洛杉矶完全"免于"劳工运动甚或周期性爆发的罢工及警察镇压，但是这些相较于劳动力市场的动荡算很小了。 无论是城市还是郊区都是如此。 这形成了加利福尼亚中心区与北部的特征。 值得注意的是，Kevin Starr 为加利福尼亚大萧条期间及之前的劳工运动奉献了 4 个章节，但主要聚焦于旧金山，即"行动"的发生之处：参见，The Dream Endures: California Enters the 1940s（New York： Oxford University Press，1997）。

共设施、服务与管理，导致了地方行政改革和城市治理的新结构。　在技术强制性驱动的全球性增长与被定义为"去政治化"（depoliticization）改革的新意识形态的共同背景下，这三座城市都尝试用公务员体系替代政治任命，并将信用下放给工程师的"技术性方案"以应对亟待解决的公共建设问题[1]。　全国的市政（municipal）管理被重新定义，以至于城市管理越来越像是大型企业的运营。

　　不过，在进步主义（progressivism）到来之前，每座城市都已建立了政治结构。　而从某种程度上，这三座城市的进步主义在周边与中心区域之间、赞助与公务员体系之间、政治与技术主义之间产生了不同的权力平衡。　虽然在所有案例中，市长这一角色都被加强了，还有一整套为统治服务的行政/管理配置，不过他仍要面对更基于本地性的城市议会和委员会。　由此，市长所分有的权力在各城市都有所不同。

　　在纽约，新成立的估算与拨款委员会（Board of Estimate and Appropriations）（1898）为联合自治区的理事和市长所领导，由选民从所有5个自治区同僚中的佼佼者里选出，这削弱了"政治依附者"与出于保护并发展自身（常常由种族决定）利益目的被邻居选出的议员（市议员）的政治力量。　在芝加哥，存在着一个可通过权势的城市议会实现社区代议制（neighborhood representation）的最强传统，这一本地特权一直存续着，越来越多地为日趋复杂的市政服务。　日常管理负责的是市长办公室。

---

[1] 从根本上说，去政治化反映了一种从忙于在纽约和芝加哥构建"政治机器"的新"巨头"那里清除任免权、腐败的渴望。

在进步主义时代之前，洛杉矶的本地代议制便没有发展起来，限制人数的议员/委员会体系（现在仍然是全市只有 15 人，郡 5 人）排除了对本地代议制过度投资的可能[1]。

这一阶段的另一个矛盾是，虽然这三座城市都必须满足其建设区域超越原有的市政边界而快速扩张的需要，不过每一座城市自我建设的特定环境产生了独特的可能性与限制，因此，每座城市必须使用不同的战略以解决空间扩张的问题。虽然理想情况下，每座城市都更倾向于统一所有的城市区域，将之置于自己的管辖权内，但是这一方案受限于城市特定的历史和地理环境。

某种程度上纽约的解决方案是被布鲁克林既有的大规模独立城区推动的，它被合并为四个毗连的郡［称为自治区（boroughs），随后布朗克斯（Bronx）也成为一个自治区］，所有这些都位于纽约州内，并入一个联邦系统，共享一个估算与拨款委员会，一个市长，称作自治区区长的新官员，还有一个扩大化的立法委员会[2]。但是来自长岛和州边界地区持续"荒谬"

---

[1] 而早期"安排"的残留改变了纽约与芝加哥的诸种变革、洛杉矶的新面貌以及在"机器"基础上的人种空缺，这意味着，这类组织创新方式已经没有什么阻碍了。如可参见：Raphael J. Sonenshein, *Politics in Black and White: Race and Power in Los Angeles* （Princeton，N. J.： Princeton University Press，1993）。也可参见以下著作中的几个章节： William Deverall and Tom Sitton, eds., *California Progressivism Revisited* （Berkeley： University of California Press，1994）。

[2] 最初，合并包括布鲁克林（国王区）、皇后区、斯塔顿岛（里士满镇）以及韦斯切斯特镇低地地区，构成了布朗克斯自治区，不过较早地并入了曼哈顿地区，因此被认为是纽约郡的一部分。直到 1914 年，布朗克斯才正式被指定为一个独立的郡。

的抵抗，阻止了更大范围的对"边缘"地区的合并，其中一些地方早先便包含大规模已建成的城区［如纽瓦克（Newark）］。在1898年的合并之后，再没有出现边界调整[1]。

与此同时，在19世纪的最后十年，芝加哥开展了一项生机勃勃的合并运动，所有库克郡内余下的城镇都将被并入芝加哥，然而许多郊区城镇拒绝合并[2]。 在1869年至1893年之间，大量的边缘区域被纳入城市的边界。 在此之后，合并的步伐实质上进入中止状态，以至于到了1915年，仅仅新增了四片小区域。 今天的芝加哥城市边界与1915年完成的部分基本重叠；可能在1915年之后，只有微小的调整[3]。

洛杉矶则形成了一种鲜明的对比。 到1900年，围绕着其核心区兼并了几个相连的小区域，从最初合并建立时的28平方英里的区域，扩张到了43平方英里。 区域缓慢的增加记录持续到了1912年，其间阿罗约萨克（Arroyo Seco）的并入给城市带来了超过100平方英里的土地。 这些1906年的合并（所谓微小的补

---

[1] 皇后区的三个镇区完全拒绝加入大纽约市，相反，形成了毗邻的拿索长岛郡。 如我们所见，这一表面上的自治权未能保护长岛制止罗伯特·摩西的行动，还迫使后者利用州层面的法律机构进行运作。 这在某种程度上给予了纽约市的共和党更大的政治能量，因为即便是当民主党按常规控制着市政府时，与奥尔巴尼的州政府进行合作——常常由共和党控制——也常常是必须的。

[2] 最值得一提的抵抗出现在北部水滨的上层收入者居住的城郊。 参见：Michael H. Ebner, *Creating Chicago's North Shore: A Suburban History* (Chicago: University of Chicago Press, 1988)。

[3] Ann Durkin Keating, *Building Chicago: Suburban Developers and the Creation of a Divided Metropolis* (Columbus: Ohio State University Press, 1988).

充），其最重要的意义在于，创造了与边远城镇威明顿（Wilmington）（1909年合并）间的脐带，并促进了威明顿的北部邻居新改善过的圣佩德罗港的并入。这建立了一个逐步扩张突破城市边界从而兼并非连续、分散区域的先例，其在下一阶段被极大地释放了。

然而，许多作为石油产地的乡村，享受着高额的收入和低税率，持续抗拒着加入城市后能得到市政服务这一吸引力[1]。只有在1913年，欧文斯谷沟渠（Owens Valley Aqueduct）完成后，运用胡萝卜加大棒的方法施加压力，并利用对半干旱地区供水的垄断，洛杉矶才持续将许多地区并入洛杉矶郡。沟渠完成后最重要的兼并发生在1915年，新灌溉的圣费尔南多山谷为城市的疆域增加了170平方英里。城市兼并持续贯穿了接下来的半个世纪，虽然早在20世纪40年代，许多区域的选民对兼并投了赞成票，然而其他的重要区域［它们中有伯班克、比弗利山与卡尔弗城（Burbank, Beverly Hills, and Culver City）］则行使了反对权：从城市中分裂出去，加入其他的封闭、独立、永远不会吞并其他地方的城镇，如圣塔莫尼卡。等到"湖木抉择"（Lakewood Option）在20世纪50年代末期生效，这使得独立合并的城镇直接与洛杉矶郡约定其多种市政服务成为可能，而加入城市的动力便不足以弥补附加税收与地方自主权丧失的缺陷了[2]。

---

[1] 参见 Fred Viehe, "Black Gold Suburbs: The Influence of the Extractive Industry on the Suburbanization of Los Angeles, 1890 – 1930," *Journal of Urban History* 8, 1981, (1): 3 – 26。

[2] 参见 Gary J. Miller, *Cities by Contract: The Politics of Municipal Incorporation* (Cambridge: MIT Press, 1981)。米勒讲述了对洛杉矶合 （转下页）

因此，早在 1920 年前，合并作为一种解决边界问题的适当方案，在纽约和芝加哥已变得不可能；甚至在洛杉矶也是如此，即便其合并有着更多的可能性，也不得对这样一个事实妥协：在不断扩张的都市新形态下的区域增长太快，合并完全跟不上其步伐。随后，正在发展中的拥有卫星城的大城市和星系式大都会区，在逻辑上已不再被相邻的边界包围。每一个地区都必须按照自己的方式，通过区域计划和特定意图的管理结构发展技术，以与其腹地进行协同。纽约与洛杉矶都尝试在 20 世纪 20 年代晚期发展"区域规划"，这绝非无关紧要，不过并没有管理机制保障其实施。

城市建筑艺术

在这一关键阶段，这三座城市在建筑的外观上也出现了分歧。1874 年至 1929 年在城市建筑方面尤其重要，在此阶段纽约和芝加哥以及一定程度上的洛杉矶，采取了用砖、灰浆和石头进行固定的方式，它们中心商业区的面貌特征一直延续到今天。在 19 世纪的最后几十年间，纽约和芝加哥都以一个共同的传统开幕——拷贝欧洲复兴的布杂艺术，不过来到 20 世纪早期后，它们的建筑风格开始出现了不同。

（接上页）并的抗拒如何在 1954 年随着湖木抉择重现的历程，以及随后的许多其他单独的合并。"该书指出，合并的主要目的与 1978 年的贾维斯-甘恩抗税行动（Jarvis-Gann tax revolt）相同：限制屋主与商业财产税并限制政府官僚机构与社会福利项目的扩张……因此，实际上，以及从动机上，合并运动类似于第 13 法案。"（viii）

由路易斯·沙利文（Louis Sullivan）开创的充满活力的
"芝加哥学派"（Chicago School）摩天大楼产生了清晰的线条
和精致的浮雕装饰，而纽约继续追随一种将欧洲风华丽作品混
乱放置的风格。 洛杉矶在其正中心"闹市区"（现在大多已经
不属于中心区了）开始了东城与中西城的全面建筑工作，精心
构建了装饰型的砖石"重"结构。 但是在 20 世纪 20 年代与
20 世纪 30 年代，在新兴的贸易城市洛杉矶占据支配地位的装
饰艺术风格（art deco style），在纽约仅得到有限应用，在芝加
哥则几乎没有[1]。

令人十分惊讶的是，在退位于美国城市前列的城市中发生了
以下事件，将纽约和芝加哥的风格推向了未来： 1876 年的费城
百年展览（Philadelphia Centennial Exhibit of 1876），将布杂艺术
置入了美国建筑的版图中，并且在建筑与结构以及城市自身的规
划与形式方面都打下了基础[2]。 1893 年的芝加哥世界博览会

---

[1] 克莱斯勒大厦王冠上的宝石是纽约运用装饰艺术的最好案例。 在芝加
哥，同样的例子有史蒂贝克大厦（Studebaker Building）、狄安娜法院以
及碳化物和碳大厦（Carbide and Carbon Building）（主要按照其纽约租客
的要求建设）。 至于洛杉矶的装饰艺术，可参见： Carla Breeze, L. A.
Deco （New York： Rizzoli, 1991）。 关于纽约，可参见： Carla Breeze,
New York Deco （New York： Rizzoli, 1991）。

[2] 在 1868 年，MIT 的职业项目中开启了建筑"专业"。 参见： Christine
Boyer, Manhattan Manners: Architecture and Style, 1850 – 1900 （New
York： Rizzoli, 1985 ）, 7。 理查德·莫里斯·亨特（Richard Morris
Hunt）是首个在巴黎美术学院（Paris Ecole des Beaux-Arts）受训的美国
建筑师，并成为古典建筑的热情拥护者。 作为美国建筑师协会的建立
者与范德比尔特的私人建筑师，亨特曾游览费城博览会，并为相较于欧
洲的贡献，美国建筑的贫乏所惊骇。 在美国品味转向布杂 （转下页）

和 1909 年芝加哥博纳姆规划在一定程度上是由纽约建筑师和设计师所创造（麦克金、米德 & 怀特）的，至少当博纳姆规划公布时，有一个这样的参与者（查尔斯·戴尔·诺顿），他曾经是赞助商业俱乐部（Sponsoring Commercial Club）主席，随后他去了纽约并成了该市区域规划协会的创建者。

到 20 世纪 20 年代，城市与区域的总体规划正在全国范围内蔓延，通常始于一组共同的参与者，并越来越多地遵循共同的模式。这一阶段为浮现出来的"专业"规划人员（源于老一辈的园林建筑师，他们被认为是地理规划的主要负责人，还有新类型的律师，他们设计了区域划分和土地细分法规，从而引导/强制建筑行为合乎规定）所塑造。这些新的规划专业人士是巡回顾问，带着生意从这座城市去到那座城市，所以出现这一共性不难解释。

通过由专家协会所建议的国家"示范"授权法案的颁布，公共性也得到了培育。这些法律的设计允许自治市制定整个规划，通过区域划分条例以及最终的土地细分规范建立土地使用控制权。本地示范规章也被加以推荐，很多地方直接便加以采用了。虽然这些法令仍然充满争议，但是到 1926 年，美国最高法院（U. S Supreme Court）还是确认了这一城镇权利，使其可以使

（接上页）艺术传统的过程中，他是一支强大的力量。亨利·霍布森·理查森（Henry Hobson Richardson）也在巴黎同维奥莱公爵（Viollet-le-Duc）一起开展过研究，但他是一个更个体主义的艺术家，虽然在财政上不如亨特成功。他对于芝加哥建筑的影响就像亨特之于纽约建筑。更多的细节参见：Christopher Tunnard, *The Modern American City*（Princeton, N. J. : Van Nostrand, 1968），esp, chaps. 3 - 5。

用警察力量控制土地使用，这一权利后扩展为普遍应用的法规。

不过这三座城市都采用了这些法律，此处唯一的不同在于区域细分规定——当然，是没有追溯权（retroactive）的。而这意味着它们至少存在这种可能，在洛杉矶更新的城市化区域更具"优"势，该区域内依然存在大量的农业土地尚未转化为城市用地（特别是在圣费尔南多山谷），甚至在土地细分规范更低效的既有城中区，这种优势更大。但这些法条对曼哈顿没什么效用，这里既有的建成区域已然阻止了前述规划的可能性，而新的土地划分又已经超出了城市的管辖权[1]。它们对芝加哥发展的影响稍微多一点，因为该城市正在触及其边界寻求更大范围的兼并。因此，"时代"和边界给这三个地区带来了大为不同的结果。

这里有一些关键性的对比，会在接下来的各章中得到更为清晰的表述。

周期性与组织

以重大的经济转折为节点，将这一漫长而关键的阶段划分为三个亚阶段是很有用的：1873 年（一次衰退）到 1893 年（另一个低潮）；1893 年到 1917 年（美国参加第一次世界大战的时间）；1918 年到 1929 年的经济崩溃。

---

[1] 违反新区域划分法案的现有用途被"给予了特权"，即被允许继续不按照规则使用。仅仅在仍然扩张中的"外围行政区"，区域划分及土地细分规定才能发挥效用。

　　第一个亚阶段见证了这三座城市的短暂建设热潮，其间人口增多、物价上涨，新的区域开发出来，用作城市建设。热潮期很快便证明是暂时的，由于市场的崩溃，三座城市都面临了相同的经济压力。

　　第二个亚阶段是这样一个规划阶段：扩张中的中心城市将广阔的边缘地区并入其政治控制力之下，公共运输线路与市政服务进一步延伸，并将新合并的区域纳入其中。它引领了一个本地政治的变幻时代，带来了一次同进步主义时代相连（如公务员体系的扩张）的改革，这吸引了新的精英先锋，并要求公共部门与私人部门之间建立新型关系。

　　第三个亚阶段是一个矛盾的"紧缩"阶段：去除国际联系并对移民强加限制的同时，伴随着内部经济的过度扩张以及城市增长中过度投机导致的信用破产。这一阶段突然终结于 1929 年的金融破产。

　　与将交通技术、能源、传播置于中心以理解城市变革的惯用方法一致，我也从这些变量开始。然而，我同样会描述社会与政治上的革新，它们在这三座大都市的形成中具有同等的重要性。而需要强调的是，所有这些在运输、能源和通讯模式上体现出来的相同趋势中，它们整合与控制这些事物的方法是十分不同的。这些区别仍发挥着作用，我会论证这一点。

第四章
固化特征的纽约

在 1874 年至 1929 年的大萧条期间，纽约经历了三次重大的"螺旋式"的增长，这些都由重大的交通与通信进步所驱动和促进。每一次都产生了自身的人口流动，并且每一次都伴随着自身的政治形式重组。

贯穿着建筑繁荣的第一个阶段包含了两次严重的经济紧缩，分别出现于 19 世纪 70 年代早期与 90 年代早期。在这个增长阶段，大部分的扩张出现于曼哈顿岛，其背后的力量源于大量的海外移民[1]。受到此次人口流入的刺激，岛上既成区域内的土地使用与密度增加方面的主要变化开始浮现。实质上无限提供的廉价移民劳动力，人口扩张带来的对可适用住房以及相应城市公共设施的新需求，以及市政功能和必要标准的重新定义，都有助

---

[1] 对于移民来说，必须加上"旧移民"的人口自然增长。在 1890 年，"超过 406 000 名纽约人中，其父母双亲至少有一个是爱尔兰人；超过 426 000 名纽约人其父母双亲中至少有一个是德裔"。Oscar Handlin, *The Newcomers: Negroes and Puerto Ricans in a Changing Metropolis* (Cambridge: Harvard University Press, 1959), 21.

于并促进了工业设施的增加。

　　起初，一些原有的空闲区域被建满，主要在岛的东部地区，下东区（Lower East Side）建了一些新的房子以满足移民的住房需求[1]。但这一移民"人口港"已变得十分拥挤。曼哈顿更南的区域也变得更为密集，同时也更加有针对性地发展了贸易、工业和管理区域，正如高层建筑取代了许多之前由"哥谭"来的有权势者居住的褐色砂石别墅以及大宅。富人们被重新安置在中心区与沿中央公园东部边界的第五大道上段。甚至有些扩张已经到达了边缘地区，如原始的农村小镇哈勒姆已经成了纽约的"第一郊区"，同时依然独立的城镇布鲁克林越来越融入曼哈顿之中，并开始有了自己的郊区。

　　人口的增多导致了城内"阶级"间，甚至是"种姓"间社会隔阂的增大[2]。在新、旧精英间，新、旧移民间以及新、旧政府模式间的权力斗争为纽约设置了政治分裂的基础框架，或者乐观地说，它磨炼了多个组织达成联合、协商结果的技巧。这成了城市政治文化的一部分，在许多方面仍然是当下运作着的公民文化。

　　第二个阶段从世纪之交到第一次世界大战。其标志是作为工业与商业发电厂的纽约经济的发展成熟，以及日益统领全国的复杂金融体系的完善。这一阶段最重要的变化是曼哈顿与边缘

---

[1] 租住房屋取代了木质房屋，并且在之前彼得·史岱文森的旧产地那里建立了新建筑。这里原来是沼泽地。

[2] 我采用"种姓"这一定义用来指：由通常的种族/血统以及职业/阶级共同形成的一个群体。在美国，白人间的种姓隔离在后代中并非不可逾越，但是在少数族裔中不可渗透性更强。

独立城镇间的政治性合并，这让人感到城市管辖下的区域和人口都忽然倍增。 通过修建的桥梁和随后作为已投入使用的高架铁路补充（最终替代）的庞大地铁系统（虽然曼哈顿的最后一条高架铁路直到 1958 年才被拆除），地理上也获得了相应的统一。 扩大后的纽约在土地使用方面试用了大量的制度、规范，并开始尝试着规划未来的发展，一心想与 1909 年的芝加哥总体规划一争高下，然而未能复制其功绩。 然而，在迈向本阶段结尾之时，国外的移民已不再是人口增长的驱动力。 欧洲移民开始被南方（和加勒比地区）出生的非裔美籍迁移人口取代，后者由于一战所导致的劳动力短缺时期进入了城市。

第三个阶段在战争接近尾声时真正开始，由于美国移民法律变得异常严格，可以看到纽约的国外移民被猛然中断，持续从南方迁移而来的黑人人口与新的爆发性的建设促使发展超出了城市边界，同时快速发展的城郊社区开始遍布于邻近的城镇，如拿索（Nassau）、韦斯切斯特甚至萨福克（Suffolk）。 这一阶段同时见证了著名的住宅区**"白人迁移"（white flight）**过程的开始——首先从过度拥挤的曼哈顿到更为广阔的所谓的外围行政区（outer boroughs），最终逃离进一步扩展到城郊边缘[1]。 在一些拥挤的区域，例如下东区，人口逐渐减少到可以接受的程度；在其他相邻地区，由居民离开后腾出的空间被改造，以适用增长中的黑人社区。 在这第三个阶段，哈勒姆成了世界上最大的非裔美籍

---

[1] 虽然严格来说，"外围行政区"这一术语用来指在 1898 年合并中加入曼哈顿的所有四个镇，不过由于斯塔顿岛（里士满）太小，常常被遗忘。当纽约人说外围行政区时，他们倾向于是在指布鲁克林、皇后区以及布朗克斯。

"城市"。

在 21 世纪早期，拓展纽约的城市边界变得绝无可能。 这意味着其法律意义上的管辖权远远落后于其日益增长的大都市范围。 协同发展越来越难，必须要发明现存政治结构之外的不同机制。 随后，特定的地区和"当局"被制度化，增补甚至取代了市政规则，非正式的"地区"规划得到提倡，以引导都市扩张，使其不再包含于城市政府之中。 由于纽约独特的水道、港口和"不便的"州边界构成的星群，这需要最高层次的创造性。

与平面的扩张进程同步，其高度也在延伸，而在这一方面，"州的作用"同样处于中心地位。 真正的摩天大楼开始主宰曼哈顿的天际线，正如钢结构与电梯成了新的建筑也是应有之意。 1916 年，纽约城最早经历了分区制，它被当作一种规划机制被采纳，以控制城市密度和土地使用[1]。 如我们即将看到的，它同样塑造了曼哈顿的天际线。

始于移民的新时代

到 1880 年，曼哈顿的人口总数已经接近 120 万，几乎 42 大道以南的所有土地都建满了。 下一次人口增长的浪潮将会促进市郊住宅区的建设，因此标志着一场不仅仅存在于上东区，还波及了更为边远区域的变迁。 如果没有移民，城市中大多随后的增长都不会出现，特别是因为，19 世纪末本地出生的纽约人从

---

[1] 尤其是在最高法院 1926 年的判例 *Village of Euclid （Ohio） v. Ambler Realty* 支持了分区制的合法性之后，后者便开始了广泛地实施。

曼哈顿的净流出，就像在当代一样。这一数目比外国移民所能
填补的还要多。

1881 年标志着由俄国的犹太人与**梅索兹阿诺**（Mezzogiorno）
的意大利农民构成的大移民潮的开启[1]。在 1881 年至 1905
年，大约 850 000 个新移民到达了纽约，他们中的大部分人都留
了下来。他们主要的城市"登陆口岸"是下东区，那里经历了
一次经济适用公寓建设的极大增长，以满足其住房需求[2]。伴
随着这次人口涌入，严重的过度拥挤出现了。实际上，经历了
从 1855 年到 1905 年半个世纪的移民，生活在曼哈顿下东区的人
口 [14 大街南段以及鲍威里区（Bowery）以东] 增长了 2.5 倍，
从 1855 年的仅仅不足 200 000 人，到 1905 年的 518 000 人以上。
人口总量在 1910 年达到峰值，为 542 000 人，在当时，每三个居
民中就有两个出生于海外，而这一地区被认为是世界上密度最大
的城市居住区[3]。

----

[1] 在 1880 年，曼哈顿和布鲁克林仅有 13 411 名居民，包括意大利移民以
及 4 760 名俄国移民。十年之后，在这两个区中，来自意大利的人数达
到了 50 000 人，来自俄国的人则超过了这一记录。下一个十年中，各
个群体的规模都达到了原来的 3 倍。尤其可参见：Kenneth Jackson,
ed. *The Encyclopedia of New York City*（New Haven, Conn.：Yale University
Press, 1995），584 - 585。

[2] 到 1890 年，超过一半的纽约意大利人以及大约 3/4 的东欧犹太人及其
孩子生活在下东区。参见：Ira Rosenwaike, *Population History of New
York City*（Syracuse, N. Y.：Syracuse University Press, 1972），84。

[3] 在 20 世纪 20 年代及 30 年代，由于移民搬迁到了布朗克斯及布鲁克林的
第二定居点，人口逐渐稀薄。据 20 世纪 30 年代的人口统计，同一区域
仅有 25 万居民，其中约有一半生于海外。参见：Jan Lin, "The Changing
Economy of the Lower East Side", 参见：Janet L. Abu-Lughod （转下页）

移民劳动力养活了增长中的服装贸易，其之前已经在市中心的复式建筑里占去了大量的空间，因此激化了居民、商业与工业使用者间的竞争。 这强化了城市的本质特征——文化与语言上的多样性。 如杰克逊曾经指出的那样，纽约是（并仍然是）：

> 它的市民有着很不寻常的极端异质性。 在 1890 年到 1919 年，超过 2 300 万欧洲移民来到了美国，他们中的 1 700 万人在纽约登陆……早至 1880 年，城市里超过一半的劳动人口都生于国外，最终为纽约提供了地球上最多的移民劳动力。 半个世纪后，城市里依然有 200 万的国外出生者……外裔人口甚至更多……纽约［曾经是］……一个多国人口的大杂烩[1]。

单在 19 世纪 80 年代，新迁入的来自东欧的犹太人和南欧的意大利人盖过了以前中欧和不列颠群岛这一传统移民来源地所持

（接上页）et al. , *From Urban Village to East Village: The Battle for New York's Lower East Side*（Oxford： Blackwell, 1994）, 54 - 55, Table 2.2。Lin 的数据来源于： L. Durward Badgley and Homer Hoyt, *The Housing Demand of Workers in Manhattan*（New York： Corlears Hook Group for the F. H. A, 1939）, 20。

[1] Kenneth Jackson, "The Capital of Capitalism： The New York Metropolitan Region, 1890 - 1940," in *Metropolis 1890 - 1940*, ed. Anthony Sutcliffe（Chicago： University of Chicago Press, 1984）, 323. 即便在今天，国外出生者在市内的人口比例增长到了 27%，远低于洛杉矶的 38%，不过多样性更大了。 而洛杉矶一半的海外人口来自墨西哥，纽约的海外移民则没有哪一个国家单独比例超过 10%。

续提供的人口，使城市增加了几乎 300 000 个居民[1]。 但是不要混淆量级和比例。 在 1860 年，第二次移民潮到来之前，813 669 名曼哈顿人口中的 47% 出生于美国之外。 随后，国外出生的曼哈顿人口的比例逐步下降，到 1870 年为 44.5%，1880 年至 1890 年稳定在 40% 左右[2]（在缓慢下降之前，曼哈顿的国外出生的人口比例于 1910 年再次达到 47% 的高点）。

分散与非均衡发展

在移民剧烈增加的非常时期，这一反常稳定的外国出生人口比例，只有在更宽广的区域背景下才可以被理解，更明确地说，是在曼哈顿与布鲁克林（在 1898 年之前，它仍然是独立自治市）这对"双生城市"之间。 增强的交通联系使得从曼哈顿到布鲁克林的重工业与相应的劳动力的扩散成为可能，甚至在此之前，两座城市已经在法律上合并了。

到 1878 年，曼哈顿的高架铁路系统完成了，它不仅将既有

---

[1] 据罗森维克所言："这一增长无法同芝加哥的接近 600 000 人相提并论，在 1890 年的人口统计中，纽约以 1 100 000 人取代费城成为美国第二大城市。" Rosenwaike, *Population History of New York City*, 57.

[2] 我通过综合上书 63 页中表 19 中的数据算出了这些比例。 不同的区参见：Edward Ewing Pratt, *Industrial Causes of Congestion of Population in New York City*（Columbia University Studies in History, Economics and Public Law, vol. 43, no. 1, whole no. 109）（New York：Columbia University, 1911），下面提供了关于该研究的更多细节。 这是很有必要的，因为罗森维克关于 1890 年的总人口中出现了一个错误，他以重组后五个区的总量代替了曼哈顿的数据。

区域联系在了一起，还开辟了新的居住点，如哈勒姆和布朗克斯南部[1]。最终在 1883 年，布鲁克林大桥首次通车行人，通过这种两座城市的地理联系，工业与居民分散至东河东岸成为可能，随后两座城市实现了功能上的联结。这促进了位于布鲁克林的"第二居住"移民区域的发展，迄今为止，这里还是本地出生的人口更多[2]。

曼哈顿同其"姐妹城市"布鲁克林（后者更为年长，并发展充分，到 1880 年，其人口已达到了曼哈顿的一半）的关系因此发生了改变。布鲁克林开始吸引大量家境更好的国外移民及其美国孩子。在大桥建好的 20 年中，布鲁克林的人口从 60 万（其中只有 31% 生于国外）飞涨至超过 100 万（37% 生于国外）[3]。如果将曼哈顿和布鲁克林的数字累积在一起，我们发现 1860 年外国人构成了他们总人口的 45%；1870 年为 42%；1880 年为 37%；1890 年为 39%；1900 年为 37%。事实上，在 1880 年至 1890 年之间，曼哈顿与布鲁克林外国出生的居民人数增长超过了 60 万（扣除那些仅仅穿过这里而后去其他地方的人）[4]。

———————

[1] 一年以后，曼哈顿有了第一个电话交换局，虽然只有 252 个订户。

[2] 在 1860 年，约 39% 的布鲁克林人口出生地为海外，相较而言，曼哈顿为 47%。

[3] 布鲁克林大桥开通于 1883 年。之前，所谓东河（并不是一条河，实际上是一条水湾，将长岛从曼哈顿与康涅狄格南岸隔离开来）的两岸一直仅通过频繁的渡船以及驳船进行往来。

[4] 对人口统计数据的两份最好的重构参见：Pratt, *Industrial Causes of Congestion* 以及 Rosenwaike, *Population History of New York City*。然而，我需要在此处指出，这些作者们的数据并非总是一致的，即（转下页）

外籍人口的扩散与 19 世纪中期以来在大都市中发生的普遍性人口分散同时进行，但是随着人口的迅速增长和交通的改善，这一进程加快了。 都市区域甚至已经开始溢出，进入仍然稀疏的毗邻区域，如皇后区、里士满（Richmond）和韦斯切斯南部地区（还有随后的布朗克斯）。 而在 1830 年，曼哈顿总人口中有84%生活在 5 个自治区中，在 1890 年这些区域并入"大纽约城"之前的最后人口普查数据中，曼哈顿只占 250 万总人口中的58%。 另外 33%的人生活在布鲁克林。 剩下的 3 个自治区人口非常稀疏，布朗克斯和皇后区的人口比例仅各有 3.5%，里士满［即斯塔顿岛（Staten Island）］还不到 2%[1]。 在 1898 年 5 个

（接上页）便都声称其数据源于官方统计。 在某些案例中，我试图综合普拉特重构过的自治区人口数据以及罗森维克的各区出生数据。 因此，我的数据也仅仅是估计。 不过，它们大体上与布莱德利（James Bradley）独立编辑生成的数据相一致，见其"Immigration"，参见：Jackson, *The Encyclopedia New York City*, 582，该项来源经过我的计算后得到了完善，对 1890 年和 1900 年的估测参见该册人口条目中的表格（921）。

[1] Pratt, *Industrial Causes of Congestion*, 26，Table 1. 重构了（回溯性地）1790 年与 1910 年间这五个自治区的人口，这段时间内，人口总量从不足 50 000 人达到了足足超过 450 万人。 曼哈顿的人口从早年间的33 000 人增加到了 1910 年的 233 万人，布鲁克林的人口从 4 500 人增加到了 163.4 万人，布朗克斯的人口从 1 781 人增加到了 430 980 人，皇后区的人口从 6 159 人增加到了 28 041 人，面积最小的斯塔顿岛人口从3 855 人增加到了 85 969 人。

普拉特的数据清晰地表明了这种趋势，直到 1830 年，去中心化开始以前，该区域的人口增加集中在曼哈顿以内（其占比从 1790 年的67%增加到 1830 年的 84%）。 普拉特指出，曼哈顿的占比单调地下降——1840 年退到 80%，1850 年是 74%，1855 年、1860 年（转下页）

区合并之后，没有新的地区加入以扩充大纽约市的边界[1]。

因此，大概不难预料这 5 个自治区的居民密度差别很大。普拉特指出，早在 1850 年，曼哈顿的人口密度便比其他区在 1910 年的人口密度都高[2]。随后，当曼哈顿的人口密度达到 166 人/英亩时，大纽约市的整体密度仅有 24 人/英亩，其他 4 个外围行政区中，只有布鲁克林达到 33 人/英亩，略微超过了平均数。

不仅仅在曼哈顿岛和其他的外围行政区之间存在着鲜明的对比，到了世纪之交，即便是曼哈顿自身，也呈现出了更多显著的阶层、民族与人种的对立，这些对立明显地被更大的居住隔离强化了。随着下东区与格林威治小镇被来自东欧和南欧的新移民占领，剩下的布尔乔亚抛弃了曼哈顿下城；他们追求富裕的居民区。到了 19 世纪 80 年代，"时尚的"居民区开始出现于第 59 大街以北、沿中央公园的区域，因此实现了几十年以前公园倡议者的诺言。

但是这一迁移是具有高度选择性的，仅仅沿着公园的东部边

（接上页）是 69%，随后到 1870 年是 61%（27, Table 2）。此后，稳定在 50%~60% 这一范围内，直到 1910 年下降到不足一半。相反，布鲁克林的比例从 1790 年的仅 9% 增长到 1910 年的超过 1/3，最大的增幅出现于 19 世纪 50 年代之后。相对地，布朗克斯的居住人口直到 1900 年左右开始增长前都微不足道，到 1910 年达到了 9%；同样迟来的变化也出现于皇后区，但是晚至 1910 年，该区域在城市总人口中仅占 6%。

[1] 诱使拿索和萨福克加入长岛的企图从一开始便失败了，当然，都市区位于新泽西的西半部分，阻止了其合并。

[2] Pratt, *Industrial Causes of Congestion*, 27.

界进行[1]。 上西区远远落后了，该区域以广袤荒凉的空地著称，然而发展进程跳过了这些被忽视的区域，转而去拥抱曼哈顿的第一"真正城郊"哈勒姆，该处在 19 世纪 70 年代晚期于高架铁路线延伸过来时为上层阶级敞开。 毫无疑问，西区的发展需要额外的刺激因素[2]。 因此，1889 年倡议提出，发展河畔与晨边公园（Riverside and Morningside Parks），以促进西区发展。

突破瓶颈

政治合并

至 1890 年，拥有 140 万人口的曼哈顿，从此嵌入了一个大

---

[1] 曼哈顿房地产市场上每平方英尺土地之间的价值都有着巨大的差别，这一点在 Richard M. Hurd, *Principles of City Land Values*（New York： Real Estate Record Association，1903）初版的两张地图上得到了体现，见 157 - 158。 自 1903 年起，毗邻中央公园东侧第 59 大街及 86 大街之间，每平方英尺（居住）的房地产价格平均为 60~80 美元——除了华尔街周围的财政与政府中心，在曼哈顿为最高（华尔街均价最高： 每平方英尺 400 美元）。 相较而言，公园西部边界地区的房地产是唯一的例外，其价格在 16 美元每平方英尺——每平方英尺的价格比最差的贫民窟（4~8 美元）高不了太多。 也可参见： Christine Boyer, *Manhattan Manners: Architecture and Style*，1850 - 1900（New York： Rizzoli，1985），19。 尤可参见她的地图，体现了公园东西部的发展差异。 一个值得注意的例外是目前仍存在的达科塔公寓酒店（Dakota Apartment Hotel）（前总统尼克松及其他"显贵"的故居），设计于 1882 年并构建于中央公园西侧。 当其建成时，于海边空旷的土地上遗世独立，成为辉煌的风景。
[2] 纽约的首个住宅合作社于 1884 年在此出现，形成了一个先例，并对今日纽约市的公寓房屋财政管理形成了深远的影响。

约250万人口的"大都会"区域里，它通过渡轮（从前）及现在更多的布鲁克林大桥，进行有限的陆地联络[1]。政治统一要求曼哈顿和其周边区域协同增长。早在1874年，城市便兼并了韦特切斯特郡的大部分南部地区，但是直到1898年，曼哈顿、布鲁克林、皇后区、斯塔顿岛连同韦特切斯特的其他地区（即现在的布朗克斯）才被合并成5个区，构成了今天的纽约。

在1898年，州立法机构为这一更大的联合体批准了一个新的城市宪章，连同1901年及随后几年通过的修正案，这创造了一个复杂的城市联合治理结构，并在未来的几年里一直运转[2]。1898年最初的宪章为普选市长领导下的行政部门增加了次层级——每个自治区选举的"区长"，他们在区（镇）的层面，同时负责本地管理和公共事务。合并后诸区的协调与财政控制通过一个统一的估算委员会（有时也称为估算与拨款委员会）执行[3]。从立法机构的角度而言，1901年的修正案破坏了最初市议员和参议员委员会（Municipal Assembly and Board of Aldermen）这一两院制度，只剩下了单独的市参议员委员会，由73名被选出的代表组成，大纽约市的每一个区域都有一个。无所不能的估算与拨款委员会在其成员扩充后，包括了独立自治区

---

[1] 直到20年之后，威廉斯堡大桥（Williamsburg Bridge）开通后，这种状况才得到补足。

[2] 更多的细节参见爱德华·奥多尼（Edward O'Donnell）在其说明市政府变化中的政治结构时的图表。见 Jackson, *The Encyclopedia of New York City*, 203 - 207.

[3] 该实体发起于19世纪70年代，当时曼哈顿的市政功能经历了扩张，与之相伴的是，公共事务交给了技术人员。首席预算官员（管控者）是核心成员之一。

的区长与市长、审计官与市参议员委员会理事长。 这一系统的
主要框架现在依然有效，只有很小的调整[1]，直到 1986 年 11
月，联邦地方法院（federal district court）裁定估算委员会系统违
宪，因为其违背了"一人一票"的原则。 然而，这一决议没有
得到上诉法院以及美国最高法院的支持，因此只好在 1989 年强
行出台修正宪章，扩大了城市委员会并增强了其权力，同时对行
政机构进行了重大削弱。 但是，这些变化都是以后的事了[2]。

而后，在世纪之交时大纽约市建立，促使其总人口接近 350
万。 这一合并极大地强化了城市（及其民主党政治机器）面对
州政府时的"话语权"，并为其提供了额外的资源与权力以规划
一种更加协调的发展。 杰克逊称，这一阶段是城市的"黄金时
代"，这一时期美国的财富集中于国库中，而公民中的人才也选
择性地集中在这儿。

从 1898 年的合并至第二次世界大战结束期间，出现了

----

[1] 这些修正包括 1924 年两院制的复活及其随后在 1938 年的消失，而代之
以单独的市议院。

[2] 尤其可参见：Joseph P. Viteritti, "The New Charter: Will It Make a
Difference?" in *Urban Politics New York Style*, ed. *Jewel Bellush and Dick
Netzer* （Armonk, N. Y.: M. E. Sharpe, 1990）, 413 - 428。 这一违背
宪法的裁决的依据是，至少在理论上，这 5 个自治区的联邦，在规模上
很大，被假设按照每一个自治区都具有"平等的"权力来对待。 在估
算委员会，每一个区都由其区长代表，这便是掌控全城决策的实体。
然而，在实践中，这从未成为现实。 委员会由市长（大多数时候由选
举产生）掌控，他的审计官是城市法律指导，当然，还是曼哈顿的区主
席，在同事中居于首位（primus inter pares）。

纽约的"黄金时代"。 它集中了大陆最多的建筑师、银行家、律师、咨询工程师、工业设计师和企业管理人员……从某种意义上说,曼哈顿成了国家的主干道……根据一份1892 年的调查,纽约和布鲁克林拥有……美国最富人群中的 30%。 另外的 15% 生活在附近的郊区[1]。

经由地铁系统的地理联结

伴随政治统一并被其促进的是相应更为紧急的地理变革——庞大的地铁系统最终达到了 722 英里的长度,大约是纽约到芝加哥的距离[2]。 它整合了 5 个区,今日仍然是世界上最长的高速交通系统。

虽然不乏利润,然而纽约开始这项计划已经有些晚了。 公认的是,现存的公共交通系统——在主干道上方呼啸而过的高架轨道车,使路面变得灰暗,向空中喷吐黑烟,往下面行人的头上一视同仁地洒下油渍和灰烬——完全无法满足区域增长需求。 就在伦敦于 19 世纪 60 年代着手其地下建筑之后,多种地铁"计划"首次被提出,但是合并前纽约政治状况的复杂性,伴随着的贸易/商业精英与坦慕尼派核心间的持续敌意, 以及对特威德时代丑闻

---

[1] Jackson, "The Capital of Capitalism," 321 – 322。 作者没有给出来源,但是他声称纽约州的人均收入比国家人均收入要高 60%。 (349 n. 15)

[2] 参见: Clifton Hood, *722 Miles: The Building of the Subways and How They Transformed New York* (New York: Simon & Schuster, 1993) 作者毫不掩饰其迷恋:"我认为纽约市的地铁充满魔力……现在,我比刚开始[研究它]时更为迷恋它。"(11)这解释了他对这本书随后的极度热情及其细心的研究。

（Tweed-era scandals）遗留的失控的贪污自然而然的恐惧，导致了一些错误的开端。 然而，由于纽约在能够投资并管理何种程度的雄心计划方面陷入了犹豫，问题加重了[1]。

在19世纪70年代中期，普遍的共识是，要想使城市的扩张不至于转移到城市税收司法权之外的区域，便需要更快速、更清洁的公共交通[2]。 有关如何融资并建筑这一雄心勃勃的庞大系统以及其拥有权的争论，最终在19世纪90年代通过一项安排得到了解决，这一安排昭示着现今广受吹捧的"公私合伙经营"。城市将通过债券为项目融资，但是将会像一个商业公司一样对项目进行建设和管理。

在1900年，金融家、企业家奥古斯特·贝尔蒙特（August Belmont）[3]同意了修建、装配并运行线路的长期租约，并耗资

---

[1] 这一错误的开端及政治矛盾的详细讨论参见： Clifton Hood, *722 Miles*, 13 - 55。

[2] 参见 David C. Hammack 的讨论，见 *Power and Society Greater New York at the Turn of the Century*（New York： Russell Sage Foundation, 1982： 230 - 258）。 该书叙述了复杂且相互矛盾的倡议以及纽约商会及市长阿布拉姆·休伊特（Abram Hewitt）在推进"地铁解决方案"时发挥的重要作用。 哈迈克引用了休伊特1888年的 *Message on the Harbor, the Docks, the Street*（ *and street railway* ）, *Rapid Transit, the Annexed District, and the Tenement Houses*。 如下文："直到提供了额外的［快速交通］便利设施之后，本应在城市上端增加的人口［当时仅仅是曼哈顿］将会驱车前往长岛和新泽西。"这种明确的言说是出于对所有与财政相关的市政机构的熟悉，休伊特继续道："我们的税率依赖于城市空闲部分的增长，尤其是哈勒姆河以北。"（233）

[3] 贝尔蒙特，一个来自德国的移民，改了自己的名字以和纽约的新犹太商业精英撇清关系——后者被老一代富翁拒斥——建立了一系列平行的社会机构，正如多年之后在洛杉矶所发生的那样。

3 650 万美元用于土地征用和建设[1]。 政治上的保障法令
（1891 年的高速交通法案）在奥尔巴尼通过，由进步改革做后
盾，并且由对项目表示同情的官员进行推进，在 1892 年 4 月，
贝尔蒙特成立了跨区捷运公司（Interborough Rapid Transit
Company，IRT），委任威廉·巴克利·帕森斯（William Barclay
Parsons）做他的首席工程师。 鉴于曼哈顿棘手的坚硬片岩（有
时坚硬异常，有时会危险地断裂）及其地势在北端岛屿终点尖利
地突出，使得工程面临巨大挑战。 因而或许不难预料，施工持
续了相当长时间，预算超出之大惹人注目。

　　不过，1904 年 10 月 27 日，第一段地铁线举行了竣工仪式，
并向已经排好队等着体验奇迹的大众开放。 到 1908 年，IRT 的
地铁线一路延伸到了布朗克斯并跨过东河到达了布鲁克林，为城
市发展开辟了大量的区域。 仅仅 4 年时间，城市向其腹地的扩
张已成了一个不争的事实。 在 1905 年至 1920 年，曼哈顿第 125
大街以北的人口"增长了 265%，达到了 323 800；布朗克斯的人
口增长了 150%，达到了 430 980"[2]。 然而，人口的持续增加
超过了承载能力，故而纽约又组建了两个公司，以进一步扩充地铁
系统： 布鲁克林-曼哈顿交通公司（Brooklyn Manhattan Transit，

---

[1] Hood, *722 Miles*, 71.

[2] 参见，Hood, *722 Miles*, 91 页献辞。 霍德（Hood）指出，有超过
110 000 名用户，其中有许多一整天都在排队，就等下午 7 点向公众开门时
进入。 "有些人花了一天时间在列车上，花费许多个小时的时间，在 145
大街到市政大厅之间来来回回。"（95）引人注目的是，线路开通很快伴随
着一场地铁工人的罢工，这一周期性的形式证明了公共交通系统在城市运
转中的中心性。 就地铁对这种情况的进一步刺激，同上，113 页。

BMT）和独立地铁系统公司（Independent Subway System, IND）。最终，它们将由一个单一的市政当局所管辖。

在 20 世纪二三十年代，其他的重要城市都开始青睐高速公路，并忽略了自身的高速交通系统，或者像洛杉矶那样，放弃了它们已经做出的建立更多电车道的倡议，然而纽约仍然倔强地不入俗流。即便是到了 1990 年，生活在 5 个区中接近一半的劳动者都使用公共交通上班。相较而言，库克郡（包括芝加哥市）依赖公共交通上班的人数不足 20%，在洛杉矶郡（包括洛杉矶市），这一数字则是 6.5%[1]。如果有人想寻找真正的基本变量，它能将纽约与芝加哥和洛杉矶区别开来，从而形成其独特的城市建筑形式与城市生活，那么，这就是。

居住与就业的进一步去中心化

这一交通革命对曼哈顿的影响是巨大的。公共交通系统促进了居住地与工作地点的分离，岛上高价值土地转变为集中的商业用地。居住的分散形成了所谓的"外围行政区"（outer boroughs）[2]。如杰克逊所指出的：

---

[1] 我的计算数据来自多卷本的 *Census of Population and Housing*, 1990.

[2] 到 19 世纪 90 年代晚期，地下供电电缆已覆盖了曼哈顿，同时电梯变得更加普遍，中央商业区建筑的高度急剧升高。曼哈顿从蓝领工作向白领工作的转向伴随着这次贸易与服务业的增长。到 1910 年，曼哈顿仍旧包含着约 500 000 名产业工人，但是白领的数目增长到了 300 000 名。

译注：曼哈顿的精英阶级常用 outer boroughs 来指曼哈顿以外的行政区，也就是皇后区、布鲁克林区、布朗克斯区和斯塔滕岛。

在 1910 年，曼哈顿达到了人口顶峰的 230 万。到 1940 年，减少至 190 万……外围行政区……则呈现出了相反的情况。布鲁克林的人口……从 1890 年的 120 万增加到了 1940 年的 270 万……在 1890 年，几乎完全没有发展的布朗克斯有 89 000 名居民，充斥着 6 层、8 层的公寓……到 1940 年，其人口达到了 140 万。皇后区从 1890 年的不足 100 000 人增长到 1940 年的 130 万……**在 1905 年，约一半的 [纽约]人口生活在市政厅周围 4 英里以内；到 1925 年，居住在这一区域的人口比例不足 30%**[1]。

就业的去中心化与增长

如我们已经看到的，人口的去中心化早在 19 世纪中期便开始了，但是在政治统一和地铁修建之后，这一步伐开始加速。待自治区实现了政治与地理上的联合，雇佣地开始随着都市区域的形貌和职能而产生变化。然而，其影响并不一致；有一些职能出现了去中心化，而另一些在中心区域更为集中。

必须强调的是制造业一般都会以惊人的速度增长，在曼哈顿及其外围行政区都是如此。普拉特估算，在 1860 年至 1910 年

---

[1] Jackson, "The Capital of Capitalism," 328，加粗字体为作者所加。我省略了其 1980 年的错误数据。1980 年的人口统计报告中，曼哈顿的总数是 142.8 万，到 1990 年略有增加，为 149 万。市政大厅现在得到了"婚礼蛋糕"般精心打造的市政大楼的补充，在 1905 年根据城市权威建筑公司——麦克金、米德 & 怀特的规划建造完成。该公司由于其在 1893 年芝加哥世界博览会上的古典建筑收获了其在国内的卓越地位。

这 50 年里，纽约地区制造业的产值从 1 亿 5 900 万增加到了 15
亿，大部分的增长在这半个世纪的后半段实现[1]。 在某种程度
上，这也反映在私人企业的剧烈增加与制造业工人人数的增长
上，前者从早期的 4 317 个增长到了 1906 年的几乎 26 000 个；后
者从 1860 年的 91 671 人增长至 1910 年的 611 738 人[2]。

与这些数字同时发生的是，世纪之交出现在其他主要城市中
心的工业化进程，普拉特的研究强调了纽约制造业的一个独特而
持续的特征，即其对于出现在其他工业中心 [如芝加哥（参见第
五章）和费城] 的工厂规模增长的抗拒程度[3]。 在 1860 年，
每个曼哈顿制造业设施的平均工人数目是 19 人；到 1900 年，这
一数字实际上下降到 5 个区平均 13 人，曼哈顿自身平均 14 人。
这对城市的工业关系以及工会和劳工动员形式都有着重要的潜在
影响。

纽约制造业部门第二个值得注意的特征是曼哈顿南部区域作
为一个工业区的持续优势地位，虽然增加的工厂被新建在或迁到
了外围行政区。 1860 年，在 5 个区的制造业厂房与岗位中，曼
哈顿分别占有压倒性的 78% 与 85%。 甚至到 1900 年，上述数字
仍分别有 68% 与 75%。 集中的情形甚至比数字体现出来的更极

---

[1] Pratt, *Industrial Causes of Congestion*, 27.

[2] 参见，Pratt, *Industrial Causes of Congestion*, 40, Table, 12。 该表格展示
了企业数目随时间的增长。 Table 13（41）甚至更加敏锐，展示了布朗
克斯外，所有自治区企业与工人数量的变化。 在该表格中，曼哈顿作
为一个工业区域，其持续性的压倒性优势已十分明了。

[3] 关于费城制造业日趋增长的规模，参见：Theodore Hershberg, ed.,
Philadelphia: Work, Space, Family, and Group Experience in the 19th Century
（New York： Oxford University Press, 1981）。

端，因为几乎所有的工业活动都在第 14 大街下方的曼哈顿岛南端进行[1]。

服装制造业依然集中在曼哈顿区，虽然捆扎和计件工作都被外放在布朗克斯和布鲁克林的第二移民居住区。 印刷业也仍然留在中心区，还有那些与消费者联系紧密的行业，如烘焙、屠宰、家具定制。 但是那些大型、有害的工业的去中心化过程已在进行中了；这些工业已前往土地成本更低的区域，特别是由于岛外的本土劳动力已很充足。 早在 1911 年，在普拉特对于曼哈顿居住区拥挤成因十分翔实且有先见之明的研究中，这一趋势已被指出并得到认可。

在研究了曼哈顿与外围诸区的人口发展，调查了城市工业增长，甚至咨询了多个企业家关于他们留在曼哈顿或者迁移的决定之后，普拉特总结道：

> 曼哈顿有两次大规模制造业迁移，分别迁往两个方向。第一次是大都市区域的工厂搬迁到外围或郊区，这是一个明显的从城市中心到其边缘地区的迁移。 第二次是一种从城市向完全在纽约工业区之外更为偏远地点迁移的情况。 纽

---

[1] 我基于 Pratt, *Industrial Causes of Congestion* 中的数据所做的计算。 此外，普拉特强调，在 1910 年，"大纽约区的制造业大扩容［正］发生于曼哈顿第 14 大街以下，这片狭小但极有价值的土地占据全市土地的百分之一"。（42）这能在很大程度上导致城市服装生产的中心化。在 20 世纪早期，纽约所有制造业产值的 1/5 来自服装产业，实际上生产了全国成衣的一半以上（79）。 直到 20 世纪 20 年代，在宾夕法尼亚车站于第 34 大街建成以后，服装产业从东区 14 大街以下迁移到了第 30 大街的新服装区域。

约市的工业历史提供了几个完整工业迁移的实例。存在于曼哈顿的钢铁铸造行业已长久停止了生产；石头与大理石切割制造的产品太过昂贵，迁移到了长岛的水滨；制鞋工业需要空气和光线；许多迁出曼哈顿的工厂去了布鲁克林。泽西镇附近的大型工厂中许多曾落户于纽约市。这一过程进行得很缓慢但是很稳定；工厂正迁出曼哈顿，其他的也准备离开[1]。

并且，如他所指出的，这一趋势一直在继续。到 1919 年，许多电子工业迁移到了新泽西；到 1929 年，芝加哥取代纽约成为主要的电子产业产地。

为了修正重工业增长的停滞，曼哈顿在其作为美国重要的"信息"中心这一职能上，甚至更为集中。到 1885 年，纽约已经是国家出版业的领袖，"推翻了过去波士顿作为书籍与杂志出版中心的地位"。它不仅仅只是一个总部，印刷机构继续以下曼哈顿地区为核心，一部分是因为有合适的技术工人，另一部分是由于这里距出版商和作者都比较近。"当 20 世纪 20 年代无线电通信新科技发展起来后，纽约成了主要的广电［原文如此］网络基地。"[2]

生产商与服务企业仍然是城市经济基础的绝对贡献者，而他

----

[1] Pratt, *Industrial Causes of Congestion*, 114–115.

[2] Jackson, "The Capital of Capitalism," 323. 杰克逊或许还算上了电影。到 1910 年，大纽约区的劳动力仅占据美国总量的 5.6%，在所有编辑和记者中占据 13%。参见：Pratt, *Industrial Causes of Congestion*, 45, Table 2–5。

们几乎全坐落于曼哈顿低地地区。　随着合伙经营与有限公司被
法人形式的组织替代[1]，加之股票形式的所有权与由一个新的
"职业"阶层所执行的管理职能分离之后，股票市场交易增加了
许多倍。　相较于全国与其他的大都会地区，曼哈顿银行家、经
纪人、律师、保险公司里的员工都过多了[2]。

　　然而，曼哈顿同样还聚集着各种各样的底层工作，不仅仅是
剥削严重的服装工业，还包括许多佣工的职位，以满足富人们越
来越多的消费需求：家政工、守门人、旅馆与饭馆帮工，诸如
此类。　所有这些职位都有着同一个特点：取代了那些聚集在大
工厂中的工人，也就是马克思所预见的，这种工厂为阶级意识和
劳工动员提供了条件，现在他们在多个分散的地点工作，脆弱的
联系和同志情谊能被轻易斩断。　所以，这些行业在首次联合之
列就更值得注意了，纽约首次重大的系列罢工有一部分是被这些
职位的工作者推动的[3]。

　　特别是服装行业，鉴于其剥削了纽约最大数目的"工业"工
人，故而越来越成为劳动罢工的目标。　1909 年的标志性事件
"两万人起义"（Uprising of the Twenty Thousand）表明了"国际

[1] 这一完整的故事参见：Olivier Zunz, *Making America Corporate*, *1870 -*
1920（Chicago：University of Chicago Press, 1990）。
[2] 参见：Pratt, *Industrial Causes of Congestion*, 45, Table 2 - 5。这记录了
某些专业性与管理性职业于 1890 年至 1910 年间在纽约超出相应比例的
程度，如银行家与经纪人、作者与编辑、建筑师、设计师与工程师，当
然还有律师和保险代理。
[3] 芝加哥"更为典型的"劳工骚动与之不同。在芝加哥，罢工开始于大
且孤立的铂尔曼卧车工厂，城市南部边缘的炼钢厂以及巨大的牲畜围
栏，这独自构成了一个世界。更充分的讨论可参见第五章。

女性服装工人工会"（International Ladies' Garment Workers' Union）日趋强大的力量。特别是在三角内衣公司（Triangle Shirtwaist Company）1911 年灾难性的大火后，要求更好的工作环境所产生的振荡增加了[1]。动员扩散到了毛皮工人以及宾馆帮工，二者都是最早被组织的人。在 1912 年，二者都通过罢工来对抗其雇主。两年以后，联合服装工人工会（Amalgamated Clothing Workers Union）建立，增加了工人的议价权，甚至吸收了之前搬到布朗克斯和布鲁克林的工人[2]。

这些特定的行业组织都集中于曼哈顿，但是在这么小的地方或许吊诡地加强了劳工力量。曼哈顿的雇主们从庞大的移民群体中获益，取得了廉价并在某种程度上可替代的工人，雇员也实实在在获得了好处（常常值得怀疑），他们可以在大量的工作地点中做出选择，这减少了他们对某个单一雇主的依赖和义务。在一段犀利的文字中，普拉特研究了位于多样性较差的地区中的企业职位，那里的工人们或许更加忠诚，但也没那么容易被取代，并将之与曼哈顿做了比较：

> 对于纽约制造业车间的工人而言，从特定的公司中脱离相对更容易，因为有许多其他的公司也涉及同样的业务范围是一种

---

[1] 业主闩上了阁楼商店的门，防止工人破坏；大火起来的时候，女性陷入了困境。许多人在试图逃离大火和烟雾时跳楼死亡。

[2] 虽然在某种程度上，这两个工会还是竞争对手，在二者之间，他们设法组织整个行业并获取与其他城市的服装制造业的联系。参见：Roger Waldinger, *Through the Eye of Needle: Immigrants and Enterprise in New York's Garment Trades* （New York: New York University Press, 1986）。

共识……另一方面，对任何特定的工人组织而言，雇主们都不认为自己应负什么责任。他们可以不受惩罚地解雇人员，随即就能从周围丰裕的劳动力市场中重新招人……［由于这一］雇主与雇员之间的关系相对宽松，对彼此而言都成本不高，直到劳工力量变得十分强大并组织充分，争端便开始波及整个行业[1]。

因此，工会**必然**围绕着既有的行业进行组织，而不是特定的工业场所。在这里，民族归属感与对团体忠诚提供的帮助超过了阶级团结。

然而，鉴于市政职能的扩张同样在这段时间出现，市政府自己成了佣工的最大雇主。在进步运动期间，许多由私人实体行事的职能开始并入市政府所有或由其管辖，许多扩充出来的市政服务工作，沦为其身份正转换为公务员的政治大佬们腐败的任免交易。这件事本身促成了工人运动，如1907年纽约清洁工的罢工[2]。在接下来几年的城市历史中，这种市政工人的罢工变得越来越频繁了[3]。

纽约社会与生态结构中的非裔美籍社区

同国外出生者相比，纽约黑人居民的数量仍然相对不多，直

---

[1] Pratt, *Industrial Causes of Congestion*, 99 – 100.

[2] 如可参见：Daniel Eli Bernstein, "Progressivism and Urban Crisis: The New York City Garbage Workers' Strike of 1907," *Journal of Urban History* 16（August 1990）: 386 – 423。

[3] 随后被禁止了，市政工人的罢工直到20世纪50年代才被允许。

到第一次世界大战以及 20 世纪 20 年代移民配额削减引起了劳动力短缺。 事实上，同早期殖民时期相比，黑人居民比例有了相当大的下降，那时黑人奴隶和自由民大概占总人口的 10%，甚至更多[1]。

在一开始，来自非洲和加勒比的奴隶便成为纽约历史的一部分。 1626 年，荷兰人带来了第一批奴隶，而这一体系在英国人的统治下变得更加苛刻[2]。 然而，纽约位列国内最自由的州之中（与伊利诺伊州猖獗的种族主义表现相反，这一点将在第五章进行描述）。 其立法机关认识到了要解放奴隶，在独立战争期间，甚至"通过了一个法案，允许在部队服役三年或者直到光荣退伍之后的所有奴隶获得自由"[3]。 联邦政府 1777 年的首部宪法赋予了自由黑人以选举权，为他们提供了其他的必要条件，并在 1827 年正式废除奴隶制。 然而，在 1790 年纽约州的第一次人口普查中，在 26 000 名的黑人中自由民不到 1/5[4]，从 1827 年（全国范围内废除奴隶制的起始年）到 1863 年奴隶制在全国范围内终结，"纽约城'黑人'的处境是反常且动荡的……既非奴隶，也不是市民；他们既没有主人的保护，也不享有法律

---

[1] 最近在中止建设的市政大厅原地点土地的发掘中，发现了 1 万至 2 万非洲人遗骸，这超出了 17 世纪—18 世纪的城市范围。

[2] 关于纽约黑人人口的一项最早期的社会学文献是：James Weldon Johnson（1871 - 1938）的 *Black Manhattan*（New York：Atheneum，1968 [1930]）。 还有一份文献：Gilbert Osofsky，*Harlem: The Making of a Ghetto*，*Negro New York*，*1890 - 1930*，2d ed.（New York： Harper Torchbooks，1971），其中大部分在早期未得到充分承认。

[3] Johnson，*Black Manhattan*，10 - 11.

[4] 同上，13。

上的完全平等。"[1] 到 1830 年的人口普查时，州内大约有
45 000 名的自由黑人，他们中仅仅有 1/3 居住在曼哈顿。 在整
个 19 世纪的大部分时期，这一数字都呈现了鲜明的稳定性。 尽
管黑人太少以至于难以形成自己的社区，不过 5 分区（现在是市
政厅周围的政府区域）的贫民窟集中了大量非常贫穷的黑人，至
少在他们被北方来的爱尔兰人取代之前是这样。 还有第二个，
数量更"可观"的飞地位于格林威治小镇，这里被称为"小非
洲"，包含的阶层跨度更大，包括了一些黑人商人，之前拥有自
己的黑人奴隶[2]。

　　但是由于爱尔兰和德国移民，纽约小规模的黑人群体在很多
行业被取代，从而境况有所恶化。 就在新移民将 1863 年的征兵
暴乱（draft riots）作为其发泄口之时，全州仍然仅有 50 000 名黑
人，其中 15 000 人居住在市里[3]。 在南北战争后，这一数目得
到极大提升。 到 1898 年，超过 60 000 名非裔美国人居住在大纽
约市，几乎全集中在曼哈顿很小的区域内[4]。

　　随后，意大利移民实质上取代了格林威治镇的黑人，而黑人

---

[1] Johnson, *Black Manhattan*, 27.

[2] 参见: Sherrill Wilson, *New York City's African Slaveowners: A Social and Material Culture History*（New York: Garland, 1994）。 该书基于威尔森在新学院大学社会学院的人类学博士论文完成。

[3] Johnson, *Black Manhattan*, 19, 39 - 44.

[4] 即便如此，在黑人和外国人之间也有所重叠。 奥索夫斯基（Osofsky）告诉我们: "约有 5 000 名［黑人］生于海外……主要来自英国西印度群岛。 虽然他们代表着总体人口中非常小的一部分，不过在纽约市，海外出生的黑人也比美国其他城市要多。"*Harlem*, 3.

在西边更远的居住区形成了新的集聚，最初是"田德隆区"
（Tenderloin）（纽约的红灯区）与"地狱厨房"（Hell's Kitchen）
[后来改名为克林顿（Clinton）]，特别是在高架桥的噪声和纷
扰赶走了具有更多选择权的白人之后。这些转变并不是良性
的。1900年，种族暴力爆发，暴怒的白人入侵克林顿区，造成
了一场"残忍的狂欢，即便这些白人未曾被警察煽动，至少也得
到了他们的教唆[1]。"1900年的暴动依照的是一种日后成为
"经典"并广泛遍布整个美国的模式：白人（警察与平民）对
黑人无差别且逐步增强的袭击[2]。美国城市的种族暴乱一直遵
循这种模式，很少会有例外（如1935年与1943年的纽约暴
乱），直到20世纪60年代[3]。

哈勒姆的起源

然而，这些敌意并没有抑制迁移。到1910年，大纽约市的
非裔美籍人口增长到了近92 000人，其中2/3居住在曼哈顿，包
括中央公园以北的新区哈勒姆。但是哈勒姆并不是一个贫民
区。起初哈勒姆是彼得·史蒂文森（Peter Stuyvesant）建立的一
个舒适的田园农业社区，200年以来，其人口数目依然惊人地稳
定[4]。然而，由于土壤的枯竭，面临着产量的下降，农民们

---

[1] Johnson, *Black Manhattan*, 127.

[2] Osofsky, *Harlem*, 46-52.

[3] Fred Shapiro and James Sullivan, *Race Riots: New York 1964* (New York: Thomas Y. Crowell, 1964), 17.

[4] Osofsky, *Harlem*, 71.

"简单地遗弃这些看似无价值的财产并迁往另一处。 之前大量的房地产被公共拍卖"。 到 19 世纪中期,哈勒姆已经沦为一个充满了下等酒馆、临时棚屋和临时性农舍的贫穷城镇,贫困的爱尔兰移民开始匍匐在这片土地上生活[1]。

土地兼并与公共交通线的扩张改变了这个地区的命运。1870 年之后,哈勒姆成了曼哈顿的首个郊区,其发展首先是为了满足中上层及上层阶级白人的需求。 在 1873 年,小镇被并入曼哈顿,在 1878 年至 1887 年之间,三条高架铁路线延伸到了第129 大街。 电灯于 1887 年安装,电话线于 1889 年安装。 所有的这些发展引发了投机与建筑的大潮。 "一夜之间出现了连排的褐色砂石别墅和高级公寓大楼。"[2]

然而,这一地区仍然住房紧张。 而新建的房子吸引了来自城区的富裕家庭和新的城市"名流"[3],在不那么美好的边缘地区,仍然还有垃圾堆和穷人,包括新的意大利移民[4]。 也还有一小部分黑人人口,"在 19 世纪末,随着迁居到周围地区的富人对有色人种家庭佣人的需求上升,他们的规模逐渐增大"[5]。

19 世纪 70 年代末与 80 年代,投资促成了白人布尔乔亚向该区域的首次迁移;由于预期到地铁的扩展,这一迁徙在 90 年代

[1] Osofsky, *Harlem*, 73.
[2] 同上,75-76。
[3] 同上,79-81。
[4] 同上,82。
[5] 同上,83-84。 17 世纪有荷兰西印度公司的奴隶在哈勒姆修路、从事农场工作的记录。

晚期再次上演。 在 1898 年至 1904 年间，勒诺克斯大道（Lenox Avenue line）线路在第 145 大街开放，"所有的空地，尤其是哈勒姆，都'建满了'"[1]。 除了私人买家，大型保险公司也投资巨大，随着向上流动的趋势，东欧犹太人也在寻求逃离下东区[2]。

1902 年至 1905 年之间疯狂的投机将哈勒姆的地价和房价推到了不稳定的高位。 由于 1904 至 1905 年市场的"崩溃"[3]，下跌来临了，只是在那时，"金融机构不再为哈勒姆的投机客和建筑贷款公司提供贷款，许多他们初始时候的抵押品被取消赎买……大量的有色人种开始迁入西哈勒姆……一些土地所有者和企业将房屋向黑人开放并征收比传统向有色人种更高的租金，而不去面对'金融重创'。"[4]即便如此，还有很长一段时间哈勒姆才会成为一个黑人为主的社区[5]。 只是随着一战开始，新的非裔美籍人口流入，加上"白人迁移"，该社区非裔美籍人口的

---

［1］Osofsky，*Harlem*，87. 引用自 1904 年的 *Real Estate Record and Builders' Guide*.

［2］同上，88。 关于哈勒姆早期先驱通常的刻板印象是从被相当程度上透支的下东区日趋失去身份、地位的犹太社区逃离的归化德国犹太"奋斗者"。 早期的哈勒姆不仅具有相当程度的种族多样性，并且其阶级和亚文化的范围也比通常被描绘的要宽广。 可参见这本书中的讨论：Jeffrey S. Gurock，*When Harlem Was Jewish, 1870 – 1930*（New York：Columbia University Press，1979）。

［3］Osofsky，*Harlem*，90.

［4］同上，91 – 92。

［5］迟至 20 世纪 10 年代，哈勒姆包含一个超过 100 000 人口的犹太社区，直到 20 世纪 20 年代，白人仍旧比黑人要多。 参见：Gurock，*When Harlem was Jewish*，1。

数目接近 50 000 人[1]。

在其他的北方城市里，一战的劳动力短缺导致商人遍寻南方来招聘劳工，他们直接与黑人工人议价，为其统一安排交通，并利用船只成百上千地运送[2]。然而，不同于前往芝加哥乡下摘棉花的人，纽约的工人们更多来源于大西洋沿岸南部的城镇，因此"可以充分准备，以适应大城市的生活和工业"。另外，还有相当数量的移民源于加勒比诸岛，他们比美国南部的移民有更好的教育。这大概是他们被更多地承认的原因[3]。

直到 1930 年，詹姆斯·韦尔登·约翰逊（James Weldon Johnson）观察到，与其他大城市（如芝加哥或克利夫兰）相反，那里"初生的黑色地带"的扩张都遭受了暴乱，这些并没有在纽约发生：

> 虽然在哈勒姆，黑人们为了获取立足点而斗争的 15 年期间有一些痛苦……但没有任何严重的暴力现象。直到 1900 年纽约见证的暴乱之前都没有任何人种间的骚乱，除去一些小的事件。甚至在值得纪念的 1919 年夏天……超过 100 000 名的黑人在哈勒姆集会，纽约也没有失去其平静[4]。

---

[1] Osofsky, *Harlem*, 105.

[2] Johnson, *Black Harlem*, 151. 约翰逊指出，他自己见证了一次来自单独一个南方城市的约 2 500 名工人的列车运载。

[3] Johnson, *Black Harlem*, 152 – 153.

[4] 同上，156。

他假设，有两个原因在某种程度上导致了该城市更加平静的种族关系。 首先，他指出，黑人"更多地以个体被雇佣，而不是帮会的非必要部分（non-integral parts）"，这给予了他们"与整体的城市生活和精神更紧密的关联"，这一事实与我们之前描述的小规模的企业不无关系[1]。 他进一步指出，纽约有更大的宽容性：

> 一个真正的国际化城市的自然心理状态，总有一种要弥合而非去扩大差异的倾向……纽约，比其他任何的美国城市都实事求是，对于其黑人市民有一种更加自然的态度。 在这里，黑人们比国内的任何其他地方都得到了更多的监护；更接近普遍、平等的公民权。 导致纽约的这种态度的原因之一可能在于，黑人们在此获得了很大程度的政治独立；他们脱离了仅仅基于传统和情感的政治信条。 而另一方面，这本身便是纽约态度的结果[2]。

虽然回顾过去，这一评价看起来过度浪漫化，不过它还是捕捉到了这一阶段的某些乐观主义，当时哈勒姆的复兴正在繁盛，而一种种族间的文化看起来正孕育着更大的可能性[3]。

---

[1] Johnson, *Black Harlem*, 157. 或许在此处我需要指出，不同于芝加哥的案例，那里黑人被用于在大规模工厂做"工贼"，以从背后破坏劳工联合行动。 在纽约的劳工冲突中，非裔美国人很少发挥这种功能。

[2] 同上，157-158。

[3] 当然，约翰逊过于乐观了，他未曾指出，在1935年发生了暴乱，并且又在1943年再次发生，尽管这成了20世纪60年代贫民窟（转下页）

哈勒姆贫民窟的形成

到 1920 年伟大的文化复兴开始时，哈勒姆正在成为一个黑人为主的社区，承担了曼哈顿非裔美籍人口的 2/3，成了剩余的黑人所向往的胜地[1]。 由于这一崭新、优雅城郊被黑人承袭，其在其他北方城市中形成的城市贫民区中是非常独特的。 奥索夫斯基强调"其街道很宽阔，铺设完好，整洁且绿树成行……［并且］其住宅……十分宽敞……并配备现代设施"。 这里远

（接上页）起义的征兆。 他水晶球上的乌云在下面这段话里体现得尤其明显："常常被作为不证自明的一点是，如果黑人们被大量运往北方，所有敏锐且顽固的种族问题亦将随之而去。 好吧，超过 200 000 名的黑人居住在曼哈顿的中心地带……并没有种族摩擦……成了纽约公民不可分割的一部分。 他们获得了政治独立性并且无所畏惧地投票给共和党、民主党、社会主义者甚或是共产主义者……在政治上，他们开始填补重要的政府岗位并且他们的艺术成就打破了刻板印象。"同上，281－82。约翰逊书里的最后一页尤其讽刺："纽约的黑人……仍然面临着歧视和不利的境况。 但是纽约保证了其黑人公民基本的公民权并在其行使这些权利时保护他们。 具有了这些基本权利，纽约的黑人应该能够解决歧视问题并克服这些不利境地。"（284）很不幸，这种对不利条件的"克服"花费的时间比他预期的要久，并且实际上，在"重构的时代"遭遇了重大的挫折，即便存在着哈勒姆的文艺复兴阶段。 如可参见：Ann Douglas, *Terrible Honesty: Mongrel Manhattan in the 1920s*（New York: Farrar, Straus & Giroux, 1995），这是美国历史上一次引人注目的时空重构。

[1] Osofsky, *Harlem*, 123, 征引了 E. Franklin Frazier, "Negro Harlem: An Ecological Study," *American Journal of Sociology 43*（July 1937）: 72－88。不过，奥索夫斯基可能也征引了约翰逊的 *Black Manhattan.* （转下页）

称不上是一个贫民窟，更像是"一个理想的宜居之地"，尽管鉴于非裔美国人已经过多，此地相当昂贵[1]。

但是即便有着怀抱极度乐观愿望的黑人学者，如约翰逊，这片地区仍然日趋衰败着，因为其边界的扩张跟不上人口增加的速度。在一战与大萧条期间，大多数仍留在哈勒姆的白人人口离开去往其他区，他们腾出的位置比大量迁来的南方乡村黑人要多些。1910年，5个区的非裔美籍黑人的数量仍然小于100 000人；到1920年，这一数目超过了15万，到1930年，这一数目突破了325 000。他们中的大多数都居住在扩张中的黑色"城市"哈勒姆。在1930年，城市黑人中有3/4都是出生于纽约州以外的移民。虽然他们中大多数都来自南方，但是海外出生的人口数目之大仍令人吃惊，主要是加勒比地区[2]。工作岗位的竞争与加倍稀缺的房屋日益成为纽约黑人人口的问题，甚至在大萧条以前已经如此了。20世纪20年代的哈勒姆在30年代成了

（接上页）该书与其最近出版的著作很接近。约翰逊比较了哈勒姆美丽、集中且精良的房屋与其他城市的边缘贫民窟（146），并且讲述了哈勒姆过度建设的熟悉故事、经济崩溃以及使房主摆脱困境的黑人房屋中介的作用。他同样指出，雷诺克斯大道西"线"被贷款歧视"掌握"着。（148-149）

[1] Osofsky, *Harlem*, 111.

[2] 同上，128。参见1930年人口调查中（129）展示非-纽约黑人的出生地的表格。生于海外者的数目之高（54 750人）令人震惊，大多数来自加勒比。然而，这里有一个有趣的历史性补充说明。当移民限制法律在1920年代早期通过后，它们忽略了西印度群岛，这里的流动相对自由，甚至在配额被连续征收后，他们也很少得到补充。牙买加人几乎只青睐纽约。"在纽约市许多国外出生的黑人十倍于其他美国城市地区……在20世纪20年代，哈勒姆人口的25%生于国外。"（131）

种族隔离不断恶化的区域，日益从其周边城市地区中孤立，并要面对比纽约其他居民区更大的困难。 那时，第二个黑人聚集区开始在布鲁克林的贝德福德-史岱文森（Bedford-Stuyvesant）地区形成。

市政功能的扩张与政治改革

纽约的"多样性"不仅仅渗透到了无产阶级中，还包括了城市的精英分子。 虽然关于纽约政治中精英兴替，传统说法是老牌文雅的新教商人精英在一场争夺控制权的战役中对抗腐败的移民主导的政治机器，而实际的故事要更为复杂[1]。 即便是雅

---

[1] 一个经典的材料来自：Fredric Cople Jaher, *The Urban Establishment: Upper Strata in Boston, New York, Charleston, Chicago and Los Angeles*（Urbana：University of Illinois Press, 1982）。 "在纽约的政治舞台上旧精英有所下降……这由于其损失了商业上的显赫位置并被表达了大众移民的价值观、服务于其需求并掌握了其选票的城市机构取代。"（注释260）更微妙的立场见：Jon C. Teaford：*The Unheralded Triumph: City Government in America, 1870 - 1900*（Baltimore：Johns Hopkins University Press, 1984）。 大约是关于该阶段美国市政府发展的最好书籍。 蒂福德指出，标准的批判，即指责可怜的市政府之所以被腐败的（移民）城市"巨头"替换"好的"（值得尊敬的）统治者，都是源于势力的精英，不仅仅包括劳德·布莱斯（Lord Bryce）——他给出了一个最有说服力的表达，还有本地的新教精英；他们谴责少数族裔的崛起，不仅因为他们正在失去其所有的权力，还因为他们正在失去其对于权力的垄断。但是批判新"巨头"的不仅是保守者。 亨利·乔治（Henry George），在1886年的工党候选人改选中竞选纽约市长，指出，精英们事实上"利用"巨头们来达成自己的目的："在所有伟大的美国城市中，在这一世界上最为贵族化的国家中，当今存在着一个规定最为明显的统治阶层……这些人是谁？ 这些智慧、博学、优秀的人获得了同城市民的信任——由于他们纯洁的生活、他们耀眼的才华、他们在公信 （转下页）

赫，也一直坚持这一点，他承认，到了 19 世纪 90 年代，"老的守护者"已经"为［主要是自力更生致富］新来者的巨浪所吞没"，他们中许多人是犹太银行家和商人[1]。 而哈迈克的描述大概是对 19 世纪晚期纽约政治结构变革最好的分析了，他强调了城里相互竞争的精英们在 19 世纪末时的多样性。 这种变革导向了更大的民主化，并增强了多个团体，而非富人或腐败者的影响力。

　　［在］19 世纪晚期，大都会地区的权力被极大地集中于众多……**相互竞争的**经济与社会精英手中，他们彼此间频繁地争斗，其他缺少财富但是组织完善的团体，依然能够出于自己的利益而发挥巨大影响。 政治党派是这些不那么富有的群体中最值得注意的，但有时其他团队——包括邻里经济协会、天主教会、犹太人组织和新教教徒，甚至工人和老师组织——也能够达到他们自己的目的或至少捍卫自身利

（接上页）度中的正直、他们对政府问题的深度研究。 不，他们是赌徒、酒店老板、拳击手，或者更坏，掌控选票交易者以及买卖公共职务及公共举措者……通过这些人，富裕的公司及强力的金钱利益能够将它们的代理人塞满参议院和议员席位。"参见 Hammack, *Power and Society*, 10. 引用了 Henry George, "Open Letter to the Hon. Abram S. Hewitt, Oct. 20, 1886"。 原始资源参见: Louis F. Post and Fred C. Leubuscher, *Henry George's 1886 Campaign: An Account of the George-Hewitt Campaign in the New York Municipal Election of 1886* (New York: John W. Lovell, 1886)。

[1] 雅赫自己的数据指出"（1892 年在纽约）55% 的百万富翁为相对年轻的富人"，暗示多个精英派系已经很明显了。 *The Urban Establishment*, 253 - 254.

益……**在 19 世纪末期,富豪之间的竞争可能导致了 20 世纪权力在充分组织的团体间更广泛地分配,这些团体通过个人财富稍逊的压力集团(pressure groups)组织而成**[1]。

蒂福德（Teaford）也持有同一观点，他记录了在 19 世纪末美国城市政府职能的超凡能力，尽管其面临惊人的快速增长，不断加深的社会、种族和阶级隔离，以及州政府的财政强制约束等状况。他按时间顺序记录了 19 世纪晚期美国城市所完成的高标准公共服务，例如供水与下水道系统、公园、图书馆、学校、火警与警察、道路铺设、桥梁与运河以及运输系统，并用比较性数据证明：美国城市在这些职能上较其欧洲对标城市（大多数为德国和英国）更优。

蒂福德研究了 1870—1900 年间在美国城市中运作的复杂治理体系，追踪了这样一个演变（协议促成）的过程：从大规模移民普遍来临以前的精英议员制度，到由街坊/选区选举出来的更为强大的城市议会，再到选举权扩展后邻里与种族的多种利益代表，最后到市长角色的"改革"——这一阶段中其行政办公室与特殊委员会被加强，更具技术性的专业人员走向了主导地位[2]。

想要理解这一转变过程如何使纽约筋疲力尽，那么必须回到 19 世纪 70 年代"特威德老大"（Boss Tweed）被耻辱地罢免之

---

[1] Hammack, *Power and Society*, 27. 加粗字体为作者所加。

[2] 蒂福德指出，虽然"在 19 世纪的最后几十年，全美的市议会都放弃了特权……没有哪个议会像纽约市一样……承受了那么多的权力丧失"。*The Unheralded Triumph*, 17. 加粗字体为作者所加。

时。 纽约市政府增加收入的能力使得大量城市改善工程成为可能，这包括复杂的供水系统和传奇般的中央公园的修建，然而这也同样促进了傲慢的任免体系与危机四伏、逐渐攀升的城市债务[1]。 当 1873 年大萧条降临时，城市几乎破产，为激进的"改革"腾出了道路。 州立法机关通过创立估算与拨款委员会应对危机，这限制了议员委员会（城市地方议会）在预算、债券募集与相对行政部门的权力[2]。 新的宪章赋予了市长任命部门首脑以及多个委员会成员的权力，这削弱了选区巨头手里的任免权[3]，

---

[1] 科罗顿水库及沟渠项目早在 1830 年便开始了。 第二条科罗顿水渠在 1893 年完工，连同"新的科罗顿大坝"一起，"其完成时，是当时世界上最高的石造建筑⋯⋯到 19 世纪 90 年代，纽约市的沟渠保有了 420 亿加仑（1 加仑 = 3. 785 L）水，是 1880 年代初市政体系能力的 4 倍以上"。 *The Unheralded Triumph*，223 - 224.

[2] 讽刺的是特威德老大自己推进了这一变革。 参见 *The Unheralded Triumph*，17。 蒂福德指出，经批准，1873 年大恐慌之后开始的财政改革将市政当局置入了一个更为保守的路径上。 鉴于市政当局随着 1873 年的恐慌在商业上的破产，"19 世纪 90 年代的恐慌，仅仅是一个商业萧条⋯⋯没有主要的城市拖欠其 1888 年至 1900 年间的债务，并且在 1893 年的恐慌中，没有市政当局承受⋯⋯财政困难"。 事实上，"在 19 世纪的最后 20 年，每年的债务成本保持着迅速下跌"。 同上，289 - 290。

[3] 因此市议会同时失去了财权及任免权。 "到 19 世纪八九十年代，事实上留给纽约市政议员的唯一重要的官方权力⋯⋯是"，在他们自己的区里，"管制城市道路和人行道的使用，并授予公共设施沿大道的先行权"。 同上，17。 在 1880 年，一项同样的改革延伸到了布鲁克林。 "在 1882 年之后，布鲁克林的市长拥有绝对任命权⋯⋯布鲁克林议会对城市金融的控制很小，并在城市官员的任命中无法起到作用，它在城市决策中，以一种次要元素的形式存活着。"同上，19。

从而为市政服务进一步提升专业化水平制造了条件[1]。

　　在进步主义时代，这些趋势都变得很明朗了。 公务员法案在 19 世纪 80 年代与 90 年代通过，实际的权力转移到了多个城市行政部门与特别委员会手里，他们在办公室的任职时间往往长于那些选举官员[2]。 由于城市政府职能（公共服务、供水与下水道系统、图书馆与学校、公园、公共健康和安全等）的扩张，对于专家们就有了更多的依赖，如市政工程师、风景建筑师、图书管理员、教师、医师、火警与警察[3]。 吊诡的是，这同样加强了经济精英的权力，以推行他们创建一个有利于商贸顺利运行之城的议程。 如哈迈克曾指出的，"在 1872 年至 1886 年所谓的

---

[1] 它同样也降低了社区的"发言权"以及他们的种族代表数目，这使得纽约的管理实际上不同于芝加哥，在芝加哥，社区代表至今仍然很强势。

[2] 民权运动改革的动力部分程度上被纽约警察局的腐败引燃。 在 1894年，宗教改革者查尔斯·帕克赫斯特（Charles Parkhurst）组建了用以倾覆坦慕尼协会的 70 人委员会（Committee of Seventy）（因调查当前的警察腐败而组建）。 参见：Charles H. Parkhurst, *Our Fight with Tammany* （Freeport, N. Y.：Books for Libraries Press, 1970 [1985] ）。 委员会发布了一个公告，在某种程度上说明，"市政府应该完全远离党派政治与自私的个人野心或利益……我们谴责、厌恶我们的政府出于种族和宗教利益对公民进行的任何精神上和字面上的歧视。 我们要求城市公共服务在严格的非党派基础上实施；所有次级的任命与提拔都基于公务人员考试；且所有的考试，精神检查与身体检查，都处在文官委员会的控制之下。"（260 - 263）没有发现更为明确的进步主义时代对目标的陈述。

[3] 这增加了"新滋生的部门巨头的影响力，这些职能性领袖很少受到非专业人士的干扰，并且主要忠实于其专业，而不是任何特别的政治领袖"。 Teaford, *The Unheralded Triumph*, 133.

燕尾服时代（Era of Swallowtails）［即特威德被赶走之后］，每一位被选出的纽约市长都是著名的企业家，这都要归功于由主导国家经济的商人、银行家和律师构成的最大民主政治集团的提名。"[1]

但是，即便在 1886 年至 1903 年间，即哈迈克定义的从商人统治城市到 20 世纪前 1/3 时期坦慕尼派管理城市的过渡时代，商业利益继续引导政策，相对独立于正式的城市治理结构。 在 19 世纪 70 年代和 80 年代期间，民主党由于分裂成三个相互矛盾的派系——庄重的"改革者"（称为"燕尾服党"，他们喜欢穿正式的晨礼服）；坦慕尼协会；以及随后分离出来的派别，总部在欧文大厅（Irving Hall）转角处——其机遇增加了。 如蒂福德指出的那样，无论如何：

> 在这个世纪的最后 20 年……贸易与城市改善之间的区别越来越模糊……在 19 世纪八九十年代，纽约的商会（Chamber of Commerce）采取多种措施介入了市政争论。 例如，在 1880 年商会参加了布鲁克林、纽约市与周边城郊社区的合并运动，因为该组织认为，大都市的不统一不利于市政服务，从而不利于本地商业……在 1895 年[2]，纽约商

---

[1] Hammack, *Power and Society*, 110.

[2] 这里，蒂福德或许说少了一年，他们就职的时间是进步主义的全面胜利时，而不是选举与竞选。 在 1894 年 11 月，进步主义联盟暂时推翻了坦慕尼协会，开启了，尤其是城市教育体系的深刻改革。 更多的细节描述，参见：Sol Cohen, *Progressives and Urban School Reform: The Public Education Association of New York City, 1895 - 1954*（New York： （转下页）

会已经走得太远，甚至开始参与城市选举斗争。商会决定其由 5 名百万级富商组成的城市改革委员会，应该加入市内另外的反坦慕尼力量以……对抗民主党核心机器选票[1]。

然而，他们的重点几乎都放在改善市政服务上，特别是运输的关键区域。商会在 1894 年为地铁计划提供了坚强后盾，实际上还为州立法机关起草了法案以建立一个新的永久性快速交通协会，并准许其通过发行城市债券资助地铁建设。因此，虽然"市政债券为纽约城市地铁建设提供了资助，实质上是商会负责这一项目"[2]。另外，商会成了布鲁克林大桥建设的背后力量，之后当威廉斯堡（Williamsburg）大桥在 1903 年开通时，它已经在交通方面承担得太多了[3]。其他的大桥也提上了议程。随后，商会将其注意力转向区域划分与规划问题，在 20 世纪呈现出了新的重要意义。

城市与区域规划

纽约的商业精英是最初区域划分与规划中的领导者，正如他

（接上页）Bureau of Publications, Teachers College, Columbia University, 1964）。

[1] Teaford, *The Unheralded Triumph*, 189 - 190.

[2] "该法案规定，委员会包括市长、审计官、商会主席以及在该标准下特别提名的五个公民，这五人中有四个为商会成员中的百万富翁。" Teaford, *The Unheralded Triumph*, 90.

[3] "到 19 世纪 90 年代中期，每年由缆车铁道经过布鲁克林大桥的有 4 400 万旅客，并且此外还有数百万通过步行、货车和四轮马车过桥。"同上，233。

们在芝加哥和洛杉矶曾经发挥的作用一样。从 19 世纪 90 年代开始，芝加哥与纽约发展之间相互关联，因为二者经历了相似的难题，且不仅仅尝试着相互学习，还实际上雇佣了许多同样的"专家顾问团"进行"异花授粉"（cross-pollinated），不论好坏，都是相同的解决方案。在这些方案中，许多来自欧洲范例，这意味着纽约和芝加哥事实上变成了"世界城市"。然而，不像作为参照物的欧洲，美国城市发展得更快并且吸引了更高比例的外国移民。这不仅仅恶化了问题，也使两个担忧纠缠在了一起——将移民的同化与消除阶级伤痛混合了起来。

住房

移民与破败拥挤住房之间的关系被公认为是两座城市共有的基本问题，不仅仅是因为这些移民区对其居民造成了困难，还有部分是因为人们害怕坏房子是传染源（在身体健康与"社会秩序"两个层面上），会"传染"健康、富有的社区[1]。紧随其后的征兵暴乱并非偶然，一群有影响的纽约人组建了纽约市民协会，进行了第一次广泛的城市住户调查。1865 年的调查促成了城市对租住房屋建设的管理，但由于缺乏执行，情况继续恶化。在之后 10 年的披露中，最著名的大概是丑闻揭发人雅各布·里

---

[1] 随后的讨论参见：Richard Plunz and Janet L. Abu-Lughod, "The Tenement as a Built Form", in Janet L. Abu-Lughod et al., *From Urban Village to East Village: The Battle for New York's Lower East East Side* (Oxford: Blackwell, 1994) 63 - 79。普朗兹杰出的作品也在某种程度上从反面提供了依据：*A History of Housing in New York* (New York Columbia University Press, 1990)。

斯（Jacob Riis）的新闻纪录片《另一半如何生存》（*How the Other Half Lives*）[1]。

　　最终，在 1900 年，为了应对来自慈善组织协会（Charity Organization Society）（另一个精英组织）的压力，纽约立法机关任命了其第四个租住房屋委员会（Tenement House Commission），罗伯特·德·福瑞斯特（Robert De Forest）为主席，劳伦斯·维勒（Lawrence Veiller）为秘书。委员会细致研究的结果在 1903 年结集成两卷本[2]，但是在出版前，其人道主义的目标和研究方法已经于芝加哥被复制，在简·亚当斯（Jane Addams）的要求下，通过罗伯特·亨特（Robert Hunter）对芝加哥房屋状况的同步调查得以实现[3]。纽约立法机构同样在 1901 年通过了租住屋法案（Tenement House Act），美其名曰为新建设授予了新租住法令，但事实证明其相较于旧法改进甚微[4]。房屋改革方面的无效举措继续贯穿了 20 世纪的前 20 多年，直到 1929 年的大萧条，纽约开启了其第一个公共房屋计

[1] Jacob Riis, *How the Other Half Lines*（New York： Scribner's, 1890）. 本书中的材料出现于一年一期的 *Scribner's Magazine*。

[2] 委员会的研究可参见一本引人注目的著作： Robert W. De Forest, *The Tenement House Problem*, 2vols.（New York： Macmillan, [1903？]）。

[3] 参见： Robert Hunter, *Tenement Conditions in Chicago: Report of the Investigating Committee of the City Homes Association*（Chicago： City Homes Association, 1901）。关于芝加哥和纽约之间联系的研究，参见： Peter Hall, *Cities of Tomorrow: An Intellectual History of Urban Planning and Design in the Twentieth Century*（Oxford： Blackwell, 1988）, 44。

[4] 更早的改革很明显失败了。一项 1879 年对改善设计的"批驳"提出了所谓的哑铃式的租住房，这要求在相邻的结构之间有一座中央通风井；这一"新型"租住房有了一个小天井。

划，甚至在联邦政府的参与之前（参见第七章）。

规划

其中，彼得·霍尔（Peter Hall）指出从一开始，美国的房屋改善与规划间便有一种奇怪的分离："早期的美国规划……由市美化运动（City Beautiful Movement）主导，在没有任何（哪怕是落后的）社会目的的情况下规划便展开了。"[1]在这种分离中，芝加哥起到的作用甚至比纽约还重要。 城市美化运动常常被追溯到1893年的芝加哥世界博览会，当时欧洲的布杂艺术传统以复仇的姿态进入美国[2]，但必然要强调的是，博览会的首席执行官建筑师丹尼尔·博纳姆，雇佣了中央公园之父弗雷德里克·劳·奥姆斯特德布置展览场地，并且将大多建筑佣金付给了纽约建筑公司，特别是麦金、米德与怀特事务所（Mckim、Mead & White）——这些公司已经是欧洲风格建筑承办商了[3]。 这些

---

[1] Hall, *Cities of Tomorrow*, 39.

[2] 特别有趣的是，芝加哥与纽约是博览会举办地的最终竞争者，只是芝加哥新的百万富翁在满足财政需求方面的更大能力使胜利的天平向其倾斜了。 正如博伊尔（Christine Boyer）指出："还不到50岁的芝加哥市，承诺资助博览会1 000万美元，便能够从纽约那里获得垂涎已久的宝贝。 这对于城市是巨大的鼓励，尤其是房地产利益。"*Manhattan Manners*, 20. 关于美国的城市美化运动的更多细节，参见： Christopher Tunnard, *The Modern American City*（Princeton, N. J.： D. Van Nostrand, 1968），第4、5章。

[3] 路易斯·沙利文，是芝加哥建筑学院"诸父"中的一个，也是赖特的导师，少有的立足芝加哥为博览会［……设计建筑，即卓越的交通大楼的设计师］他对于博纳姆的批判以及他对"古典派"的偏爱是很强烈的。 在关于沙利文的精彩的阐释性传记中，南希解释了沙利文随后拒绝承认他与当权派在一个问题上的分歧，即使得博览会充满了古典（转下页）

建筑师对美国建筑的影响已经在华丽的办公大楼与富人的住宅中牢固地确立起来了，正如霍尔的描述中所清晰论证的那样：

在 19 世纪 70 年代与一战之间，美国的百万富翁们，特别是纽约的强盗资本家，参与了竞争与炫富的狂欢。华丽的宅邸与墓地，壮观的摩天大楼象征了他们的胜利，也建立了其凭据……19 世纪 70 年代至 80 年代最重要的建筑师是亨利·霍布森·理查森（Henry Hobson Richardson），一个罗马式（Romanesque）风格的信徒……他最重要的追随者是查尔斯·福伦·麦克金、威廉·米德以及斯坦福·怀特（Stanford White）。在和米德组成团队以前，麦金与怀特是理查森的制图人。在 20 世纪 80 年代和 90 年代，公司的负责人为纽约的资本巨头建筑了新港（Newport）大厦与曼哈顿联排房屋……规划了宾夕法尼亚铁路车站与哥伦比亚大学校园……[并且]也建造了波士顿公共图书馆大厦……虽然大多数富人和著名的芝加哥人首选本地人才，不过随后还是找来了东部建筑师……怀特帮助设计了塞勒斯·H.麦考密克的避暑庄园，理查森建了菲尔德百货批发商店（Field Wholesale Building）……还有亨特（Hunt）建筑了[马歇尔]菲尔德的住宅。据著名的芝加哥建筑师路易斯·H.沙利文所言，博纳姆这一最受该市精英欢迎的建筑师，作为世界博览会的建筑主管，想要在所有的博览会工作中都与东部

（接上页）门廊和柱子。（15-17）见：Nancy Frazier, *Louis Sullivan and the Chicago School*（London: Bison, 1991）。

的大师合作……博纳姆成了古典主义的拥护者并将展览规划
留给了亨特、麦金、米德和怀特[1]。

　　因此建筑博览会以及基础规划——直接孕育了博纳姆领衔的
芝加哥 1908 年规划（有时称为 1909 年规划，因为直到 1909 年
才出版）——并不独立于纽约影响力之外；他们尽皆通过人事任
命传播了纽约的观念。

　　下一章将讨论博览会和规划的更多细节，但是这里需要指出的
重点是，在 19 世纪末，不能再说芝加哥和纽约是独立发展的，在
技术与经济基础、政治机制和美学"上层建筑"（superstructure）方
面都是如此。 这两座世界性城市不但相互关联，还与欧洲传统
及风格相应，这一点必须承认，它们是高度衍生的。 我们将在
第六章看到，这些影响也开始在洛杉矶感受到，因为中西部的移
居者将芝加哥风格带到了这座城市。 在世纪交替时，可以说一
种建筑学与城市建筑的普遍文化真正存在了。

　　但是，简单地将纽约和芝加哥的规划发展合并在一起明显错
误。 虽然它们都由倾向于忽视大众需求、唯利是图的商业与工业
精英开启，不过纽约的规划远没有 1909 年的芝加哥规划不接地
气，也更加实际。 类似地，纽约 1907 年改善规划（Improvement
Plan of 1907）更多地聚焦于实用性问题，如码头、桥梁与道路规
章[2]。 纽约为规划"发明"的区域划分条例作为一种机制，也

---

[1] Hall, *Cities of Tomorrow*, 525 – 526.

[2] Jackson, "The Capital of Capitalism," 337. 这一规划得到的支持很少，并
　　且市长也对其置之不理。

很少关乎美学，而是商业便利性。

分区制

1916 年，为了应对日益增长的拥挤问题，纽约通过了美国第一个全市性的区域划分法案[1]。 其目标是控制密度，不限于过度拥挤的租住区（因为从未对现有结构与用途进行规定，所以它控制失败），还包括商业区，此处新的高楼大厦代替了之前占多数的低矮建筑，造成了堵车并阻碍了行人通行，使得其"更好的"社区这一社会基调面临"降级"威胁[2]。 全面区域划分的观念直接传承自房屋改革，然而它对于贫困地区有着强烈的退化效应。

在 1907 年，纽约人口拥挤问题委员会（Commission on Congestion of Population）（源于德·福瑞斯特与维勒在租住屋方面的工作）执行秘书本杰明·马什（Benjamin C. Marsh）与另一位纽约律师爱德华·巴塞特（Edward M. Bassett）访问了欧洲，对德国城市通过区域划分规定土地用途与建筑高度的方式留下了深刻印象。 这种"结合了土地用途与高度划分的德国模式在1916 年的区域划分条令里被引进到了纽约"，并且其"主要操作

---

[1] 甚至在此之前，加利福尼亚人便曾尝试通过区域划分控制华裔洗衣店的蔓延，并且从 1909 年往前，洛杉矶也发展了复杂土地使用的划分。但是这些举措的目的与纽约不同，也没有产生同样的影响。 Hall, *Cities of Tomorrow*, 58 – 59.

[2] 与此相关的，杰克逊引用了被他称为"一段沉闷的、市政当局企图管理居民密度的行政管理历史"。 见: John P. Comer, *New York City Building Control, 1800 – 1941* (New York: Columbia University Press, 1942)，读者能转而获得更多的细节。 "The Capital of Capitalism", 350 n. 30.

者是巴塞特……还有他的伙伴，纽约改革政治家乔治·麦卡内尼
（George McAneny）"[1]。

不过改革者的倡议或许不会被商业社区采纳和支持，这是一
个不太可行的方案，并且原因与慈善家（do-gooders）对租住房
屋的忧虑截然不同。

> 其时期在 1911 年来临，当时第五大道的服装零售商为
> 其使用的制造业车间扩张烦恼，成立了一个准官方的协会向
> 城市施加压力……
> ……第五大道的商人担心，中午时分大街上的移民服装
> 工人人潮会破坏他们生意的独家形象，并因此威胁他们的财
> 产价值[2]。

以关心财产价值的商业利益为后盾，第一个分区制法令在纽
约市推行，此后，得益于一份标准州立分区授权法案的颁布，这
一观念遍及全国。该法案在 1923 年由专业的规划师/律师起
草。它是标准规划授权法案的补充，后者被许多州加以采用以
促进总体规划。

分区制中警察权力的合法使用在法庭上引起了争论，不过最
终在 1926 年通过俄亥俄州欧几里得镇诉安布勒地产公司案
（*Village of Euclid, Ohio et al v. Ambler Reality Company*）的判例

---

[1] Hall, *Cities of Tomorrow*, 58. 麦卡内尼是曼哈顿自治区的区长，并且，如
我们所见，是区域规划协会（纽约）的一个重要支持者，该协会同样由
精英驱动。

[2] 同上，59。

中，最高法院对此表示了支持。 如霍尔曾指出的，规划师/律师
阿尔弗雷德·贝特曼（Alfred Bettman）作为该案的代表律师，其
采用的辩护主张是"将'公共福利'用于分区制是共同体财产价
值的强化"[1]。

分区制对于曼哈顿独特的天际线的形成起到了一种即刻性与戏
剧性的作用，这一天际性被卡罗尔·威利斯（Carol Willis）称为
"通灵塔"（ziggurat），其他学者称为"婚礼蛋糕"[2]。 这两个
词语都指出了分区制条例在对建筑物高度的规定上呈现的持续性
阻碍。 寻求分隔土地使用的规章也被设计用以保障毗邻建筑的
空气和光线，即它们作为办公室的租赁价值。 这些规章在为摩
天大楼进行设计时产生了一种最大程度上的"普罗克汝斯忒斯之
床"[3]（procrustean bed）效应，这大概是意料之外的结果： 所
谓的围于商业大楼的分区包络线。

1916 年之前，纽约没有强制的高度或覆盖率限制（除去最
小的租住房屋）。

> 在理论上，从地平线往上，业主想建多高都行，只要他
> （她）愿意，或资金允许。 在 1889 年的钢架结构规范获批
> （code approval of steel cage construction）以后，办公室建筑
> 常常开始超过 16 层……
> 1916 年纽约的首个分区制法案改变了摩天大楼设计的

---

[1] Hall, *Cities of Tomorrow*, 60.

[2] Carol Willis, *Form Follows Finance: Skyscrapers and Skylines in New York and Chicago* （New York： Princeton Architectural Press, 1995）.

[3] 意为强求一致的政策。 ——译者注

游戏规则。 除了规范区域使用之外……法律利用规章规定了高层建筑的高度和容积限制，称为分区包络线（*zoning envelope*）。 它被设计用于为曼哈顿峡谷的光线和空气提供保障措施，要求在人行道上要低于最大垂直高度（常为 100 或 125 英尺），修建好的建筑必须根据道路中心得出的定角（a fixed angle）降低高度。 高度无限制的高楼允许超过本地区的 1/4。 建筑的"倒长"或"婚礼蛋糕"的大量出现，抑或说是没有高楼，成了纽约天际线从 20 世纪 20 年代到 50 年代的特征形态[1]。

鉴于纽约大量典型的小尺寸区块与曼哈顿高楼林立的特征，这导致大型场所在本质上不可能聚集，高楼是一个为缺乏空气流通和荧光灯照明的办公室提供充足光线和空气的合理解决方案。鉴于闹市区以及随后的中心区高昂的地价，在收益递减之前，63 层高度的建筑结构是划算的。直到 1950 年之后，自然光与空气才

---

[1] Carol Willis, *Form Follows Finance*, 34, 67. 威利斯并非首个指出这一点的，不过她将之置于了中心地位。 参见她的早期论文："Zoning and Zeitgeist: The Skyscraper City in the 1920s," *Journal of the Society of Architectural Historians*（March 1986）: 47‒59; "A 3‒D CBD: How the 1916 Zoning Law Shaped Manhattan's Central Business Districts," in *Planning and Zoning New York City, Yesterday, Today, and Tomorrow*, ed. Todd W. Bressi（New Brunswick, N. J.: Center for Urban Policy Research, Rutgers University, 1993）, 3‒26。 她的来源是：S. J. Makielski Jr. *The Politics of Zoning: The New York Experience*（New York: Grossman, 1969）。 她同样引用了：Mac Weiss, "Density and Intervention: New York's Planning Traditions," in *The Landscape of Modernity*, ed. David Ward and Olivier Zunz（New York: Russell Sage Foundation, 1992）, 46‒75。

被荧光灯与中央空调替代,城市天际线传播至全美而成为统一式样,遵循国际现代主义路线,甚至还使用玻璃——没有可打开的窗户——代替其他饰面。直到 1960 年,纽约彻底调整了其分区代码,"通灵塔"或分区制的必要性才被"废止"[1]。

通过这次讨论,比较清楚的是,规范土地使用和建筑高度的主要动机是强化财产的经济价值。彼得·霍尔总结道:"这远未考虑到对于被困在纽约和芝加哥租住房屋中的穷人们这一更大的社会公正。20 世纪 20 年代的规划和分区系统恰恰是为了让穷人远离富有吸引力的新城郊,即沿着电车轨道线和地铁线修建的地方。"[2]

区域规划

同样的动机驱动着精英们在区域规划中的利益。 他们认识到了不可遏制的去中心化力量,并且单一管辖权不可能越过边界辐射到更为广大的区域复合体中,甚至到了 20 世纪 20 年代,该区域包含着大约 400 个自治镇,位于 22 个郡中,遍及了三个

[1] Willis, *Form Follows Finance*, 40. 不过也可参见: Romin Koebel, "The New York City Tower Coverage Provision as a Determinant of Urban Spatial Form," in *Proceedings of the 10th Annual Conference of the Environmental Design Research Association* (Buffalo, N. Y. : 1981);以及 Romin Koebel, "Incentive Zoning in New York City" (Ph. D. diss. , Massachusetts Institute of Technology, 1973)。 作为鲜明对比的芝加哥则享有了大面积建筑及大尺寸用地,并且由于大火的原因,有相当多数量的土地建设新的摩天大楼。 虽然它也规定了建筑高度,不过芝加哥没有降低高度的要求,这意味着这些建筑倾向于把顶部做成方形,但是要求中央开放以获取光线和空气。 参见本书第五章。

[2] Hall, *Cities of Tomorrow*, 60-61.

州。 于是提出了两个区域规划模式: 一个由美国区域规划协会
(Regional Planning Association of America, RPAA) 提出; 另一个
由纽约区域规划协会 (Regional Plan Association, RPA) 提
出[1]。 两者之中, 前者将规划行业本身的影响发挥到了最大;
而后者, 由于其发布人是纽约经济和政治权力精英, 对于实践行
为有着更多的直接影响。 因此, 以下将集中讨论纽约区域规划
协会的起源和路径。

　纽约区域规划协会的影响线索可从芝加哥追踪到纽约, 这体
现在一个人身上: 查尔斯·戴尔·诺顿, 一个顶级的保险业执

---

[1] 美国区域规划协会与纽约区域规划协会方法的冲突被 Roy Lubove 很好
　　地把握了, 参见其著作, *Community Planning in the 1920s: The
　　Contribution of Regional Planning Association of America* (Pittsburgh:
　　University of Pittsburgh Press, 1963), chap. 7。 作者很明显偏爱美国区
　　域规划协会通过一个去中心化的新型城镇 "花园城市" 实现区域规划的
　　"理想主义" 方法。 "花园城市" [此外, 其支持者还有刘易斯·芒福
　　德以及克拉伦斯·斯坦 (Clarence Stein)] 基于一些英国规划师的观
　　念, 如雷蒙德·昂恩 (Raymond Unwin), 当然还有埃比尼泽·霍华德
　　(Ebenezer Howard)。 除该类型的少数成就之外 (奥姆斯特德设计的芝
　　加哥城郊河畔原型, 以及斯坦设计的三个花园城市, 并没有超出通勤者
　　宿舍的职能), 这一方法在很大程度上是无效的。 形成对比的是与之
　　相反的更具 "实用性的" 纽约区域规划协会的方法, 对美国区域规划协
　　会构成了有力的挑战, 对纽约有更大的影响。 由于财政、公共设施与
　　房地产利益以及在查尔斯·戴尔·诺顿敦促下的罗素·赛奇基金会的
　　支持, 英国主规划师托马斯·亚当斯 (Thomas Adams) 设计的规划因其
　　与麦卡内尼、洛克菲勒还有福特的关系, 获得了合法效力。 关于纽约
　　规划协会相关的中坚分子的卓越的研究为: Forbes B. Hays, *Community
　　Leadership: The Regional Plan Association of New York* (New York:
　　Columbia University Press, 1965)。

行官，他在华盛顿当了一段时间的财政部秘书之后，于 1911 年
到纽约出任第一国民银行（First National Bank）副行长，最终担
任罗素·赛奇基金会的财务总监和托管人[1]。诺顿还是芝加哥
商业俱乐部（Commercial Club of Chicago）的前任主席，赞助了博
纳姆规划，在工作上与丹尼尔·博纳姆关系密切。几乎刚刚到
达纽约，他"便着手［为纽约］准备一个类似的文件……与曼哈
顿区主席乔治·麦卡内尼合作，在 1914 年建立了一个城市规划
委员会（Committee on the City Plan）（由 5 个自治区主席组
成）"[2]。然而，鉴于在郊区的发展中，5 个自治区在某种程
度上远远不够，这一范围被认为相当不足。

　　"《纽约及其郊区的区域规划》（*The Regional Plan of New
York and Its Environs*）在开始时便没有超过查尔斯·诺顿的眼
界"[3]，但是在罗素赛奇基金会的支持下，它累积成一系列卷
帙浩繁的研究和一些具体的建议（特别是在运输方面），对于地
区具有持久的影响——纵然并不总是正面的。到 1921 年，罗素
赛奇基金会的财务主管说服了基金会赞助新成立的纽约及其郊区
规划委员会推行的纽约全区域扩张规划。诺顿结识了英国城镇
规划师托马斯·亚当斯（Thomas Adams）并要他进行一份测绘以

---

[1] 下面的更多信息基于：Hays, *Community Leadership*, chaps. 1, 2. 以及
　　Jackson, "The Capital of Capitalism", 337 – 339。

[2] Hall, *Cities of Tomorrow*, 156. 注释里霍尔的主要文献来源是上一注释中
　　引用的两项关键性研究。

[3] Hays, *Community Leadership*, 12.

准备一份巨大的区域规划[1]：

> 诺顿规划了一个更大的范围："必须从市政大厅转一个
> 圈，包括大西洋高地（Atlantic Highlands）和普林斯顿；莫里
> 斯镇（Morristown）与塔克西多（Tuxedo）背后可爱的新泽西山
> 丘；纽堡（Newburg）范围内无与伦比的哈得孙河；韦斯切斯
> 特的河流和山峦，远至布里奇波特（Bridgeport）并越过它直达
> 整个长岛。"最终的区域——超过5 000平方英里，接近900万
> 人——远比之前的任何规划覆盖的区域都要大[2]。

一个豪华的专家团队在1929年聚集一堂，出版了10卷报
告，处理了区域的人口趋势、经济、房屋、土地使用与区域划分
等诸多问题，还有未来发展的理念。虽然其学识是可靠的，但
仍被批判为太过不切实际，因为没有统一的政治实体有能力执行
这一规划；同时也太过于不充分，因为在可见的未来，去中心化
的进程没有停下来的趋势[3]。但是即便有这些反对意见，"纽

[1] 在诺顿死后，亚当斯最终在1923年被任命为调查与规划的负责人。
　　Hall, *Cities of Tomorrow*, 156.

[2] 同上，156–157。

[3] 这些批评大多来自美国区域规划协会的竞争。使用州政府作为区域规
　　划机制的尝试也在同时进行，但是没有取得更大的成功。实际上，
　　克拉伦斯·斯坦作为美国区域规划协会的领导人物之一，是"首位且唯
　　一的一位纽约州房屋与区域规划委员会的主席（1923—1926），他接受
　　这一岗位是出于一种明确的理解，即委员会将会处理区域规划以及住房问
　　题。斯坦吸引到芒福德来此就职。"Lubove, *Community Planning*, 71–72.

约规划仍通过区域规划协会为中介，在商业精英的领导下继续推行，而且规划委员会 [自发参与到] 每个区域：在其高速公路、桥梁和运河的提案特别成功，主要因为它们由建筑大师罗伯特·摩西（Robert Moses）负责"[1]。

罗伯特·摩西的交通运输规划

去中心化已被纽约区域规划协会研究的作者们做了充分的说明，该现象大概是 20 世纪 20 年代最明显的趋势，这很明显与各种各样的机动车的爆发式增长存在关联[2]。在 20 世纪 20 年代的 10 年里，都市中心区域的居民比例增加了约 22.5%，城郊带的人口增加了近 35%[3]。现存的条件与机动车辆创造的新需求，这两者间日益增长的差距造成了两个危机。第一，许多城市中心（不过纽约不是）的道路变得过度拥挤，以至于"有了在

---

[1] Hall, *Cities of Tomorrow*, 159.

[2] 在 1920 年的美国，已经有 900 万的机动车登记在册（轿车、出租车、公共汽车与卡车）；到 1930 年，这一数字是原来的 3 倍，几乎达到了 2 700 万辆，不过地表高速公路的长度仅仅从 1920 年的 369 000 英里增长到 1930 年的甚至不到 700 000 英里。参见：Janet L. Abu-Lughod, *Changing Cities: Urban Sociology* （New York：HarperCollins, 1991）, 129, Table 5.8, 数据来自：Hilda Golden, *Urbanization and Cities* （Lexington, Mass.：D. C. Heath, 1981）, 311。

[3] Abu-Lughod, *Changing Cities*, 128, Table 5.7. 然而，在某种程度上，这一增长率的区别是一种政治选择的人工产物。纽约和芝加哥都扩充了边界，包含了其 19 世纪晚期城郊环带的大部分地区，故而边缘地区的增长与中心城市的增长区分了开来。在 1898 年之后的纽约与 1915 年的芝加哥，合并的选项被有效地排除了。这三座城市中，只有洛杉矶继续进行版图合并。

市区道路禁止汽车的言论"[1]。 第二，市中心与其快速发展的周边地区相连的现存道路不足。 在第二个危机中，纽约成了一个真正的创新者，这多亏了之前区域规划协会调查提出的理念与罗伯特·摩西的个人魅力，他找到了一些方法，避开了纽约都会区域中现存的政治分裂，建立了第一条高速公路。

霍尔追踪了摩西计划的先例，回溯到了奥姆斯特德设计的公园大道：

在1858年纽约中央公园的设计中，首先由奥姆斯特德采用了公园道路，后在公园规划和新的居民区被景观设计师广泛采用……但是从威廉姆斯·范德比尔特（William K. Vanderbilt）的长岛机动车公园大道（1906—1911）这一可被称为世界上首条限制进入的机动车高速公路开始，还有16英里长的布朗克斯河边公园大道（1906—1923）以及随后1928年的哈钦森河公园大道（Hutchinson River Parkway）和1929年的锯木厂公园大道（Saw Mill Parkway），这些独特的美国发明被迅速采用……［给予了］拥挤的市中心通往新城郊和乡村及海滨娱乐区域的快速通道。

策划者是纽约的……罗伯特·摩西。 利用1924年的州法案，他为自己争取到前所未有的……土地使用权，他开始驱动其公园大道穿过长岛百万富翁们珍视的房地产……以给纽约人打开通向海滩的道路[2]。

---

[1] Hall, *Cities of Tomorrow*, 276.

[2] 同上，276-277。

在第七章，笔者将对摩西在重塑纽约公园和交通系统的过程中发挥的作用进行更为充分的讨论。就这一有争议的人物，意见高度分歧，他利用自己的个人能力，在某种程度上用不那么光明正大的手腕以绕过障碍，施行近乎独裁的权力，几乎以一人之力将自己的运输体系蓝图强加给纽约。然而，他的成就也得到了普遍的认可。他促成了纽约的二元化，一方面是更大程度上的无产阶级的城市；一方面，通过促进"逃离纽约"形成了一批特权化的城郊社区。另外，在这些机制上摩西建立了自己的独立金融"帝国"，手段是挪用对其高速公路与桥梁征收的通行费，这渐渐破坏了城市政府控制自己规划进程的能力。在此我希望仅仅强调 1929 年之前的事情，接踵而来的大萧条与第二次世界大战打断了这一建设进程，在三座城市中，纽约是唯一一座将其公共交通系统与高速公路通至郊区的城市[1]。

大都会政府的代替者

然而，区域交通规划不仅仅是 20 世纪 20 年代唯一归属于纽约的"发明"，还有社会政治的变革。特别当局与管区（special authorities and districts）为了在总是缺乏大都会管辖的卫星城强行发布一些（在职能上公认不够完整的）命令而发明出来的机制。这些中大概最值得指出的是纽约港当局，它组建于 1921 年，被

---

[1] 霍尔提醒我们，美国首个州际高速公路：费城收费高速公路在 1940 年才开通。同一年，洛杉矶完成了其阿罗约·锡科公园公路短引线的建设。到战争结束，"洛杉矶高速公路的数字是 11 英里"。Hall, *Cities of Tomorrow*, 282。

授予特殊权力将"命令"发布给多个港口部门[1]。 但是,单一
职能的"特区"同样倍增,不仅仅是为在单一管辖权之外的更大
地区间协调规划提供路径,还作为一种机制以绕过州立城市借贷
的上限。 这些特区可以通过发行免税债券增加自己的收入,并
且其运作成本能够转嫁给地方税务。

到 20 世纪 50 年代晚期,纽约大都会区域研究修正了美国区
域规划协会 1929 年的研究,这一系列中的一册聚焦于 1 467 个政
府或准政府的单位,它们试图在没有政府部门统辖的情况下整合
一个区域[2]。 作者罗伯特·伍德(Robert Wood)评论道,"这
也是世界上一件突破常规的伟大壮举……大约比任何其他人类曾
经谋划或允许产生的治理性安排都更复杂"[3]。 这话说的很
对,尽管这个限定词"大约"应该拿掉。

伍德区分了两种一般性"部门": 本地政府单位(市、
郡、区、镇、村以及服务于特定目的的区域,如学校、水力、
防火等);和跨区域的大都市范围的巨大单位,涉及州和联邦
的参与者,其中纽约港口管理局与三区大桥(Triborough
Bridge)、运河当局被单列出来作为例子,不过科罗顿水库系
统是一个更早期的典型。 在 20 世纪的头 30 年,这些部门都

---

[1] 它随后扩展成为一个跨州协定,以协调新泽西与纽约的港口装置。

[2] 在 1956 年,纽约区域规划协会委任哈佛大学公共管理研究生院对该区
域做一个为期三年的再次研究。 成果是 9 大卷书籍和 1 份报告。 在第
7 章对其细节进行了更多的讨论,参见: Robert C. Wood with Vladimir
V. Almendinger, *1400 Governments: The Political Economy of the New York
Metropolitan Region* (Cambridge: Harvard University Press, 1961)。

[3] 同上,1。

得到了极大地扩张。 这些生机勃勃的公共组织为 20 世纪 30 年代带来了新维度，不过，许多新政项目的体制性机制是在纽约地区的司法噩梦中被首次"发明"出来的。 随着资助的增加，因争夺公共资源的权力而产生的争论也随之升级，这预示了在通常的本地政府框架之外，冲突与妥协间存在持续张力。

此处或可提到纽约一个决定性的发明，即 1920 年初，作为在居者有其屋的（经济和心理）效应（主要适应于单个家庭或小型无电梯公寓）与大型公寓在日益密集的城市中的必要性之间的妥协，共有产权越来越受欢迎。 在这种形式的产权上，纽约是一个先锋，随着租赁控制使得在租赁复式建筑上的投资变得越来越没有吸引力，一代人之后这种产权形式变得越来越普遍[1]。

————

[1] 首个产权合作的想法 1857 年在纽约实现，在西 10 街 15 号为艺术家们建造（带有公寓、工作室和画廊）。"在 20 世纪初，芬兰裔社区的成员在日落公园、布鲁克林建立了 24 座合作产权建筑，并且多个工会也进入了合作市场……在喧闹的 20 世纪，为富人建设的'白手套'合作产权房沿公园大道和第五大道扩展。 经房地产经纪人道格拉斯·艾尔曼（Douglas Ellman）推销，这些建筑变成了富裕的白人清教徒的领地，他们致力于阻止'不受欢迎者'进入——即黑人、犹太人与天主教徒。然而，大萧条的开启倾覆了许多合作社并将这一运动带入停滞阶段……二战老兵对于房屋的急性需求在政府资助复合设施的形式下复原了这一观念。 面向中等收入租客的数千公寓也同样适时地在米歇尔-拉玛州项目下建造……20 世纪 80 年代是关键年份，当时合作产权成为主流。新的规则发布于 1982 年，当时房地产市场正在蓬勃发展，这刺激了出租房屋大量转化为产权合作房屋。 驱动这种变化的是业主规避出租管理的企图……当股票市场在 1987 年 10 月崩溃时，房地产市场开始瓦解……在最后几年，合作产权的数目实质上仍然没有变化。"*New York Times*, October 30, 1995, B2. 根据一份市财政部的图表，纽约市合作公寓的数目从 1978 年（包括一些公共资助）的 83 732 座上升 （转下页）

然而，纽约仍然是一个充满租客的城市，直到今日还是与芝加哥，更多的是与洛杉矶有所区别。

一个时代的终结

20 世纪 20 年代是美国曾经历的最富乐观主义的年代。 在纽约主持区域规划协会的研究者们在规划城郊时，预见到边缘地区持续地扩张，这容纳了佩里关于邻里单位（neighborhood units）的理念。 房地产投机者同样预见到，扩张对中心城区高层建筑的需要。 然而，讽刺的是，正当这个城市和国家站在悬崖边缘，跌入 30 年代的混乱之时，一些纽约市最经久不衰的资本主义纪念碑将被建造。 这一建筑结构仍然是大都会的经济与美学力量的象征——王冠上的明珠的克莱斯勒大厦（Chrysler Building）与高耸入云的帝国大厦（Empire State

---

（接上页）到了 1995 年的 416 003 座。 *New York Times*, October 30, 1995, 1. 当前，在纽约市有 8 080 座合作产权建筑，这"超过了国家合作产权的一半。 相反，仅有 1 040 座所有权分离（condominium）的复合设施，在国内剩下的地区，对于公共产权的限制形式普遍更少。 城市一半的合作产权公寓位于曼哈顿，还有上东区沿线最大最广泛的飞地"。 而纽约仍然主要是一座租客的城市，大约 15% 的人口现在住在共同产权房屋中，虽然其中约 45% 的人从业主手中租赁房屋。" N. R. Kleinfield with Tracie Rozhon, "In Flat Market, Co-op Life Has Steep Ups and Downs," *New York Times*, October 30, 1995, B2. 与该篇文章相伴的地图显示，曼哈顿岛的大部分合作产权房屋几乎都位于中央公园一侧，另外的集中于皇后区。

Building）——都可追溯到经济危机时期[1]。

---

[1] 威利斯敏锐地指出，时间上并非巧合。 她指出，"最高的建筑普遍在
繁荣结束之前出现"（*Form Follows Finance*，155. 不过也可参见
166），并且，对商业大楼高度的限制常常与房地产周期的"萧条"期
相关。（168）

第五章
转为福特制的芝加哥

　　这一章采用了与第四章相同的三个时间段，即从 1870 年早期到 1893—1994 年；从 19 世纪 90 年代中期到第一次世界大战；随后的战后阶段到 1929 年的大萧条。 我们从这一时序的中段开始，从社会和地理两方面测度 1893 年的芝加哥，该年世界哥伦布纪念博览会（World's Columbian Exposition）开幕，芝加哥的规划者认为，该城通过这一事件获得了世界城市的地位。

　　按照构思，这是能将 1871 年大火灾的负面形象替换为新的正面形象的纪念时刻： 浴火重生的凤凰这一反复提及的比喻[1]。 这同样是一个不加掩饰的为胜利欢欣的时刻，因为它在

---

[1] 讽刺的是，虽然规划于经济繁荣期，不过如我们所见，与博览会的开幕相伴的是深层的经济紧缩、失业以及增加的劳工抗议。 这一"坏时机"将会在芝加哥的下次博览会重现。 进步的世纪开始于 1934 年，正处于美国前所未有的最糟糕的大萧条中间。

　　关于这一凤凰的隐喻——或许有什么书籍或文章刚写于大火之后而并未启用这一形象，不过我并未发现。 我无法追溯其首次使用，这一形象仍然在使用中： 最近完成的哈罗德·华盛顿公共图书馆制作了一只铜铸凤凰，从其屋顶轮廓线处升起。

竞争主办哥伦布发现新大陆400年纪念日这一荣誉时击败了纽约。 此外，这一年标志着几十年来城市重要变革的高潮，其中许多根本的变革实际上与博览会自身息息相关[1]。

博纳姆计划就是从博览会中有机形成的，进一步巩固芝加哥分为两个截然不同的部分： 其优雅的正面与深层黑暗的背面。它扩大了"双面城市"的裂隙，当然不是分离为两个实体，而是复杂劳动分工的空间表现，即背后的工人创造了这一空间，但不曾享受到其上的巨大盈余。 我们首先观察展览，而后是使之成功的劳动体系。

19世纪90年代早期支持者眼中的芝加哥

赫伯特·哈维·班克罗夫特（Hubert Howe Bancroft）在1893年为芝加哥世界博览会中准备的纪念集中描绘了此时蒸蒸日上的城市形象：

---

[1] 在19世纪下半叶以及20世纪的最初几十年间（在电视和航空旅游使得"海外"景观成为众多想象的一部分之前），世界博览会变得流行起来，各国相互对抗，以将自己展现在最好的光线下，不过殖民地被大都会所代表，以压榨其异国情调的价值。 美国重要城市竞争有举办该类博览会的优先权，在部分程度上是向游客以及潜在的商业投资者炫耀其优势。 世界博览会的筹划以对城市改善和设施的大量投资为先导，假设游客不仅仅观看博览会本身，还会判断其主办单位的价值。 准备常常在3到4年前便预先开始了，这些准备甚至超过了实际的场所本身，在城市的面貌中留下了持久的标记。 今日，博览会已成为过去式，对城市而言，类似的事件是主办奥运会。

想要描述……今日之芝加哥者，必须想象城市沿着密歇根湖岸扩展超过 20 英里，有 2 500 英里的道路，2 100 英亩（1 英亩≈6.07 亩）的公共公园，宽 200～300 英尺的林荫大道，所有这些成了公路系统的中心，占全美英里数的 1/3。在商业区，他将经过高 17 层至 20 层的建筑……搭乘快速运行的电梯到达……这还没完。芝加哥的伟大在于，真正伟大的时代尚未到来。时光流逝，芝加哥从野蛮人与野兽手里被解救出来尚不足 70 年；从大火的灼烧中恢复过来尚不足 20 年；然而，在这短暂的时间内，她成长为全球杰出的贸易、工业与社交之城。一场展示世界科学、工业与艺术进程的博览会与芝加哥非常相宜，作为新世界进步最大的社区举办这一盛会是应有之意[1]。

沿湖畔地带和芝加哥环路，其进步比比皆是，然而，如我们即将看到的，它们背后的肮脏区域很少能映出光彩。

湖

城市的早期开发者们认识到芝加哥最大的自然优势是其与密歇根湖相连，然而，为维持这一景观产生的冲突是本地政治中一再反复的问题。在 1836 年，此时城市尚未合并，伊利诺伊州的委任人员被控告贩卖空地为芝加哥的新运河募集资金，他们拒绝

---

[1] Hubert Howe Bancroft, *The Book of the Fair: An Historical and Descriptive Presentation Viewed through the Columbian Exposition at Chicago in 1893* (New York: Bounty, n. d. [1894]), 35 - 36.

出卖湖边土地，然而随着铁道的到来，大部分土地还是失去了[1]。

在 1869 年，受到纽约的案例鼓动，在大火仅两年前，芝加哥开拓了大片空地以执行由市政领导（比纽约的具"产业思维"但缺少野心）委任弗雷德里克·劳·奥姆斯特德规划的芝加哥公园与林荫大道。湖畔的开发是其努力的重点。"三个公园区在 1869 年建立，到 1880 年芝加哥居于第二位，在公园空间总量上仅次于费城"，而到下一个世纪初，城市支持者将会为其排名下降惋惜[2]。这一先见是及时的。1870 年，芝加哥大约有 30 万人口居住在仅仅 35 平方英里的区域中。到 1893 年，城市超过 130 万的人口居住在扩张后 185 平方英里的区域中（多亏了合并——参见下文），这使得芝加哥成为这段时间史上国内发展最迅速的城市——即便不是世界范围内。

湖的作用不仅仅是装饰性的，更是城市的命脉。它既是供水系统的主要来源，同时不幸的是，也是废品的重要倾泻地。虽然，城市"门口有即时的饮用水源"，然而这一源头却被污水

---

[1] 关于早期历史，参见：Lois Wille, *Forever Open, Clear, and Free: The Historic Struggle for Chicago's Lakefront* (Chicago: Regnery, 1972), xi。直到很久以后，铁路轨道的眼中钉部分程度上被解决，并且桥梁的修建使得有了通向建在填埋区上新的湖畔公园的通道。

[2] Frederic Cople Jaher, *The Urban Establishment: Upper Strata in Boston, New York, Charleston, Chicago, and Los Angeles* (Urbana: University of Illinois Press, 1982), 514. 参见：Daniel H. Burnham and Edward H. Bennett, *Plan of Chicago* (New York: Da Capo, 1970 [1909]), 其中指出，"在 1880 年仅次于费城，就公园区域而言，芝加哥现在下降到了第 7 名；并且在考虑到该城市的人口相对密度时只能排到 32 名！"（44）

污染了。 因而，从 19 世纪 50 年代，该城设计了"世界上首个综合市政排水系统"[1]。 为了执行这一规划，许多城市街道平均抬高了 10 英尺，因为地势过于平坦和湿软[2]。 到 1871 年，它仅仅装配了 140 英里的污水管道，几乎全在市中心。 另外，污水系统本来直接进入芝加哥河，之后却直接排到了湖里[3]。因此为了无污染的供水，在 1864 年，城市开始建筑一个进水隧道（离岸两英里，地下 60 英尺）。 到 1900 年，市政水力工作每天的抽水量可达到约 50 000 万加仑（gallon），扩充后的城市声称有超过 1 500 英里的下水道[4]。 中心商业区（central business district, CBD）及其邻近的精英居民区几乎全被照顾到了。

环带

在湖畔区之后，中央商业区是第二个令芝加哥"自豪"之处。"芝加哥环带"在土地方面部分程度上被芝加哥大火"清理干净"了。 它的形状和范围被严格地描绘出来是在 1882 年初，从旧金山引进的缆车服务开始投入使用，并环绕了中心商业区[5]。 虽然这一公共交通系统及其延伸（第一条装配的高空索

---

［1］ Jon C. Teaford, *The Unheralded Triumph: City Government in America, 1870–1900*（Baltimore: Johns Hopkins University Press, 1984）, 225, 217.

［2］ 在某些比较老的芝加哥木屋社区中，仍要下到路面 10~15 步才可到达其入口。

［3］ 直到芝加哥河北线支流流向颠倒之后，这一境况才得到改善。

［4］ 更完整的报告参见: Teaford, *The Unheralded Triumph*。

［5］ 关于芝加哥公共交通体系的发展有几个好的文献来源。 读者还可参见: James Leslie Davis, *The Elevated System and the Growth of Northern Chicago*（Northwestern University Studies in Geography 10）（转下页）

道是为了通向展览会场）极大地方便了商场、宾馆与某地点内部
的其他商务（如银行、金融和生产性服务）的整合，不过其后期
成为抑制中心商业区扩张的限制性力量，本质上阻止了单个区域
内多种功能的过度集中。

　　新的商业中心更为精致且富有装饰性，这为芝加哥充满

────────

（接上页）（Evanston, III.： Northwestern University, 1965）。 该书追溯了从
　　加来纳以及芝加哥联合铁路——其最初的航段建于 1848 年，联结了芝
　　加哥与城市以西 10 英里的德斯普兰斯；至建于 1848 年至 1855 年间的
　　普兰克大道；以及随后开启于 1859 年，并在随后 10 年内一直扩张的马
　　车铁路线，这多种体系的演变。 戴维斯引用了 George W. Hilton,
　　"Cable Railways of Chicago," *Electric Railway Historical Society Bulletin* 10
　　（1965）。 涉及 1882 年开始安装的电缆线路的相关细节（59）。 高架
　　铁路线建筑于 1892 年至 1900 年间，首条线路连接了环带及往南的展销
　　会场。 更为完整的资源为： Paul Barrett, *The Automobile and Urban
　　Transit: The Formation of Public Policy in Chicago, 1900 – 1930*
　　（Philadelphia： Temple University Press, 1983）。 作者强调，因为工人
　　太过贫穷，无法支付车费，"马车系统——以及在 19 世纪八九十年代取
　　代它们的缆车和电车——被用作并发展为中产阶级设施，服务于"在市
　　中心工作的"人口中最富裕的部分"。（12）在 1892 年至 1906 年间，
　　修建了超过 80 英里的高架铁路，并且所有的缆车动力都转换为电
　　（15）。 这已落后于纽约很多，在纽约，高架服务 19 世纪 70 年代于
　　曼哈顿开通，在布鲁克林则于 1885 年开通。"虽然在城市里大多数
　　人将高架铁路作为一种美学瑕疵，不过在 19 世纪 90 年代之前，它通
　　常被当作快速铁路的首要形式。"（Teaford, *The Unheralded Triumph*,
　　237）一种有限性质的地铁直到 20 世纪 40 年代才到达芝加哥，那时
　　仅仅穿过中央商务区。 参见： Irving Cutler, *Chicago: Metropolis of the
　　Midcontinent*（Chicago： Geographical Society of Chicago, 1973），88。
　　不过也可参见该书第八章。

摩天大楼的未来做好了准备，实质上楼还要更高。 大部分新建筑为 4~5 层高，一栋 6 层建筑增加到了 8 层……电梯的采用使得更高层建筑成为可能，数年后电灯的使用允许建筑施工可在夜里继续进行，在灰浆里加盐使得冬天也可以砌墙[1]。

因此，在早期的芝加哥，"摩天大楼"比别处更具有"必要性"，而这一建筑形式的真正先驱们［如珍妮（Jenney）、沙利文、儒特（Root）、阿德勒（Adler）与博纳姆］将其成果集中于环带中，绝非偶然。 摩天大楼的前身（依靠钢架而不是承重墙的一种建筑体系）常常被认为是芝加哥环带中十层的房屋保险大楼（Home Insurance Building），由珍妮设计，建成于 1885 年[2]。

---

[1] Harold M. Mayer and Richard C. Wade, *Chicago: Growth of a Metropolis* (Chicago: University of Chicago Press, 1969), 120. 这本材料丰富的著作在芝加哥地理历史方面是最为权威。 Perry Duis, *Chicago: Creating New Traditions* (Chicago: Chicago Historical Society, 1976) 指出，电梯是"一项纽约的产品，在大火前建筑较低的芝加哥比较稀少。 然而，在 19 世纪 70 年代，电梯技术获得更高程度的改善，这正是芝加哥人开始重建的时候……［因此得到了广泛的应用。］直到 1890 年，*Tribune* 能够夸口说，芝加哥城市拥有的电梯，增加到了纽约的一半，数量上超过世界上任何一座城市"。

[2] 如可参见: Carl Condit, *The Rise of the Skyscraper* (Chicago: University of Chicago Press, 1952), 14-15。 提供了为何更高且更为著名的（并且仍然存在）蒙纳德诺克大厦（Monadnock Building）(1891—1993) 不被认为是"新"形式代表的解释。 其他人曾经质疑过房屋保险大楼是否具有资格。 或可指出，路易斯·沙利文——在 1873 年使东部陷入困境的大萧条时期渡过短暂的时光——迁往了芝加哥，在此受雇于珍妮。

在建造大楼的高度上，芝加哥没能超越纽约，这主要是因为
1893 年的市政法案将高层建筑的最大高度限制在 130 英尺。 在
随后的几十年里，为了应对市场波动，这一限制忽高忽低[1]。
不过正如有人指出的那样，如果摩天大楼仅仅指使用青石建造的
高层建筑，那么芝加哥摩天大楼建设的繁荣期就发生在 1880 年
至 1895 年这段时间中，垂直空间需要拼命地适应由城市每年增
加 50 000 人口引起的服务需求扩张[2]。

　　最终集中于环带中放射状的公共交通系统，也将芝加哥的半
圆形空间结构固化为三个独立的楔形区域，它们最初由芝加哥河
的北部（实际上是西北部）、南部支流（实际上是西南部）以及
长距离铁路所塑造。 工业被平缓的支流河岸所吸引，连同居民
区一起被归入了中间的空隙。 湖边受富人青睐的区域一开始在
环带南部，但是后来在河流的北部支流倒灌之后，变成了环路的

---

[1] Carol Willis, *Form Follows Fiance: Skyscrapers and Skylines in New York and
　　Chicago（New York： Princeton Architectural Press，1995）中指出，这一
　　"上限数次上下移动，以应对房地产行业的压力"（52）。 但是在此必
　　须要指出的是，在 1893 年之前，芝加哥都没有强制性的建筑物高度
　　限制。
[2] 参见：Daniel Bluestone，" 'A City under One Roof'： Skyscrapers，1880 –
　　1895"，参见：*Constructing Chicago*（New Heaven，Conn.： Yale University
　　Press，1991），104 – 151。 布鲁斯通的著作论证丰富并充满了建筑师和
　　数据的细节。 然而，要欣赏真正的芝加哥天才建筑师，路易斯·沙利
　　文，无论是参与设计高楼大厦或是更"低下的"形式，建议读者享受下
　　书中的多彩阐释： Nancy Frazier，*Louis Sullivan and the Chicago School*
　　（London： Bison，1991）。 该书更好地传达了布鲁斯通的论点，即这
　　是一种美学，修正了芝加哥通常作为聚敛钱财、品位低下的城市的刻板
　　印象。

北部[1]。 快速增长的无产阶级迁入剩下的地方，集中在边缘地区，尤其是大工业集聚区附近。

这与纽约的商业空间格局形成了鲜明的对比。 如果芝加哥的基础地形是环带与楔形，那么最适合曼哈顿的几何图形是线。直到 19 世纪的末尾，我们已经看到曼哈顿如何向北方扩张，环绕着细长岛屿的水域构成了它们自身界线并引导扩张的"环路"。 水域边缘的码头区域对空间产生了限制，使其适应"更好的"用途。 纽约没有将其商业职能压缩在一个单一的中心区域，其专门化区域沿着曼哈顿的几个南北向条状带出现。 随着（多个）中心商业区域以及与之相关的精英居民稳定地沿着这些途径往北迁移： 先是联合广场，后是麦迪逊广场（Madison Square），再后是第 40 大街，最后北至第 59 大街甚至更远，岛屿南部被相继回收以适应统治、金融和法律机构及其相应服务。用户商务（consumer commerce）可能有组织地跟随其富裕的客户沿着岛屿中央脊柱向北迁移，同时产业和租住房屋位于两侧与之相连，但是条状带自身演化为一个丰富多彩的小型连续马赛克（mosaic）和高度专门化的区域： 时尚区，毛皮区，甚至鲜花区。

从一开始，芝加哥用的便是一个相反的组织方式，其商业中心固定不变，至少在其进入现代交叉路口之前是这样，即芝加哥

---

[1] 倒流通过运河挖掘实现，该运河"穿过了密歇根湖以及密西西比流域的分水岭……为进行这一工程，伊利诺伊的立法机构在 1889 年建立了芝加哥卫生管理区域……仅十年时间便完成了……在 1900 年 1 月开通"。 Mayer and Wade, *Chicago*, 274.

河南部"高度退化的少数族裔环带"和北岸"第五大道上流"区域（在近些年里，沿着公路交叉地点，有一些非连续的爆发，构成了"边缘城市"）。由于其持久性的中心位置，环带拥有了某种特权，并常常独占先进领域。然而在几乎整个 19 世纪，商业中心的营业时间都由于日落太早和芝加哥无情的灰色云层覆盖而缩短，后者部分源于湖泊造成的冷凝，但是大部分源于冒烟的煤气灯和供热车间里汹涌的蒸汽[1]。因此，环带首先（且特有）地出现向电力的转变是不可避免且理所应当的，既源于需求也由于支付能力[2]。

　　然而，各项消除烟尘污染的措施从 1879 年起便开始试验，多种无效的系统并存着，而这一重复劳动成本也非常大。在 1892 年，塞缪尔·英萨尔（Samuel Insull）成了芝加哥爱迪生公司（Chicago Edison）的董事长，通过合并芝加哥多个公共事业公司（utility companies）并将反抗者赶出商场，他的公司实际上已

---

[1] 即便是今日，飞行乘客也需在特殊的云层覆盖下辨认环带的位置，即便现在空气已经远远更加清洁。

[2] 鉴于生产与传播的高成本，只有环带真正以这种新方法将之投入使用。"环带中活动的绝对密度和多样性创造了对人工照明的特殊需求，即便今日也是如此……在冬季，空气污染成为一个长期的棘手问题……[并且] 下午 4:00 便需要额外的照明……到 1881 年，问题变得很严峻，以致于市议会通过了降低烟雾的条令，但是并未执行，在摩天大楼出现之后，事态只能更加糟糕。在 19 世纪 80 年代期间，这些高的建筑将中心区大道变成了晦暗的峡谷，从早到晚都充满了烟雾。"Harold L. Platt, *The Electric City: Energy and the Growth of the Chicago Area, 1880 – 1930* (Chicago: University of Chicago Press, 1991), 27 – 28. 普莱特提供了一份关于芝加哥电力变迁的详细且深思熟虑的描述。

经实现了垄断[1]。 英萨尔不仅仅使得大部分环带地区电气化，同样催生了城市公共交通的电气化，他是这一领域的主要现象。其首创之一是在环带南部居民区（仍然是最有名望的精英社区）[2]推广了电力高架运输线和电灯，并应用在了展览会上，被自豪地称为"光明之城"（The City of Lights）[3]。

在重建期间，环带也在建筑层面变得不同于其周边地区，这一事实可追溯至芝加哥大火，它几乎夷平了整个区域。 出于亡羊补牢之意，消防规定立即推行，可是它仅仅在中心区推行；在城市其他区域只是不完全且零散地逐步推进。 在火灾之后，强大的火灾承保人协会（Board of Fire Underwriters）威胁不给芝加哥财产保险，直到防火服务被去政治化（专业化）并得到设备升级。"受［保险］公司行为的刺激，由芝加哥的商人领袖们构成的市民协会

---

[1] 生于伦敦的英萨尔在该公司开始了其职业生涯，该公司代表了托马斯·爱迪生在英格兰的电力及电话利益。 在1881年作为爱迪生的私人秘书到达美国之后，他最终对发明家的各个公司都全权负责。 在1892年被任命为芝加哥爱迪生公司以及联邦电子公司的董事长之后，他控制了整个城市的电力照明体系。 随后，他也成了芝加哥高架铁路公司的董事会主席。

[2] 精英们将会很快开始转而向该区域效忠，随后被称为"黄金海岸"，就在芝加哥河以北，但是这类迁移直到芝加哥河北部支流转向之后才开始多了起来。 这将从工业区而出、沿着银行的令人反感且臭气熏天的排水沟转化成一条清洁的河流，其新鲜的水源来自湖泊。 精英们的搬迁最终开辟了南部附近的空间，随后得以成为芝加哥"黑色地带"的核心。

[3] "大部分的访客同意，这种'夜晚照明的奇妙魅力'是白人城市的最大奇观。 提供的人工照明是四年前巴黎秀的十倍，1893年的博览会使用了超过90 000只白炽灯泡以及5 000只弧光灯。"Platt, The Electric City, 62.

迅速转向了强制改进。"[1]而或许意义更大的是，城市通过了一项禁止在商业区构建木质建筑的条令，一种新的建筑形式由此发明。

以砖石重建城市的任务是如此庞大，建筑师们从各地汇集于此，以利用这一无可比拟的机会[2]。因此，城市环带中的建设（或重建）工作是非常迅速的，而不是一个缓慢的演进工程，虽然只是局部。但是在这一过程中，在火灾后由新的建筑形式覆盖的区域和所有外围地区之间出现了一个突兀的分界线，在其他地方，廉价的老式木质气球状的建筑依然存在。这进一步强化了城市的双重性——在最直观的外在层面上。

这些环带地区的改善来得并不算太早。它们是绝对必要的，因为在 1871 年至 1893 年商业/行政中心的职能飞速扩张。首先，随着居民人口的增加，芝加哥的地理区域也极大地扩张，该环带成了城市的行政中心。其次，为了满足专业人员和生产者们的需要，芝加哥当时正经历一个对办公场所需求极大扩张的阶段，其经济增长日益摆脱了其早期从属于纽约的地位。

土地兼并

1871 年，芝加哥市政府在仅仅 35 平方英里的土地上，管辖

---

[1] Teafold, *The Unheralded Triumph*, 201.

[2] Mayer and Wade, *Chicago*, 118, 120. 沙利文自己也被获取佣金的机会吸引到芝加哥来。Sam Bass Warner Jr., *The Urban Wilderness: A History of the American City*（New York: Harper & Row, 1972）108 中指出，投机者重建中心区办公区域的资金来自东部。

着大约超过 325 000 的居民。 到 1893 年，城市的控制范围扩张到了 185 平方英里（几乎包括整个库克郡，除了北方和西方一些拒绝并入的边缘城郊地区），而其总人口增加到约 140 万，虽然其中只有 300 000 的增加是直接源于边界的扩张。

1889 年的 6 月 29 日是一个戏剧性的时刻，"周边 120 平方英里的选民投票支持加入城市"，原因是能够提供治安、火灾防护措施以及"享受高效的给水排系统的机会"[1]。 在接下来的四年里，又有一些城郊地区选择并入城市，但是到 1893 年之后，出于任何意图和目的的土地兼并都中止了[2]。 在城市的扇形半圆之内，兼并采取了一种相对对称的方式向外迁移，并经由三个相同的基础楔形引导（由河道支流所决定），从源头对空间进行了构建。 放射状的铁路线集中于环带的边界处，为这一范示设置了不可更改的模子。 在某种意义上，这座城市的空间"是由多种因素决定的"。

经济"独立"与新的商业职能

在"南北战争"时，作为"西部"的批发与交通中心，芝加

---

[1] Mayer and Wade, *Chicago*, 176.

[2] 只在 1915 年之后新并入了一小部分，其后就没有了。 关于这一进程以及芝加哥城郊发展的最好描述是，Ann Durkin Keating, *Building Chicago: Suburban Developers and the Creation of a Divided Metropolis* (Columbus： Ohio State University Press. 1988)。 北部城郊对合并的抗拒参见： Michael H. Ebner, *Creating Chicago's North Shore: A Suburban History* (Chicago： University of Chicago Press, 1988), esp. chap. 5。

哥已经建设得相当完善，到 1870 年，已经超越圣路易斯成了该区域主要的金融中枢[1]。但是必须强调的是，像其他任何殖民地一样，资本与控制仍然主要源于外部。雅赫提醒我们道：

> 中西部 [铁路] 网络的构建没有任何来自芝加哥的重大资本贡献，在 1900 年之前，任意一条中央指挥处设在芝加哥的重要西部线路都没有参与该城的证券交易。甚至在第一次世界大战之后，芝加哥投资银行已经相当出色，企业投资依然主要源于华尔街……[重要的和本地的铁路线] 都被东部控制（常常是纽约），资本家……东部人……主宰着 [芝加哥 & 西北铁路公司的] 执行委员会与董事会，即便直接地操作在芝加哥执行，但金融控制权在曼哈顿[2]。

直到 1870 年之后，芝加哥才开始直接从海外进口商品，不必经过纽约的中间商了。

甚至，芝加哥稳步扩张的工业基础最开始也依赖外来的产权拥有者和投资。虽然肉类包装业是城中建立的首批工业之一，但“直至 1850 年，最大的肉类包装厂仍是纽约公司的分号”[3]。并且，在芝加哥成为全国最重要的农具生产者、第二大肉类包装/加工者以及第三大铁路客车及货车生产者之后的几

---

[1] 参见 Jaher, *The Urban Establishment*, 457–458 对交通的论述及 475–476 对金融的论述。
[2] 同上，480。
[3] 同上，460。

十年里[1]，芝加哥的银行业仍然有相当一部分把持在纽约手里，并严重依赖纽约的金融机构。 不过，芝加哥自身的金融服务开始逐渐有了吸引力。 芝加哥交易所（Chicago Board of Trade）吸引了想在谷物和肉类期货中投机的纽约投资者，并且独立经纪公司和保险公司从 19 世纪 80 年代开始更多地涉足本地房地产抵押、城市交通贷款以及公共设施债券的大量售卖[2]。这些迅速增长的行为在环带中形成了对银行和办公大楼越来越强烈的需求，刺激了 1873 年至 1893 年办公空间的显著增长[3]。

1893 年博览会的地点选择

鉴于对环带地区的关注，对湖畔的偏爱，和已然存在的市中心南部精英居住区，特别是沿着草原大道（Prairie Avenue），赞助哥伦布纪念会并从中获利最多的富商们选择环带区南部边缘不具吸引力的地域作为这一博览会会址，就理所当然了[4]。 为博

---

[1] 麦考密克在 1848 年开始生产农业器具，铂尔曼在 1859 年组织了其轨道车业务，在 1855 年克兰开始生产管道、洗浴设备。 这些全是本地运作并提供资金的公司。 到 1890 年，"芝加哥在工业产值上仅次于纽约[并且]……在农业器具、肉类加工、轨道车辆生产、锡制品、芯片加工与机械工厂、钢琴与风琴、家具生产方面都排第一；在皮革鞣制加工、铁路工作与建筑工作、服装业与制桶业排第二"。 同上，473。

[2] 同上，486 - 487。

[3] 同上，475，481 - 482，486，490。

[4] 此问题的充分讨论也可参见：James Gilbert, *Perfect Cities: Chicago's Utopias of 1893* (Chicago: University of Chicago Press, 1991)。 我在基本上完成本章后才读到了这本书。

览会进行的湖畔清理与美化将会增强附近的土地价值，并将为富裕的居民提供游乐场地——虽然既不够大也不像曼哈顿中央公园一样位于市中心——对上层市民们而言，这会是一个有价值的场所。

游乐场的核心区已存在于杰克逊公园（Jackson Park）中，早先为奥姆斯特德所规划，然而，它需要大量填充，并开凿环礁湖和运河以拓展空间，当时那里是"未开垦的荒地和沙漠，中央为沼泽谷地，没有食草动物的踪迹，除了发育不良的橡树、大量纠缠在一起的柳树、菖蒲、沼泽草地，这使其本有的荒凉显得更为孤寂"[1]。清理场地与建设的预期成本非常高，事实上，最终仅是场地和建筑物的使用与建造费用便攀升到了 2 000 万美元[2]。芝加哥的商业与产业领袖提供了总额约 500 万美元的私人捐款，以使得芝加哥有资格承办博览会，这一基金最终在 1890 年再次增补了 500 万美元，通过市政担保的特殊债权保险实现（剩余资金明显来源于博览会展览者）。

博览会及其赞助者

1899 年，市长德·威特·克瑞格（De Witt C. Creiger）邀请数百个杰出市民参加一个会议，目的是确保充足的财政支持以竞争举办博览会。他指望的不仅是这些嘉宾慷慨的天性，还有对他们从中牟利的诱惑，不过没有明说。他有一大批的预期捐献者，幸亏许多芝加哥的富人多是通过工业、贸易、公共设施集聚

---

[1] Bancroft, *The Book of the Fair*, 47.
[2] Burnham and Bennett, *Plan of Chicago*, 120.

财富的白手起家者，当然还有进行房地产投资的机灵鬼[1]。

虽然对城市的增长和工业化抱有期望，但是他的恳求对象中几乎没有任何生于芝加哥的人，虽然他们几乎都是生于美国。雅赫分析，在1863年芝加哥最富裕的人中有80%都生于新英格兰或纽约/濒临大西洋中部各州（即便存在如下事实，即一半的芝加哥人口都生于国外，但富人中只有一小部分生于海外）。甚至直到1892年，超过200个有名的城市百万富翁中，只有很少人的出生地为芝加哥或伊利诺伊州。纽约仍然为芝加哥提供了数目最多、最富裕的居民，毗邻大西洋中部和新英格兰各州占据了余下第二多的数目。然而，到那时候为止，富人中海外出生的比例增至17%，与中西部各州所占的比例相同[2]。即便来源如此不同，但这一新贵统治集团的成员们紧紧团结在博览会周围，对其提供支持，与别处的趋势相一致，在这一联合项目中，技术工程师、建筑师、律师出现了和富人资本家合流的趋向。

鉴于出身和诉求，博览会的赞助人和规划者求助于纽约的建筑师，他们仍在祈灵于欧洲古典复兴的符咒，即罗马式、巴洛克式（Baroque）风格[3]。他们选择本地建筑师丹尼尔·博纳姆负责地面规划和建筑，充分分享了彼此的价值观，实际上，这位

---

[1] 雅赫称，19世纪50年代是"上层阶级成熟的里程碑时期。在这十年里出现了历史协会、科学院、首个公共艺术展、音乐家联合会、西北大学、老的芝加哥大学……几家附属医院和收容所，以及救助会"。*The Urban Establishment*, 468.

[2] 参见 *The Urban Establishment*, 493 - 497 的讨论，esp. tables 3 and 4, p. 493, and 5 and 6, p. 496。

[3] 后现代性，在历史风格兼收并蓄的意义上，在19世纪早已开始。

城里最受欢迎的建筑师已和工业精英有了充分的联结（他是芝加哥精英的稳固成员，并且其妻子是畜牧围场企业主的女儿）。麦福瑞克·路易斯·沙利文看起来是唯一的公开异见者，当博纳姆将所有的设计合同都交给了同一批纽约布杂艺术的建筑师们，他有些怨恨。 这些建筑师们曾经设计了许多芝加哥富人们的宅邸，正如他们的纽约同行所拥有的豪宅。 合同的主要承接人是一个发展充分的合资企业，包括查尔斯·福伦·麦克金、威廉姆·米德和斯坦福·怀特。 ［沙利文仅被要求设计交通大厦（Transportation Building），该设计后来被认为是博览会上绝无仅有的杰作。 事实上，它被评为催生了"现代"建筑。］

　　路易斯·沙利文被古典复兴吓到了，在他看来，这破坏了所有芝加哥"实干"建筑师的进步成果： 他严厉抨击美国政府的建筑是难以置信的"粗俗"，伊利诺伊州展览馆是"关于流着口水的蠢蛋和政治堕落的下流展示"，而艺术宫则是"其中最刻薄的——最为无理的剽窃"[1]。 以他松散的（也是典型的）风格，他将博览会的风格比作病毒，"在人口达到最大化以及建筑专业化的一段孵化时间之后……开始出现明显的感染迹象。 在东部爆发了一场古典复兴，并缓慢地向西部蔓延，感染了所有触及之地……世界博览会造成的剧烈损害将会持续半个世纪……如果不是更久的话"[2]。 事实上，至少有一座古典建筑留存了超

----

[1] Louis Sullivan, *The Autobiography of an Idea* (New York: Dover, 1956 [1924]), 322.

[2] 同上，324－325。 要抗拒而不做更多引用是不可能的，因为沙利文一再强调感染与病毒的主题。 因此，他对蜂拥而来膜拜博览会，随后又回家的人群讽刺道："其中每一个人……都感染了隐微且慢性 （转下页）

过一个世纪，因为艺术宫殿（他为这一建筑保留了其最酷烈的批评）后作为芝加哥科学与工业博物馆（Chicago's Museum of Science and Industry）被"回收"以用于下一次世纪博览会，即世纪进步展（the Century of Progress Exhibit），它将在1933年这一城市最黑暗的时刻开幕。

但是，博览会自身对芝加哥的建筑仅有短暂的影响。 相反约翰·儒特——沙利文的良师益友，沙利文自己最著名的门徒弗兰克·劳埃德·赖特（Frank Lloyd Wright）［他起步于阿德勒与沙利文公司的一个低职位绘图员，一同设计当时的奥迪托勒姆剧院（Auditorium Theater）——现在的罗斯福大学"校园"］这些人的成果，留下了最深刻、最持久的印迹，最初是对于芝加哥的建筑学，随后则是整个世界。

芝加哥规划，1906 至 1909："能激起［富］人热血的魔法"[1]

正如博览会建筑学呈现的返祖性，回望那永不再来的壮丽神话时代，芝加哥规划则是从博览会延续的时代错误，虽然规划直到1909年才发布，却不是一个新时代的开始[2]。 因此，我稍

（接上页）的毒素。"（321）就在所引用文本的最后一句中，他指出，博览会的风格正在"更深度地进入美国心灵的结构中，对痴呆患者的病变产生了重大影响。"（325）

［1］ 这一短语出于博纳姆的告诫"make no little plans"中最频繁被引用的一部分，不过在括号里加入了我的评注。

［2］ "The Plan of Chicago 的首次萌芽紧跟在哥伦布纪念博览会 （转下页）

微偏离一下既定的年代顺序，以阐释这一本质上更宏伟的（夸张的）"博览会"规划图景，这时该区域扩张到超出环带 60 英里的地方，这一距离驾车大约需要 2 小时[1]。 这涉及了大多数博览会原有的人员和赞助者，追逐同样的目标，用语言和图像表现了同样的理念，这些理念曾经在地理上以更小的、试验性的规模出现，即博览会[2]。

同样的人，同样的理念

博览会结束的那一年，南方公园委员会提议，将杰克逊公园包括其游乐场，与环带以东的奥姆斯特德的芝加哥大公园相连。他们的设计最初展示在商业俱乐部的一次宴会上，并被热心地接受了；更精确的版本于接下来的几年中，在艺术中心的一次女性俱乐部会议和一次在奥迪托勒姆剧院中举办的商人俱乐部宴会上分别进行了展示。 结合起来看，这三个组织中的成员包括了芝加哥"社会"中的大部分大人物，参与为整个地区设计一份"总体规划"点燃了他们的激情。 这一规划在 1906 年由商业俱乐部（1907 年与商人俱乐部合并）委托并雇佣了丹尼尔·博纳姆准备此事[3]。

（接上页）之后"，当时，"博纳姆为沿湖畔一系列岛屿的发展准备了规划，与一些约 15 年后发表的规划不无类似之处"。 Wilbert Hasbrouck, "Introduction," in Burnham and Bennett, *Plan of Chicago*, vi. 但是"规划"的文本足够清晰，"芝加哥规划的来源可以直接追溯至世界哥伦布纪念博览会"。 Burnham and Bennett, *Plan of Chicago*, 4.

[1] Burnham and Bennett, *Plan of Chicago*, 36–37.

[2] 同上。

[3] 在博览会和芝加哥规划之间，博纳姆曾经通过建立一个庞大的咨询公司（全部雇佣员工有上百人），利用其名声成了时尚的企业家，（转下页）

　　对规划的犀页进行考察是有益的。首页提供了规划委员会成员名单。许多名字对于哪怕对芝加哥知之甚少的读者而言，也将是熟悉的：（威克大道）的查尔斯·威克（Charles H. Wacker），（赛勒斯·麦考密克收割机）的赛勒斯·麦考密克，（芝加哥大学的赖尔森图书馆）的马丁·赖尔森（Martin A. Ryerson），（谢德水族馆）的约翰·谢德（John G. Shedd）。更有意思的是，规划"赞助人"的名单中，334人（都为男性）的家族以肉类加工或畜牧围栏地产聚集了财富，如阿穆尔（Armour）、卡达希（Cudahy）、哈蒙德（Hammond）、哈奇森（Hutchinson）、几位琼斯（Jones）、Oscar Mayer 公司的肯特、迈耶、四位斯威夫特（Swift）、蒂尔登（Tilden）、沃克（Walker）、两位波特（Porter）以及两位威尔森（Wilson）；在制造业方面，包括两位克兰（Crane）、两位奥迪斯（Otis）以及两位麦考密克；在贸易方面，则包括两位沃德（Ward）、两位菲尔德（Field）、（Carson Pirie Scott）的皮里（Pirie 以及三位（帕尔玛旅馆）的帕尔玛（Palmer）。但是大资本家不是唯一的赞助者。他们和"新的技术主义者"（那些设计了城市工程奇迹或创建其设施者），以及为其通过法案进行授权的政治家们联起了手。

　　笔者仅在《传记辞典》上查找了前11个以 A 开头的名字[1]，但是即便是这7个独特的"样本"（4个名字查不到）已经能够

（接上页）所以他已为其新的任务做好了准备。在纽约，他因设计熨斗大厦（Flatiron Building）（1903）而广为人知。

[1] 大约有学者有时间和耐心分析全部的名单，但是我没有发现该类来源。以字母顺序取样而不是所有的第 n 个名字，这在个案调查中是允许的，通过字母不太可能对某个种族或阶级过度采样。

在某种程度上阐释芝加哥精英在利益、出身上的"合流"：

1. 乔治·亚当斯（George A. Adams）： 律师与政治家（伊利诺伊州参议院的成员，随后加入美国众议院），出生于新罕布什尔（New Hampshire），其家族可追溯至 1628年；哈佛大学毕业生，在 1853 年搬迁至芝加哥。

2. 欧文·富兰克林·阿尔迪斯（Owen Franklyn Aldis）： 生于佛蒙特州（Vermont），耶鲁法学院毕业生；1877 年搬迁至芝加哥，在 1893 年的哥伦布纪念博览会中担任主管。

3. 威廉·亚瑟·亚历山大（William Arthur Alexander）：生于密西西比，在 23 岁时到达芝加哥，随后成为一个重要的保险业执行官。

4. 约翰·奥沃（John Alvord）： 水力与卫生工程师，生于马萨诸塞州，于华盛顿特区接受教育；是哥伦布纪念博览会的首席工程师，并在随后设计了由美国钢铁公司（U. S. Steel）构建的印第安纳州盖里（Gary）新城的给水排系统。

5. 乔纳森·奥丁·阿莫（Jonathan Ogden Armour）： 出生于密尔沃基（Milwaukee），在耶鲁接受教育。 阿莫滑稽地称自己为"作家"和"叛教的素食者"（renegade vegetarian），但是当其父亲死于 1901 年之后，他实际上成了他父亲庞大的肉食帝国的国王，并曾在数十个董事会任职，包括谷物公司、保险公司和铁路。

6. 拜昂·阿诺德（Bion J. Arnold）： 一个生于密歇根的电气工程师，1889—1893 年成为通用电气（General

Electric）的顾问，实际上为哥伦布纪念博览会构建了动力装置，并为博览会的铁路建设担任顾问。

7. 爱德华·艾尔（Edward Ayer）：被认为是一个拥有丰厚的遍布全美的木材收益的"资本家"，出生于伊利诺伊州，但不是芝加哥。他因其精美的美国式图书馆以及在1893年至1898年期间担任哥伦比亚博物馆外勤主席而被记录。

在这些轨迹之外，这些人的人生中还会有哪些未为人知之处？

同样有缺陷的愿景与盲点

芝加哥规划本身奇特地混合了历史传奇和实践操作。第一章重复了博览会的成就，并将之作为一个"范本"，第二章以一张吉萨金字塔（Giza pyramids）与希腊卫城的图片作为开头，所配的文字则援引了巴比伦、埃及、雅典、罗马、中世纪城市、巴黎、德国、伦敦与华盛顿特区［博纳姆刚刚完成一个美国都会的"再规划"（replan）］。

但是真正的规划文本直到第三章才开始，其转向了一种更为实际的安排。它包括一种自负但具有表演性质的呼吁，要求以行动避免灾难，因为芝加哥的人口将（实现一个超乎想象的直线增长）在1952年达到1 325万人[1]。然而，通过持续在需要设

[1] 这一估测由阿诺德（Bion Arnold）提供，上文曾提到的电子工程师，见：Burnham and Bennett, *Plan of Chicago*, 33。在同一页中引用了希尔（James J. Hill），预测一旦太平洋沿岸的人口到达了2 000万，芝加哥将成为世界上最大的城市。或许需要指出，甚至到1990年，城市自身的居民也不足300万，库克郡包括芝加哥有600万，延伸到（转下页）

计环线系统的市中心周围勾画越来越大的"圈"，这一实际议程被极好地捕捉到了；到 1990 年，仅有 2/3 的规划区域成为都市建筑高密度区。 规划第四章处理了公园问题；第五章着重于交通问题，强调了协调铁路系统、建筑中央车站的需求；第六章着力于更为合理的城市公路系统；第七章是最富有激情的一章，畅想了未来的城市中心——在林荫广场和豪斯曼式的林荫大道上（Hausmann-like boulevards）充满了不朽的城市建筑。 在最后一章的 5 页内容里，着力叙述了财政问题，替庞大的必要开支进行辩护，如下文所示：

> ［规划的］采用与实现将会为我们创造如下条件：**节约经济（utmost economy）使得商业企业能够维持下去……而我们及我们的孩子可以享受……生活……随后我们的人民将会成为家园守护者（home-keeper），陌生人将纷至沓来**[1]。

这个陌生人已经冲破了大门，指出这一点是残酷的，虽然该文件完全无视了他的境况。

　　正如博览会曾经无视了围绕在它身边的社会问题，博览会在 1894 年的经济大萧条时开幕，那时"空气中充斥着反抗的

（接上页）三个州部分地区的，整个都市综合统计区的人口普查限定区域中，仅仅有 800 万居民。 今天在关于洛杉矶的更为日常的书写中，可以发现强烈支持和大恐慌的怪异结合体的回音。

[1] 同上，124，加粗字体为原文所有。 这是规划的最后一句。

声音"[1]，所以，当《芝加哥规划》被用凹版印刷精美印制之时，芝加哥工人的流血起义正被无情地镇压。然而，这份文件对于城市的这一阴暗面未置一词。《芝加哥规划》为交通的有效性和炫目的城市装饰投入了太多的精力，完全忽略了城市广大地区中的"陌生人们"生存在可憎且危险的工厂以及过度拥挤又条件恶劣的小屋中。

在农民的脊背上

都到了 1909 年，芝加哥的规划者还对他们的城市如此无知，确实令人震惊。并不是没有人提醒他们。在 1893 年，一位英文编辑和基督徒社会主义者威廉姆·斯特德（William T. Stead）就芝加哥政府的腐败发表了一份煽动性言论，描述了工人的困境以及他们被粗暴残忍对待的细节[2]。言论引发了一些反响，但不是来自商业俱乐部的成员：

> 作为对斯特德揭露状况的回应……由许多芝加哥最具威

---

[1] Arthur Schlesinger, *The Rise of the City: 1878 - 1898* （New York: Macmillan, 1933），426. 作者的一些用词十分生动：1894 年是"失业的步伐即将从全国各地到达华盛顿"的开端年份，"在1894 年因其在铂尔曼罢工中的活动而在芝加哥入狱的尤金·德布兹（Eugene V. Debs），当时正在阅读社会主义小册子"（426）。

[2] 斯特德的言论在一本广泛传播的书籍中重现。参见：William Thomas Stead, *If Christ Came to Chicago! A Plea for the Union of All Who Love in the Service of All Who Suffer*（Chicago: Laird & Lee, 1894）。

望的商人及其妻子领衔的公民联合会（Civic Federation），
进行了上流社会的改革……在为贫困人口提供系统性救济方
面，做出了值得瞩目的成就，改善了住房和清洁条件，并将
贪污受贿者驱逐出了市政厅。 公民联合会周围的支持者是
一个专业的改革者群体……比如说，简·亚当斯[1]。

当然，"农民"数量的大量增长，这本身已足以有效地为他们搏
得关注。 这些"贫困人口"来自何处？

在南北战争刚结束后，虽然纽约扩张了其都市区域，芝加哥
仍处于其最重大的爆发式增长边缘[2]。 在 1860 年至 1870 年，
芝加哥的人口（在同样范围内）增长至原来的 3 倍，从 109 000
人增长至接近 300 000 人。 这 10 年内增长的 19 000 名居民中，
只有约 30 000 人可归结于人口自然增长（出生人数减去死亡人
数）。 余下的增长则源于移民。 在这 10 年里，约 63 000 名本
土出生的白人从本国其他地方迁移至芝加哥，特别是东北部；另

[1] Allan H. Spear, *Black Chicago: The Making of a Negro Ghetto*, 1890 - 1920
（Chicago： University of Chicago Press, 1967），130.

[2] 接下来的内容，我很大程度上依赖两项资源。 参见： Thomas Lee
Philpott, *The Slum and the Ghetto: Immigrants, Blacks, and Reformers in
Chicago, 1880 - 1930*（Belmont, Calif.： Wadsworth, 1991 [1978]，
6,）Table 1.1。 菲尔普特给出了芝加哥的人口在 1830 年与 1900 年间
增长的原始资料（7, Table 1.2），他引用的资源不仅有人口调查表，
还有： Homer Hoyt, *One Hundred Years of Land Values in Chicago*
（Chicago： University of Chicago Press, 1933），284, Table 30。 其次有
价值的资源是： Wesley Skogan, "Chicago since 1840： A Time-Series Data
Handbook"（未出版手稿, University of Illinois Institute of Government and
Public Affairs, 1976），18 - 20, Table 1。

外，2 700 名本地出生的黑人则几乎全来自毗邻的各州，而不是南方腹地[1]；但是最多的增量源自国外出生的 90 000 名新移民。 主要是爱尔兰人和德国人，他们要么是被"包工头"（labor bosses）招募，被船只或火车直接带到了芝加哥；要么是离开早先在东海岸的家乡，以寻找更好的机会。 然而，他们中只有很小一部分早期移民最终成了经济"头部"和公民"领袖"，19 世纪 90 年代社会结构呈现明显的分化时，大多数人则成了社会底层。

应火灾后重建芝加哥的需求，在 19 世纪 70 年代，建设方面的工作有很多。 与此同时，芝加哥的重工业（如屠宰场、农业器械工厂、轨道车制造工厂）需要更多的劳动力。 城市开始对外国移民及美国其他地方的工人都具有了吸引力，这些地方在 1873—1874 年的衰退中，受到的冲击比芝加哥更严重。 到 1880 年，总人口超过了 50 万人，仅仅 50 000 人来自人口自然增长，另 60 000 人源于国外移民，还有约 95 000 人源于国内白人迁移[2]。 像以前一样，国内黑人移民数目依然很低，约 2 800 人[3]。 真

---

[1] 直到 1900 年，芝加哥的黑人占比仍少于总人口的 2%。

[2] 在 19 世纪 70 年代萧条期间，国外移民相对有所减少，在 1880 年，国外出生者的占比下降到了 41% 以下。 在 19 世纪 80 年代中期爆发之后，人口比例恢复到了 47%。

[3] 我的数据还是来自：Philpott, *The Slum and the Ghetto*, 不过需要承认的是，数字完全对不上，可能是因为凑整的缘故。 在 1890 年，国外出生人口的比例落回到了 41%，但是该数字只是影响边界人口变化，增大了原本在新合并的城郊地区生活的 80 000 到 90 000 名本土人口的基数。 因此，1885 年之后的数据具有迷惑性，且无法用来评估移民在芝加哥历史上发挥的作用。

正增长"起飞"的是 19 世纪 80 年代, 约 600 000 人 (包括之前
合并的区域) 的涌入城市, 使得人口达到 110 万。 这一增长清
晰地反映了在纽约同样出现的"新"移民飞涨, 虽然选择性筛选
和分类导致了不同的人口比例。 在 1880 年至 1890 年间, 芝加
哥的国外出生人口增加了近 25 万 (245 807) 人, 几乎全是来自
欧洲东部中心的农民。 尽管, 在这十年中, 人口自然增长达到
了 100 000 人, 但大多数是外国移民的孩子。 这一非英语母语的
农民移民潮使 144 000 名本土白人和同样充塞于城内的 7 800 名
美籍本土黑人人口黯然失色。 19 世纪的最后 10 年增加了同样
数目的居民, 而外国移民的微小增长 (净增仅 136 446 人) 与
170 000 人的人口自然增长、国内迁移的 265 000 名本土白人以及
15 879 名的黑人本地内部移民相比, 就不值一提了[1]。 无论如
何, 到 1900 年, 几乎有 4/5 的芝加哥人要么生于海外, 要么是
第一代移民的后代。

移民与工业化间的契合

虽然英国工业革命比美国革命要早得多, 工业来到美国的时
间却不算早, 因为英国禁止殖民地参与任何制造业, 除了简单的
农业生产[2], 但是在美国独立之后, 从中国贸易和捕鲸业获得
的利润开始将其机械纺织业资本化, 即便是重工业也是有可能实

---

[1] 这一表面上的逆转很明显是一种边界变化的人工产物。 参见前注释。
[2] James E. Vance Jr. *The Continuing City: Urban Morphology in Western Civilization* (Baltimore: Johns Hopkins University Press, 1990), 328–329.

现的，因为早至 1790 年，"美国……生产了世界上接近 1/6
的钢"[1]。

　　不过在南北战争时期，工业的环境与类型都正在发生重要变
化。 萨姆·华纳将 1870 年至 1920 年的这一时段概括为："权
力、速度、能量与适应性的巨大飞跃"，特别是钢铁生产方面
上，暨法式西门子马丁高质量平炉炼钢法于 1862 年达到成熟及
1865 年廉价的贝塞默钢铁生产法被首次引进[2]。

　　铁路网使得中心化的大规模钢铁生产变得可行，并将国内线
路最佳、规模最大的城市在多种制造业领域都推向了统治地位。
纽约、芝加哥、费城成了国内最大的制造业中心[3]。 不仅仅是
企业规模的增长，还包括这类大型企业伴随规模转型的新型管理
方式，例如，公司、分散经营、官僚政治[4]。

［1］ Vance Jr. *The Continuing City*, 331 - 335.

［2］ Warner, *The Urban Wilderness*, 85. 华纳的章节题为 "The Segregated City"
　　 涉及芝加哥，子标题为："Chicago 1870 - 1920： Factories, Railroads,
　　 and Skyscrapers"。

［3］ 同上，86 - 88。 "在 1916 年（讽刺的是，这一年联邦首次批准给予高
　　 速公路援助）国家铁路网络达到了其极点： 254 000 英里的铁道，77%
　　 的市际货运吨位，98% 的市际乘客"（89）。 费城同样经历了迅猛的发
　　 展，但是这里仍然有大规模的工业部门，通往费城矿坑的铁路线使得蒸
　　 汽动力获得了一份订单，在其促进之下，与更早期的模式叠加在了一
　　 起，如那些仍在纽约所盛行的。

［4］ 同上，94。 其他的来源还有，华纳引用了： Alfred D. Chandler Jr.,
　　 Railroads, the Nation's First Big Business （New York： Harcourt, Brace &
　　 World, 1965）；Chandler, "The Beginnings of 'Big Business' in American
　　 Industry", *Business History Review* 33 （Spring 1959）。 还有其： *Strategy
　　 and Structure: Chapters in the History of the American Industrial* 　（转下页）

　　没有别的地方像芝加哥一样，如此突然、彻底地进行这些发展。在 1850 年的增长之后，芝加哥成为生产工厂，为本地和区域消费制造货物，出口盈余遍布大陆，随后遍及世界。生机勃勃的钢铁工厂、肉类加工厂、木材加工厂、货运仓储、邮购设施，与零售仓储需要人手去搬举、牵引、切片、堆放、售卖……流传着这样一个传说，如果你不能在芝加哥"成功"，你在任何地方都无法成功[1]。

　　一些芝加哥工业增长的数据能够从司克根（Skogan）1880 年至 1919 年间的信息汇编中获得[2]。制造业厂房的数目从 1880 年的约 3 500 个增长至 1919 年的 10 000 个以上，雇员数目的增长更是不可思议，从 80 000 人增长到了 400 000 人以上。这意味着，此阶段存在着一个规模显著的增长。在 1880 年，每个厂房的平均工人数目仅仅是 22.5 人，与同年的纽约比并不会高上太多，而到了 1919 年，芝加哥达到了平均 40 工人/车间，远远超过纽约[3]。

―――――

（接上页）*Enterprise*（Cambridge： MIT Press, 1962）以及 Oscar Anderson Jr. , *Refrigeration in America*（Princeton, N. J.： Princeton University Press, 1953）。

[1] Philpott, *The Slum and the Ghetto*, 6. 将其与另一条著名的标语做一对比会很有趣――"如果一个人能在纽约成功，在任何地方都可以"。

[2] Skogan, "Chicago since 1840", 24－26, Table 2. 基于政府记录。

[3] Warner, *The Urban Wilderness*, 92 中做了一个同样的对比，不过其数据与出现在之前章节中的司克根（Skogan）更可靠的芝加哥数据以及普拉特关于纽约更好的信息之间出现了分歧。华纳之 Table 2（93）比较了"每个制造业工厂的人均雇佣数目"，显示芝加哥在 1870 年 （转下页）

在 1880 年，到达芝加哥的"新移民"被吸收进这些不断增长的工业部门。他们的历史不可避免地与那些最大的公司交织在一起，这不仅仅决定了其阶级地位，还对他们所处的位置产生了决定性的影响。边缘地区的大企业中建立的种族"尊卑秩序"（pecking orders），加上城市中仍旧处于原生状态的州公共交通，有助于解释芝加哥无产阶级的社会与地理划分。种族造成的分工阻止了劳工的联合，一种白"种人贫民区"多样性的形成会破坏政治联合。移民的工作与居住地点变得越来越孤立，社会上和空间上皆是，从"表面上"看，城市是富裕的工业巨头的城市，实际上，他们的利益来自对贫穷工人们无限的压榨。

芝加哥的第一工业要么与农业/林业关联在一起，要么是铁路，并位于市中心的附近[1]。这些产业中有许多在 19 世纪末期迁出很远。麦考密克收割机工厂在被芝加哥大火摧毁之后，选择了一个更远的地点以一种现代方式进行了重建。在 1865 年之后，各个屠宰场在城市之外聚集以避开规章制度，铂尔曼卧式客车车间重新安置在边缘地区一个规划好的公司镇[2]，钢铁工

（接上页）已经遥遥领先，平均每个工厂有 25 名工人，相较而言，纽约是 20 人，洛杉矶的前工业化设施则是 9 人。他宣称，到 1919 年，芝加哥平均增长到了 48 人，相对而言，纽约是 25 人，洛杉矶是 23 人。然而，各个原始资料之间的差异，并不影响我关于增长规模一般论点的有效性。

[1] 这些产业的充分描述可参见：William Cronon, *Nature's Metropolis: Chicago and the Great West*（New York：W. W. Norton，1991）。

[2] 铂尔曼的"乌托邦"社区受到了欢迎，在"1883 年一家伦敦报纸上……被当作'世上最完美的城市'，"参见：Mayer and Wade, *Chicago*，192，但是他们未给出参考来源。十年之内，它将（转下页）

厂在偏远荒凉的卡卢米特港（Calumet Harbor）沼泽地区合并，最终溢出至盖里城这一印第安纳州的美国钢铁规划城镇。 这些都是在这个城市日益紧张的劳资关系中最大的雇主和最有力的主要参与者。 对于相对昂贵的电车或铁路而言，工人的微薄工资不能支撑一场"上班之旅"；因此，他们必然居住在附近工厂且与同事/同族相邻。

我在此处挑出了两个最大的劳动力雇主——牧场和钢铁厂，以之代表这一时段的芝加哥。 在我们能看到的历史缩影中，许多因素造成了城市的贫困。

建造大工业：猪肉之都与平炉炼钢

动物屠宰/肉类包装是芝加哥最早的工业之一，不过辛辛那提一直占有更大的重要性，直到南北战争时期军队的需求激增，芝加哥的地理位置使其成为更受青睐的货源地，但厂房依旧很少并且散布在全城。 与健康相关的压力升级为规章制度，甚至"驱逐"了这些产业。 该产业想要一个超出市政控制的统一设施，1865 年，芝加哥联邦畜牧场（Union Stock Yards）在尚未合并的湖边镇（town of Lake）开垦了 320 英亩（1 英亩≈6.07 亩）的沼泽地[1]。 在那时看，这个地点十分理想，不仅仅远离城

（接上页）会成为芝加哥最血腥的劳动斗争所在地之一。 参见：Stanley Buder, *Pullman: An Experiment in Industrial Order and Community Planning, 1880–1930*（New York: Oxford University Press, 1967）。

[1] "甚至在联邦畜牧场建立之前，芝加哥便是美国肉类加工的统治中心，1861 年在生猪屠宰业中超越了辛辛那提。 在南北战争期间，许多工厂离开了战争区域、迁往芝加哥。"在 1865 年之前，肉类加工已经分散开来，主要沿芝加哥河的北部支流分布。 在南部战争期间迁往了南部支流，尤其是在联邦畜牧场建立之后。 参见：Dominic A. （转下页）

市，还沿着芝加哥河的南支流，如果有污染要排除废物，获得准
许也很容易，同时与铁道毗邻则有利于肉类在"活着"的时候
运输[1]。

到 1870 年，"芝加哥牛肉与猪肉的总产值攀升至 1 900 万美
元，肉类加工副产品提供了另外的 400 万美元"，远远超过了排在
次位产值的工业：伐木业（700 万），服装（600 万），钢铁（500
万）[2]。扩张很迅速，到 1928 年"畜牧场"成为世界上最大
的畜牧设施，包括 100 多座工厂（最大的雇佣了约 10 000 名工

（接上页）Pacyga, *Polish Immigrants and Industrial Chicago: Workers on the South Side, 1880-1922* (Columbus: Ohio State University Press, 1991), 27。关于牲畜围栏的最权威的资源为：Louise Carroll Wade, *Chicago's Pride: The Stockyards, Packingtown, and Environs in the Nineteenth Century* (Urbana: University of Illinois Press, 1987)。我的许多论据都从此而来。尤可参见：韦德（Wade）关于令人厌烦的规定的讨论（29），南北战争的影响（32），以及联邦畜牧场以及交通公司的建立（48-49）。

[1] 尤可参见：Alma Herbst, *The Negro in the Slaughtering and Meat-Packing Industry in Chicago* (Boston: Houghton Mifflin, 1932), 5n。主要基于安德瑞亚（Andrea）有力的三卷芝加哥史。赫布斯特（Herbst）的书籍就随后的信息提供得更多。不过也可参见：Wade, *Chicago's Pride* 以及 Pacyga, *Polish Immigrants*。讨论的是 19 世纪末期与 20 世纪早期畜牧场后面的波兰社区，以及 Tomas J. Jablonsky, *Pride in the Jungle: Community and Everyday Life in Back of the Yards Chicago* (Baltimore: Johns Hopkins University Press, 1993)。本书的第一章总结了牧场起源和地点的细节。另一个极好的资源在我完成本章以后出版，即 Rick Halpern, *Down on the Killing Floor: Black and White Workers in Chicago's Packinghouses, 1904-1954* (Urbana: University of Illinois Press, 1997)。

[2] 肉类、伐木、服装、钢铁的数据来自：Wade, *Chicago's Pride*, 61。到 19 世纪 70 年代末，斯威夫特用新的冷藏火车往东部输送了大量的冷藏牛肉，甚至开启了跨大西洋的分割加工牛肉贸易。

人）及其雇佣的超过 28 000 名工人，超越了城市中的其他工业。

加工厂工人中最多的是爱尔兰人和德国人，后者中有一些是技术高超的屠夫。 但是 19 世纪 70 年代机械化下的扩大生产，以及 19 世纪 80 年代制冷车更广泛的应用导致了生产的变革[1]。 通过流水线作业，许多操作被流程化了，这使得非技术（更便宜）工人作为替代成为可能[2]。 因为这一工作并不舒适、有危险性并常常不合规，"畜牧场通过那些没什么选择的人员即最近的移民以及黑人操纵（manned）实现"。[3]

钢铁铸造业在随后得到了发展。 因此，在大移民开启前，爱尔兰与德国的工匠很少有机会巩固自己的地位，从一开始，钢厂便高度机械化，但是它需要所谓的"可靠的人手"。 北芝加哥轧钢厂（North Chicago Rolling Mill Company）的南方工厂 1880 年在南芝加哥开放，接近卡卢莫河（Calumer River）河口，那里建设了 4 座高炉。 两年之后一个贝塞默炉和一条铁路线开始运转。

在 1889 年，北芝加哥轧钢厂与美国钢铁公司进行了合

---

[1] 参见: Jaher, *The Urban Establishment*, 483。 冷藏库不仅扩大了能够生产的肉类副产品数目，而且拉平了季节性的经营变化。 Wade, *Chicago's Pride*, 105.

[2] Herbst, *The Negro*, 6-11, 13.

[3] Herbst, *The Negro*, xvi. 交货主要通过火车，并且无法完美安排，鉴于"收成"的季节性，对劳动者数量的需求以及工作日的长度存在浮动，与淡季相伴随的就是失业期或仅有业余工作。 引文中"manned"的使用是准确的，据赫布斯特所言，牲畜围栏的所有企业工人中，85% 是男性。

并……形成了伊利诺伊州钢铁公司。南芝加哥的工厂——
常常被称为南方工厂，在 1889 年从最初的占地 74.5 英亩扩
张到约 260 英亩……其他公司在之后也进行了扩张……整个
行业超出了州界进入了印第安纳州，在 1900 年之后，巨大
的美国钢铁联合公司在此处建造了一个新城镇，叫作盖
里……到 1900 年……钢铁产业从卡卢莫河口扩张到覆盖了
第 79 大街以南的整个湖畔[1]。

大约在 1910 年，钢铁生产高度集中在大型工厂中，并且该
产业与明尼苏达矿石开采公司的合并确保了稳固的原材料供
应[2]。工作环境令人压抑且具有危险性，尽管企业试图掩盖重
大工伤的严重性[3]。并且，像牲畜场一样，多民族的劳动力根
据种族进行分工，结果是低报酬与最有害或危险的工作岗位留给
了最脆弱的市场群体。

然而，这两个（南、北）芝加哥的工业原型在地理集中度与
对移民劳动力的贪婪需求方面大概比大多数产业更为极端，这有
助于我们探索在这一时段芝加哥的两个典型元素：第一，对城
市劳资关系性质的大量争议，虽然工会的力量常常通过操纵跨族
冲突而被削弱；第二，将工作中的种族特性转化为工人居住区隔
离的倾向，如韦德所说，在这一时段实际上确指"城市出租屋"

---

[1] Pacyga, *Polish Immigrants*, 30 - 31.

[2] 同上，83。

[3] 到 1907 年，由于强烈的公共抗议，企业被要求"向伊利诺伊州劳动统
计局汇报所有出现死亡或损失达 30 工作日及以上的事故"。同
上，91。

（citylets）——在大型设施周围相对独立（self-contained）的区域[1]。 致使后者的主要因素是城市未充分发展的公共交通系统以及低下的薪资水准造成的工人不具备使用现存系的经济能力[2]。

工作场所内的对峙

鉴于芝加哥经济的特点是高度资本化与大规模工业化，该城的劳动冲突较之于纽约更具有对抗性也更广泛，这一事实不足为奇[3]。 在 1887 年至 1894 年间，芝加哥经历了约 528 次罢工，涉及约 283 000 工人。 这些事件揭示了一个共同的模式： 产权拥有者依靠本地警察，秘密雇佣铁腕人物，以及，偶尔国家警卫队，来"惩戒"工人并且保护破坏罢工者，他们被定期引入以保障工厂运行。

一个典型案例的清单将包括： 1886 年的干草市场暴乱（Haymarket Riot）；一天后，首次组织起来的自发性服装产业工人游行；同年，麦考密克收割机工厂的一次罢工，也是在这里，工人们遭到了警察的枪击；1894 年的铂尔曼大罢工以及同年的

---

[1] Wade, *Chicago's Pride*, 145.

[2] 一个强化因素，至少就紧挨着畜牧场的"牧场之后"的区域而言，是便宜的房子。 由于该区域位于城界之外，可以建设便宜的木质建筑。 许多开发商通过为食品加工厂工人提供偷工减料的小屋获取了财富。

[3] 我采取的立场在某种程度上不同于 Ira Katznelson, *City Trenches: Urban Politics and the Patterning of Class in the United States* (New York: Pantheon, 1981) 中所采取的。 作者强调，在 19 世纪居民社区按照种族进行组织，这根除了在工作场所形成阶级联合的可能性。 这大概是由于他的研究聚焦于曼哈顿上城区，他得出的这一结论不仅不适合芝加哥，甚至也不必然适用于曼哈顿下城区。

大型牲畜围场罢工；1900 年与 1901 年的机械工人罢工；1901 年
重要的钢铁工人罢工；1902 年紧随其后的全市卡车司机罢工；
还有 1904 年肉类包装工厂的一场漫长而血腥的罢工，这是罢工
中首次雇佣大量的黑人工贼[1]。 虽然 1910 年发生了服装工人
的罢工，1912 年有了报纸工人罢工，不过芝加哥更典型的还是
机械工人三番五次的罢工和联合抵制[2]。 在第一次世界大战休
战之后，罢工潮席卷了城市，包括业主和钢铁工人间的重要
对抗。

　　不出所料，组建工会并动员罢工的最早尝试发生在最大的工
业集聚区中[3]。 最早的表现之一是 1886 年麦考密克工厂的大
罢工，它持续了 78 天，造成了 6 人死亡，不仅仅波及了工厂的 3

---

[1] 此处这种肮脏的工作环境以及无力的移民工人与其"精英"工厂主之间
　　的无情对抗，在 1906 年出版的 Upton Sinclair 的"小说"*The Jungle* 中得
　　到了精准地描绘。 讽刺的是，辛克莱仅在芝加哥呆了七个星期，以准
　　备写一份关于牧场工人被剥削的曝光资料。 他的意图是批判阶级体
　　系，并非肉类制备过程不卫生的行为。 他的小说让他瞬间恶名昭彰，
　　并且被认为具有促成食物及药物纯净第一法案的功劳。 对于这一反
　　应，没有人比辛克莱更惊讶了，他曾有如下被引用言论，"我聚焦于公
　　众的心脏，不经意间却击中了其胃部"。

[2] 1910 年的罢工并不是芝加哥服装行业的首次劳工行动。 芝加哥的服装
　　工人最早开始在 1886 年进行组织，到 1890 年，芝加哥衣帽制作者工会
　　正式在伊利诺伊成立，发动了一系列重大的罢工。 参见： Wilfred
　　Carsel, *A History of the Chicago Ladies' Garment Workers' Union* （Chicago:
　　Normandie House, 1940）。

[3] 我在此处略过了铁路工人的劳动行动，在芝加哥的铁路工人如在世界的
　　其他地方一样，属于第一批发起罢工的工人。 如在 1877 年，芝加哥一
　　次为期 10 日的铁路工人罢工被军队驱散，造成了 20~25 人死亡；在
　　1885 年，城市运输工人的 6 日罢工也造成了许多人受伤。

万工人，还有全市 10 万的同情者。 在 1894 年的大萧条中发生了最重要的两次劳工行动：铂尔曼罢工，持续了 83 天，包括了 3 000 名罢工者，在本地自卫队和常备军介入之后才被镇压（这引发了一场全国范围的铁路罢工）；以及联盟畜牧场同等爆发的 43 天的罢工。 畜牧场持续着相当动荡的局势。 在 1902 年，畜牧场的工人再度罢工以示对卡车司机的同情，在 1904 年，畜牧场的 3 万工人罢工 47 天[1]。 就构成城市日益破碎的社会体系的核心要素而言，更近距离地观察畜牧场能给予我们一些洞见。

畜牧场的工人运动

持续的新移民带来了事实上无限可用的劳动力后备军，这渐渐地破坏了早期畜牧场工人组织起来改善工作条件的努力。 1886 年，在干草市场暴乱以前，有技术的屠夫已经开始诉求每日工作 8 小时不扣薪水，但是雇主们在几个月后重新设立了每日 10 小时的工作制。 "'波兰佬'，作为一个称谓，紧紧安在了来自欧洲南方与东南方的新移民头上，他们常常被看作罢工破坏者。"波兰人早在 1884 年便进入畜牧场，但是仅有很少的一部分成功获得工作，且全是化肥厂和生皮储藏厂这些最令人讨厌的岗位。 然而，他们"很快涉入了所有不需要技术的工作。 **到 1894 年，他们几乎垄断了所有低端的工作**"[2]。

行业工会与令人不快的工作之间产生了间隙，最初与种族分

---

[1] 我曾参考了：Skogan, "Chicago since 1840", 101–104, App. A 中的许多信息。

[2] Pacyga, *Polish Immigrants*, 15–16. 加粗字体为作者所加。 波兰人同样拥挤在这些之前匆忙建造在牧场附近、偷工减料的木屋中。

裂相对应，削弱了芝加哥的工人[1]。 工作地点与雇佣地点之间的紧密关联有激发芝加哥社区间种族继承（ethnic succession）的倾向。 在"波兰佬"被当作罢工破坏者引入之后，他们留了下来；还有毗邻畜牧场的社区，之前由爱尔兰人和德国人占据，而今日渐被波兰人、斯洛伐克人和克罗地亚人占领，与此同时早期的居民迁往更远的南方。

工厂里的"种族继承"总是被工人间的争执加剧，这加大了群体间的敌意[2]。 不过雇佣罢工破坏者的惯用模式并不适用于非裔美籍工人，他们首次被作为罢工破坏者大量引入是 1904 年的激烈罢工之时，两周之后：

> 在检察官的陪同下，每天列车都装载着几百名黑人到达……1904 年罢工中黑人的作用迥异于他曾在 1894 年的表现。 **在罢工刚一开始，他们便处于袭击的中心**……对于罢工的工会工人来说，再没有比抢走他们工作的黑人更令人厌恶的工贼了……在斗争的尾声……遭遗弃的有色人种被驱赶进特种列车，奔赴"黑色地带"。 货物批发商更青睐白人工人，当作为罢工破坏者的黑人不再被需要之后，他们便雇来白人相替[3]。

---

[1] 就这一点而言，可参见一本精彩的著作：Eric L. Hirsch, *Urban Revolt: Ethnic Politics in the Nineteenth-Century Chicago Labor Movement*（Berkeley: University of California Press, 1990）。

[2] 受到市政与军事力量保护的破坏罢工者的引入，破坏了 1886、1894、1904 与 1921 年罢工中联合的努力。

[3] Herbst, *The Negro*, 24, 27. 加粗字体为作者所加。 作者指出，（转下页）

直到一战之后，产业中才最终补充进了若干非裔美籍人口，但是白"种"人与黑人之间的敌意仍旧持续着。 非裔美籍人口一直被歧视排斥，并对于反对雇佣他们的工会保持着一种明智的介心，而事实上后者确实一开始便在排斥他们[1]。 许多正在激化的种族间的敌意在 1919 年 7 月 17 日至 8 月 2 日严重伤害了芝加哥的种族暴动（会在下文中讨论）中爆发了出来，这可直接追溯至大工厂中产生，虽然表面上看是在进行联合[2]。 然而，在 1921 年的大萧条中，非裔美国人构成了 30% 的畜牧场工人并开始形成独立的工会。 然而，此时他们已经开始被墨西哥人替代

（接上页）破坏罢工的黑人中，有 50 人由火车载来，由一个独立的代理招募，每人付 1 美元。 基本的种族主义的证明是，在较早的 1894 年罢工中，大多数工贼是"波兰人"，非常少量的黑人成了纠察员愤怒的目标。 参见本章随后对芝加哥种族主义的讨论。

[1] 对于黑人 vs. 工会的困境，有一份描述更含有同情心，参见：James Grossman, "The White Man's Union: The Great Migration and the Resonances of Race and Class in Chicago, 1916 - 1922," in *The Great Migration in Historical Perspective: New Dimensions of Race, Class and Gender*, ed. Joe William Trotter, Jr. (Bloomington: Indiana University Press, 1991), 83 - 105. 格罗斯曼承认，黑人抗拒工会，但是宣称这并不适用于 1919 年之前的"老"黑人工人之中，他们倾向于加入工会，大约比例与白人相同。 他强调，来自南部的"新"黑人移民最为抗拒，由于他们之前在南部与白人行业协会的经验，这些行业协会总体上是排斥他们的，使得他们对此类努力非常怀疑。 （89）实际上，格罗斯曼总结道："无论工会获得什么样的利益，它们……'对有色人口都没有好处'。 它们是白人的机构。"（97, 加粗字体为作者所加）黑人社区并不谴责黑人工贼，罢工的新闻没有在黑人社区的引领性报纸《芝加哥卫报》上报道，因为黑人精英对工会并不表示同情。

[2] Herbst, *The Negro*, 45.

了。 在 1930 年的人员裁减中，黑人是首批被解雇的对象[1]。

　　劳工运动随后来到了钢铁产业，但是很少获得成功。 直到一战时期联邦政府进行了干预，鉴于钢铁的战略重要性，战时劳工局（War Labor Board）于 1918 年就宾夕法尼亚州伯利恒钢铁工厂（Bethlehem Steel Works）决议确认了劳工组织的权利。 在 1919 年召集的全国钢铁工人大罢工中，约 9 万名钢铁工人冲击了芝加哥-盖里城和其他的印第安纳州工厂[2]。 但是"1919 年标志着战时工人运动终结的开始"，要等到大萧条的末期（1937），大规模的钢铁罢工才会在芝加哥再次达到高潮[3]。

居住区引发的对抗

　　因为种族性将芝加哥背后的社区分成了小型贫民窟，它不同于纽约，前者因其市议会成员作为社区利益的代表而保留了很大的权力，市议会当选的议员、高占比的"幕后城市"（back city），以及几乎都居于城市"阳面"的技术官僚与精英执行管理层，在他们中间常常反复爆发工作场上的劳资纷争[4]。 蒂福德指出，虽然在 19 世纪的城市中，市政立法机关的权力在各处都有所下降，芝加哥却是一个例外：

---

[1] Herbst, *The Negro*，导论。

[2] Pacyga, *Polish Immigrants*, 233.

[3] 同上，238。 1937 年的罢工发生于联合钢铁公司。 持续了 9 天，并导致 10 人由于袭击警察被杀。

[4] 关于这一点的"经典"研究是：John Allswang, *A House for All Peoples: Ethnic Politics in Chicago, 1890 - 1936*（Lexington：University Press of Kentucky, 1971）。

在 1898 年，芝加哥市政府的一个学生总结道："芝加哥的市政历史强调了……在超过半个世纪的市政活动中市议会的至高无上。"芝加哥议会不需要估算与拨款委员会任何强加的苛刻评价便能决定拨款。此外，对于执行官的任命必须得到市议员的确认。芝加哥议会确实不得不与独立公园和污水委员会分享权力；还有图书馆与学校委员会，虽然形式上都受委员会的管制，但并不对其权威卑躬屈膝。**不过芝加哥市政立法机构的权力通常是不受损害的**[1]。

像其他地方一样，选区政治成为移民社区尝试维护其利益的途径。但是，"随着社区党派首脑的社会与族群文化背景的变更，本土出生的改革者和有钱有势的市中心商人对于选区的领导官员越来越轻蔑"[2]。他们同样找到了绕过日渐增长的"种族"权力的方法。在芝加哥，精英们不再直接参与政治，但是如雅赫所强调的，富裕的芝加哥人通过向平庸的政治头幕支付更多资金来行使影响力：

对商人领袖的顺从使得政府制定对其主要诉求有利的政策。19 世纪 80 年代促成土地兼并运动的巨富……以及库克郡的州检察官拒绝检举违反伊利诺伊州工厂禁止雇佣童工法案者……肉类加工厂在芝加哥的政策下处于有利地位，在劳动争议时他们受到保护……最有力的证明财富操控政府的

---

[1] Teaford, *The Unheralded Triumph*, 22. 加粗字体为作者添加。
[2] 同上，181。

案例是对房地产和个人财产的低估[1]。

　　不过，迁移来的东北精英发现对赌场、酒吧、妓院十分宽容的移民区政府和他们的纽约同行一样令人憎恶，他们鼓动反对犯罪，建设公务员系统，进行选举改革。在 19 世纪 90 年代，精英们基本上达成了目标，"警察局被重组，赌博得到了抑制"，市政雇佣时采用了择优录取制度（merit system）[2]。但是他们的努力被 1915 年接手市政府的"大比尔"汤普森（Thompson）从根本上破坏了，将芝加哥公民联合会（Chicago Civic Federation）和城市选民联盟（Municipal Voter' League）置于混乱的境地。进步主义在芝加哥的存活时间很短。

　　所有这些，无论是机器政治还是市民改革，都从根本上忽略了黑人。当简·亚当斯和其他的工人改革者致力于同化白人移民时，芝加哥的黑人却不被在意，其少量的社区代表还是汤普森共和党机器的忠实仆从[3]。

芝加哥社会地理结构中的非裔美籍人口

　　我们已经看到欧洲移民的无产阶级大众如何在芝加哥的快速

[1] Jaher, *The Urban Establishment*, 503.
[2] 同上，505。这些改革者的保守性是公然的。他们曾支持并资助使用自卫队破坏罢工，反对 8 小时工作制，反工会，对干草市场的被囚者采取强硬的反对态度（506 - 507）。
[3] 平心而论，在 1889 年，移民的数量远大于黑人的数量，当时简·亚当斯构建了聚焦于"美国化"的赫尔馆，这是可以理解的。

工业化中发挥作用。 沿着工业和铁路走廊，种族社区得以形成
分布。 这些走廊从 CBD 向外辐射（有时可达很远），主要沿着
芝加哥河的南北支流，还有南边的偏远沼泽。 这一形成和分布
能够在很大程度上由不同来源地的移民嵌入工业劳动且在工作地
附近安家来解释。

　　黑人在城市里的分布（他们一直贫穷，早期一直高度隔离于
芝加哥南部的"黑色地带"），需要一种非常不同的解释，这种解
释必须认识到种族主义是一种本质性的组成元素。 一个严肃的问
题被提出，即为何芝加哥经受了比几乎所有其他北部城市都更严
重的种族隔离与偏见。 这当然并不是因为黑人在人口中占据过大
且有威胁的比例。 1880 年，黑人在人口比例中只占据 1%，即便
有了移民，也没有急遽增加：1890 年为 1.3%，1900 年为 1.8%，
到 1910 年约为 2%。 甚至在 1915 年南部黑人向芝加哥大批迁移
之后，到 1920 年其人口比例也仅有 4%，到 1930 年仍少于
7%[1]。 然而，早在这一数量增长很久以前，黑人便在城市中
处于高度劣势了。

　　最早的历史先例可能具有关键意义，尤其是将之与纽约相比
时。 伊利诺伊州可作为最初的考察对象，它原是弗吉尼亚州的
"殖民地"，相较于其东北方邻居而言，与南方相邻地区有更多

---

[1] Skogan, "Chicago since 1840," Table 1. 也可参见 Philpott, *The Slum and the Ghetto*, 117, Table 5.1。 他给出了更多数据细节：从 1840 年 53 人的总数增加到了 1850 年的数百，当时黑人仅占总人口的 1%，随后其增长大致与白人平行，以至于直到 1910 年之前，黑人人口从未超出过 2%。 到 1920 年，其比例增加到 4.1%，到 1930 年达到了 6.9%。

的共同点[1]。 可能这是其中的一个原因，即虽然芝加哥的黑人在移民到达很久以前便存在，但其相对地位却一直低下[2]。

在伊利诺伊成为一个州之后……它制定了苛刻的"黑人法案"。 在这些法案之下，黑人要想成为伊利诺伊州的居民，必须要有自由民执照。 如果他们未能出示上述文件，则会在一年时间内被允许售卖。 在这些法案之下，黑人几乎没有保护。 黑人不能投票，旅行仅限于当地[3]。

---

[1] 至少多尔西强调这一点。 他指出，伊利诺伊南部事实上**在南方**（南至马里兰、弗吉尼亚以及北卡罗来纳北部部分地区），接近密苏里和肯塔基，并且该区域的"社会-文化价值观本质上是南方的"。 James Dorsey, *Up South: Blacks in Chicago's Suburbs, 1719 - 1983* (Bristol, Ind. : Wyndham Hall, 1986), chap. 4.

[2] 多尔西总结了黑人在该州的早期历史。 他指出： 在 17 世纪法国征服密西西比流域时，首批拓荒者中有许多是黑人，虽然在 18 世纪，奴隶被法国政府从法律上界定为房地产。 （同上，6）在 1763 年法国将其伊利诺伊的领土割让给英国之后，他们在离开之前卖掉了其奴隶。 在 1778 年，伊利诺伊成为弗吉尼亚的一部分，但是在 1784 年割让给了美国政府。 即便在 1787 年，西北法令（Northwest Ordinance）在西北区域禁止了奴隶买卖以及无意识劳役，老殖民者仍旧蓄养奴隶，虽然他们被委婉地称为终身合同工（7）。 "当 1809 年伊利诺伊的领土从印第安纳分离之后，正式在 1803 年、1805 年及 1807 年……由印第安纳领地［立法］通过了契约劳役规定法案"（8），该法案允许黑人男性签订 35 年、女性签订 32 年的合约，不过一些契约可能长达 99 年。 1818 年，伊利诺伊州宪法禁止奴隶买卖，但是没有就现存奴隶的状态发表意见（8）。

[3] Dorsey, *Up South*, 10.

这一不利条件一直持续到 19 世纪下半叶。 菲尔波特（Philpott）总结了这些不利条件：

> 1858 年的州法案禁止自由黑人进入伊利诺伊州。 已经在此居住或者偷偷溜进来未被当局发现者也受制于"黑人法令"。 他们没有公民权。 他们没有选举权，不能出任陪审团，做对白人不利的证明或与其通婚……1870 年黑人才能投票。 到 1874 年，伊利诺伊州才禁止学校进行种族隔离，一直等到下一个 10 年，才禁止公共设施内的种族歧视[1]。

然而，在芝加哥，至少废奴主义者是强大且活跃的。 在 1850 年，城市通过了一个决议，指出警察没有义务重新抓捕逃亡的奴隶；随后两个地铁车站开始在城中运行，黑人在其中起到了重要的作用[2]。

但是在整个 19 世纪，他们的人数都很少，绝大多数被雇佣的芝加哥黑人都是从事家政服务，有一些居住在其雇主的家里。 由于这一原因，19 世纪 90 年代新移民开始从南方迁来之前，他们都没有大规模或集中的聚居区[3]。 正是在隔离的加剧以及黑人被暂时引入工业充当罢工破坏者以后，原本存在的种族主义波及了这一"新种族"。

---

[1] Philpott, *The Slum and the Ghetto*, 118 – 119.

[2] Dorsey, *Up South*, 24.

[3] Philpott, *The Slum and the Ghetto*, 120 – 121.

黑色地带的形成

到 1900 年，"几个旧的殖民地融合在一起，形成一个狭长的黑色地带"，它位于第 12 与第 39 大街之间，沿着州大道，是一块 1 英里宽约 3 英里长的区域，完全被铁道线环绕[1]。 在接下来的几十年里，黑人人口从 1900 年的约 30 000 人增加到 1910 年的 44 000 人，但是开放并没有扩大他们的空间。

在 1910 年至 1914 年，该区域吸收了超过 10 000 名新移民，但是早已达到了饱和点。 区域必须要扩大。 大多数南方人居住在州公路与西边的洛克岛（Rock Island）铁路线之间的斜面里。 这是黑色地带中最为穷困破败的部分……租金很高……甚至在……大批移民来到之前……黑色地带周围是充满敌意的白人[2]。

随后大移民开始了。 到 1920 年，黑人人口超过了 109 000 人并在 10 年以后达到了 234 000 人。 白人的对抗很猛烈，"黑人被压缩在一个受限的贫民区内，没有一处移民飞地曾经受到过这

---

[1] Philpott, *The Slum and the Ghetto*, 121. "黑色地带，正如人们之前所称呼它的那样，从中心商业区铁道调度场往南延伸至第 39 大街以下另一铁路地块。 洛克岛铁路的宽阔路堤从工人阶级移民社区一直往西将之封闭了起来，南部高架铁路用墙将'白人上层社会与富人条带'与东部隔开……铁轨是种族间的壁垒，不过仅因为有白人在另一端操纵它们。 这是有色的路线，核查黑人们的自由移动，与任何一条铁路线都不同。 **火车线路只是个方便的划界线处。铁路线仅仅是社会习惯的工具。**"同上，147-148，加粗字体为作者所加。

[2] Pacyga, *Polish Immigrants*, 213.

种对待"[1]。

在 1890 年芝加哥 3 万名本地出生的非白人中，约 80% 像他们的白人同乡一样，从其他地方来到城市中，但是大多来自"上流的南方"边疆各州；这些区域在随后几十年的缓慢迁移中继续提供新的人口[2]。 但是在 1916 年至 1919 年期间，黑人社区的规模和构成有了巨大的变化。 在这几年的时间里，大约有 50 000 名的新来者，主要为密西西比、路易斯安那、阿肯色（Arkansas）地区的受雇者，他们蜂拥进现存的贫民区，该区域有着不可逾越的边界。 到 20 世纪 20 年代，黑色地带以"一个充分发展的黑人贫民区"姿态出现，所有曾居住于此的白人都已从中逃离[3]。

在 1917 年初，美国参战之后，芝加哥的劳动力短缺成为一个关键问题，钢铁厂、铸造厂与肉类加工厂派遣招工人员去南方招募更多的工人［这场冒险得到了《芝加哥卫报》(*Chicago Defender*) 出版商的热情支持和帮助］。 芝加哥黑色人口戏剧性的工业化了。 1910 年，超过一半的黑人男性从事家政或私人服务；10 年以后，仅仅 1/4 多一点从事这样的工作，而黑人参与制造业与贸易的人口是原来的 3 倍[4]。

然而，这些经济增长并没有转化为更多更好的房子。 事实

---

［1］ Philpott, *The Slum and the Ghetto*, 120.

［2］ Spear, *Black Chicago*, 13 – 14, Table 2.

［3］ 同上，129 – 130。 1919 年的种族暴动是罪魁祸首。

［4］ 这些数据来自：Spear, *Black Chicago*, 151。 女性职业的变化很小，到 1920 年约有 64% 仍然从事家政服务，不过有 15% 现在在工厂工作。 同样参见：Spear's Table 12 (152 – 154)。

上，它们触发了其邻居和同事们不断增长的敌意和抗拒。

黑人区边界并未扩张，取而代之的是这场移民潮将原有南部黑色地带从一个混合社区转换成一个纯粹的黑人区。即便有148%的人口增长……和人口密度的急遽上升，然而黑人居住区内的改变却惊人得少[1]。

正如在其他地区通常会发生的那样，租金膨胀伴随着过度拥挤导致的住房条件的迅速恶化。州公路以西破败的贫民窟甚至更糟，继承自旧精英社区的草原大道大厦（Prairie Avenue mansions）被一再切分以满足"较富裕者"的住宿要求[2]。一些早期的芝加哥"边界战争"（Border Wars）发生在黑色地带边界稍微扩张进入白人社区时，争端唤醒了白人的敌意，他们通过限制性契约甚至爆炸起到了进一步"拉紧套索"的效果[3]。所有这些都成了1919年种族暴动的前奏，这一被铭刻于城市历史上的流血事件。

---

[1] Spear, *Black Chicago*, 140, 146.

[2] 关于芝加哥种族关系协会的最好资源为：*The Negro in Chicago: A Study of Race Relations and a Race Riot*（Chicago: University of Chicago Press, 1922），也被Philpott, *The Slum and the Ghetto* 以及 Spear, *Black Chicago* 所引用。非裔美籍社会学家查尔斯·约翰逊（Charles S. Johnson），曾在芝加哥大学接受学术训练，在芝加哥委员会报告的主要作者和研究者中具有普遍的声望。不过也可参见：William Tuttle Jr., Race Riot: Chicago in the Red Summer of 1919（New York: Illini, 1996 [1970] ）。

[3] "边界战争"是我用来概括20世纪五六十年代城市种族关系特性的术语。

1919 年的种族暴动

经济发展与空间隔离几乎共同决定了 1919 年将会爆发一场
"种族战争"。 在 1919 年战后的衰退期，黑人产业工人承受了
严重的挫折。"在 1919 年春天，包装工厂清算解雇了 1.5 万名
工人——其中大多数为黑人。"[1]虽然衰退时间很短，但他们没
有被再次雇佣。 甚至在此之前，种族间的紧张感便已经开始产生
了。 在 1917 年 7 月 1 日与 1919 年 7 月 27 日间的一天，一名黑人
游泳者被一名充满敌意的白人用抛掷物袭击，而后淹死在了南岸水
滨。 这一事件直接触发了暴动，有 24 起爆炸由种族冲突引起，
"其中超过一半发生在种族暴动之前的 6 个月中"[2]。 在 7 月 27
日至 8 月 2 日的 6 天里，白人帮派突袭了黑色地带并在外面爆发
了打斗，这是黑人工作的必经之路。 在这些事件中，空间形态
被证明至关重要。

一些最恶劣的暴力事件出现在牲畜场附近，因为来自黑色地
带的工人必须经过中间的爱尔兰聚居区去那里工作。"白人暴徒
骚扰从畜牧场回家的黑人……次日的公交罢工制止了公共交通上
的暴力行为，……非裔美国人必须步行穿过敌意的、爱尔兰人为
主的社区以到达其在畜牧场中的工作地点。"[3]即便在畜牧场
围栏内的工人间，也存在着种族冲突。

国民警卫队出动了，当敌对活动中止进行尸体清点时发现，
有 15 名白人、23 名黑人死亡。 但是对于将来的种族关系而

---

[1] Spear, *Black Chicago*, 158.

[2] Pacyga, *Polish Immigrants*, 214.

[3] 同上，215–217。

言，代价更加高昂。 在暴动之后，两个群体更加坚决地退回至各自的“边界”内，布朗兹维尔（Bronzeville）的黑人社区继续发展其自己的体制[1]。 这也直接参与进了芝加哥的政治。

黑人和精英中的黑人蠢蛋（bête noire），即大比尔汤普森进行了结盟，他在1915年被选为市长，标志着芝加哥短暂的进步主义时代的结束。 随后，

> 黑人政治家在共和党内部建立了其自己的组织……［然而］国民守卫队仍然在白人手中。 ［不过黑人已经选出］他们中的其中一个进入了城市议会，获得了几个有吸引力的任免席位，迫使白人政治家正视黑人的需求和愿望。 没有人比威廉·哈尔·汤普森（William Hal Thompson）能更好地理解黑人选票的重要性了……［即便他在20世纪20年代，芝加哥作为一个暴力、腐败、帮派横行的城市，他是臭名昭著的象征］大多芝加哥黑人对其忠诚从不犹疑，他们帮他获得了三次市长的任期[2]。

据斯皮尔（Spear）所言，到20世纪20年代，非裔美国人获

---

[1] 布朗兹维尔这一名字为 St. Clair Drake, Horace A. Cayton 在其著名著作中所采用，见：*Black Metropolis: A Study of Negro Life in a Northern City*（Chicago：University of Chicago Press, 1993 [1945]）。 因为他们的著作处理的是20世纪30年代与40年代早期的社区演变，这一问题我将留待第八章讨论。 在重新分配至黑人社区的机构中间，在暴动切断其与印刷工人的联系之后，出版社——《芝加哥卫报》的出版商将他们自己的印刷厂迁至南部。

[2] Spear, *Black Chicago*, 187.

得了更大的政治权力并且支配了更多的办事机构，在芝加哥被任命和当选的人数比国内其他任何地方都多。但是，"白人政治结构对于黑人群体所做出的姿态，大多时候是官方且仪式性的。他们很难触及黑色地带的根本问题：住房不充足、工作机会差、贫穷、社会失序、犯罪与腐败"[1]。这些问题都被大萧条期间的报复掩盖了，这在最大程度上打击了芝加哥的黑色地带。这一挫折将非裔美籍社区完全推向了民主党的手里，也因此让政党随后持续稳固地把持在本地政治家手中。

城市-郊区的阶层分化

虽然直到 20 世纪早期，企业的种族分裂都没有扩大，然而在 19 世纪 90 年代，阶层分化便已经有所显现，特别是在郊区。在 19 世纪 70 年代，芝加哥周边社区仍然有可观的"种族融合"，但是：

在接下来的 20 年中，芝加哥中产阶级的外来移民完全重组了城市的居住格局。他们不再像过去的做法那样，在工人阶级居住的、建筑物密集的局部边缘地区获取大量空置土地，而是完全跳过这一环带，在此之外建筑自己的社区……[这得益于] 1887 年至 1894 年间的交通改善……以这种方式，芝加哥由阶级决定的居住格局在 1894

[1] Spear, *Black Chicago*, 192.

年完全成形了[1]。

因此，阶级成了这一撕裂的"双面城市"的第三条轴线[2]。

在 1893 年，当土地兼并实质性中止之时，抗拒加入城市的城郊居住区主要是白人中产与上层的阶级。 这些社区中的从业者能够支付去往环路地区的昂贵交通费用，并且在汽车成为更受青睐、更普遍的交通工具之后，可以驾车去市中心。 中产阶级家庭加入了他们以寻求更低密度的居住点。 越来越多的更为贫困的工人阶级人口"陷在"城市中，这里老式的"小木屋"越来越多地被密集的二三户平房取代[3]。 到 1930 年，城市中所有居住单元的 1/3 都是三层无电梯公寓或者是沿主干道旁商店上方的 19 世纪居所；另外 1/3 是双层或三层小楼。 城郊其余部分都是小木屋。

大多数城市工人阶级居民必须依赖公共交通通勤，而不是汽车，虽然在城市范围内汽车的数量也有所增长[4]。 20 世纪汽

---

[1] Warner, *The Urban Wilderness*, 108.

[2] 此处让我想起马库斯对当代纽约的讨论，并非将之作为一个双面，而是"四面"城市。 参见: Peter Marcuse, "'Dual City': A Muddy Metaphor for a Quartered City," *International Journal of Urban and Regional Research 13* (December, 1989)。 或许我可以拓展其用法，到 1920 年代，芝加哥一分为六: 前、后; 黑、白; 城市与城郊。

[3] 到 1915 年，数据统计展示，独户房屋降低到了城内所有新建筑的 10.8%。

[4] Skogan, "Chicago since 1840," Table 3 显示到 1910 年，城内登记的汽车数量不足 13 000 辆。 到 1920 年，这一数字增长到了 90 000 辆，1921 年为 142 000 辆，随后到 1930 年几乎稳定于 420 000 辆。 并且指出这还不包括在城郊库克郡登记的汽车。

车不断扩大的重要性进一步促进了城乡分裂，并使公共交通（及其票价）成了阶层与城乡冲突中的争议问题。保罗·巴雷特（Paul Barrett）辨明了核心困境："本质上的争议……在于当公共交通被管制并纳税时，针对汽车的设施被公开加以补贴，"因为芝加哥交通是一个私人企业，它"期望盈利"[1]。

不像纽约在早期便预设了公共交通的公共责任，芝加哥在1900年至1930年间，"城市管理层与公共交通公司［经常］意见不一致"，因为当交通公司企图运营获得更多利润时，用户施加了压力，想要更便宜的票价、更好的服务[2]。一份1907年的市议会条令试图规范公共交通［以终结所谓的拉力战争（traction wars）］，宣布其为公共设施并应分享利润[3]，但是直到1947年它才归芝加哥交通管理局（Chicago Transit Authority）管辖。即使如此，其董事会代表的商业与其他特殊利益"有效地隔绝了公共压力"[4]。这有助于解释为何直到1943年，环带之下连适当长度的地铁都没有。

构建上等的城郊

与该时期的其他城市一样，库克郡城郊的"发展"中首个越出其城市边界的产业是房地产投机商，投机商购买了未开发的土地并为了最终利润持有它们，有一项有时被称作"阿斯特"

---

[1] Barrett, *The Automobile and Urban Transit*, 6, 7.

[2] 同上，14。公路对叶凯士（Charles Tyson Yerkes）公司利益的吸引被市政选民反贪污联盟的改革所压制（20），但是市议会要求的公共交通体系的统一与公共产权失败了（28-29）。

[3] 参见同上，37-45。

[4] 同上，212。

（Astor）法的技术最早在纽约得到了应用[1]。

许多［投资者］记得在 19 世纪上半叶，曼哈顿的投机商炒高了地价并在芝加哥的繁荣中看到了同样的机会。 例如： 查尔斯·巴特勒（Charles Butler）和其纽约邻居亚瑟·布朗森（Arthur Bronson），通过其代理人威廉·奥格登（William B. Ogden）在芝加哥进行了重度投资……作为芝加哥的支持者和企业家，其工作进一步保证了房地产价格的持续增长[2]。

但是存在另外一种通过"发展"积极促进价格上升的模式。辛迪加集团（Syndicates）、土地公司和进步协会为了瓜分土地和视情况而定的建立基础设施（如道路和公共事业设备）的目的，被组在了一起。 这一类型的公司"在 1861 年和 1880 年之间建造了超过一半的设施"[3]。 对于开发者而言，同时在其瓜分的土地上建筑房屋并不寻常，虽然只有一小部分这样做，不过这种行为在 19 世纪末期变得愈加普遍。 在 20 世纪早期，房屋建设成为城郊发展中的必要步骤。 到 1930 年，在市场触底之前，大部分土地瓜分者正在连同土地和设施一起交付房子[4]。 通过根

———————

[1] 下面讨论中的主要参考是 Ann Durkin Keating 的迷人著作： *Building Chicago*。

[2] Ann Durkin Keating, *Building Chicago*, 65 – 66.

[3] 同上，67 – 68。

[4] 同上，70 – 77。

据地理位置统一划分大小并进行文契约束，新城郊普遍实现了阶层分化。 然而，新郊区至少还满足了一小部分人的需求，他们的收入不足以支撑其购买那种规划讲究的社区，如河畔森林（River Forest）和凯尼尔沃思（Kenilworth）（后者普遍被认为是美国"最富裕"的社区之一）。

城市建房补贴

为稍微没那么富裕的人建造的房屋推进得很慢。 而在这一方面，芝加哥同样落在了纽约之后。 城市范围内只有少量的服务中等收入者租住的补贴建房，它们由私人慈善家建造，这些人提出了接受 3% "补贴"的方案以代替通常的 6% 作为投资回报。 然而，相当引人瞩目的是其首批项目——潘市平台（Francisco Terrace），在 1895 年由一个非常年轻的设计师弗兰克·劳埃德·赖特进行设计[1]。 赫尔墨斯花园（Garden Homes）是最大的独户宅院项目，由本雅明·罗森塔尔（Benjamin Rosenthal）出于对英国花园城市的仰慕于 1919 年资助，但是在他破产之后完结了。

建筑花园公寓对黑人社区的影响在 20 世纪 20 年代的扩张中

---

[1] 参见: Devereux Bowly Jr., *The Poorhouse: Subsidized Housing in Chicago, 1895-1976* （Carbondale: Southern Illinois University Press, 1978）。 赖特的两层公寓建筑围绕着中庭而建，1974 年被拆毁，但是书中有一张它的照片。 建筑的背景显示了一些有趣的关联。 开发者是爱德华·沃勒（Edward Waller），他居住在"河岸森林"（由奥姆斯特德设计的郊区）里，对面是赖特所设计的房屋，并得到了沃勒的赞美。 沃勒是丹尼尔·博纳姆的朋友，也同样是卢克里（Rookery）的管理者，这是由博纳姆和儒特所设计的办公室建筑，在 1905 年，赖特被委托重新设计其大厅。

显现了出来。 西尔斯·罗巴克的朱利叶斯·罗森沃尔德（Julius Rosenwald of Sears，Roebuck），作为塔斯克基协会（Tuskegee Institute）的信托人与全国有色人种协会（National Association for the Advancement of Colored People，NAACP）的主要支持者，赞助了密歇根林荫大道花园公寓（Michigan Boulevard Garden Apartments），打算将之提供给黑人居住。 该项目于 1929 年建成，包含了 421 座五层无电梯公寓，围绕着一个庭院，占据了第 46 和第 47 街大街以及密歇根和沃巴什（Wabash）之间的大块土地[1]。 之后不久，马歇尔·菲尔德三世（Marshall Field III）赞助了马歇尔·菲尔德花园公寓，同样位于黑色地带边上。 这一项目包含 628 座公寓，以大都会人寿保险公司（Metropolitan Life Insurance Company）在纽约构建的建筑为模版。 当建成时它是全国最大的中等收入住宅小区[2]。

但是环带中所有垂直维度的建设成就以及住房供应的扩充，不仅为服务城郊的白人，也为服务城市里"种族上的"工人阶级或黑人中产阶级，在大萧条来后逐渐停止。 由于对工业基础（即资本高度密集并被结构化为大规模企业）的极端依赖，当 20 世纪 20 年代的扩张终结于巨响与哀鸣时，芝加哥成了此时全国最脆弱的城市。

一项不那么沮丧的记录

尽管我对城市的脊梁们所做的刻画留下了一幅色调阴暗的图

---

[1] Devereux Bowly Jr.，*The Poorhouse*，8 - 10.

[2] 同上，12 - 16。 此时，马歇尔·菲尔德三世实际上住在纽约。

像，但是这并不公平，因为针对所有的这些种族、人种与阶层分裂及其伴生的冲突，在 20 世纪最初的几十年里，芝加哥展示了典范性的活力与创造性。 伴随严酷的现实，它成长为美国工业的发动机，同样产生了大量建筑学、文学、社会改善上的成就，还有以"城市"研究作为自身利益目标的社会学研究方面的成就，感谢芝加哥大学的开拓性学者。

建筑

虽然到 1910 年沙利文与赖特都离开了芝加哥：前者去了中西部的其他地方，一直在这些较小的地方发挥才干，直到 1922 年去世；后者去了欧洲，随后去了洛杉矶，在 20 世纪 20 年代将建筑材料从木头改为水泥，风格经历了重大的发展。 他们都在身后留下了遗产[1]。 这两位天才的成就都是芝加哥建筑令人自豪的一部分，尽管随后城市的商业类型倾向于恢复至 19 世纪的坚固性。 不幸的是，在 20 世纪 20 年代，装饰艺术建筑在各处都繁荣了起来，如洛杉矶，甚至纽约，但芝加哥仍然保持着对这一诱惑的相对免疫[2]。 此后紧随着一段空档，直到受到新的创意激励，这来自包豪斯（Bauhaus）大师密斯·凡·德·罗（Mies van der Rohe）始于 20 世纪 40 年代的工作。

文学

正当芝加哥的建筑学派逐渐使自己蜕去欧洲与东部的影响并

---

[1] 赖特的罗比之家（Robie House）在 1909 年完工，他橡树园（Oak Park）的草原代表作可追溯至这一世纪的初期。 沙利文在芝加哥的最后杰作，河畔的巴布森之家（Babson house）建筑于 1907 年。

[2] 如，20 世纪 20 年代，萨里宁（Saarinin）精妙的装饰艺术参赛作品论坛报大厦，在竞赛中由于"婚礼蛋糕"般的哥特式建筑而被拒绝。

创建了新的本土建筑形式与美学观念时，芝加哥的作家与诗人学派正在磨砺一种新的文学语言。芝加哥的破旧街道和工厂的烟囱激发了这种独特的美国美学，较之于在东海岸作家亨利·詹姆斯（Henry James）和伊迪丝·华顿（Edith Wharton）手里臻于完美又略显花哨的风格而言，更为积极、直接、质朴。至少这是休·邓肯（Hugh D. Duncan）的论点，他宣称：

> 词与物（thing）或词与行（action）之间的关系在芝加哥的使用习惯（usage）中，与存在实用文学传统和文学作品中产生生活图景的社会比起来，要更为亲密。芝加哥的词汇、短语与行动相连……关于运动、商业、政治和工作的语言已被创造了出来……报纸记者如乔治·阿德（George Ade）与林·拉德纳（Ring Lardner）正创造一种本地城市语言……恰似马克·吐温（Mark Twain）……曾经给予我们的那种中西部农村的美国本土文学[1]。

———

[1] 这段引文来自：Duncan, *Culture and Democracy*（52），出现于对芝加哥的热情歌颂之中：Kenan Heise, *The Chicagoization of America, 1893–1917*（Evanston, Ill.: Chicago Historical Bookworks, 1990），67。作者甚至走得更远，宣称真正的民主是芝加哥的发明。参见：Hugh D. Duncan, *Culture and Democracy: The Struggle for Form in Society and Architecture in Chicago*（Totowa, N. J.: Bedminster, 1965），52；以及 Duncan, *The Rise of Chicago as a Literary Center From 1885 to 1920: A Sociological Essay in American Culture*（Totowa, N. J.: Bedminster, 1964）。另外，参见：Dale Kramer, *Chicago Renaissance: The Literary Life in the Midwest, 1900–1930*（New York: Appleton-Century, 1966）。

他可能高估了个案，但是必须承认的是，相较而言纽约发展出来的"人民"文学，更多地关注日益增长的移民群体而不是一种社会评论。 这一时期，纽约的文学产出没有什么可比拟于德莱塞（Dreiser）再三尝试书写的"伟大的美国小说"，抑或是就此而言，杜利（Dooley）先生对城市里政治诡计的尖锐[1]评论（无可否认，是用爱尔兰方言）[2]。

芝加哥城市改革者与城市社会主义者

在19世纪90年代晚期与20世纪早期的几十年中，芝加哥另一个重大的贡献是社会福利改革领域［一项主要由简·亚当斯、弗洛伦斯·凯利（Florence Kelley）在赫尔馆（Hull House）进行的运动］的实地研究（research-grounded）[3]。 还有来自芝加哥大学小组（男女均有）更学术但非无关的活动，这就是所谓芝加哥城市社会学学派（Chicago school of urban sociology）的开端[4]。

---

[1] 原文为 ascerbic，疑为 acerbic 的印刷错误。 ——译者注

[2] 关于德莱塞，尤可参见：Carl S. Smith, *Chicago and the American Literary Imagination*, *1880 - 1920* （Chicago： University of Chicago, 1984）中的评论。 杜利先生，连同其阴沉的口音和辛辣的爱尔兰智慧，都是芝加哥记者芬利·彼得·邓恩（Finley Peter Dunne）在世纪之交时的创造。

[3] 该研究最令人印象深刻的产品是引人瞩目的文集，主要是 Addams and Kelley, *Hull-House Maps and Papers: A Presentation of Nationalities and Wages in a Congested District of Chicago*, *by Residents of Hull House*, *a Social Settlement*, no. 5 of the Library of Economics and Politics, edited by land economist Richard T. Ely（New York： Thomas Y. Crowell, 1895）。

[4] 曾公认首次尝试描画城市社会学家议程的是一篇短文：Robert E. Park, "The City： Suggestions for the Investigation of Human Behavior in the City Environment," *American Journal of Sociology* 20（March 1915）： （转下页）

　　在 19 世纪 90 年代，简·亚当斯建立了赫尔馆［效仿了伦敦的托因比馆（Toynbee House）］，该建筑位于芝加哥西界附近，随后安置了大量需要"美国化"（Americanization）的各种欧洲贫困移民。因此，尽管社会服务所的众多实践都是为这些人口提供融入接受他们国家的方法，但他们越来越意识到，接纳他们的这一系统需要相当大的改革。特别是弗洛伦斯·凯利，强调了芝加哥工业组织的剥削特征，主张更高的福利，更好的工作条件，对服装行业的女性给予了特别的关注。

　　定居救助之家所同样支持改善房屋的举措，其认识到，移民家庭中糟糕的健康情况和家庭压力因过度拥挤和不健康的居住条件而更加恶化。后一种关切引起了几名女性的注意［尤其是艾迪斯·阿尔伯特（Edith Abbott）与索福尼斯巴·布瑞吉维基（Sophonisba P. Breckinridge）］，她们被排除在芝加哥大学现存的学术院系教职之外，继续从事社会福利工作并创立了自己的慈

（接上页）517 - 612。关于芝加哥学派更为成熟的系统阐述在进行多种研究之后集结成书，可参见：Robert Park and Ernest Burgess（在 Roderick McKenzie 的帮助下）eds., *The City*（Chicago：University of Chicago Press, 1967 [1925]）。关于芝加哥学派次级文献的最近成果，可参见：Fred H. Matthews, *Quest for an American Sociology: Robert E. Park and the Chicago School*（Montreal：McGill-Queen's University Press, 1977）；Winifred Rauschenbush, *Robert E. Park: Biography of a Sociologist*（Durham, N. C.：Duke University Press, 1979）；Martin Bulmer, *The Chicago School of Sociology: Institutionalization、Diversity, and the Rise of Sociological Research*（Chicago：University of Chicago Press, 1984）。读者们被鼓励去检查原始资源，不过，还有陈旧但是仍旧相关的直接继承人的评论：Robert E. Faris, *Chicago Sociology: 1920 - 1932*（Chicago：University of Chicago Press, 1970）。

善协会，后者隶属于芝加哥大学。 先于据称创建了"芝加哥城市社会学学派"的（全为男性的）社会学系，这些女性和他们的学生们当时正在调查芝加哥移民家庭糟糕的居住与工作条件。他们和亚当斯对发展中的城市社会学领域产生了强大的影响，然而却鲜为人知[1]。

虽然他们从未想过要轻视所有这些先驱者们的贡献，但是其研究中有两个显著的疏忽或者说"死胡同"，二者皆可归因于当时盛行于芝加哥的特定状况。 首先是，对由厄内斯特·布吉斯（Ernest Burgess）提出的城市形态所做的不成熟的概念化，这使得城市社会学家在对其他类似城市的研究中都徒劳无功，而没有认识到这一研究只针对芝加哥特定的地理环境和简化了的半圆形规划[2]。 长期来看，第二点或许更为严重，不过当然，它为何出现是可以理解的，鉴于这一时段芝加哥移民社区的重要性，这一方面得到了展示。 但是，除了罗布特·帕克所做的一些工作外，很显然，缺少对仍然很小、但正在增长的城市非裔美籍社区

[1] 对传统男性中心主义描述的重大修正参见：Mary Jo Deegan, *Jane Addams and the Men of the Men of the Chicago School, 1892 - 1918*（New Brunswick, N. J.: Transactions, 1988）。 这些女性作品的选集可见：Patricia Madoo Lengermann and Jill Niebrugge-Brantley, eds., *The Women Founders: Sociology and Sociology and Social Theory, 1830—1930*（New York: McGraw-Hill, 1998）, 229 - 275。

[2] 这些概括可参见 Ernest Burgess 的早期短文："The Growth of the City: An Introduction to a Research Project," *Proceedings of the American Sociological Society* 18（1923）: 85 - 97, 随后重印于：Park and Burgess, *The City*。 更充分的展开见：Burgess, "The Determination of Gradients in the Growth of a City," *Publications of the American Sociological Society* 21（1927）: 178 - 184。

的关注。 直到芝加哥大学招收了更多来自这一社区的黑人学生时才得到了应有的重视，当时黑人正迅速地取代移民成为芝加哥最大的"下层阶级"[1]。 我将在第八章就这些发展过程进行更翔实的讨论。

---

[1] 当然，唯一的例外是： Charles S. Johnson（*The Negro in Chicago* 未公开的作者）。

第六章
"盎格鲁"化的洛杉矶

洛杉矶的大多数传说是真的——即便它们相互矛盾。

——约翰·鲁塞尔·泰勒《天堂里的局外人》[1]

（John Russell Taylor, *Strangers in Paradise*）

不可思议的大都市

罗伯特·弗格尔森（Robert Fogelson）在其关于 1850 年至
1930 年间洛杉矶历史的翔实著作之序言中引用了来自一个英国
观察者的话，这位观察者在 20 世纪 30 年代早期评论道，"这里
［洛杉矶］的一件怪事触动了我，在所有的美国城市中，对一个
问题尚没有明确的答案，即'这里为何会出现一个城镇并且为何
会扩张到这么大？'"[2]

---

[1] John Russell Taylor, *Strangers in Paradise: The Hollywood Émigrés 1933 -
1950* (London: Faber & Faber, 1983), 33.

[2] Morris Markey, *This Country of Yours* (Boston, 1932). 引自 Robert M.
Fogelson, *The Fragmented Metropolis: Los Angeles, 1850 - 1930* （转下页）

即便其没有自然海港，洛杉矶当前使用的港口中［不仅仅包括洛杉矶的海港（圣佩德罗）还有圣路易斯港（San Luis）、长滩、埃尔塞贡多（El Segundo）、凡图拉、休尼梅港（Hueneme）、开普敦（Captain）、莫罗（Morrow）］，有不少能够处理的进出口吨位仍属全国最高[1]。

洛杉矶坐落于半干旱气候地区中，塑造其特质的是：低湿度、反复无常的降水（在这里猛烈的秋季洪水会与长久的干旱交替进行），一条流量多变的河流，不充裕的地下水与附近少量的湖泊，现位于都会区中的一些全国最肥沃的广阔农田（其中有许多几乎只属于一户家庭），拥有绿草坪、长年存在的花坛以及开花落叶植物、柏树和棕榈。 这一"反常的"丰饶仅仅通过建设一个复杂的灌溉体系便实现了，水通过渡槽从越来越远的水源引来。

在最开始时，洛杉矶是西班牙新世界帝国的一部分，在独立之后由墨西哥继承，其构成人口仅有西班牙为母语者。 然而，到20世纪20年代，该城成为全美最为"盎格鲁化"的都会之一——绝大多数为"白人"与本土人口。 其快速增长很大程度上来自中西部诸农业州的内地移民[2]。

（接上页）（Berkeley： University of California Press，1993［1967］），3。

[1] 洛杉矶地区的港口约处理1 350万原吨进口船货，超过110万吨出口船货，出自美国陆军工程部队，航海数据中心，航运贸易数据统计中心，*Annuals of 1991 and 1992*. 而进口吨位仅仅是纽约港的1/3（除去新泽西），出口吨位远超过纽约。

[2] 如我们所见，这一境况很快便变化了，现在"盎格鲁人"反而成了"少数族裔"（参见第十二章）。 只有在西南部才会普遍适用"盎格鲁"这一特别的词语，虽然其社会学意义上的指已愈加模糊。 （转下页）

　　不过其发展模式也很奇异，不是从一个单一中心向外逐渐蔓延，而是从一开始时便如一条四分五裂的疯狂被单，拼接块是些小镇子，后独立形成分区，依偎成不必然相连的聚集区中。这些定居点常常建筑在前述归属私人所有的大**牧场**上，根据地势的不同有所区别，至少包括雷纳·本海姆（Reyner Banham）命名的"四种生态"中的三种："海岸城区"（surfurbia）（海滩地区）、"山麓"（foothills）（丘陵山脊斜坡）、"平原生态"（plains of Id）（山谷），每一个都有其美学与工程必要性[1]。

　　在19世纪70年代中期至1930年间，正是出现了这些"非自然"的转变（它们借助人类意图并通过联邦、州和本地权力的

（接上页）今日，在其更宽泛意义上的用法上，该词可以指任何非西班牙裔，非黑人裔的人口——甚至是其母语并非英语。

[1] 参见：Reyner Banham, *Los Angeles: The Architecture of Four Ecologies*（London：Penguin, 1971）。"汽车专用区"（autopia）（高速公路）是其第四种生态。爱德华·索亚指出，在当前阶段，必须加入爆炸性的内城区以及"外城邦"（本海姆分类中并未包括的"外围"区域）。参见：Soja, "Los Angeles 1965 – 1992：The Six Geographies of Urban Restructuring," in *Thirdspace: Journeys to Los Angeles and Other Real-and-Imagined Places*（Cambridge, Mass.：Blackwell, 1996）。

　　在John McPhee, *The Control of Nature*（New York：Farrar Straus Giroux, 1989）中名为"Los Angeles against the Mountain"，183 – 272 的一章中，涉及了山岭斜坡上的建筑以及因此产生的山体滑坡与山洪之间的张力。书皮文字上道："洛杉矶一些更昂贵的房地产面临着……［因山崩］而导致的……世界上最快的山体崩塌……掀翻大树和汽车；压爆门窗；将房屋堵塞直至屋檐；飞散的碎片威胁着住在洛杉矶峡谷及其附近的人们的生命。城市花费了昂贵的代价且富于冒险精神地建设了150座像露天体育场一样的盆地，试图阻止这些碎片。"1995年冬天，充分证明了这些努力的失败。

技术处理，提供了对需求的有效补充）既"创造"了一个更加友好的自然环境，同时，通过铁路联结城市和陆地的其他地方再经由海洋联结世界各地，也"决定了"这一本不被看好的地点能被选为运输网络中心。 没有这些成就，就没有现在的世界城市洛杉矶。

这些发展中的每一步，我们通常分为1873—1893年、1893—第一次世界大战和一战后—20世纪20年代三个时期，虽然大致符合"事实"，不过相对于纽约和芝加哥，就洛杉矶的个案而言（转折点通常与本地的特定事件相关），这一方法的分析能力尚不够强大。 而后，笔者的阐述追踪了某些贯穿始终的问题，也展现了这些转折点对这些发展产生影响的时间和方式。1873年至1893年属于尚未成熟阶段，但是如我们所见，在19世纪90年代芝加哥进入了新的历史阶段，一战是一个关键的变化节点，由此新的都市形式和功能浮现了出来。

作为西部州的加利福尼亚

要理解洛杉矶历史上反常现象的根本动因，有必要首先把握住远西区（Far West）的发展与美国东部甚至中西部地区有何种区别，以及在其中加利福尼亚在何种意义上可表征为一个极端的个案。 在某种程度上，西部之不同与联邦政府有关，当安顿东部和中西部时，联邦政府的力量还很弱小，现在它已经羽翼丰满，在洛杉矶开始其现代发展历程时，能够完成其"昭昭天命"（Manifest Destiny）。 从某种程度上说，西部之所以不同是因为资本主义在加利福尼亚获得"胜利"时，正在呈现出扩大的且更具垄断性的形式。 西部之不同，还部分因为，从一开始，其政策决议都严重依赖直接的公民投票（referenda）系统，而这些决议在其他地方都更可能由选举或委派官员做出[1]。

亚瑟·施莱辛格（Arthur Schlesinger）在其早期的一本书里捕捉到了这些观点，笔者详细引述现在仍然十分中肯的叙述：

> 经济上说，在［18世纪］70年代末，正是大西部从一个时代进入另一个时代的转折期。 旧的工业，采矿与蓄牧业正被强制转型，农业生产即将在西部经济中占据主导地位……新体系需要大量资本投入……到19世纪80年代，资本家群体已经控制了……内华达最富裕的矿藏。 一个大型加利福尼亚公司拥有枯木镇（Deadwood）附近布莱克山（Black Hills）的所有最优质的矿藏……巨大的畜牧业公司建立起来了，通常为英国和苏格兰所控资，在西部的许多地区，牛仔们开始从一个由纽约或伦敦董事会委任的老板那里听取命令……在80年代早期，来自堪萨斯、达科他（Dakota）、明尼苏达、得克萨斯与加利福尼亚5 000至100 000英亩的大片土地落到了个体或公司手里，其中许多

---

[1] 参见：Steven Erie, "The Local State and Economic Growth in Los Angeles, 1880 – 1932," *Urban Affairs Quarterly* 27, no. 4（1992）：519 – 554。 作者指出，"西部早期……对直接民主的信奉，让选民成为20世纪早期城市发展政策中的关键行动者"（524）。 重点是，选民在政策问题上的普通投票通常掌握在西部各州那里，包括加利福尼亚，虽然他们在东部和中西部很稀有。 频繁诉诸直接民主剥夺了当选立法者与行政人员的特权，不过，如我们所见，选民依然被他们所操纵。

是无主的土地……当西扩的小麦、玉米种植带成为西部农业最为显著的发展时，几乎同等重要的是农业在大部分地区日趋增长的多样化。比如说，加利福尼亚在 1878 年不仅仅是最大的联邦小麦生产州，还是主要的油脂生产州。绵羊养殖……［提供了］更为集中的农业［生产方式］……然而水果培育尝试得更早，在 1878 年后的十年里，通过灌溉和更好的市场条件，它从一项高度的投机冒险变成了稳定的商业[1]。

这些发展中，许多由联邦政府所推动，不仅分配了西部[2]的无主土地并给予了铁路干线以特许，还为其复杂的基础设施的改善提供了补贴。另外，各州与城市还利用了他们债券集资权和税收集资权，在促进本地发展与优先奖励主导区域政治的大资本家方面进行了野心勃勃地投资。

在城市化牢固建立之前，政府介入的先例已经存在了。艾瑞尔（Erie）提醒我们，"在 19 世纪 60 年代，北方佬（Yankees）运用法律系统从大牧场主阶层那里抢夺西班牙属地的控制权［原文

[1] Arthur Schlesinger, *The Rise of the City 1878 - 1898* (New York： Franklin Watts, 1975 [1933])，引文来自，34 - 43。

[2] "按照 1862 年宅地法的规定，一个殖民者可以获得达 160 英亩测量过的公共土地……1877 年的荒地法案授权联邦政府以每英亩 1.25 美元的价格向殖民者出售 320 英亩荒地。反过来，殖民者必须在 3 年内灌溉其土地。1894 年的凯里土地法授权联邦政府移交给每个州多达 100 万英亩荒地，这一配置在 1877 年荒地法时便在进行。" Kevin Starr, *Material Dreams: Southern California through the 1920's* (New York： Oxford University Press, 1990)，25 - 26.

如此；实际上是墨西哥人］"，并且在 19 世纪 70 年代，由商业
主导的洛杉矶政府"娴熟地控制选举进程以保证选民同意，有必
要进行大量补贴以将南太平洋铁路引入洛杉矶。"[1]洛杉矶从
联邦政府那里同样获得了大量补贴以改善洛杉矶在威明顿与圣佩
德罗的港口，随后联邦与市政府的力量被用来测量并帮助洛杉矶
获得欧文斯山谷的土地和水源，以满足其对水库和水渠的需
要[2]。 美国西部城市建设中私人企业和政府权力的密切勾连在
一开始便赋予了洛杉矶政治经济的特殊性质。

最早期的经济变革

在 19 世纪中叶与 70 年代之间，洛杉矶刚刚开始与征服了它
的国家的政治、经济、语言、运输体系产生联结。 但是在南北
战争之前，主要的变革便已开始出现。 在加利福尼亚承认成为
一个州之后，第一艘汽船从旧金山到达了圣佩德罗的浅滩，预示
了港口的未来。 在 1853 年，第一批橘子树被栽植了下去，种子
买自美国中部与夏威夷。 一年之后，首批葡萄运货船发往东部
市场，预示了该区域日后作为全国蔬果市场的定位。 到 1860
年，连通洛杉矶、圣佩德罗、旧金山之间的首条电报通信电缆安
装成功，预示了其未来的通信模式是先通过铁路，最终依赖调制

---

[1] Erie, "The Local State and Economic Growth," 521.
[2] "在新政之前，城市要筹措他们公共设施和建设的经费，几乎只能通过
  专门卖给华尔街保险人和投资财团的一般义务债券……缺乏资源与资
  本的西部城市，像洛杉矶，尤其依赖对公共设施的公共财政支持。"同
  上，522。

解调器。 同一年，待土地测量一结束，土地转让开始依据美国法律进行谈判，催生了建筑业的繁荣，伴随着短暂而频繁、偶尔深刻的挫折，这一繁荣持续了接下来的 130 年[1]。

南北战争之后，洛杉矶享受了国家的战后发展红利，它在 1865 年开掘了首个油井并在 1866 年建立了首个银行，但是，在这个 10 年结束时，其狭窄的城市范围内居民人数仍不足 6 000 人，"城市"之外，全郡的人数不足 1 万。 其人口构成是一种奇异的混合形态： 正在失去地产的本地加利福尼亚人（墨西哥人）[2]；更多的是近期的索诺兰（Sonoran）移民，他们在返回墨西哥的过程中，失去了其北方稀疏的黄金产地；以前受契约约束的印第安人，他们在"洛杉矶河附近一个破败的小镇中"蜷缩在一起；来自新英格兰、得克萨斯与其他沿海各州（他们几乎还是从海上到达）的美国人；甚至还有来自北欧的多族裔移民[3]。

一些小型制造业，包括提供建筑材料的砖窑，也已经开始出现了，然而葡萄酒商仍然主宰着经济。 城镇开始呈现出了一种更为城市化的面貌，拥有 25 座煤气路灯，在第一和第四大道之间有一个新的居民区，其房屋四周都围绕着花园[4]。 但是直到

———

[1] 这一年表所参考的材料见： Robert Mayer, ed., *Los Angeles: A Chronological and Documentary History, 1542 - 1976* （Dobbs Ferry, N. Y.: Oceana, 1978）。

[2] 似乎这一点仅适用于最富裕的土地持有者，他们从墨西哥政府手里获得了政府赠地；其他人中，大多数没有土地，但是在富人们的牧场中工作和生活。

[3] Howard Nelson, *The Los Angeles Metropolis* （Dubuque, Iowa: Kendall/ Hunt, 1983）, 146. 这是研究洛杉矶历史的基础资料。

[4] 同上，146 - 147。

19世纪70年代至80年代，城市和郡才具有了真正的城市特征。这一变化要等到洛杉矶与世界互通之后才出现。

通过海运和铁路将洛杉矶连接到全国网络

早在1851年，菲尼亚斯·班宁（Phineas Banning）已于洛杉矶及不大的南方港口圣佩德罗之间发展了驿车和四轮货车服务，并用他的故乡为处于特拉华（Delaware）的"根据地"命名威明顿。 最终他的货车道成了洛杉矶的首条火车道，即洛杉矶 & 圣佩德罗铁道，后成为北至旧金山一带的核心[1]。 但是洛杉矶仍然缺乏横跨大陆体系的通道。

这一体系中的主要参与人是南太平洋铁路公司，他们最初规划在其横贯大陆直至旧金山的业务中绕过洛杉矶。 当时旧金山是西海岸在任何方面都最具重要性的城市。 由于意识到了铁路联结的绝对必要性，洛杉矶的本地郡属官员同意支付南太平洋公

---

[1] Ernest Marquez, *Port Los Angeles: A Phenomenon of the Railroad Era* （San Marino, Calif: Golden West, 1975）, 1. 在此我们可以清晰地看到洛杉矶的"政治经济"体系。 在班宁选入州参议院之后，他提出了首个铁路法案并"通过发行一种洛杉矶债券来推进对……洛杉矶 & 圣佩德罗铁路的财政支持"，他是首个资本拥有者。 他还利用其影响力接触美国陆军工程兵测量圣佩德罗，获得了一项200 000美元的拨款，用于移动沙堤并加深航道。 参见: Charles Queenan, *The Port of Los Angeles: From Wilderness to World Port* （Los Angeles: Los Angeles Harbor Department, 1983）, 30。 也可参见: John W. Robinson, *Southern California's First Railroad: The Los Angeles and San Pedro Railroad* （Los Angeles: Dawson's Bookstore, 1978）。

司一项可观的"贿赂"以确保该公司改变路线,从洛杉矶经过[1]:

> 该协议总值 600 000 美元,占洛杉矶郡评估价值总量的 5%,包括 256 英尺宽的通行权、60 英亩的土地用作火车站以及现存的洛杉矶 & 圣佩德罗铁路……
>
> 全部的议题在 1872 年的 11 月被表决通过,南太平洋铁路公司,即现在洛杉矶至佩德罗标准铁轨线的拥有者,获得了对进出洛杉矶所有航路的控制权[2]。

这也造就了(美国出生)科里斯·亨廷顿(Collis P. Huntington),南太平洋公司的头目,洛杉矶的实权者——至少直到其公司垄断能够被打破都是如此。

同时获得的成就还有在圣塔莫尼卡建造的竞争港口,带有一条通向洛杉矶的铁路线,虽然它确实在该区域形成了一个独立的

---

[1] 洛杉矶郡和市政府之间的关系同样是反常的,因为从一开始,前者行使的权力就比大多数郡政府多得多;城市被充分包含在郡中,但是永远无法与其毗连并因此成为区域未来的参与者之一,虽然应当承认,现在平等多了。

　　Queenan, *The Port of Los Angeles*, 33 中实际上称呼南太平洋的举动为"勒索"。Mike Davis 以尖刻的语调讲述了这一故事,参见其:*City of Quartz: Excavating the Future in Los Angeles* (New York: Vintage, 1992)。在 19 世纪中期,使用政治阴谋将火车终点站设置在芝加哥而非加来纳,与一代人之后导致选择洛杉矶而非圣地亚哥的阴谋之间存在着有趣的对应。

[2] Marquez, *Port Los Angeles*, 1.

城市，不过在其被证明成为一种威胁之前便已经夭折了。 圣塔莫尼卡的历史阐明了港口、铁路线与城市发展间的密切关系。积聚土地、筹划城镇、建设铁路并改善港口，一切都是相辅相成的。 圣塔莫尼卡镇［由购买的 38 409 英亩的圣·维森特（San Vicente）牧场、2 112 英亩的博卡·德·圣塔·莫尼卡（Boca de Santa Monica）牧场以及较小的拉·巴罗那（La Ballona）牧场构成］在 1875 年获得特许，而洛杉矶和独立铁路（Los Angeles & Independence Railroad）的建设及相关联的码头也在同一年开始建设[1]。 随后圣佩德罗与圣塔莫尼卡两个港口间产生了竞争，后者不久被轻易击败，当 1876 年南太平洋公司削减了其吞吐量（当然是临时性的），威明顿-圣佩德罗的港口活跃度很快以二比一的优势取得了竞争胜利[2]。 这一年南太平洋公司完成了从旧金山到洛杉矶的铁路建设。 圣塔莫尼卡与洛杉矶之间洛杉矶和独立铁路公司的业务下降了，最终被南太平洋公司接收。 一等到竞争结束，南太平洋公司便提高了圣塔莫尼卡的收费并关闭了仓库，港口的功能就此完结。 最后一班圣塔莫尼卡的轮船在 1878 年到达[3]。

---

[1] Marquez, *Port Los Angeles*, 4, 7.
[2] 同上，11，14。 在洛杉矶＆独立铁路线完成的非常日子里，"南太平洋公司突然将其运费……减少一半。 次日，新的铁路线开通，南太平洋公司再次大幅裁减其运费"。 Queenan, *The Port of Los Angeles*, 39.
[3] Marquez, *Port Los Angeles*, 14－23. 讽刺的是，随后南太平洋公司强调联邦资金应该能够用于在此建造核心港口，试图利用其圣塔莫尼卡的通道。 但是此时，南太平洋公司的权力已经崩毁，并且本地官员——更青睐圣佩德罗者（在此他们能行使更大的控制权）——转而赢得了联邦投资。

南太平洋公司充分利用了其对于运输的控制力，并将之应用到城市和区域。 到 1885 年，该公司拥有加利福尼亚铁路线的85%，并以之扼住了洛杉矶的"经济咽喉"。"南太平洋公司代表了旧金山和东部资本家的利益，它将加利福尼亚南部当作了殖民地……［并］创造了一个强大的两党制机器以控制洛杉矶的命运。"[1]甚至在南太平洋公司失去其铁路垄断地位之后［在 19世纪 80 年代，圣达菲铁路公司（Santa Fe Railroad）决心以洛杉矶而非圣地亚哥作为其西部终点站］，仍然没有摧毁亨廷顿在市政府中的权力，尽管在本 10 年的中期，导致了一次二者之间从芝加哥到洛杉矶大范围的、凶猛但是短暂的价格战[2]。

临时优惠价补贴了水果与蔬菜的东向输出，也诱使许多中西部人发掘在洛杉矶广为人知的宜人气候中安顿下来的可能性。因此，到 1885 年，虽然圣地亚哥有作为港口的天然优势，"洛杉矶仍作为区域性大都市崛起了……［成了］非同寻常的人口流动目的地，随后将加利福尼亚南部转变为最重要的国家城市中心"[3]。

人口爆炸

在铁路联结释放红利期间，一度告吹的动荡的土地市场死而

---

[1] Erie, "The Local State and Economic Growth," 525, 527. 不过也可参见：Davis, *City of Quartz*, 110 - 114。 在某种程度上对于"统治阶级精英"进行了更复杂的研究。

[2] 对圣地亚哥-洛杉矶竞争过程的更完整讲述可参见： Fogelson, *The Fragmented Metropolis*, 43 - 62.

[3] 同上，62。

复生[1]。 虽然直至 1880 年,城中的居民仍然不过略多于 11 000
名(诚然,几乎是 10 年前的 2 倍)[2],到 1885 年,洛杉矶几乎
全部中心区被细分为很多可建筑地段[3]。 在 1887 年,土地繁
荣期的顶峰,由于疯狂投机中产权的多次易手,城市地价在一年
中增长了 400%~500%[4]。 泡沫很快破灭了,但是在此之前,即
1880—1890 年的 10 年间,城市人口增长了 351%,郡人口增长了超
过 200%[5]。

这些增长几乎全都是由国内迁移造成的。 到 1890 年,实际
出生于加利福尼亚的城市本地人口不足 1/3 [并且这还包括 "加
州佬"(Californios),即最初的墨西哥居民],而剩下的本地白

---

[1] 1861 年的大洪水,紧接着是漫长的几个季节的干旱,这打断了早期的
房地产 "繁荣"。 新牧民和农民开始产生的希望破产了,并且 "南加
利福尼亚牧场的资产在洛杉矶和旧金山资本家那里不再具有优势"。
Fogelson, *The Fragmented Metropolis*, 17。 然而,在南北战争之后,牧场
被细分为小块建筑土地。 "到 1877 年,据洛杉矶 *Express*,在洛杉矶及
其邻近地区,仅有 '一小部分老牧场没有被切分'。"同上,19。

[2] 这一数据来自 1880 年的美国人口统计,复制于: 同上,21, Table 1。
然而,由于在合并之前还比较小的城市范围在 20 世纪猛然扩大,郡中
城界以外的地区居住的居民是城内的 2 倍。 在 1880 年,郡人口几乎达
到 33 400 人。 在随后的讨论中,我尝试着详细区分这两个实体,在诸
多文献中它们常常会被混淆。

[3] 同上,39。 也可参见 Glenn S. Dumke, *The Boom of the Eighties in
Southern California* (San Marino, Calif.: Huntington Library, 1944)。

[4] 一个意味深长的巧合或许是,这一年,大量石油首次流入洛杉矶。

[5] 参见: Fogelson, *The Fragmented Metropolis*, 79, Table 5, 参照美国人口
连续调查表。

人中，超过一半（总数的 34%）出生于中西部[1]。（相对的
是，在 1890 年，纽约城本地居民中的 85% 出生于纽约州）即便
19 世纪 80 年代是国外移民大规模进入美国的 10 年，洛杉矶此
时的人口中，海外人口仅有 1/5（甚至包括墨西哥移民），而纽
约和芝加哥却高达 40%。

　　中西部移民的流入受到了由商会发起的运动的刺激，并被铁
路公司之间的价格战促进，芝加哥和洛杉矶之间的票价一度降到
了每人 1 美元。 但即便在 1893 年全国性的经济困难扩展至芝加
哥之前，移民的数目已经有所下降，与之相伴的是，在第一次乐
观主义的狂欢开始时，许多投机的（往往没有水系）冒险项目瓦
解。 哈沃德·尼尔森（Howard Nelson）叙述了这一命运：

　　　　典型的繁荣期"城镇"是芝加哥公园……其位于圣盖博
　　河（San Gabriel River）河床的沙滩上。 这里道路，其名字
　　诸如"州""迪尔伯恩"，是要被测量的，地图一张又一张
　　地存档，同时一批又一批地被廉价出售［给投机商人］……
　　据报道，曾经在芝加哥公园有"2 289 块土地，一个居
　　民"。 最终，那名居民也离开了……

　　　　不过繁荣时期的许多活动涉及新城镇的创建，洛杉矶城

────────
[1] 弗格尔森指出，1890 年洛杉矶 21.4% 的本土出生的居民来自东北中心
　　各州，另外 12.6% 来自西北中心各州。 其中大西洋各州占 12.4%，没
　　有其他区域有值得一提的流入。 Fogelson, *The Fragmented Metropolis*,
　　81, Table 8. 同样需要指出的是，在 1930 年之前，墨西哥裔人口被人口
　　调查局分类为"白人"。 在 1890 年，非白人的数目很小： 只有 1 250
　　名"黑人"以及不足 2 000 名亚裔。

市边界内的土地同样以创纪录的速度被细分……

　　在 1888 年年中，繁荣期明显结束了；许多几个月前会被抢购一空的土地，以任何价格都卖不掉……洛杉矶郡评估员认为有 60 座鬼城（镇）[1]。

市中心比其他早期郊区进展好些。 邦克山（Bunker Hill）连同安妮与维多利亚皇后区（Queen Anne and Victorian）一系列令人惊讶的新住宅，成为 19 世纪 90 年代最为时尚的住宅区，新的有轨电车线路横贯其中，甚至延伸至城郊很近的距离，这些郊区最终被并入了城市[2]。

　　然而，短暂繁荣期的崩盘使得城市的领导者意识到，如果要继续维持增长，将需要更多的努力，机遇仍然存在于房地产中。 因此，在 1888 年，商会在芝加哥举办了一次永久性的展览，颂扬芝加哥气候；该地的农业生产力和其正在发展中的工业结构的荣耀，夸耀着城里有 600 座（原文如此）制造业设施。 为了刺激增长，加利福尼亚在芝加哥哥伦布纪念展览会策划了一个特别奢侈的展览，企图吸引更多的移民以重振逐渐

---

[1] Nelson, *The Los Angeles Metropolis*, 155 - 157. 芝加哥人将会认识到洛杉矶人的思乡病，这在他们为从一个街区到另一街区、从各个地区到城郊的命名中体现出来。 因此，这里有高地公园（Highland Park）、温尼特卡大道（Winnetka Avenue）等等。 不过此时，也有叫作底特律和杰纳西的大街，在博伊尔高地，现在的芝加哥核心区域之一，主要的大道叫作布鲁克林。 这些最初的地点命名与更为普遍的西班牙起源的命名法混合在一起。

[2] Nelson, *The Los Angeles Metropolis*, 158.

衰弱的房地产市场[1]。 在 1890 年至 1920 年，洛杉矶商会：

> 鼓励本地农民参加展销⋯⋯差遣了一辆有轨电车，装满
> 了货真价实的加利福尼亚南方水果、蔬菜和发言人，深入到
> 了美国农村，⋯⋯联手本地出版业使洛杉矶报纸分布到了全
> 国，与酒店业主合作吸引大会注意⋯⋯散发了无数的小册
> 子，购买了许多广告位置，并回复了对该区域的数不清的质
> 询。 在这些年里，在很大程度上，由于商会的活动，洛杉
> 矶及其郊区成为美国宣传最好的地方[2]。

商会的努力得到了回报。 在 1890 年，城内、外的总人数分
别为 50 000 人，增长至 1900 年，城市的人口超过了 100 000 人，
另外，还有 70 000 人居住在城市边界以外的郡中。

但并非所有的增长都经过商会的计划，在 19 世纪 90 年代的
10 年中，其他发展甚至更为重要。 在 1892 年，一场石油繁荣
开启了，5 年以后，该地区开始大量生产石油，加利福尼亚成为
本国第三重要的石油生产州。 这些发展常常像房地产投资一样
具有投机性[3]，不仅仅通过降低能源成本创造了工业化潜力，

---

[1] 1893 年芝加哥世界博览会的芝加哥建筑是一个巨大的，在某种程度上
   是怪异的（后现代？）"使命派"风格的拼贴，但是其包含的宣传看起
   来是有效的。 照片参见 Fogelson, *The Fragmented Metropolis*, 71。

[2] 同上，70。 弗格尔森的观察基于商会的文件。

[3] 对于一种关于石油投机性投资旁氏骗局的痛心的描述，参见： Jules Tygiel
   吸引人的著作，*The Great Los Angeles Swindle: Oil Stocks, and Scandal during
   the Roaring Twenties* （New York： Oxford University Press, 1994）。

还使得洛杉矶在美国军事战略中获得了更为重要的地位。 通过石油出口，港口有了更大的价值——对贸易和造船业而言，并可作为舰队停泊地。

石油、战争与港口：对圣佩德罗的公共补贴

在 1871 年至 1892 年，圣佩德罗港收到了约 100 万美元的联邦资助用以改善其内港[1]。 虽然这些投资确实在接下来的几年里有利于石油出口，但对于适应美国在太平洋新的战略利益而言，这些投资被证明尚不充分，在 1897—1898 年的西班牙–美国战争之后，这些战略利益达到了顶峰，当时美国增强了对前西班牙殖民地的控制，不仅仅有古巴、加勒比海的波多黎各（Puerto Rico）还有菲律宾[2]。 战争之后的那些年并非意义不重要，联邦政府拨出了相当规模的资金在圣佩德罗建设新的防浪堤并进一步加深了港口[3]。

在兼并这一被大大强化的港口的过程中，这些改善当然放大了洛杉矶的利益。 这一过程在 1906—1907 年通过增补的所谓"鞋带"完成，一条仅 1 英里宽的脐带将城市与大约 20 英里以

---

[1] Marquez, *Port Los Angeles*, 26.

[2] 美国同各个"被征服"地区之间的关系是不同的。 古巴得到批准，在战争之后便独立了；波多黎各在相当长一段时间里都由美国军事政府管理；菲律宾被认为是美国的"托管领土"，即将获得最终的独立。

[3] 为修建防浪堤首次以驳船倾泻石头的指示由麦金莱总统在华盛顿特区下达，这是加利福尼亚在联邦政府那里核心重要性的象征。 麦金莱按照预先安排好的时间按了按钮。 Queenan, *The Port of Los Angeles*, 59.

外的圣佩德罗连接了起来。 在 1907 年，合并后的复合港口被置于新组建的港务委员会（Board of Harbor Commissioners）监管之下。 1911 年的联邦滩涂法案（federal Tidelands Act）将额外贵重的海滨滩头地产转让给了洛杉矶，洛杉矶为海港改善发行了 300 万美元的债券[1]。 在用来联结的大西洋与太平洋角斗场的巴拿马运河（开始于 1913）修建之后，联邦政府甚至为了港口改善补贴了更多的资金。 在 1916 年，港口加强了防御，成为太平洋舰队的母港。

虽然由于一战的影响，巴拿马运河的贸易活力不足，不过在 20 世纪 20 年代早期，**每月大约有 250 万吨的货物经由圣佩德罗港经船运输**，相较而言，1913 年**一年**才有 200 万吨的航运量[2]。 因此，即便在与二战相关的爆发式增长之前，战争石油工业与洛杉矶的港口容量之间便存在着密切的关系。 所有这些进步都刺激了洛杉矶的发展[3]。

本区域 1900 年后的人口增长与种族融合

因为洛杉矶市非常碎片化，并且频繁地合并造成了 1900 年

---

[1] Queenan, *The Port of Los Angeles*, 77. 在长岛独立小镇中的港口设施仍然落在了后面（78），不过它最终将成为石油与重工业区域的主要港口。

[2] 同上，81。

[3] 也可参见：Clarence Matson, *Building a World Gateway: The Story of Los Angeles Harbor*（Los Angeles：1945）；Charles F. Queenan, *Long Beach and Los Angeles: A Tale of Two Ports*（Northridge, Calif.：Windsor, 1986）。

之后的 10 年间形态不断改变，所以通过考察洛杉矶郡的数字来
测量 1900 年至 1930 年间的人口变化更为可取，其边界在 1889
年之后一直保持不变并完全包含扩张中的城市。 表 6.1 不仅仅
阐释了人口的增长规模，还展示了在这一急速增长的年代本郡相
对稳定的人口构成，尽管随着新的周边郡的形成，洛杉矶郡范围
有所缩小。

表 6.1　洛杉矶郡人口的总量与种族/民族构成
（包括洛杉矶市），1900—1930 年

普查年份	1900	1910	1920	1930
总量/人	170 298	504 131	936 455	2 208 492
本地白人/人	136 330	395 042	727 928	1 667 227
国外出生的白人/人	27 645	88 436	166 579	282 655
黑人/人	2 841	9 424	18 738	46 425
墨西哥裔/人	\	\	\	167 024
日裔/人	204	8 461	19 911	35 390
华裔/人	3 209	2 602	2 591	3 572
其他/人	69	166	708	6 199

　　注释：在 1930 年，不被分类为白人或印第安人的由墨西哥人所生育或
具有墨西哥血统的人口都被称为"墨西哥人"。（在那些时候，人口普查者
经常通过"外表"靠猜来判断种族/民族。）之前的普查中，那些墨西哥人
中的大多数被分类成白人；因此，在 1930 年有了这一分类后，墨西哥人便
突然出现了。 要解释分类中"其他"在 1930 年的增长是很困难的，不过这
也可能表现了墨西哥或印第安起源人口的二次分类。 如果是这样的话，在
1930 年，墨西哥人或墨西哥裔美国人至少占据了总人口数的 8%，超过了其
他学者所公布的数字。 实际上孔斯和米勒甚至提出了一个更高的数字，超
过 9%。
　　来源：亚瑟·孔斯（Arthur Coons）与阿杰·米勒（Arjay Miller），《洛
杉矶与圣地亚哥地区的经济与工业调查》（"An Economic and Industrial
Survey of the Los Angeles and San Diego Areas"）（California State Planning
Board，mimeo，1941），380，Table IV.

这一人口结构有两个相当重要的结果影响了洛杉矶的未来，至少一段时期内如此。 首先，加利福尼亚南部"几乎错过了在19世纪末和20世纪初席卷东部和中西部城市的庞大欧洲移民潮…… ［因此］洛杉矶没有经历有大量种族飞地的时代"。 另外，虽然"持续存在一个墨西哥裔美籍的少数族裔"，但是这一群体并不"像爱尔兰人影响波士顿，或者意大利人影响旧金山，犹太人影响纽约那样"[1]影响洛杉矶。 反讽的是，出身墨西哥的居民实际上成为"不可见的"（在调查局的分类中），此时城市正处于如下的非常时期：

> 积极地发现并浪漫化西班牙传统…… ［且正创造成］一个神话…… 赞颂一种想象中的"神圣生活"（mission days）。 ……到1900年，这一运动已顺利进行……其建筑风格被构造者广泛复制，遍布加利福尼亚南部…… ［并且］许多城市 ［在］新年的帕萨迪纳玫瑰游行锦标赛（Tournament of the Rose Parade in Pasadena）时……对一年一度的嘉年华进行赞助…… 今天则以另一种形式展现[2]。

笔者将在下面的章节中回到这一悖论。

从表6.1中可以很清楚地看到，在1900年之后的30年

---

[1] Howard J. Nelson and William A. V. Clark, *The Los Angeles Metropolitan Experience: Uniqueness, Generality, and the Goal of the Good Life* (Cambridge, Mass.: Ballinger, 1976), 33.

[2] 同上，34。

里，该郡的人口增加了 13 倍，每年平均增长率超过 40%。 同样很明显的是，在世纪交替时，本地出生的白人不但建立了其数量优势，还将之维持到了 1930 年，即便有一些黑人和亚洲人的内部迁移。 在 1900 年，总人口的 80% 被分类为本地出生的"白人"（包括墨西哥血统的加利福尼亚人）；仅仅 16% 被算作国外出生的白人，且只有极少数代表了少数族裔群体（1.6% 的黑人和 2% 的亚裔）[1]。 同样的情形在较大的 5 个郡的区域内非常普遍（包括洛杉矶、圣贝纳迪诺、凡图拉、河畔区与橘郡）。 现在它们构成了联合后的洛杉矶都市统计区（表 6.2）[2]。

---

[1] 根据表 6.1，该表参照了 Arthur G. Coons and Arjay Miller，"An Economic and Industrial Survey of the Los Angeles and San Diego Areas"（California State Planning Board，mimeo，1941）。 洛杉矶郡本土出生的白人比例从 1900 年的 80% 下降到了 1910 年的 78%，并再次从 1920 年下降到了 1930 年的 76%，但要注意墨西哥裔被再次分类的方式。 虽然在 1930 年，这里出现了本地出生的白人比例的下降，不过下降数量完全超过了墨西哥裔重新分类所占的数目。 我估计，在 20 世纪的前 30 年里，一旦那些墨西哥裔被省略，本地白人的比例没有低于 75% 的时候。 在孔斯与米勒那里存在着我无法解决的矛盾：他们宣称，到 1930 年，洛杉矶及其毗邻的郡中有 87% 的人口是白人（本地出生与海外出生者一起），9.1% 是墨西哥裔（本地出生与海外出生），非裔美国人是 1.9%，日裔是 1.5%（53）。

[2] 科恩（Kern）郡依然大多数是农业人口并且人口很稀疏，在 1990 年划入了洛杉矶都市综合统计区，但在这张表里被忽略了。

表 6.2 1900—1930 年洛杉矶、圣贝纳迪诺、凡图拉、河畔区与橘郡的人口总量与种族/人种构成

普查年份	1900	1910	1920	1930
总量-五个郡/人	250 187	648 316	1 150 252	2 597 066
本地白人/人	201 444	507 576	894 516	1 950 071
国外出生的白人/人	38 842	112 389	204 225	308 818
黑人/人	3 443	10 745	20 493	49 386
墨西哥裔/人	—	—	—	236 792
日裔/人	546	11 685	23 236	38 767
华裔/人	4 457	3 391	2 982	4 017
其他/人	69	166	708	67 199

注释、来源: 同表 6.1。

这些人生活于何处,他们用水做什么?

用于发展的土地

鉴于短短的几十年间人口的巨大增长,如何容纳这些新来者,谁为他们提供交通与公共设施? 这些问题的答案就在房地产开发者、公共交通公司与城市政府对水的最终介入与权力之间的相互关系中。 最初,所有这些都处于私人部门。

特别是私人公共交通,被认为是一种"亏本买卖",这种投资虽然在经济上不可行,但是在待售的边缘区域进行大量修建是绝对必要的。 如弗格尔森曾敏锐地认识到的,"从房地产那里获得短期收益与受交通运输刺激而在 1885 年后遍布洛杉矶的本地

与市间道路建设所带来的最终经济回报，二者带来的期望至少是相当的"[1]。

　　最早的轨道马车与缆车公司的一再失败，甚至在 19 世纪末的电气化电车线路，都证明了这一事实，即低密度的城市永远难以在没有补贴的情况下提供可接受的超出中心地带的公共运输系统。 这些补贴来自土地开发者。 一个相关的好例子是太平洋电气铁路公司（Pacific Electric Railway Company），在 1901 年由科里斯·亨廷顿的侄子亨利·E. 亨廷顿组建。 南太平洋铁路公司的后期领袖，H. E. 亨廷顿：

　　　　组建了亨廷顿土地改良公司（Huntington Land and Improvement Company），获得了大片土地……通过太平洋电气公司修建了道路——将土地财产进行了细分并投入了市场……亨廷顿不仅仅将太平洋电气扩大至遍布洛杉矶郡的南部和东部，还购买了洛杉矶与雷东多海滩（Redondo Beach）铁路及其在太平洋的终点站站点。 这些全来自房地产售卖对铁路建设成本的补充[2]。

　　其他的开发者，大部分都比亨廷顿的资源少得多，利用了这些路线或者干脆被迫修建通路支线，前提是他们的冒险没有中途夭折的话，就像之前的芝加哥公园。 "早期对于边缘地区的细分，紧密跟随着洛杉矶铁路（Los Angeles Railway, LARY）的有

―――――

[1] Fogelson, *The Fragmented Metropolis*, 86.

[2] 同上，89。

轨电车线路。 到 1914 年，在市中心区域 5 英里内的大多数区域
都开通了有轨电车……对于这些地区而言，交通运输是如此之关
键，以至于开发者极少在离有轨电车线 4 个街区以外建房。"[1]

土地管理条例

在这些早期的日子里，加利福尼亚没有管理土地开发的法
律，这为大量骗局提供了可乘之机。 为控制这种滥用，加利福
尼亚州立法机构在 1893 年的大萧条中关上了众所周知的"方便
之门"，通过了一项法律，要求开发者将其土地在"官方核准
的"土地细分地图上进行登记，此后才可以售卖。 随后，法律
在 1907 年得到了修正，要求将官方地图提交给地方治理机构，
必须保证公路服务于公共利益，这体现了机动车的潜在重
要性[2]。

虽然法规并没有终结丑闻，不过在组织、金融和交通方面的
其他进步削减了开发者和购买者在开辟新的居住区域时承担的风
险。 起初，房地产行业企图通过建立于 1905 年的加利福尼亚房
地产联盟（California State Realty Federation）监管自己的成员。
这是最古老、最大的本土房地产董事会员州协会之一，并且"与
主要的交通公司、公共事业单位以及其他的大型土地持有者都是

---

[1] Scott L. Bottles, *Los Angeles and the Automobile: The Making of the Modern City* (Berkeley： University of California Press, 1987), 183. 如 Banham, *Los Angeles* 中所指出的，在很大程度上，路线决定了未来高速公路体系的轮廓。

[2] Marc A. Weiss, *The Rise of the Community Builders: The American Real Estate Industry and Urban Land Use Planning* (New York： Columbia University Press, 1987), 107 - 140. 涉及了加利福尼亚土地细分规章的发展；参见, esp. 109 - 110。

亲近的盟友"[1]。 如韦斯（Weiss）所指出的，因为围绕着洛杉矶的许多土地仍然是单一产权的大块土地，所以开发者开发的规模很大，故而在其他控制方式如区域划分缺席的情况下，开发者们"建立了牢固的、强制性的行动规范，以作为在控制大型的新开发居民区和商业发展时相当可靠的方法"[2]。

其他有助于土地开发的革新处在金融领域。 最开始，买家利用从储蓄或非正式的贷款中筹集来的现金购买土地，不过逐渐地，他们能够从储蓄与贷款协会乃至银行中借一部分。 到20世纪20年代，"房屋抵押债券成为主要的融资来源，房屋抵押保障保险与次级抵押市场（secondary mortgage market）的重要性同样有所增加"，缓和了土地开发商从简单的土地开发者向建造整个社区、连房带地一起售卖的大规模"商业建筑商"的转变[3]。

如果说机构融资将开发商从现金需求中解放了出来，那么机动车则将他们从本地空间束缚中解放了出来，虽然直到20世纪20年代甚至更晚的时候转投汽车与卡车（公共交通最终失败了，城市拒绝对之进行市政管辖）的全部价值才会被感受到。

---

[1] Weiss, *The Rise of the Community Builders*, 18－20.

[2] 同上，80。 也可参见： Fogelson, *The Fragmented Metropolis*, 145－146, 200。 这类行动规范很少是良性的，并且常常用来从定居点清除"不受欢迎"（即"少数族裔"）的成分。 实际上，美国最高法庭决议（*Shelly v. Kraemer, 334 U. S. 1*, 1948）使得人种上的限制性规范在洛杉矶无法强制执行。 当然，普遍的区域划分留待未来，不过一些早期在禁止某些应用上的尝试（如，手洗洗衣店）成功排除了某些人口（如，华裔）。

[3] Weiss, *The Rise of the Community Builders*, 31－41.

本质原因是洛杉矶的发展模式，即，几乎完全依赖独户家庭。在 1930 年，洛杉矶几乎所有的居民单元有 94% 都是这种结构，相较而言，纽约和芝加哥只有一半[1]。

不过，当 20 世纪 20 年代开始，洛杉矶仍然有"一个主导性中心商业区和毗邻的工业区"[2]，并且"迟至 1929 年，洛杉矶郡所有的百货商店销售额有 3/4 来自城市商业区"[3]。"但是当 20 世纪 20 年代的建筑繁荣期将大量的开车通勤者分散至郊区城镇与开发区之后，也在市中心造成了交通堵塞。"[4]这将中心区的商业利益——倾向于延长电车道，与将公共交通视为进入障碍的郊区开发者和汽车车主——置于一个彼此冲突的境况中，公共交通最终失败了。 到了 20 世纪 20 年代晚期，百货商店开始在偏僻地区开设分店；"5 年之内，所有新的零售店有 88% 建在城郊。"[5]有人居住的地方就有生意。

随着 20 世纪 10 年代卡车的引入，尤其是一战后汽车充气轮胎的发明，此时的洛杉矶作为一个具有卓越的人造港口、交通设施、

---

[1] 参见：Fogelson, *The Fragmented Metropolis*, 146, Table 17。 多数的独户家庭也是城市最近发展的职能。 如 Bottles, *Los Angeles and the Automobile*, 187 中所指出的，"足有 96% 的……房产库存建设于世纪交替之后"。

[2] 一项 1924 年的交通调查显示，每天有 120 万人进入中央商务区。 Fogelson, *The Fragmented Metropolis*, 147.

[3] Bottles, *Los Angeles and the Automobile*, 194 – 195。 中央商业区的主干道是"百老汇大道"，今天其顾客几乎全是"墨西哥裔"客户。

[4] 同上，192 – 194。

[5] Bottles, *Los Angeles and the Automobile*, 194. 十年以后，百货商店在市中心仅有 54% 的市场占有率，"到 1956 年，商业区百货商店在国内所有百货商店零售中仅占 23%"。（196）

邻近油田的工业势力崛起，它也同样让工厂更易去中心化。 无论如何，大多数新产业，除了那些石油设施附近的，仍然青睐于市中心东南部旁边原始工业区的位置，靠近芝加哥河并能充分利用铁路线[1]。 只在很晚之后，工厂才寻找到更远一些的新地点。

发展用水

土地，无论是出于居住还是工业目的，没有可依赖的供水系统是不行的，水资源短缺对州及其城市可能会造成严重的"发展限制"，甚至在 20 世纪初的那些年里，缺水问题已开始变得明显[2]。 洛杉矶解决其潜在问题的方式相当显著地阐释了当地与联邦政府间互动的典型模式，以及本地精英能够运用二者以行使自己计划的方式。

在 1905 年，当洛杉矶从欧文斯山谷取水的规划首次披露时，供水战争打响了[3]。 在新的市政供水公司的支持下，一条沟渠在 1913 年被雄心勃勃地投入使用，增加的供水不仅大大超出了城市当前的需要，还使得圣费尔南多山谷成为被充分灌溉的肥沃农田，这为最终的城市发展做好了准备。 然而，这一系统

---

[1] 参见，Bottles, *Los Angeles and the Automobile*, 196 – 197; Fogelson, *The Fragmented Metropolis*, 148。

[2] 参见：Starr, *Material Dreams*, 8 – 12。 "到 19 世纪 70 年代晚期，一个包含灌溉和洪水控制的全面水力规划，对加利福尼亚的必要性清楚地显现出来。"（6）旧金山最早开始其尝试。 在 80 年代，公共交通的多卷本研究促进了对水资源和国家需要的理解。 名为：*Physical Date and Statistics of California and Irrigation Development*。 准备工作在威廉姆·霍尔（William Hammond Hall）的指导下进行，但是在霍尔于 1889 年因加入美国地质调查局而辞职之后，这一焦点便丧失了。

[3] 直到 1906 年，保障从水渠通行权利的法律问题才被厘清。

使得欧文斯谷的农民陷入了令人恼火的缺水境地。 虽然对于这一成就通常采取"道德剧"（morality play）的叙述形式： 自学成才的水利工程师威廉姆·穆赫兰（William Mulholland）经常扮演一个英雄的角色，前市长弗雷德·伊顿（Fred Eaton）是奸诈贪婪的恶棍，联邦开垦服务（Federal Reclamation Service）测量员约瑟夫·利平科特（Joseph Lippincott）充当了变节的犹大（Judas），这一故事虽然采用了同样的主演，但要更为复杂[1]。

―――――

[1] 电影 Chinatown 在大多数新手的心中嵌入了"黑色的"黑暗场景，但是许多方面并不准确。 关于水渠的最全面、慎重的资源是： William L. Kahrl, *Water and Power: The Conflict over Los Angeles' Water Supply in the Owens Valley*（Berkeley： University of California Press, 1982）。 在两种极端的立场之间，本书小心地踩出了一条路径： 一方强调欺骗和阴谋，大多数批评家都倾向于这一种，包括迈克·戴维斯；另一种倾向于粉饰水渠的决策者和建筑师，这得到了城市支持者和凯文·斯塔尔（Kevin Starr）（戴维斯简单地将之作为一个"辉格党"历史学家加以否定）的支持。 虽然斯塔尔对帝王谷的开发持一种全然的批判态度，不过对于洛杉矶水渠所代表的成就持有更为正面的态度（参见： Starr, *Material Dreams*, chap. 3, titled "Aqueduct Cities: Foundations of Urban Empire"）。 John Walton, *Western Times and Water Wars: State, Culture, and Rebellion in California*（Berkeley： University of California Press, 1991）. 相较而言，在某种程度上聚焦于对欧文斯谷人反抗其土地/用水权利"被偷走"的同情。 对穆赫兰最为赞赏、贴近的描述是： Margaret Leslie Davies, *Rivers in the Desert: William Mulholland and the Inventing of Los Angeles*（New York： HarperCollins, 1993）。 她在描述中将伊顿刻画为反派（他提出将欧文斯山谷的土地用作蓄水池，随后提出一种无法容忍的价格以至于蓄水池的地点必须变化）并且穆赫兰作为一个坚定的民权梦想家以及自学的技术统治论者，在弗朗西斯大坝崩溃后，因其所应有的罪责而以耻辱作结。 传闻其被不满的欧文斯谷人以炸药炸毁，但是陪审团的结论是，这是工程上的不足所导致的。 穆赫兰死时身败名裂。

凯文·斯塔尔（Kevin Starr）的《物质之梦》（*Material Dreams*）从一开始，便强调了加利福尼亚水的历史：其稀缺性、必要性，及其创造出来的"特征"，特别是在州的南部地区[1]。在西班牙/墨西哥统治的早期日子里，洛杉矶水资源的公共权利是无可争议的，但是到1868年，仍然未组织起来的当地政府，在管理水资源上有如此之多的麻烦，以至于，"市议会将供水专营权移交给了洛杉矶市供水公司，其修建的蓄水池和开掘的沟渠体系在19世纪80年代的扩张中，被清楚地［证明］已经过时了"[2]。然而，以市长弗雷德·伊顿为首，施加了越来越大的压力以对设施"再市属化"。

当州立最高法院规定，洛杉矶市对洛杉矶河流域有管辖权的同时，［私人的］洛杉矶市供水公司也宣称对该地区拥有权利，市政化的理由得到了……支持……债券发行被通过……［在］1901年［和］1902年2月13日，这一天使之城买下了洛杉矶供水公司的全部产权……［因此将］水变成了公共事业[3]。

---

[1] 斯塔尔解释说，"所有降水中有2/3落在该州北部的1/3。只有11%的降水落于特哈查比思（Tehachapis）以南。鉴于有65%的损失率［通过太阳的蒸发或流入大海］，南加利福尼亚留下了州内自然降水量的一小部分，并且即便如此，也会被频繁发作的干旱所威胁。" *Material Dreams*, 1.

[2] 同上，46。

[3] 同上，46–47。

　　从一开始，首席水力工程师便是明摆着的，威廉姆·穆赫兰（他之所以被市政当局接收，是因为在缺乏任何旧系统的地图的情况下，只有他有一套大纲，"在他的脑海里"）。 即便现在升级版本的公共设施也很不幸地无法适应城市的预期增长。

　　与此同时，在欧文斯山谷的农场上，新成立的联邦开垦服务正在研究资助灌溉毗邻农田区的方案。 它雇佣了伊顿的老同事利平科特，主导对该区域的整体可行性调查[1]。 在接下来的几年里，伊顿、穆赫兰以及利平科特看起来孕育了一个方案以改道水流引向欧文斯开垦服务项目用来满足城市日趋加大的需要，并在长谷（Long Valley）建立了一个具有沟渠的水库能够将水传送给洛杉矶[2]。 穆赫兰判断，如果他们能完成这一妙计，就会有"足够200万人使用的水，这一人数是1904年洛杉矶人口的10倍"。[3]利平科特被加在了洛杉矶水力公司的工资名单上，而伊顿收到了填海工程地图和勘测报告，开始在欧文斯山谷买入土地期权[4]。 这一秘密规划在1905年公布，在接下来的两年里，开垦服务将其声称的欧文斯谷的权利割让给洛杉矶。 为支

[1] 这并非首次："1885年及1891年实施了两项私人调查……显示了，在技术上有可能建造235英里的运河，联结这两个区域［欧文谷和洛杉矶］，那么水可以完全凭借重力流动。"Kahrl, *Water and Power*, 47. 作者引用了穆赫兰在水渠调查委员会之前的证词作为来源。

[2] 同上，54 - 64。 Starr, *Material Dreams*, 49 - 53.

[3] Starr, *Material Dreams*, 51. 应当指出的是，在20世纪30年代早期，城市达到这种规模之前，额外的供水来自胡佛大坝从科罗拉多河释放的水量，其运输距离甚至长过欧文斯谷到洛杉矶。

[4] 同上，52。

付给伊顿并购买欧文斯谷的更多土地而发行了债券；穆赫兰设计了复杂的水渠，又发行了更多的债券以融资进行建设[1]。

与纽约雄心勃勃地建设中央公园一样，水渠项目雇佣了一支超过3000人的非工会劳动者大军，他们夜以继日地工作。尽管运转中存在挫折，资金也有所短缺，到1913年秋天，工程已有"235英里的运河、导水管道、水渠、引水槽、压力水管、尾水渠和虹吸管……接近完成"。

> 在1913年11月5日星期三早晨，有30000到40000人之间的人群——他们中许多人拿着马口铁杯子来进行首次取水——聚集在圣费尔南多市外洛杉矶沟渠系统最后一条泄洪道的底部……在一次简练的演讲之后，穆赫兰展开了一面美国国旗，加农炮部队隆隆作响，泄洪道闸门打开了，欧文斯河水从溢洪道中如瀑布般落下[2]。

这个时候，水渠系统的供水远超过洛杉矶的需求，但是市政供水公司严格按照法律，只将其用于家庭供水。如我们将在下面看到的，在兼并的地区，这一严格限制连同城郊社区对水日益增长的需求，创造了一种共生关系，这导致了城市边界即时、激进地扩张。

———

[1] Starr, *Material Dreams*, 53. 到1910年，随着1/3项目的运行，资金耗尽了。最终得到了纽约金融家财团的救济，他们同意购买新的债券。
[2] 同上，58，59。

新居民的工作

不过，即便有石油、港口、工业区和城郊的存在，在 20 世纪的早期几十年，洛杉矶的工业化仍然落后，但是相较于喋喋不休地宣称的"房地产无效投资"，该城市确实有更多的经济基础。特别是在美国参加第一次世界大战之后，刺激了造船业和制造业的发展（后者得到了油田便宜能源的有效帮助，以及从 1917 年开始，来自水渠的水力发电），这一短期的繁荣在 1919 年达到了顶峰。工业企业和就业都有所增加（表 6.3）。

表 6.3　1889—1921 年洛杉矶市的工业设施（据"制造业普查"）

年　份	1899	1904	1909	1914	1919	1921
设施数目/个	534	814	1 325	1 911	2 540	2 210
总资本/百万美元	10	28	60	102	160	/
平均工人数目/人	5 173	10 424	17 327	23 744	47 118	42 161
工人/设施［A］	9.7	12.8	13.1	12.4	18.6	19.1
产值/百万美元	15	35	69	103	278	314

注 A：笔者计算
来源：亚瑟·孔斯与阿杰·米勒，《洛杉矶与圣地亚哥地区的经济与工业调查》（"An Economic and Industrial Survey of the Los Angeles and San Diego Areas"）（California State Planning Board, mimeo, 1941），380, Table IV.

1919 年古德伊尔（Goodyear）在洛杉矶开设了其轮胎分厂，至 1929 年破产（在洛杉矶市制造汽车仅仅一年之后）期间，洛杉矶地区便成了石油装备与服务工业的唯一中心，第二大的轮胎制造业中心，西部家具、玻璃与钢铁工业的领袖，以及飞机、汽车制造、化学、货车运输工业的区域中心[1]。 到20世纪20年代中期，洛杉矶港成了美国最大的石油终端，多亏了信号山、亨廷顿海滩与圣菲斯普林斯的油井，它供应了世界石油的1/5。在1926年，2 300万吨的货物经过了海港，"洛杉矶在海外出口货物的吨位上仅次于纽约"[2]。 石油出口的需求激发了许多的改善。 20世纪20年代这10年"体现了……二战之前洛杉矶港口历史上最大的改进，设施和贸易的经营范围都得到了扩张"[3]。 这些设备中有许多修建于1920年至1930年间，目前仍在使用中，在20世纪80年代早期进行了充分的修理或改进。

即便有这么多进步，但是至1930年"［洛杉矶］从事制造业的有酬工人比例相较于国家的典型特征，仍然较少"[4]。 超过10%的有偿工作劳动力仍然工作于农业、渔业（7.8%）或资本密集型油、气田（2.3%）。 制造业雇佣工人不足五分之一。建筑业占据了另外的7.8%。 相较而言，整整1/3的工人参与贸易（24%）或运输（大概9%），并且通常还有相当高比例

---

[1] 洛杉矶与纽约之间的航空服务始于1929年；这段旅程要耗费36个小时，并需要过夜停靠。 关于汽车、化学制品、货运行业，参见：Fred W. Viehe, "Black Gold Suburbs: The Influence of the Extractive Industry on the Suburbanization of Los Angeles, 1890–1930," *Journal of Urban History* 8, no. 1（1981）：3–26, esp. 13。

[2] Queenan, *The Port of Los Angeles*, 77.

[3] 同上，69。 参见，同上，69–91对1921—1945时段的论述。

[4] Coons and Miller, "An Economic and Industrial Survey," xix.

（28%）的人员工作在"服务"部门[1]。 这一职业概括更贴合我们对"后工业"社会的固有印象，而不是其所处的大规模工业时代（the era of large-scale industry）。

电影

这一结论有如下事实支持，即除了石油、造船、制造业分支之外唯一值得注意的行业，生产的不是货物而是图像： 电影，在其开始于洛杉矶之前已经在纽约和芝加哥扩散开来了。 虽然1888年乔治·伊士曼（George Eastman）已经生产了使用弹性胶卷的相机，不过直到1893年初35 mm的观看设备才进行了展览（在纽约的一个游乐场）[2]。 随后芝加哥开始进行试验。1896年洛杉矶开设了首家店铺，在1902年建立了首家电影院[3]，但是直到一年之后，洛杉矶才有了电影摄像机。 洛杉矶的第一部真正的电影，完成于1904年，还是默片[4]。

对于洛杉矶成为新的产业中心的原因，已经有了两种解释：

---

[1] Coons and Miller, "An Economic and Industrial Survey," 86ff., Table 20,
我自己的计算。 家庭佣工占有的服务部门雇佣比例相当低，但是这或许是由于他们的省略或者少计。

[2] 关于早期摄影师的迷人报告可参见： Charles Clarke, *Early Film Making in Los Angeles* (Los Angeles: Dawson's Book Shop, 1976)。 早期历史参见9-10。

[3] 这第一家电影院中最早播放的两部影片之一是： Edison, *Blizzard Scenes in New York*。 同上，13。

[4] 这被迪士尼乐园的游乐场先驱所制作的一些短片占了先——这类激动人心的冒险如： *The Pigeon Farm at Los Angeles*。 其后跟随着一个鸵鸟农场表演。 同样还拍摄了圣典游行和圣塔莫卡路的比赛。 同上，17-18。

一种强调其自然与区位优势；另一种指出由一群特别鲁莽、最初资本贫乏的（大部分）犹太"新手"冒险家组成的近乎偶然的城市运动，这些都具备一定的合理性。 克拉克（Clarke）强调了本地的优势：

> 反对侵权公司的专利诉讼结果是……很多不可靠的生产者去了加利福尼亚南部……接近墨西哥边境，在这里，如果有必要他们可以带着可疑的照相机逃跑……更重要的是，洛杉矶地区提供了理想的环境……大量的日光、良好的气候、近海、沙漠、高山、森林空地，还有一个生机勃勃的电影院……大量的建筑，墨西哥大道，大量家庭与花园的混合物，终年围绕着鲜花绿树，到处都是[1]。

其立场的事实依据在于，大卫·格里菲斯（David W. Griffith）在1909年1月去洛杉矶以逃脱纽约"冰冷和黑暗的冬天"。 到春天他完成了两卷本的《拉蒙娜》（*Ramona*）电影版。这一电影（以及其底本的小说）被认为几乎独立完成了复兴洛杉矶传奇的"使命"[2]。

尼尔·盖博勒（Neal Gabler）采取了一个不同的视角，集中精力于如下矛盾，"美国电影工业，即威尔·海斯（Will Hays）……所说的'"美国"内涵的典范'已经建立了超过30

[1] Edison, *Blizzard Scenes in New York*, 19.
[2] 同上，22。 但是格里菲斯真正的摇钱树随着 The Birth of a Nation 的上映在1915年来临，基于小说 The Clansman 的12卷影片（参见同上，46）。 该电影因其反黑人的种族主义而声名狼藉。

年……由东欧犹太人［主宰］，他们自身或许可被看作任何事物，除了美国的典范"[1]。 他将之归结为很小的资本"变大"的机遇，他们非凡的成功集聚了极大的勇气。 但是，这个故事最好保留到我们对洛杉矶 20 世纪三四十年代的讨论中，那时他们和他们雇佣的欧洲移民才真正统治好莱坞[2]。

在 1915 年之后集中于好莱坞之前，电影工业在洛杉矶地区有许多聚落［布鲁克林与博伊尔高地（Boyle Heights）、圣费尔南多山谷、卡尔弗城，甚至圣塔莫尼卡］，它为相当规模的劳动力提供了工作，从 1912 年 3 000 人工作于 73 个公司，到 1939 年 21 500 人从事电影工作，这一人数在此时所有从事制造业的人口中占据了 15% 的比例[3]。 不过电影对洛杉矶最大的经济贡献大概在于，它们为"默片商会"所用，在国内外宣传洛杉矶，吸引越来越多的人来到了这里[4]。

---

[1] Neal Gabler, *An Empire of Their Own: How the Jews Invented Hollywood* (New York: Crown, 1988), 1. 然而，应当指出的是，该行业的首批先驱几乎全是盎格鲁-撒克逊人。 只有到晚一些的时候，20 世纪 30 年代，犹太人才得以凸显。

[2] 如可参见: Taylor, *Strangers in Paradise*。 该书聚焦于来自欧洲的音乐、写作、表演与导演天才（尤其是从 20 世纪 30 年代以来，当时希特勒促使许多人匆促逃离，犹太人与非犹太人都是如此）以及被驱逐者形成的社群如何影响美国电影文化。 也可参见: Otto Friedrich, *City of Nets: A Portrait of Hollywood in the 1940's* (New York: Harper & Row, 1986)。

[3] 1912 年的数据来自，Clarke, *Early Film Making*, 29; 1939 年的数据来自: Coons and Miller, "An Economic and Industrial Survey," xx。

[4] Clarke, *Early Film Making*, 19－20。

兼并政策

供水与工业取得的新进步重塑了城市的地理轮廓，在某种情况下鼓励土地兼并，也在另一方面加剧了抵抗。一般认为，供水促进兼并，而石油则相反。同纽约和芝加哥一样，洛杉矶同样也具有兼并边缘地区为大区域以扩张边界的"意愿"，但是其环境使得在通常的进程之中有了独特的苦恼。它不仅能够在中心城市的常规权力方面提供动机——金融（通过发行债券）；对现代都市发展变得越来越必要的公共设施（供水与排污系统，道路和其他交通服务）以及公共服务（如警察与消防），这些正开始被认为是市中心理应具备的，并且在水渠完成之后，还可以获得多余的水以供应缺水的周边地区。

争取供水

因此，在 19 世纪末期与 20 世纪初期的几十年间，洛杉矶"边界问题"的解决方案不同于纽约或芝加哥曾经使用过的方案。不过这整个故事不仅仅关涉自然资源，还有人们的设计和谋划。

首先映入眼帘的是洛杉矶市不规则的、实际上是不合理的边界。最开始时的方形是政府赠地形成的小镇及其早期增补地区，在 19 世纪与 20 世纪的世纪交替之后的土地兼并，增加了两块关键而不对称的广阔地区，其地点与尺寸只有参考城市经济生活中两个缺失的前提条件才能够得到解释。圣佩德罗深水港的创建解释了南部的突出地区，被生动地称为"鞋带"；西北额外的大片椭圆地区，圣费尔南多山谷，只有结合其作为洛杉矶沟渠的终点站才可以得到解释。"在举办于 1906 年至 1930 年间洛杉矶独立的 73 次土地兼并投票中,洛杉矶的选民难以置信地将城市的范围从 43 平方英里扩张至 442 平方英里"[1],并且在大多数的情况下,能够使之做出决定的原因是洛杉矶承诺给这些地区提供充足的供水。

如果说当前城市边界中最显著的变形是不对称性,那么,另外一个同样让人困惑的因素是其非连续性。虽然洛杉矶市(不过,这里当然不是指其都市区)完全处于洛杉矶郡之中,该郡包含大量的兼并城市以及未兼并的地区,它们仍然处于城市管辖权之外。这一不统一的管辖模式源于不同程度的"议价权"(bargaining power),许多社区寻求兼并期望能从市政府供给的便宜水资源中获利。而其他的社区,特别是那些建在油井周围的,拒绝与城市分享其财富。更晚些时候,某些分区实际上已经选择从城市中"去附属化"(deannex),当"湖木抉择"在 1958 年生效后,便允许社区与城市服务签订协议,而不必非要被城市吞并。而纽约与芝加哥经历的对兼并的抵抗,在洛杉矶只有石油小镇在分裂城市的过程中扮演了特殊的角色。

石油小镇与独立

弗雷德·维赫(Fred W. Viehe)强调,虽然"城市内部运输[以及,我还会加上,水]是圣费尔南多与圣盖博谷(San Gabriel Valleys)市郊化的缘由,**这当然没有解释洛杉矶郡南部与橘郡北部的郊区发展**",自 19 世纪 90 年代中期这里发现大量石

---

[1] Erie, "The Local State and Economic Growth," 539.

油起，便导致了许多独立的郊区公司在油田、精炼厂和相关的工业中心落户。他指出"到 1930 年，围绕着洛杉矶市，石油工业建立了一个郊区工业网络，占据了整个南部的大片土地"。[1]通常的解释将郊区化与交通系统进行了联系或者将对土地兼并的抵抗归结为美国对小镇自治的偏爱，维赫对此进行了反驳。他强调，石油是"洛杉矶郊区化背后的主要因素"，导致了洛杉矶在洛杉矶郡南部和橘郡北部地区兼并能力的迅速下降。"分散的油田和精炼厂"给予了其相关小镇独立的税收财富，这允许他们购买所需的服务而避免城市（以及任何劳动）管理[2]。这些定居点往往成为"公司小镇"，被最大的石油大亨有效控制。

维赫展示了许多详细案例以阐释石油政策与合并的相互关联方式。起初，巨大的亨廷顿帝国的下属公司雅马尔加马特石油公司（Amalgamated Oil Company）购买了洛杉矶西部的一个大牧场以寻找石油，但是一无所获之后，发起人便将其不成功的冒险转换为更高规模的贝弗利山[3]。相反，在好莱坞并入洛杉矶之

---

[1] Viehe, "Black Gold Suburbs," 3. 加粗字体为作者所加。

[2] 同上，6。"附近油田的出现常常增加一个城郊区的营收并急剧降低其税率……到 20 世纪 20 年代，据报'橘郡实质上便靠石油生活'［维赫引自 "Taxing Oil Properties," *Oil Age*（August 1919）：2. 在此］……现存的石油工业提供的明显的经济利益鼓励城郊将油田合并且纳入自己的辖区内。"（7）

[3] 贝弗利山的案例尤其有趣，因为它几乎阐明了该片土地历史上所有的纠缠与转向。Brendan Gill, "Reflections: The Horizontal City," *New Yorker*, September 15, 1980, 109 - 146 中描述道"这一存在于洛杉矶内部仅占有 6 平方英里的城市，却总体上独立于它之外……它之优美、造作，仿佛由棉花糖造就"。（113）他宣称，"贝弗利山的历史相当于整个洛杉矶历史的压缩版"。（113）其最初的移居者玛丽亚·（转下页）

后，此地便禁止开采石油。 在 1924 年，信号山发现了迄今为止最大的油田，其居民立即团结在一起阻止其摇钱树般的油田被并入长滩，而托伦斯（Torrance）和霍桑（Hawthorne）在其附近发现石油之后，则一起阻止井架进入居民区。

　　到 1930 年，城郊工业区与居民区混杂着，并扩展到整个南部，而洛杉矶作为一个支离破碎的大都会浮现了出来……

　　……一些郊区合并起来开采其境内的油田，同时其余地区则联合起来以防止石油外泄。 比如说，在发现了蒙特贝洛（Montebello）油田 3 年之后，一个油商在 1920 年鼓励蒙特贝洛脱离蒙特利公园…… 在 1926 年，在富勒顿（Fullerton）出现了相似的情况，一个油商鼓励普拉森舍（Placentia）趁着有利可图的里奇菲尔德（Richfield）油田

（接上页）丽塔·瓦尔迪兹（Maria Rita Valdez）拥有来自墨西哥政府的官方政府赠地，用作超过 4 000 英亩的牧场。 在美国士兵征服洛杉矶时，她失去了这些土地。 当时美军破门而入，偷走了她装有契约的箱子。 虽然美国法庭随后将其财产归还给她了，不过她随后以很便宜的价格将之售卖给了盎格鲁土地开发者。（113）随后牧场数次易手。 当 19 世纪 80 年代铁路促成了建筑业大繁荣时，"房地产投机者为火车站的修建做了准备……伴随着修建一座城镇，摩洛哥的意图……［但它］一直没有超出投机者办公室中纸上设想这一阶段"。（116）最终巴顿·格林（Burton Green），雅马尔加马特石油公司的一位主管，"请一位纽约风景设计师威尔伯·库克（Wilbur Cook）规划一个城镇范型［他称之为贝弗利山，因为他喜欢这个名字］……该城镇在 1914 年被合并，人口为 550 人……其繁荣……多亏了来自毗邻好莱坞的所谓'电影人'"。（117）

的开采，合并成一个"富裕的小型城市"[1]。

洛杉矶的阴暗面：排除少数族裔的世界

即便存在这样的固有印象，即居住在洛杉矶的都是中西部"美国野蛮人（哥特人）"（尼尔森语），不过这一群体的经济与城郊生活方式却依赖于城市中"看不见的"大部分少数族裔：墨西哥裔、黑人与亚裔。

亚裔

在19世纪晚期和20世纪早期这段时间内，关于洛杉矶亚洲人的有效信息很少。鉴于1850年之后的劳动力短缺，大量的中国男性工人被"进口"以帮助修建铁路；他们中的许多人经常惠顾19世纪60年代早期建立于洛杉矶市中心拥挤的长条形"唐人街"。"到19世纪70年代，1/3的本地华裔人口集中在该区域的步行距离内。"[2]到1880年，加利福尼亚大约有多达150 000名的中国人，占据所有工人的1/4[3]。"［随后反对他们的］

---

[1] Viehe, "Black Gold Suburbs," 11.

[2] Donald Teruo Hata Jr. and Nadine Ishitani Hata, "Asian-Pacific Angelinos: Model Minorities and Indispensable Scapegoats," in *20th Century Los Angeles: Power, Promotion, and Social Conflict*, ed. Norman Klein and Martin J. Schiesl (Claremont, Calif.: Regina, 1990), 65.

[3] Thomas Muller, *Immigrants and the American City* (New York: New York University Press, 1993), 35. 穆勒给出了150 000人（27）的较高估值。不过，Hata and Hata, "Asian-Pacific Angelinos", 68中指出仅75 000人左右。我无意解决这一矛盾（它对于我们的目的并不重要）。

潜在偏见浮出了表面，对于爱尔兰工人，中国人则临时成了黑人的替罪羊，直到国会立法机构对亚洲移民的实质中止"，其通过东方排除法案实施，虽然他们早在 1882 年便着手这一点，但直到 1904 年才永久性地并且特别地排除中国人[1]。

在 1909 年日本与美国签署了所谓的"君子协定"之后，有限的日本移民得到了允许。 表 6.2 中清楚地给出了中国人仍然数量很少（1930 年在洛杉矶郡大约有 3 500 人，5 个郡一共约有 4 000 人），而日本人的数量在 1909 年之后急剧增长，直到 20 年之后，在洛杉矶郡总量超过了 35 000 人，在 5 个郡中达到了 40 000 人，使洛杉矶成为全美最大的日本人飞地。 在这段时间内日本人和中国人比黑人或西班牙人受到了更为严重的隔离[2]。

非裔美国人

即便黑人、黑白混血、拉丁、印第安混血在早期西班牙殖民洛杉矶时是城市的主要构成元素，但直到 1850 年，黑人代表都显得无关紧要[3]。 非裔美国人的数目从 19 世纪 80 年代才开始增长——从这个 10 年开始时的不足 100 人到结束时的大约 1 300

---

[1] Hata and Hata, "Asian-Pacific Angelinos," 68.

[2] Nelson and Clark, *The Los Angeles Metropolitan Experience*, 36.

[3] 关于城内非裔美国人的早期历史，文献是贫乏的。 加利福尼亚有一些令人失望的关于黑人历史的冗长著作，包括 Rudolph M. Lapp, *Afro-Americans in California*, 2d ed.（San Francisco： Boyd & Fraser, 1987），其中有一个简要的描述；B. Gordon Wheeler, *Black California: The History of African-Americans in the Golden State*（New York： Hippocrene, 1993）。 该书有着该类型著作共有的困境。 通过强调，剥削、毁灭印第安人的"墨西哥裔"殖民者实际上几乎都是黑人和混血儿（尤指拉 （转下页）

人。 10 年之后, 该群体人数仍然少于 3 000 人 (比中国人还少), 所以只有很小块的飞地散落全郡也便不足为奇了。 然而, 到 1920 年, 这一点变了; 此时, 洛杉矶 3/4 的黑人仅住在城里的 12 个街区里[1]。 在这一年里,

虽然黑人相对于白人的比例较之于前 40 年并没有增

(接上页) 丁民族与印第安族的), 作者身处在一个尴尬的位置, 他"归还"了该群体的名誉并且与此同时, 将之同最糟糕的西方的行径关联在一起。 现存几项 20 世纪上半叶对洛杉矶黑人社区的社会学研究, 但是没有哪一个像纽约或芝加哥的黑人社区文献一样丰富。 也可参见两篇早期未发表的文献: J. McFarline Ervin, "The Participation of the Negro in the Community Life of Los Angeles" (University of Southern California 1931), 单薄且外行; 以及更加精细的基准研究: J. Max Bond, "The Negro in Los Angeles" (University of Southern California, 1936), 后续的研究者严重依赖该著作。 1930 年后的时段没有得到更好的处理。 Lawrence de Graaf, *Negro Migration to Los Angeles, 1930 to 1950* (San Francisco: R. & E. Research Associates, 1974). 它本来是 1962 年洛杉矶加利福尼亚大学的博士论文, 且作者的经典论文: "The City of Black Angels: Emergence of the Los Angeles Ghetto, 1890 – 1930", *Pacific Historical Review* 39, no. 3 (1970): 323 – 352 也属于基础文献之列。 他关于移民的毕业论文被 Keith E. Collins 在 *Black Los Angeles: The Maturing of of the Ghetto, 1940 – 1950* (Saratoga, Calif.: Century Twenty One Publishing, 1980 年) 中进行了修正。 最近, 中央大道的文化"情景"——20 世纪二三十年代的哈勒姆与洛杉矶最接近, 不过是微缩版的。 这一点已经得到了研究, 见: Anthony Sweeting 的毕业论文, "The Dunbar Hotel and Central Avenue Renaissance" (Department of Theater Arts, University of California, Los Angeles, 1992)。 所提到的资料来源彼此相互引用。

[1] Bottles, *Los Angeles and the Automobile*, 182.

大，不过大多数的黑人生活在一个受空间限制的贫民区
中……从中央大道到最初的市中心定居点，大约占了30个
街区。这时的瓦茨市（Watts）还是一个小小的农村异类
［原文如此］。（瓦茨……在1926年并入洛杉矶。）这标
志着，由于限制性公约的使用增加，居住格局的变化……然
而，在这十年中，贫民窟自身……混合着……许多白人，他
们散布在黑人当中。中央大道连同其教堂和商业区成了国
内最值得注意的"黑人大街"。到1925年，黑人主社区延
伸到了史劳森（Slauson）大街，直到二战前，这里都是无法
逾越的界限[1]。

非裔美国人的境遇远不值得让人羡慕，尽管有杜·博伊斯
（W. E. B. Du Bois）令人惊讶的观察，他在1913年访问洛杉
矶，涌出了"洛杉矶真是奇妙"的感叹，断言"美国再没有其他
地方的黑人居住在如此良好、美丽的地方"，并且在全国有色人
种协会的会议上，以一种洛杉矶支持者的语言预测道，"在这
里，无与伦比的加州南部，没有什么能限制你们的机会与可能
性"[2]。平心而论，他在一篇名为《危机》（Crisis）的文章中

---

[1] Nelson and Clark, *The Los Angeles Metropolitan Experience*, 36. 1948年的最
高院判例使得集中于史劳森大街这一"界限"的种族限制性约定无效
化了。

[2] 杜·博伊斯被引用于：Lonnie G. Bunch Ⅲ, "A Past Is Not Necessarily a
Prologue: The Afro-American in Los Angeles since 1900," in *20th Century
Los Angeles: Power, Promotion, and Social Conflict*, ed. Norman Klein and
Martin J. Schiesl（Claremont, Calif.: Regina, 1990）, 101。

还是对洛杉矶的热情有所收敛的，其中他强调了洛杉矶鲜明的各色人种分界线（color line），这揭穿了洛杉矶作为天堂的谎言[1]。

即便出现了黑人职业中产阶层（几乎全为中央大道的社区服务），大部分非裔美国人仍然是服务员、门卫与搬运工，甚至在一战期间工业界岗位向他们开放之后也是如此[2]。随着人口的每一次增加，其居住区周围限制性公约的绳套便收紧一分。像其他地方一样，新来者逐渐挤进一个不会扩大的空间中，不过洛杉矶的独门住户与房屋产权的高占比，与瓦茨市的安全阀部分缓解了最大的困难，至少有一段时间是如此。

西班牙裔

虽然在 1850 年墨西哥人构成了洛杉矶人口的 90%，且加之有进一步的移民和人口自然增长，不过随后的几十年里盎格鲁人口的快速增长使之在 1930 年成了一个不足 10% 的少数族裔[3]。

墨西哥人及墨西哥裔美国人，不仅仅在加利福尼亚南部是最大的少数族裔群体，而且在洛杉矶形成了国内最大的拉丁人口聚集区。最开始，他们……居住在广场（Plaza）附近，即洛杉矶最初的市中心。然而，工业活动的增多却将墨西哥家庭推到了博伊尔高地和洛杉矶东部的老犹太人和东欧市郊那里……许多住在洛杉矶东部的白人内陆移民一等到

[1] Bunch III, "A Past Is Not Necessarily a Prologue," 105.

[2] Ervin, "The Participation of the Negro," 25 – 26.

[3] 直到最近时期，关于洛杉矶西班牙裔的文献都几乎只有墨西哥裔，远比亚裔和黑人要丰富。

取得一点影响，便搬进了边远地区。 这种迁徙与大量的墨西哥移民一起，将这一地区变成了一个喧闹的西班牙飞地……［离市中心工业区仅仅两到三英里］……沿着多条太平洋电气（Pacific Electric, PE）线路分布着少量孤立的墨西哥社区，因为铁路公司雇佣了西班牙人维护轨道，但是市郊的工人营地仍然隔绝于他们的白人邻居[1]。

鉴于人口统计局的错误分类和地方性的"非法"移民，对洛杉矶的墨西哥裔美籍人口进行长时间的持续评估是很困难的。莫拉莱斯（Morales）指出在1910年洛杉矶大约有9 000名墨西哥人，但是他暗示"非官方统计"数字更高，仅在市内便居有2万到4万人之间，这时甚至在20世纪一二十年代出现的主要移民潮尚未到来[2]。 在随后几十年的增长中，索诺拉镇（Sonoratown）与普拉扎（有时被称为"普韦布洛"）最初的中心"（墨西哥人）贫民区"人口膨胀到约5万人（约总人口的40%），而承担溢出人口的新贫民区正在塑造洛杉矶河东部以及通往瓦茨城沿线铁轨南向地区[3]。

---

［1］ Bottles, *Los Angeles and the Automobile*, 182.

［2］ Armando Morales, *Ando Sangrando*（*I Am Bleeding*）: *A Study of Mexican American-Police Conflict* （La Puente, Calif.: Perspectiva, 1972）, 13 - 14.莫拉莱斯面对着一种困境，类似于那些具有黑人自豪感的作者，如维勒。 但是他谴责对本地人造成的伤害，同时通过将早期征服者称作"西班牙人"来撇清自己。

［3］ Gloria E. Miranda, "The Mexican Immigrant Family: Economic and Cultural Survival in Los Angeles, 1900—1945," in *20th Century Los Angeles: Power, Promotion, and Social Conflict*, ed. Norman Klein and Martin J. （转下页）

墨西哥裔（Mexican）与盎格鲁人之间的关系从一开始就很紧张[1]。盎格鲁人对他们既轻蔑（早期称为"greasers"）又恐惧，因其开始对自己变为"少数族裔"进行抵抗[2]。墨西哥人对新的、令人困惑的法律，无情的政策以及他们所承受的双重标准的司法充满愤恨[3]。对墨西哥少数族裔的最大的恐惧在1929年的股票市场崩盘之后得到了充分证实，"超过80 000名墨西哥人被集中在一起，连同他们的家具、家养动物和个人物品，一起装上火车，而后运回了墨西哥，还带着他们的孩子，其中有许多出生在美国并因此成了美国公民"[4]。

（接上页）Schiesl（Claremont, Calif.：Regina, 1990），41. 关于普韦布洛，尤可参见：Richard Griswold del Castillo, *The Los Angeles Barrio, 1850 - 1890*（Berkeley：University of California Press, 1979）。关于洛杉矶东部，参见：Ricardo Romo, *East Los Angeles: History of a Barrio*（Austin：University of Texas Press, 1983）。不过这一文献仍然包含有关于普拉扎核心区以及其他的更为分散的飞地，例如瓦茨的有价值的信息。

[1] 我使用"墨西哥裔"这一术语来指最初的"墨西哥人"及其后代以及1850年后来自墨西哥的移民及其后代。无论是否合法、入籍。虽然这是一种比较草率的统计方式，不过对于早期阶段，这在社会学上是说得过去的，因为盎格鲁人及墨西哥人在交往中都不能从外观上彼此区分。

[2] 据：Carey McWilliams, *Southern California: An Island on the Land*（Salt Lake City：Peregrine Smith, 1990 [1946]），57。Greaser（加油工、涂油脂工人）这一用语可追溯到很久以前加利福尼亚未被征服时古老的"毛皮与油脂"贸易，新英格兰人用这一词汇来指用快速帆船运载令人作呕的兽皮的"深肤色者"（自从1946年首次出版起，迈克威廉斯的书便被看作洛杉矶的经典社会史）。

[3] Morales, *Ando Sangrando*, 10 - 12.

[4] 同上，15。

市政/郡的权力结构

  无论数量多少，在郡与城市里由盎格鲁主导与精英控制的政治体制下，少数族裔都没有权力可以行使，即便这些（政治体制）随着时间经受了重大的挑战[1]。 艾瑞（Erie）将这一阶段分成了两个部分：从1880年到1906年，他将之概括为"企业家执政时期"（entrepreneurial regime）；从1906年到1932年，他指出，变得更倾向于"州集中制"（state centered）[2]。 他强调"精英"从受铁路利益支配、致力于国家或至少非本地公司利益，转向更立足于本地。 这些本地精英包括私人房地产和商业利益领域以及各方面专业人士，利用公共部门的权力，拥有其自身的目标与运作机制。 在这一过程中，城市政权从"商业运作、低税收、追求私人经济发展战略的看护者的政府……转向了一个高税收、高负债的积极主义的州，成功地以公共发展战略为导向，[即便]面对日益增多的商业反对。"[3]艾瑞批判了关于洛杉矶权力机构的传统智慧[即弗格尔森，也包括韦斯（Weiss）甚至还有罗根（Logan）和莫洛奇（Molotch）]，他声称，过分强调了房地产开发者和食利者的重要性并且"严重低估

---

[1] 然而，因为洛杉矶东部拒绝并入城市，发展出了一种独立的以奇卡诺人为基础的权力，并可在随后引导郡政治。

[2] Erie, "The Local State and Economic Growth".

[3] 同上，519-520。 直到大萧条，该计划才失败，因为"骤然下跌的财产价值削减了城市的担保能力"。 不过这个时期，新政以及联邦赞助项目的转移到来了。 同上，549-550。

了州和公共部门参与者的作用，特别是官僚在进步主义时代以来，在塑造洛杉矶发展中的作用"。相反，艾瑞尔强调，"这是一种异常大规模、有力并且自主的本地-州的装置，要求选民在每一步都赞成，在世纪交替之后组建，目的是为都会发展提供必要的基础设施"[1]。正是这一获得选民赞同的需求使得本地报纸出版者［即奥迪斯/钱德勒（Chandler）时代的《洛杉矶时报》以及在较小的程度上，赫斯特（Hearst）的文章］通过塑造舆论获得了如此大的权力，他们能够左右决策[2]。

不过，新老精英一致同意的一件事是，需要将洛杉矶规划为一个"开发的商场"（可理解为是反工会的）城镇，以吸引工业，并和旧金山进行竞争。在纽约和芝加哥，不时获得成功的工人动员正在增加工人阶级的权利，相较而言，在工业化不足的洛杉矶，同样的尝试受到了警察的无情镇压，而其"激进"的领导者被"猎杀小队"拔去了尖牙，这是麦卡锡时代在1919年的先声[3]。艾瑞指出，20世纪20年代，"一个被裁减、规训过的工人运动组织被整合成一个受水电管理局（Department of Water and Power, DWP）领导的发展联合部门的隶属机构"[4]。

随后，洛杉矶政治的主要特点便形成了。缺少纽约和芝加哥的大规模种族/移民团体，仅有小型的城市议会（先是9名成

---

[1] Erie, "The Local State and Economic Growth," 520.

[2] Davis, *City of Quartz* 中强调了钱德勒的权力，但是并没有描绘这一层关系。我将在第九章考察1934年辛克莱在加利福尼亚州长的失败竞选时回过头来考察这一问题。

[3] 参见：McWilliams, *Southern California*, 274-283。

[4] Erie, "The Local State and Economic Growth," 523.

员，随后是 11 名，最终 15 名），独立社区的声音被淹没，其中
的少数族裔陷入了长时间的沉默。 在更大一些的郡中，甚至配
置的人数更少，只有 5 人构成的负责机构，却具有更大的权力。
今天，只有 5 个洛杉矶郡的管理者统治着近 900 万的人口。

由于洛杉矶的执政与管理结构从根本上被进步主义时代塑
造，当时公共服务被认为是必备的，于是政治党派机构再也无法
像纽约或芝加哥的"巨头们"那样，通过控制工作任命巩固权
力[1]。 由于城市的服务型经济、薄弱的工业基础、其脆弱的工
会和未进入人们视野的少数族裔，没有真正的现有反对势力能调
和盎格鲁精英的计划。 虽然在 20 世纪 30 年代这一状况有所改
变，但在此以后状况更甚，因为政治传统已经形成了。

建筑

发展中的大都会形状就像是用独立形成的地块和小镇为材料
缝补在一起的怪异的被褥，所以建筑风格也由普遍折中主义中共
存的多种模式所塑造。 洛杉矶的建筑历史显示了一种新融合社
会的表达障碍探索，这一探索引出了多种方向并留下了一个多种
风格的混合物，至今仍构成了令人不安的社区。 然而，如布兰
登·吉尔（Brendan Gill）所提醒我们的，"在建筑繁荣早期，很
少有建筑师参与；成千上万的房子令人钦佩地幸存到了现在，它
们由一个建筑师建造或其他碰巧在杂志上看到漂亮图片者所建

---

[1] 实际上，政治党派的进步主义化，其重要性随着时间逐步减小。 特别
是，鉴于选举官员的数目如此之小。 加利福尼亚进步主义时代的重估
这一主题可参见： William Deverell and Tom Sitton, eds., *California
Progressivism Revisited* （Berkeley： University of California Press, 1994）。

造，这些图片有时适合用作建筑设计，有时不适合"[1]。 不过，加利福尼亚南部同样聚集了许多知名建筑师。

对洛杉矶"真实"建筑风格的探索至少来自五名独立的"生产者"： 工匠村舍；中西部维多利亚式多层房屋；道院风格（mission-style）"大庄园"；新艺术派（art nouveau）/装饰艺术商业结构；基于包豪斯现代风格的乡间别墅。 所有这些都是衍生物，但是每一个都与产生这种模式的加利福尼亚风潮相适应。

其中，格林兄弟贡献的工匠村舍［查尔斯·萨姆那·格林（Charles Summer Greene），1868—1957 与亨利·马瑟·格林（Henry Mather Greene），1870—1954］是时间最早也最难以证实的。 1893 年两人从圣路易斯抵达帕萨迪纳（Pasadena）——当时，他们已在 MIT 接受了几年训练，当过各种各样的学徒，并于路上在芝加哥世界博览会上短暂停留——在形成后来经常与其相联系的形式之前，他们首先在斯坦福·怀特（Stanford White）的影响下建造了一些相当常见的房屋。 最近的灵感源于威廉·莫里斯（William Morris）的英国艺术和工艺运动，但是这种密切关联（温暖的木材和着色玻璃的使用，对朴素的强调，技艺的高标准）已经在其全套作品中体现了出来，他们对思潮的适应有自己的方式。 其他的元素也逐渐加入了。 像弗兰克·劳埃德·赖特一样，他们的工作与之非常接近，有时也利用日本的朴素性与西南部的美国印第安形式[2]。 虽然他们的房子几乎都建在帕萨

---

[1] Gill, "Reflections," 122.

[2] 关于这些风格演变的最好资源仍是： Randell L. Makinson, *Greene & Greene: Architecture as a Fine Art*（Salt Lake City： Peregrine （转下页）

迪纳，但他们的平房风格在洛杉矶被广泛袭用。

第二种模式，虚构的"地中海复兴"，在布道传奇中呈现出其面貌（常常归功于海登·亨特·杰克逊的小说《拉蒙娜》），可是洛杉矶人试图与其道德心妥协——通过与那些被他们取代的人达成认同[1]。无论如何，20世纪20年代建筑繁荣时景观中弥漫着单层壁、拱形门廊与窗户、庭院与西班牙红砖屋顶，这大概在欧文·吉尔（Irving Gill）的成果中达到了完善，不仅仅浸透了加利福尼亚的建筑，并弥漫到了看似可能性最小的南部和东部[2]。

————

（接上页）Smith，1977）。因为就像赖特一样，Greene & Greene 同样设计了内部并构建了设施，一本不可或缺的指南是：Randell L. Makinson, *Greene & Greene: Furniture and Related Designs*（Salt Lake City: Peregrine Smith, 1979）。不过最后格林兄弟仍旧用木头工作，以砖石补充，赖特逐渐放弃了这些材料，在其"中西部之家"中，他曾很青睐这些材料。在其于1923年迁往洛杉矶之后，替换为了混凝土（尤可参见：Hollyhock，Millard 以及 Ennis houses）。赖特的儿子，最初作为风景建筑师在奥姆斯特德兄弟处接受训练，最终开始了自己的设计。Gill, "Reflections," 130 – 132.

[1] 准确地说，必须强调"道院复兴"之前的西班牙影响。根据1995年《洛杉矶时报》上某期文章中所示，天主教大教堂对城市建筑仍然有着持续的影响：最好的例子是圣瓦比那（St. Vibiana's）大教堂，题献于1876年。大教堂的建筑师在洛杉矶主教的故乡西班牙巴塞罗那的圣米格尔（Puerto de San Miguel）教堂模仿了圣瓦比那大教堂。

[2] 至少许多建筑历史学家都将吉尔的工作与艺术、工艺运动和"现代"建筑关联起来。参见：David Gebhard and Robert Winter, *Architecture in Los Angeles*（Salt Lake City: Peregrine, 1985）。他们悲伤地指出，"很不幸，吉尔几乎是一个未获得荣耀的先知……他大多数建筑的遭遇在可用性的过去被摧毁的历史中构成了遗憾的一章"。（16）我同意这一点。

正如人们所猜想的那样，鉴于有着大量的中西部的内陆移民，第三种模式可能简单地移植了芝加哥城郊建筑的"北岸"立体风格，极少针对新风尚的调整。 这一影响在洛杉矶部分地区可以看到，如汉考克公园（Hancock Park），较之于洛杉矶其他地区，在芝加哥北岸最富裕的城郊凯尼尔沃斯（Kenilworth）更为集中。 还有中西部（大概是通过旧金山），包括所谓的安妮与维多利亚皇后区的铺张风格的房子，最初集中在邦克山闹市区[1]。

在 20 世纪二三十年代的建筑繁荣后，装饰艺术大概成了洛杉矶商业建筑最流行的风格，城市里有许多令人眼花缭乱的例子，这让其在各个方面都与众不同[2]。 鉴于这种建筑风格于 20 世纪 20 年代在纽约和洛杉矶都广受喜爱，它在芝加哥从未变得流行便令人困惑了。 一个猜测是，在这一狂热的顶点期，芝加哥建设的建筑比纽约或洛杉矶更少。 当然，20 世纪 20 年代

[1] 这些房子中有很多迁到了回声公园（Echo Park），原本主要是一个墨裔美籍工人阶级区域，当时邦克山很明显对新的政府公民/文化复合体更有吸引力，现在则漠然孤独地立在那一高地上。 在 1968 年，现在联结了普韦布洛和邦克山的"天使轨道"的缆索，在邦克山城市复兴项目开启后被阻断（在运转了 68 年之后），承诺将在 1972 年重开。 然而并没有。 最终，在 1997—1998 年，重建了短线路。

[2] 关于洛杉矶装饰艺术的最好资源当然是： Carla Breeze, *L. A. Deco*（New York: Rizzoli, 1991）。 不过被她所称作装饰艺术的有许多最好叫作新艺术或"现代"艺术。 附带，有一本关于迈阿密装饰艺术的著作（与洛杉矶同时发展）将这类建筑称作"热带装饰艺术"（tropical art deco），所以在低层灰泥装饰艺术（或新艺术）以及超高层装饰艺术之间应该做一个区分。 关于超高层装饰艺术的公认杰作是，封装数年的布洛克·维尔雪（Bullocks Wilshire）。

甚至扩大到 20 世纪 30 年代，都是洛杉矶奇迹般的发展阶段 [尤其是新沿着日落大道、好莱坞和维尔雪大道（Wilshire Boulevards）延伸的商业街]，这时这一建筑风格的流行度达到了顶峰。 但是，建筑更少的纽约也经历了一次小型的装饰艺术繁荣[1]。 关于芝加哥建筑学派自身起到的作用，我最推崇的假说是，它在城中建立了一个压倒性的重要建筑物应然"标准"；这一标准与重要建筑的主要赞助商和投资人的趣味互相作用，成为他们拒绝新类型的原因[2]。

———————

[1] 参见： Don Vlack, *Art Deco Architecture in New York 1920－1940*（New York： Harper & Row, 1974）。 尤其是地址列表，151－174。

[2] 这一解释或许看起来是这样的： 理查森、沙利文、霍拉伯特（Holabird）、儒特及其他人建立了一种极端"重"结构的风格，即便是对于摩天大楼，也无法在非常坚固的基础上像"飞涨"一样"浮动"。 他们的建筑材料同样很"重"——几乎全是石头或石料砌面砖——不过表面的装潢是很精致的（莫里斯风格，虽然是"现代化的"——股票交易所和沙利文设计的其他建筑）。 这必然是"哥特式"的，被视为"现代"的交替。 芝加哥装饰艺术可能性的"死亡之吻"或许在 1922 年芝加哥论坛报大厦的竞赛中出现了。 令人着迷之处在于，尽管设计选择了一个哥特婚礼蛋糕（非常类似于麦克金的纽约市政大楼），不过至少有一项设计，由埃利尔·沙里宁（Eliel Saarinen）所提交，可被称为装饰艺术。 虽然很明显这是一个杰作，但还是被拒绝了。 在此之后不久，赖特提交了一份在北密歇根 830 号的国家人寿保险大厦的设计（1924 项目设计），也同样被拒绝了。 其他的建筑师意识到了哪些种类的精彩设计会被接收，这可能在这一风格应用在其他芝加哥建筑时压抑其发展。 关于这一主题的一项优秀的资源可参见： John Stamper, *Chicago's North Michigan Avenue: Planning and Development*, 1900－1930（Chicago： University of Chicago Press, 1991）。 其复制了沙里宁和赖特未被选用的设计。 在这一对北密歇根大道 20 世纪 20 年代建造的建筑进行地充分阐释研究中，只有一个接近装饰艺术，（转下页）

来自欧洲的包豪斯建筑提供了最后的激励。 虽然雅赫将西海岸现代建筑运动追溯到了一战之后，那时加利福尼亚"成了20世纪中期建筑创新者，就像芝加哥成为更早期革命者一样"[1]，事实上它开始得更早，而成熟得更晚。 在这些案例中赖特都发挥了作用。 在1914年，他雇佣了维也纳建筑师辛德勒（R. M. Schindler），最终后者鼓励其朋友理查德·诺依特拉（Richard Neutra）加入他们。 在1923年，赖特在薪资清单上加上了诺依特拉。 诺依特拉最初在芝加哥工作，随后在塔里森（Taliesen），最后在洛杉矶[2]。 他们为现代建筑打下了基础，当希特勒起势之后，便将它整个（en masse）从柏林移植到美国。

笔者省略了第六种短命的类型，即19世纪晚期和20世纪早期在百老汇的商业建筑，是一种纽约和芝加哥出现的摩天大楼的衍生物，因为这些孤立的个案被证明是没有实际价值的。 这一类型中最著名的建筑仅有布拉德伯里大厦（Bradbury Building）

（接上页）即霍拉伯特与儒特在北密歇根大道333号的建筑，这是一个非常微小的尝试。 唯一真正的装饰艺术建筑实际上是北密歇根230号的"碳及碳化物联合大厦"，被斯坦普称为"20世纪20年代北密歇根最后矗立的高层办公大厦。"由博纳姆兄弟设计，但是其作为一个设计被接受可追溯至1928年，就在以纽约为基础的公司签约为主要的承租人之后。 这大约是由于纽约的不同品味，它在建筑中是一个十分罕见的例外。

[1] Frederic Cople Jaher, *The Urban Establishment: Upper Strata in Boston*, *New York*, *Charleston*, *Chicago and Los Angeles* (Urbana: University of Illinois Press, 1982), 526-527.

[2] Gill, "Reflections", 133-134.

及其高度模仿芝加哥风格的内院[1]。

鉴于有这样的全套作品，可以期待洛杉矶成为一项具有品位的美丽杰作，哪怕是有所折中抑或是有些普泛[2]。 然而，在曼哈顿常常显得有趣的多种风格并行在洛杉矶则大多显得不和谐。不考虑孤立的杰作，那么必须承认的是，洛杉矶充满了远没有什么吸引力的小房子和无区别的商业带，不客气的说，充满了死气沉沉的感觉。

城市规划

即便有如下事实，即洛杉矶的快速发展使其比其他城市都更需要规划，但是它既没有像芝加哥一样尝试做一个总体规划；也没有像纽约那样，有一个细致到区域的规划[3]。 除 1924 年的

---

[1] 部分程度上，布拉德伯里大厦之所以著名是其在电影 Blade Runner 中承载着正、邪（good and evil）冲突象征的血腥场景。

[2] 查尔斯·詹克斯（Charles Jencks）称呼这一混合的传统为"异质性建筑风格"（hetero-architecture）。 参见其：The City: Los Angeles and Urban Theory 中的章节："Herero-Architecture and the L. A. School," ed. Allen Scott and Edward Soja （Berkeley： University of California Press, 1996），47 – 75。

[3] 在某种程度上，洛杉矶郡曾是一个区域，以至于其规划尝试都被一个区域规划当局所取代。 在 1922 年，"监事会建立了洛杉矶郡区域规划委员会，拥有对整个郡所有未合并区域土地用途进行规划和规定的权力。这在美国属于首例，该委员会被命令协调郡土地使用的规划行动和洛杉矶、帕萨迪纳、长滩以及郡其他的未合并区域的城市规划委员会"。Weiss, The Rise of Community Builders, 13. 对于洛杉矶郡规划委员会的讨论可参见： Hugh Pomeroy, "Regional Planning in Practice," （转下页）

运输、改善铁路与公共交通倡议的总体规划准备（这一点迅速被
忽略了）与区域划分中的一些相对主要的改进之外[1]，有远见
的规划很少。 可能是房地产利益相关者认为其需求通过土地细
分规章与契约限制能够充分保障。

平心而论，洛杉矶确实"在1908年"建立了"美国首个全
市性的用途分区制（use-zoning）"，并且"洛杉矶房地产委员
会……甚至在1920年雇佣了他们自己的专业城市规划顾问为洛
杉矶市议会草拟新的分区法案"。 此外，他们"帮助建立了洛杉
矶郡区域规划委员会以促进郊区发展并避免介入洛杉矶市在土地使
用规章、公共设施、服务规定与财政税收方面的需求"[2]。

但是即便韦斯宣称，从20世纪20年代起的规划中加利福尼
亚是一个主要的革新者[3]，不过洛杉矶市的分区目标被限制在
独立的土地使用中，目的是从居住区排除有害的工业，并对商业
主街进行了过度的切分（然而1908年首个法令同样留出了7个
工业区，这一使用得到了允许）[4]。 即便在1921年，通过新的
分区条例建立了更为复杂的规则之后，城市仍是如此之大并且城市
规划委员会刚刚建立，所以一开始新的分区地图只有城市的一部分

（接上页）in *National Conference on City Planning Proceedings* （1924），111 -
128 以及 Hugh Pomeroy，"Two Years of Regional Planning in Los Angeles
County," *City Planning* 1（April 1925）： 47 - 49。 直到1941年，都没
有发布区域规划。

[1] 该规划最近在20世纪90年代重新浮出水面，当时它所做出的许多对地
铁和通勤地铁线路的提议又复活了。

[2] Weiss, *The Rise of Community Builders*, 79, 80.

[3] 同上，12。

[4] 同上，84。

［好莱坞、东好莱坞、威尔希尔（Wilshire）和西湖］[1]。

最终，在 1929 年，州里通过了土地细分和规划的法案，但是大萧条即将来临，房地产活动实质上已经崩溃。 在这段停滞期，新的分区条例通过了，并且规划委员会负责对城市更多的区域进行了重新分区[2]。 这一新出现的权力看起来几乎在分区差异中形成了一项繁荣的贸易，在 20 世纪 30 年代晚期时几个议员和规划委员被起诉售卖了这些分区[3]。 直到 20 世纪 30 年代晚期，合适的规章才落实[4]。 这些全是必要的，因为如我们所见，在大萧条期间洛杉矶比纽约和芝加哥受到的损失更小，其增长虽然减缓了，但从未停止。 实际上，当国家其余城市的经济基础都损失惨重时，洛杉矶获得了新的产业，使该市处于有利地位，二战期间的战时生产使国家摆脱了低迷。

---

［1］ Weiss, *The Rise of Community Builders*, 95 - 96.

［2］ 同上，104。

［3］ 同上，105。

［4］ 同上，139。

从大萧条的
深渊到重组，
1930—1970

根据一些分析,美国"世纪"仅持续了一至两代人的时间,从20世纪40年代大萧条时代的最低点开始上升,于20世纪70年代早期开启其摇摇晃晃的下跌之前,在1955年至1965年之间某处达到顶峰,不过这些都没有预见到冷战的结束与苏联的解体,1989年之后依旧是美国霸权。鉴于20世纪30年代早期显著的全国性经济崩溃,诚然,全国经济只有上升这一个方向可走,同理20世纪五六十年代早期的繁荣之后,除了衰退别无所有,至少在同一周期内都是如此[1]。 不过,此时预言衰落可能显得过度悲观了,到20世纪90年代晚期为止,都没有再重复20世纪30年代早期的急遽下跌,至少在20世纪七八十年代中期,我们显然处于最近一个康德拉捷夫周期的"B"阶段或者下行阶段。 然而,很难准确预测在20世纪90年代混乱的10年中隐藏着什么新趋势,我们现在正从过去20年不均匀的低谷期中复苏[2]。

但是以简要的"循环"这一术语描述这些波动现象而无视促成了这些"涨落"的实际事件链条,将导致这一分析方法较其所保证的要更为机械。 如我们在本书第二部分所看到的,即使是准确把握了美国经济更大周期也难以使我们明白,这些趋势是如何在这三座都市地区体现的,不仅仅因为这些趋势在继承的空间中得到不同的处理,还因为当地政治以根本不同的方式对它们进行了回应。

---

[1] 这一趋势至少在美国的垄断被复苏的经济增长所打破之后变得"不一样",尤其是德国和日本这两个二战的"失败者"。

[2] 然而,已有预言家们看到了20世纪90年代激昂的经济仅仅是真正衰退的序曲。 他们的预测得到了亚洲经济收缩的支持,这可能会在世纪交替时动摇世界经济。

第三篇各章探讨了 1930 年至 1970 年左右，其间三个都市区域的变化，集中于三个普遍的阶段，如我们所见，在某种程度上对三个地方都有不同的影响。 第一个阶段，当然是 20 世纪 30 年代经济崩溃的阶段，这一灾难造成的后果在东北部和中西部比西海岸更为严重。 第二阶段关系到由第二次世界大战及其后续时段所引发的经济复苏，这一阶段，相较于欧洲工业"竞争者"所经历的严重毁坏，美国相对免疫了。 因此，美国在紧接着的战后阶段的经济霸权并不难解释，国家至少有 10 年时间享有这种统治，直到竞争到来。 所有的城市都受益于这种繁荣，将其边界深入扩张到了各自乡村并维持了一种繁荣，其在某种程度上源于大量实业工作者和强大的工会之间的"福特主义式"秩序，该原因同样导致了对这些地区垄断成果的分享[1]。

第三阶段从 20 世纪 50 年代中期到 20 世纪 70 年代早期，这一阶段见证了一种战时驱动的经济复苏，首先受到"冷战"的驱动，最终又加上了亚洲的热战。 在这一阶段，受惠于新的经济，三座城市的区别十分显著。 芝加哥的经济（以及在较小的程度上还有纽约）随着联邦国防/高科技发展投资对中西部的彻底忽略以及对东北部注意的缺乏而陷入了停滞。 相对地，这些投资都十分青睐西南部和洛杉矶，连同广大的西南"军火带"（gunbelt）获得了巨大的投入。

---

[1] **福特主义**（Fordism）和**后福特主义**（post-Fordism）的术语在文献中偶尔会用来区分第三阶段（在第三卷进行了讨论）以及第四阶段范围内 1973 年之后的重建时期（这是第四卷的内容）。 下文中的注释将详细解释我如何使用这两个某些时候令人困惑的术语： **福特制和后福特制**（Fordist, post-Fordist）。

这些区域矛盾被私人产业的工厂向美国南部和西南部"开放市场"的推进加重了，它们部分是为了逃离在铁锈地带众所周知的工会的要求。 20 世纪 60 年代的社会骚乱强化了这些趋势，沿着由阶级、种族与意识形态描绘的断层线，揭示了这个国家社会结构中的深层裂隙。 到这个 10 年的结尾，在应对上述挑战时，洛杉矶、纽约、芝加哥有着非常不同的定位，这决定了它们在 20 世纪 70 年代全球性重构时的命运。

大多数研究者将"重组"的转折点定位在 20 世纪 60 年代晚期至 1974 年之间[1]，它们对其症候（贸易赤字、裁员、转包、通过跨国公司进行的海外生产）的描述相当一致。 然而，对于美国在 20 世纪 70 年代早期经历的经济形势逆转的原因却很少一致。 第四部分对于 1973 年之后的阶段进行了一个更为充分的讨论。

大萧条：其影响与"疗法"

不同的影响

由于货物与资金国际流通的突然中断对城市全球功能的核心造成了打击，1929 年国际贸易与金融的崩溃对纽约产生了深远的影响。 工业货物需求的消失对芝加哥的打击最大，关停的工厂以及极高的失业率成为未来"铁锈地带"开始的征兆。 相较而言，虽然在大萧条开始那年，洛杉矶的经济增长率已经放缓到

---

[1] 一般认为是 1973—1974 年，不过如我所主张的，纽约与芝加哥的中心区应该回溯到 20 世纪 60 年代晚期。

了几乎中止的地步，不过，在此期间洛杉矶受到的灾难性影响更小，持续的时间也更短[1]。 在某种程度上，形成这一强烈对比的公认原因是，从受损更严重的地区向这里的持续的内部移民。实际上，鉴于国内其他城市地区失业率增长的天文数字，这十年中段产生了一次新的"工业化"，因此也有了一次岗位的小规模增长——在加利福尼亚南部即将发生。

国家"疗法"

在国家层次上，大萧条开启了一个意义重大的社会政治学改革阶段，这份遗产一直持续到今天。 第一次，联邦政府根据"新政"设置了穷人救济的中央分配举措，并且通过1935年社会安全法案为寡妇、孤儿、受抚养儿童编织了第一缕安全网络，甚至为（一些）工人建立了一个退休系统。 它赞助了大批指导建设的项目，如从学校与邮局建设到道路、水坝和灌溉区域的修建和新一代更便宜、更广泛运用的电力能源。 因此产生了许多直接的雇佣，可以吸收那些被自然灾害和工厂关停替换掉的工人[2]。 此外，通过为市政当局提供财政支持以清理贫民窟，并将之置换为廉租资助房屋，为建筑工人提供了工作。 由于个人建筑业务的中断，他们会受到额外的补偿。 另外

---

[1] 关于大萧条的影响以及其在加利福尼亚前奏的详细讨论，参见： Kevin Starr, *The Dream Endures: California Enters the 1940s* (New York： Oxford University Press, 1997)。 值得注意的是，作者主要集中在旧金山，相较于洛杉矶，其更低的工业发展程度大约让它不那么脆弱。 书中描述的劳工斗争主要出现于旧金山以北；在加利福尼亚南部仅产生了轻微的影响。

[2] 同样重要的职业是为失业的作家、学者、艺术家、摄影师、社会研究者所创立的，他们在这十年中，生产了规模庞大、无法重复的作品。

的立法巩固了劳动组织的合法性，保护了他们组织并集体议价的权利。

所有这些项目都**本应**倾向于拉平美国城市间的竞争。　如果说在 20 世纪的早期，这三座城市的区别在于各自的经济基础、人口组成与政治结构，如我在第二部分所主张的，20 世纪 30 年代它们的普遍悲剧**本应**使得它们接收到来自"中央"的同样的项目。　但是，每一座城市的政治文化和体制性安排，使得它们在应对机会的方式上有着重要的区别。

本地的应对

纽约在利用新项目时处于最好位置，这受惠于其构建联盟的高超能力［1933 年，菲奥雷洛·亨利·拉瓜迪亚（Fiorello La Guardia）通过一场混合选举成了市长，选举混合了自由民主党和改革主义的共和党］以及他和罗斯福之前的紧密关联。　现在罗斯福已从纽约州长升为总统。　纽约市的政治权力长久以来都基于提供多种福利形式的能力——这一惯例建立在坦慕尼组织的全盛期，当时火鸡或者工作都是本地的硬通货。　因此，从联邦政府新获取的可利用资源被热情地投入到了广泛支持的新项目以及保证它们执行的已存体制性机制中。

纽约对公共房屋前景的快速反应大约可以阐释这一点。罗斯福总统一项最早的举措是建立公共工程管理局（Public Works Administration，PWA）创造就业[1]；在这些选项中间是清理贫民窟，低价房屋建设，新的公共就业项目，公园、道路与

---

[1] 公共工程管理局（临时紧急救济项目）的一种实验性模式，在罗斯福当政时期在纽约州开启。

旧设施的翻新。 纽约是国内第一个受惠于这些机会的城市[1]。
拉·瓜迪亚市长看到了这些新的可能性与城市租住房屋改革之间
的紧密关联，而公园的理事罗伯特·摩西认识到一个扩张其公路
与公园网络的类似机会。 两人都能够利用新的权力与资源塑造
城市，虽然目的并不一定相同或最终一致。

芝加哥连同郡东北中心区域"福特制"的工业城市大环带，
在大萧条中受到的打击当属最严重[2]。 在 1930 年和 1931 年，

———

[1] 甚至在 1937 年公共住房写入国家规划之前，纽约便建立了首个市政补
贴住房项目：第一住房项目。

[2] "福特制"与"后福特制"的概念当然仅仅是理想的形式；它们不应被
期待"契合"实际的案例。 此外，像康德拉捷夫周期一样，就术语常
常用来描述的境况而言，许多研究者同意，该术语并没有澄清他们的一
致关心，即为何变化会出现。 我所发现的关于福特主义和后福特主义
之间最明晰的讨论是一本精彩的文集：edited by Ash Amin, *Post-
Fordism: A Reader*（Oxford：Blackwell，1994），特别是阿明的章节，
"Post-Fordism：Models, Fantasies and Phantoms of Transition"。"在过去
的这段岁月，20 世纪五六十年代达到全盛期，即'福特主义'。 该术
语用以大致说明 20 世纪二三十年代亨利·福特在其美国汽车工厂所应
用的开拓型大众生产方式以及管理规则。 福特主义被总结为'集约积
累'（intensive accumulation）和'垄断规则'时代的经济……福特制的
驱动力，'密集积累'是……大众生产的动力，由美国开拓并依赖密集
劳动、细密的分工以及机械化对生产力的提升和多种垄断性的规章形式
以维持这一动力。"（9）

奇怪的是，福特制的模式是由意大利共产主义者安东尼奥·葛兰西
（Antonio Gramsci）首先阐明，更令人惊讶的是，还得到了他的称赞。
"他在其 20 世纪 30 年代初的狱中笔记里介绍了'美国精神和福特主
义'的概念，作为一种他所感知到的一种新的历史'纪元'或'被动革
命'（passive revolution）的速写。 这种'新纪元'显现出一种潜在的
能力，可以将欧洲'旧体制'的最后残余一扫而空。"Mark （转下页）

芝加哥的男性失业率从 12% 的高水平暴涨到 31% 的天文数字，同时，这一负担大多数落在了工业工人的身上：在 1931 年，有40% 的男性技术工人、近 37% 的准技术工人以及 57% 的非技术工人被解雇了[1]。到 1933 年，制造业雇佣的工人数目下降到了

———

（接上页）Elam, "Puzzling Out the Post-Fordist Debate"，参见：Amin, *Post-Fordism*, 63；艾拉姆给出了来源：Antonio Gramsci, *Selections from the Prison Notebooks*, ed. and trans. Quintin Hoare and Geoffrey Nowell Smith（New York：International, 1971），Chap. 3。然而，其后的思想家们在这一基础定义上添加了大量但是没有必要的一致性元素，指出尤其是在二战以后，福特主义超出了一种单一的生产组织方式；它同样是一种打造有实力的实业家及强大的工会间和平共谋的方式，因此提升了利润和工资，代价是排除了工会外的工人和消费者。我将会在后面回到这一主题并在第四部分讨论后-福特主义的多重含义。

然而，鉴于这一原始含义，那么很明显，在我们的三座城市中，芝加哥在 20 世纪 20 年代及 60 年代之间最接近其理想形式。纽约从来就不是一个"福特制"的城市，因为其多种工业设施规模较小，并且严重依赖服装贸易，它同时按照典型的前-福特制和后-福特制形式的弹性生产和分包合同进行组织。将这一概念应用到洛杉矶同样是困难的，因为其劳工运动组织起来得太晚。直到 20 世纪 50 年代，才能在有限的意义上称呼洛杉矶经济为福特制。不过或许，正如 Eric Hobsbawm, *The Age of Extremes: A History of the World, 1914 - 1991*（New York：Pantheon, 1994）中所强调的，虽然"福特制的和平"总是过度论述，它的表现"超越了符号的真实"，尤其是当 20 世纪 50 年代的繁荣、充分就业与大众消费摧毁了"有意识的工人阶级凝聚力"时。这种凝聚力曾经在"第二次世界大战结束之后"在西方各国达到顶峰。（305）

[1] 参见：Lizabeth Cohen, *Making a Deal: Industrial Workers in Chicago, 1919 - 1939*（Cambridge：Cambridge University Press, 1990），241, Table 13。作者引用的来源表格见：Grace Lee Maymor, "An Analysis of the United States Census Figures on Unemployment in Chicago, 1930 and 1931"（master's thesis, University of Chicago, 1934），12。

1927 年的一半（该年为最高点），制造业开出的薪资总额只比其
1929 年峰值时的 1/4 多一点，该年正是在大萧条之前[1]。

这一动荡足以将曾经统治城市 15 年的共和党机器逐出城
市，并代之为由"白人"控制的民主党机器。该机器于接下来
的几十年里在城市和郡中维持了强势的一党统治。但是正如戈
斯内尔（Gosnell）在 1937 年极其优秀的研究中所揭示的，这里
出现了民主政治的"转向"，虽然本地的政党从不拥护新政的
"自由主义"目标[2]。另外，甚至在新政最终成功地断绝了其
对林肯党派的传统忠诚之后，增长的黑人人口被临时性地剥夺了
公民权。在大萧条开始之前，黑人与白人无产阶级之间的关系
已经很紧张，在此后艰难的岁月中甚至更加糟糕。

然而，必须承认的是，新政中实在很少有什么项目能够解决
城市的深层经济问题，它依赖于其大规模的重工业，不仅仅制造
消费货物，还通过其他工厂提供机械订单（实际上，由于乘数效
应，国内任何地方工厂的关停都会在芝加哥引起回响）。但
是，联邦政府无法重开破产的工厂，也无法在其行业中重新雇佣
技术工人与准技术工人，而其刺激商品需求的能力显然是有限
的。因此，直到美国开始为满足欧洲的战争需求进行生产钢
铁、机床、军用车辆与军用器械之后，芝加哥的经济才走出泥
潭。联邦政府确实提供了直接的收益和职业相关的救济，这是

---

[1] Cohen, *Making a Deal*, 243, Table 14, 基于 Illinois Department of Labor
figures, reprinted in Homer Hoyt, *One Hundred Years of Land Values in
Chicago* （Chicago: University of Chicago Press, 1933）, 269。

[2] Harold Gosnell, *Machine Politics: Chicago Model* （New York: AMS, 1969
［1937］）.

政治"机器"有选择性地少量发放的，它也确实提供了适量的住房补助。 但是，如我们所见，芝加哥仅仅有限地利用了这一最后的机会，部分因为其最贫困人口都是黑人；一种并非毫无根据的怀疑是，公共房屋可能在严重隔离的黑色地带之外，向这些不受欢迎的邻居开放了白人社区。

由于农业对经济的重要性，甚至在大萧条于美国蔓延之前，世界农作物价格的下降或许便影响了洛杉矶。 然而，到 20 世纪 30 年代中期，大公司在城内开设了现代工厂，与此同时中西部的老工厂正在逐渐关停。 另外，洛杉矶的主要"工业"——电影行业，由全国范围内对逃避现实的幻想支撑。 在大萧条期间，这三座城市里只有洛杉矶获得了人口的增加，移民持续从经济更为困难的地区涌入。

反讽的是，对洛杉矶的工业扩张帮助很大的联邦法律是由纽约的自由主义代表在国会提出的，这在各处都加强了工人的权利[1]。 1935 年瓦格纳提出的（Wagner-sponsored）国家劳动关系法案（National Labor Relations Act）形成了对工人的保护，确立了工人组织工会并参与集体议价的合法性。 在战争管制时临时性强制反罢工以前，这些改革认可了美国的工会在 1935 年至 1941 年间将成员扩张了 3 倍。 工会在战后阶段再一次大力发

[1] 纽约自由主义代表的首脑是菲奥雷洛·亨利·拉瓜迪亚，他作为美国国会议员东哈勒姆的代表（在他成为市长之前）引导了劳工保护法案；还有罗伯特·瓦格纳（Robert F. Wagner Sr.），凭借其 1926 年以来纽约州参议员的身份，不仅引导了 1935 年的国家劳动关系法案并建立了社会安全的法案，还提出了 1937 年的住房法案。 他的儿子随后在 1953 年至 1964 年在纽约连任三任市长。

展，在 20 世纪 50 年代达到了全盛时期。 工人议价权的增强，尤其是纽约、芝加哥、底特律和旧金山，实际上使得洛杉矶连同其温顺（或说经历了更多恐怖统治）的工人对实业家更具吸引力。

大萧条没有导致洛杉矶权力结构的根本变化，其精英们长期拥护"开放市场"，并对任何工人联合、反抗的苗头进行残酷的镇压。 厄普顿·辛克莱（Upton Sinclair）在 1933—1934 年竞选州长时提出终结加州贫困（end poverty in California，EPIC）的激进倡议失败，标志着这种带有"社会主义"观念的力量会被统治精英拒绝。 有意思的是，对"共产主义"的同样偏执的看法，一次又一次地，导致城市拒绝联邦提供的公共房屋的资助。

战时复苏

第二阶段是复苏阶段，始于 20 世纪 30 年代末，大多数分析认为，欧洲敌意的爆发恰恰刺激了需求，让生产线再次运转了起来。 但是在此处，这三座城市受到的影响在某种程度上也有所不同。 再工业化并非均匀散布的。 在军备导向的复苏过程中，每一个都市区域都因其生产产品的不同，而发挥了不同的作用。

纽约的航运与相关工业获得了决定性的增长，因为其港口成了将战争物资运送至欧洲盟国（甚至在美国正式参战之前）的重要节点。 在长岛的工厂为满足日益增长的需求而扩张之后，其航空工业也得到了发展。 中西部城市如芝加哥和底特律也受到了大量需求的激励，如卡车、坦克和其他"战争机器"的订单使得重组的工厂再次开启了，并且还有与机器生产存在反向关联

（backward-linkage）的钢铁需求。但是洛杉矶在 20 世纪 30 年代中期便开始扩充其工业基础，面对即将来临的变革，已经有了最好的定位。

当美国参战之时，洛杉矶的轮胎、航空和汽车工厂已经完成升级并开始运转，就本区域作为主要钢铁生产者的未来有了一个乐观的预期。但是直到日本在 1941 年 12 月 7 日轰炸珍珠港，促使美国正式加入战争之后，西海岸尤其是洛杉矶才普遍成为安·马库森（Ann Markusen）及其共同作者所说的"军火带"（gunbelt）经济的领导者——即由军工工业所驱动的工业发展[1]。由于随后 1950 年初的朝鲜战争以及紧接着 20 世纪 60 年代越南战争，国防部对于西海岸的"青睐"更为稳固了，这二者看起来与冷战的关联都很小，无论采取何种修辞。

军火带获得的"优势"被太空作战强化了。西海岸作为近来地位重要的太平洋舰队的总部，连同其造船实力的实质性扩张得到了航空业以及随后的导弹工业的补充。一直到苏联解体后，西海岸享有的这种优待才得到抑制，这将该地区抛入了一场更深的衰退，因为它太过意外且就在最近发生（关于这一点的更多内容请参见第四部分）。

为运转着的战时经济所驱动的繁荣开辟了一个国家整体上的扩张阶段，这一阶段中主要的城市和工业区都享有高度特权。第二次世界大战还引发了高度的地理流动率，自"关闭边境"

---

[1] 参见：Ann Markusen, Peter Hall, Sabina Deitrich, and Scott Campbell, *The Rise of the Gunbelt: The Military Remapping of Industrial America* （New York：Oxford University Press, 1991）。

后，美国已经体会到了这一点。 参军动员连同国防工厂装配工人的短缺导致了黑人从南方乡村向北方以及西部工业中心的大规模迁移，并怂恿妇女进入其非传统的工作领域，一直到复原开始，她们才又被挤出[1]。

不过，随着民用建设处于实质上的停滞状态，不仅仅有了国家层面上多处需求与设施的不匹配，还产生了一种被压抑的消费者需求，它会在战后被释放出来。 在纽约、洛杉矶，尤其是芝加哥，现存的黑人贫民窟人口更为密集并且种族高度隔离，这片领地上一直集聚着的敌意，在战后显现了出来。 在洛杉矶，这一点由于墨西哥劳工的入境被恶化了，这与其20世纪30年代被驱逐出境正相反。

在战争期间，民族与人种间的敌意已经有所体现，1943年的三个标志性事件预示了经历过快速增长和黑人内迁的工业城市的战后状态：底特律的种族暴乱，洛杉矶所谓的左特套服暴乱（zoot suit riots），还有这一年的纽约哈勒姆暴动[2]。 芝加哥没

---

[1] 在第二次世界大战期间，劳动力短缺引发了南部黑人的第二次"大迁移"，甚至比一战期间出现的迁徙规模还要更大。 在1890年，仅有20%的非裔美国人居住在城市里。 到1940年，约黑人人口的一半居住在城市地区；到1950年，这一比例上升到了62%；到1960年，达到了72%；到1970年，达到了81%，此后趋向于稳定。 参见：Janet L. Abu-Lughod, *Changing Cities*（New York：HarperCollins, 1991），120，Table 5.1。 虽然从短期来看，这一内部迁移为大多数移民生活标准的提高提供了无穷的帮助，不过，在战争与战后阶段，从南方乡村向北方工业城市（甚至还包括西部城市，如洛杉矶，虽然量级较小）迁徙的黑人在这三座城市都造成了过度拥挤的贫民窟。

[2] 底特律的暴乱几乎是1919年芝加哥暴乱的重演，触发这场暴乱的是，黑人被认为逾越了城市里隔离的娱乐设施中的无形界限。 （转下页）

有发生广泛的暴力事件，不过在其"黑色地带"边缘的"边界战争"中小冲突不断，并且至少当美籍非裔战时工人被加入建立在北部传统意大利居住区的弗朗西斯·卡布里尼（Frances Cabrini）公共房屋计划中时，一场重要的对抗出现了[1]。

都市区的战后扩张

鉴于对房屋、婚姻和家庭的被压抑的需求，所有这些都为战争所推迟，还有新的联邦援助项目扩充了老兵教育和住房投资的可用资金，战后房地产的繁荣导致了 1945 年至 1965 年期间都市区的显著扩张。 通过马歇尔计划（Marshall Plan）重建被摧毁的欧洲经济；通过放松信贷，解放消费者持久的大量消费；通过一段时间的新"福特制"，更强大的工会与大企业达成了共享繁荣的富有吸引力的协议——由于这些原因，美国的经济获得了繁荣，而没有像预期中复制 1919 年的经济倒退。 这一阶段特别显著的是收入更加平等，大众消费扩张，不过少数族裔从这些趋势中获得的利益少于白人。

（接上页）"左特套服暴乱"这一标签绝对是用词不当，鉴于爆发是由"盎格鲁"水手针对未穿制服的年轻的墨西哥/奇卡诺男性的攻击造成的，这或许是一种愤怒/猜忌的表达。 在很大程度上，易于被征兵的爱尔兰人在 1863 年的纽约南北战争暴动中，以同样的方式向被免除兵役的黑人倾泻他们的敌意。 在 1943 年，哈勒姆的暴动是首个案例，随后以"贫民窟起义"著称。 1935 年哈勒姆的一场暴动成了新、旧形式的过渡。

[1] 连同后来的扩张，这成了声名狼藉的卡布里尼-格林（Cabrini-Green）项目，成了公共房屋"失败"的缩影。

其中，最重要的后果是新的居民社区的产生，它们通常超出了中心城市的边界，还有零售设施、轻工业以及办公场所去中心化的开启。改善了的高速公路的建设，以及，至少在纽约和芝加哥，扩充的通勤电车线路从地理上有助于这一进程[1]，而对"社区建设者"和个人买家的联邦援助贷款从财政上起到了推进作用。地理扩张的趋势在 20 世纪 20 年代便已经出现，不过在战争中夭折，又在 20 世纪 40 年代晚期重新开始。

1939 年的纽约世界博览会预示了一个美国城市的光辉未来，充满了立体交叉的高速公路和去中心化的规划城郊社区，这些改变了美国的景观。到 1960 年，这一乌托邦的梦想看起来很好地走在了实现的道路上，然而现实揭示了预期之外的裂隙，这一光辉未来并未笼罩所有的阶层和种族。博览会乌托邦未曾预料到的是公民权利运动，这是那些仍然被排除在"天堂之门"以外者的根本需求，即被承认具有平等地位。

反讽的是——不过并非不合逻辑的关联，20 世纪 50 年代既标志着美国在世界上繁荣/霸权的顶点，也出现了首次激动人心的民权运动。不过这一运动最初聚焦于南方，并以选举权问题和废止公共设施内的种族歧视为导向，与这类种族主义的激烈表现并行的是，长久以来在南方和西部城市中对日常工作及居住隔离中的种族主义的抱怨。在工作领域，公平雇佣实施法案（Fair Employment Practice Act）禁止工作歧视，但是执行没有计划性并

[1] 在洛杉矶，出现了相反的情况。在 20 世纪 20 年代中期以来，在日渐增多的汽车业主的压力下，本来已经为居民点开启了新空间的铁路/公共交通体系开始瓦解，或说，被汽车利益群体所"扼杀"。讽刺的是，它抛弃的优先权为战后发展所依靠的新高速提供了理想的路线。

且常常无效。 但在住房领域，主要的变化已在进行中了。

公共房屋管理局（Public Housing Authority）违背了其最初的规定，即公共房屋居住应该反映社区的根本人口构成，为黑人融合进"白人"社区打开通道。 纽约遵从了，继续在 5 个区的范围内建筑公共房屋直到几十年后，联邦资金的削减迫使这些项目的缩减。 在芝加哥，实际上公共房屋建设在一段时期内便搁浅了，当时寻找"可接受"的空地以建筑新安置房屋的努力，被一些市议会的白人区代表阻挠，他们害怕黑人对他们地盘的"入侵"。 直到在冲突缓解之后，批准的地点紧挨着本就以黑人为主的社区建设才恢复。 在洛杉矶，几乎没有建设公共房屋，其反对意见更多地建立在最意识形态基础上而非种族基础上；城市精英将这一项目看作"社会主义"从而对之进行了拒绝。

然而，两个美国最高法院的规定正在逐渐破坏南方以外城市的种族关系现状。 在 1948 年洛杉矶的谢利 vs 科瑞莫诉讼案（*Shelley vs Kraemer*）中，最高法院宣称，本法庭中不能实施种族限制性条款。 这一条款主要基于独户家庭的产权拥有者居住区域或者小型建筑区，洛杉矶与芝加哥比纽约更为典型。 在纽约，更为通行的方式（租住"引导"和"合作"产权）是种族排斥的普遍机制，并且一直在持续。 然而，随着种族条款的失效，随即发生了第一批白人迁徙的"浪潮"，特别是芝加哥南部，还有洛杉矶商业区南部正在扩张的传统黑人居住区。 在纽约，外部各自治区中有相当空旷的土地，所以种族再分配并不会必然地使游弋的白人迁出城外。

第二次改变在 1954 年到来，当时最高法院规定［在布朗 vs 托皮卡教育委员会诉讼案（*Brown vs Board of Education of*

Topeka）中］"隔离"的学校本质上是不平等的。 这一决议在每一座城市中都引发了对学校禁止种族歧视的不同反应。 在芝加哥，对于大多数已经建成于城市范围内的学校而言，这一决议触发了第二次离开城市前往郊区的"白人迁徙"浪潮，并造成这些社区中排他性区域的进一步强化，因为法庭决议**仅仅**在每座城市的范围内要求禁止种族歧视。 这导致了城内的极度离弃，黑人迅速搬到了空出的区域，几乎没有黑人人口的郊区化，除去少数的传统"黑人"城郊。

在纽约，"白人迁徙"要更小些，部分是因为空地仍然很少，租金控制抑制了居民流动性，并且已经有黑人居住区分散在曼哈顿、布朗克斯、布鲁克林。 一些社区，例如布朗克斯的南部，经历了"井喷"，布鲁克林部分地区与布朗克斯北部经历了重大的种族演替，但是这些区里既存的空缺土地和新的住房建设意味着少数居民人口能够在同区白人数量未曾出现重大整体下降的前提下有所增长。 种族憎恨在纽约大概比芝加哥更加缓和，可能是由于居民对多样性有更大的容忍度，也可能是因为有许多的"中间性族群"（尤其是拉丁美洲人，以及随后的亚洲人），故而不可能出现单纯的种族两极分化[1]。 在纽约，公立学校的更大选择范围（有很强的天主教与精英私立学校传统）也缓和了校车接送方面的困难。

---

[1] 如我们所见，随着时间的流逝，越来越多的纽约波多黎各人将其种族上报为"白人"，这使得从人口统计数字中精确判定纽约表面上的"整合"在何种程度上是西班牙裔及非裔美国居民区的人工产物变得不可能，且改变了在美国人口连续调查表中**西班牙裔**的定义。 在第七章及第十章，我将以用更多的细节来探讨这一问题。

在洛杉矶，有一个统一的学校体系，不仅包括洛杉矶市，还有郡里的其他部分。 但是该郡也存在大批的独立社区，它们可以无视布朗 vs 托皮卡教育委员会诉讼案的判例。 另外，洛杉矶周围边远的城郊与小镇不断增长的发展正在进行中，这些地方的人口构成相当专门化。 法院对学校事实上种族隔离的挑战尚未到来，同样地，法院指令授权对统一的学区进行更大的整合。直到 20 世纪 70 年代晚期这一整合授权才发布，笔者将到第十二章对此进行讨论。

20 世纪 60 年代的阵痛

在 20 世纪 60 年代，三个都市地区的经济健康程度已经有了重大不同。 到 20 世纪 50 年代末期，芝加哥的战后繁荣开始陷入无力，特别是在城市范围内。 区域内就业和人口的增加开始趋平，在城市范围内，总人口实际上已经开始下降。 纽约市在 5 个自治区内尚未达到增长的极限，虽然这些区域内大部分地方正在发生的新工业、贸易和居民的增长已经超出了税收管辖权[1]。 但是在洛杉矶-橘郡出现了最为爆发式的增长。 到 20 世纪 70 年代，该区域的增长轨迹超过了另两个地区，所以在 20 世纪 90 年代洛杉矶取代芝加哥成为国内第二大城市并不令人惊讶。 此时，其都市综合统计区的人口甚至追平了它和纽约之间的差距。

---

[1] 在 1950 年及 1960 年间，人口略有下降，不过到了 1970 年又恢复了。

"暴乱"与本地的回应

在 20 世纪 60 年代的后半叶，本地经济开始收缩，同时伴随着越南战争的逐步结束，并为 20 世纪 70 年代的"重组"埋下伏笔，三座城市里一项又一项法律的通过[开放居住、终止工作歧视、"伟大社会"（Great Society）项目下福利支持的扩大化]曾经给黑人带来乐观主义，也开始消散。 少数族裔首先感受到了"全球化"与"重组"的冲击，即便在此之前，这些令人不安的状况已经在社会其他部分散布开来并已被学者指出。

这一时期，在研究革命的政治科学家之间非常流行的"期望升高"（rising expectations）理论造成了这一印象，即黑人不满意的原因全在于他们自己。 然而，对于经济数据的再次分析表明，国内多个贫民窟中所经历的失望情绪有其物质原因。 实际上，很可能"伟大社会"的项目出现在这一事实之后而非之前，因为这段时期他们正处于被收容的状态，贫民窟反抗城市的公开冲突正在到来。

然而，无论最根本的原因是什么，每个案例中通常触发各个美国城市中反抗的直接导火索都是警察对少数族裔群体成员任意或过度的使用暴力。 就像 1935 年与 1943 年的哈勒姆暴乱便由这类事件所触发，1964 年纽约的哈勒姆/贝德福德-史岱文森暴乱由一场年轻黑人和警察之间的争执所触发，这是十年后席卷美国城市的一系列广泛后果中的首批事件之一。 随后，1965 年的洛杉矶瓦茨暴乱又一次由一个黑人司机和洛杉矶警察之间不愉快的邂逅所引发。 然而，需要着重指出的是，这些事件都先于芝加哥在南部黑人区扩张过程中持续的"边界战争"；事实上，芝加哥是 1963 年几个最先爆发内部动荡的北方城市之一[1]。 这表示,这些事件的出现先于而不是晚于国家政策的修正。

在 1967 年的夏天,约翰逊总统任命了所谓的克纳治安委员会(Kerner Commission on Civil Disorder),不到一年,其调查报告被发现存在较大的水分[2]。 全体陪审员提出种族不安的潜在原因并警告(在其一段被最为广泛引述的陈述中)说"这一国家正[被]分裂为两个社会,一个黑色,一个白色,彼此隔离且不平等"[3]。 在 1968 年 4 月 4 日,在报告发布之后不到一个月,马丁·路德·金遇刺,激起了全国范围内约 215 座城市的暴动。 其中芝加哥西部是一个重要的地区,金曾于 1966 年在这里领导开放住房示威。 反讽的是,开放住房与民权法案最终在 1968 年通过,与之相伴的白人的恐惧被国内的动乱强化了,这导致了更大规模的白人向郊区的迁徙,强化了种族分裂的预期趋势。

城市如何通过财政政策应对动乱

鉴于 20 世纪 60 年代晚期的骚乱以及即将到来的来自华盛顿用以解决贫困和种族主义的更为慷慨的拨款,你或许会预测,美

---

[1] 在其他的非南方城市中,在这一年中,报道有种族间暴力的城市是费城、剑桥与马里兰。

[2] 参见: National Advisory Commission on Civil Disorders, *Report of the National Advisory Commission on Civil Disorders* (New York: Bantam, March 1968)。

[3] 反讽的是,"孤立且不平等",**一直都是如此**。

国城市会以一种统一的方式应对挑战，即进一步努力构建对少数族裔和贫困人口的支持。然而，事实上，这三座城市的政治体制采用了相当不同的政策，这可归因于它们不同的政治文化和本地权力结构而不是其人口的相关需求。

即便其经济正在崩塌，白人大量迁徙，不过相较于同情心，芝加哥更明显地珍视其"财务偿付能力"，对于其少数族裔居民比例的日益增长与越加贫困，保持着相当程度的冷漠。其白人主宰的民主党政治机器掌控着权力的闸门，这大概使其认为它有条件无视那些没有能力从根本上影响选举结果的选民[1]。相反，纽约对待其社会地位低下的人群时，总是采取一种更为慷慨的方式，为设法预先阻止进一步的种族骚乱，它将不同政见者吸收进权力结构中并迅速扩充其房屋、卫生医疗、福利拨款，无论是否有联邦的帮助，直到 1975 年这种帮助开始"逐渐破产"了[2]。而洛杉矶尽管在瓦茨暴乱后虔诚地许诺会改善现状，但很快又恢复到了善意地忽视原状的状态（并且有时候的忽视并非如此地善意，墨西哥裔美国人及黑人社区中还伴随着进一步的警察骚扰），仅仅在 1973 年选举了一位黑人市长（前足球英雄和

----

[1] 直到 1983 年，芝加哥选出了一位反政治机器的黑人市长，这仅仅是由于三足鼎立所造成的偶然局面。

[2] 虽然在纽约经常出现混合人种与混合文化特性的周期性爆发，不过大多数时候，这些"事件"被限制在特定的小型社区；1964 年以来，没有触发全市范围甚或是贫民窟范围内的暴动。这一争论即，由于其房屋、医疗和福利分配，纽约正在"走向破产"，该论点参见：Ester R. Fuchs, *Mayor and Money: Fiscal Policy in New York and Chicago* (Chicago: Chicago University of Chicago Press, 1992)。我将在第十章详细地对该问题进行批判性研究。

警察局长）作为粉饰，其在位的 20 年间，为打破更偏袒盎格鲁
化的下城区和西区利益的权力格局做得很少[1]。 这些问题中的
一部分我在第三卷的三个章节中进行了讨论，不过许多 20 世纪
70 年代后的发展，我保留到了第四篇。

---

[1] 尤可参见： Raphael J. Sonenshein, *Politics in Black and White: Race and
Power in Los Angeles* （ Princeton， N. J.： Princeton University Press，
1993）。 该主题在第十二章进行了更充分地讨论。

第七章
纽约：新政

纽约新政"孵化"

在 1931 年 1 月所做的一项失业人员专门调查估计中，纽约 5 个区中几乎 610 000 人口"能够工作，期待工作……正在寻找工作……[或] 被解雇了"；另外，很大一部分则仅有福利严重削减的兼职工作。工厂雇佣已经降到了 20 世纪 20 年代繁荣时期的 3/4[1]。由于那时还没有公共机构处理这种规模的突发事件，纽约最古老的两个慈善机构立即填补了缺口。贫困条件改善协会（the Association for Improving the Condition of the Poor）与慈善组织协会（Charity Organization Society）协力为应急工作局（Emergency Work Bureau）收集善款超过 800 万美元，在 1930 年 12 月至 1931 年 4 月之间，实际上雇佣了约 37 500 名工人"铺设

―――――

[1] Lillian Brandt for the Welfare Council of New York City, *An Impressionistic View of the Winter of 1930 – 1931 in New York City: Based on Statements from Some 900 Social Workers and Public Health Nurses* (New York: Welfare Council of New York City, 1932) , v.

道路、修建操场、修葺栅栏、修理喷泉、清洁医院、更新城市财
产、并清理空地"[1]。但是，私人慈善能够达到的改善远不能
满足广泛的需求。

对政府作为的压力尤其来自纽约城市福利委员会（Welfare
Council of New York City）。在 1930 年 10 月和 1931 年 5 月之
间，该协会调查了大约 900 个社会工作者和公共健康护士，以寻
找大萧条正如何影响其委托人。在这些发现中，出现了一种房
屋标准的"滑坡"，居住家庭搬到了更小、更便宜的屋子里，或
与亲属同宿一室（特别是在哈勒姆，那里的房屋已然过度拥挤
了）；饮食、卫生正在恶化；那些家庭正承受着严重的心理困扰
与纷争[2]。

当时，纽约的福利委员会向市长吉米·沃克（Jimmy
Walker）[3]的急切恳求只收到了少量的拨款，理由是城市宪章
（City Charter）不允许更多，这时委员会理事长威廉·哈德森
（William Hodson）直接向当时的纽约州长罗斯福请求帮助。
"在 1931 年 8 月，罗斯福召集了州立法机关开了一场关于救济的
特别会议"，提出了一个 2 000 万美元的临时紧急救济项目

———

[1] Thomas Kessner, *Fiorello H. La Guardia and the Making of Modern New York*
（New York: McGraw-Hill, 1989），216. 应急工作局将会为联邦公共工
程管理局（后来的公共事业振兴署）提供模板。但是需要指出的是，
即便是这项临时工作，最多也才雇佣了 6% 的失业者。

[2] Brandt, *An Impressionistic View*. 虽然委员会的报告直到 1932 年才公开，不
过很显然它已被委员会的首脑威廉·哈德森用在了其向罗斯福的恳请
（要求）之中。

[3] 吉米·沃克或"Beau James"，留给人更多的印象是整洁的衣服、热情
地握手，而不是头脑或社会良心，随后在耻辱的腐败指控中离位。

（Temporary Emergency Relief Administration，TERA）"为不幸者提供市政层面的保险救助"[1]。 罗斯福委任哈利·霍普金斯（Harry Hopkins）为临时救济项目的负责人，霍普金斯马上超越了他的授权——直到他的项目正在覆盖州内 1/10 的家庭[2]。这一新方案得到了一位当时纽约东哈勒姆的国会议员代表拉瓜迪亚的热情拥护，他曾经在联邦的层面上提出过类似的救济措施，但是没有成功。 一种基本的联合正在形成，这最终促成了华盛顿和纽约在新政中更为密切的工作关系，一待罗斯福于 1932 年当选总统（他将霍普金斯一起带到了华盛顿），拉瓜迪亚便于1933 年被选为了纽约的市长[3]。

---

[1] Kessner, *Fiorello H. La Guardia*, 216.

[2] 霍普金斯早先在下东区的克里斯多拉社会服务所（Christodora Settlement House）和纽约贫民状况改善与促进协会工作过。 在罗斯福当选总统之后，他委任霍普金斯领导联邦紧急救济管理局，后来是公共事业振兴署。

[3] 在 1929 年，共和主义者拉瓜迪亚在竞选市长时失败，他当时的民主党对手在罗斯福的羽翼下迈向了胜利，但是鉴于这种令人绝望的状况，他决定在 1933 年再试一下，这一次有了更多制胜的融合性组合。 他在共和党初选内的失败竞争对手正是罗伯特·摩西，他随后将会同样在竞选州长时失败。 参见：Robert A. Caro 的杰出传记：*The Power Broker: Robert Moses and the Fall of New York* （New York： Knopf，1974），chap. 21。

不同于芝加哥，那里规训森严的民主党最终建立了对市长办公室的长期政治支配，纽约在南北战争后以来的市长竞选常常接近于比赛，不仅向第三、第四党派开放，还像其他看起来不太可能的类别开放。 通常，民主党会赢得这些选举，即便当时该党派在坦慕尼派及其他派别中产生了分裂。 但是选举是封闭式的，偶然间会有共和党赢得选举，尤其是若有"融合派"的选票能够组织起来的话——联合了自 （转下页）

　　然而，当拉瓜迪亚 1934 年就职之后，他接手的城市有着更大的不幸：城市援助已落后于本州，其救济项目被贪污腐败蛀空；一场财务危机在 1933 年底迫近，此时城市从破产管理中获得了救助[1]。还有许多事情要做，纽约转向华盛顿寻求帮助。它收到了援助，多亏了罗斯福、霍普金斯和拉瓜迪亚已建立起来的政治联合，它甚至在罗斯福推行新政前便已经，在某种程度

（接上页）由派的共和党和非-坦慕尼派的民主党改革派。因此，在 1903 年赛斯·洛娄（Seth Low）（曾担任哥伦比亚大学校长）依靠融合派选票赢得了市长席位，1913 年的民主党约翰·米切尔（John Mitchell）也是如此。然而，最杰出的例子是共和党的拉瓜迪亚，他以融合派的选票支撑了 1933 年、1937 年、1941 年的选举，还有 20 世纪 60 年代中期的约翰·林赛。

　　关于拉瓜迪亚早期生涯的最好著述是 Arthur Mann 的获奖传记：*La Guardia: A Fighter against His Times, 1822 - 1933*（Philadelphia: J. B. Lippincott, 1959）。但是也可参见：Howard Zinn, *La Guardia in Congress*（Ithaca, N. Y.: Cornell University Press, 1959）。其后的信息大多出自 Kessner, *Fiorello H. La Guardia*。开始时作为一个共和党的"党员"，拉瓜迪亚在政治上是一个明显的异见者，首次是从格林威治镇（当时有大量的意大利裔人口）参选国会。在党派承诺将会随后提名他为市长的情况下，他回到纽约市填补任期之间的空缺岗位，担任艾德曼局（纽约市政局）的首脑。但是，他的"进步主义"观点冒犯了保守派，他们终止了对他的支持。最终，他回到了国会，作为社会主义党派的候选人，成了东哈勒姆（那时几乎都是犹太人和意大利人）的代表。作为居住于欧洲的意大利移民在美国出生的儿子，他对语言所知甚广，作为一个口译在美国埃利斯岛（Ellis Island）开启了其"职业生涯"。如此，他对移民保有着持续的深刻同情也便不足为奇了。随后，在国会他对 1924 年的限制移民法案进行了强烈的反对。

[1] Kessner, *Fiorello H. La Guardia*, 217 - 220. 银行家为保持城市经济周转所强加的"节约"举措与 1975 年财政危机中金融家们所强制施行的很像。

上，根据在纽约州开始的尝试中建立了。 这一纽约城与华盛顿间的紧密联系促进了许多项目的推行，它们往往始于纽约城，甚至还在成为国家政策之前[1]。

纽约公共住房的"发明"

当然，住房援助是纽约做出示范的诸多领域之一，直到 1937 年住房法案才将联邦资助扩大到其他城市，纽约远远领先于这一时间。 因为纽约本质上是一个租住城市而不是家庭产权城市，这里总是会更快地感受到萧条的影响，因为驱逐拖欠租金者总是比银行取消拖欠债务产权拥有者的赎买权要更快些。 因此，城市的贫民有着长期抵抗暴力驱逐的历史，具备在路边倾倒家具、重新安置并阻碍执政官的娴熟社区技巧[2]。

但是这次，规模超越了本地该类行动的容纳能力。 在 1932 年 6 月中止，为期 8 个月的时间内，约有 186 000 个家庭已收到

[1] 罗斯福与瓜迪亚之间的个人关系同样是联邦向纽约拨款的助推剂。 "'据我所知，我们的市长是最善于提出请求的人物，'罗斯福总统评价拉瓜迪亚道。 '他来到华盛顿并向我讲述了一个悲伤的故事。 泪水从我的脸颊滚落，同时也在他的脸颊划落，最重要的是，我知道他想再次巧取 5 000 万美元。'"引用自: David H. Gelernter, *1939: The Lost World of the Fair* (New York: Free Press, 1995), 2。 原始资料并未详细说明。
[2] 参见: Mark Naison, "From Eviction Resistance to Rent Control: Tenant Activism in the Great Depression", 见 *The Tenant Movement in New York City, 1904—1984*, ed. Ronald Lawson and Mark Naison (New Brunswick, N. J.: Rutgers University Press, 1986), 101-118。

了驱逐通告。"通过往大街上堆放家具，小型社区带阻碍执政官通行；其他时候，超过 1 000 人的街坊阻止了驱逐。 一项估计是，这些草根的抵抗成功地使纽约城内 77 000 个被驱逐的家庭保住了房屋。"[1]然而，这剩下了超过 100 000 个未曾获得帮助的家庭。 另外，还有大量无家可归的人，在抛弃了他们无法再供养的家庭之后，在城里的缝隙地带大量建设"胡佛村"（Hoovervilles），甚至在中央公园未来的"大草坪"那里都建了一个。

第一住房项目

最初对"住房危机"的回应非常微小： 下东区一个极小的复原项目，被恰如其分地称为"首套住房项目"（First Houses）。 然而，它标志着长时期大量公共房屋建设项目的开启，到 1990 年至少为 50 万低收入的纽约人提供了房屋[2]。 即便"首套住房项目"仅仅包含了 122 个用于雇佣工人阶层租住的

[1] Peter Marcuse, "The Beginnings of Public Housing in the New York," *Journal of Housing History* 12（August 1986）: 355 – 356. 马库斯引用自：Frances Fox Piven and Richard A. Cloward, *Poor People's Movement: Why They Succeed, How They Fail*（New York: Pantheon, 1977）, 53 – 54, 他反过来引用了 Richard O. Boyer and Herbert Morais, *Labor's Untold Story*（New York: Cameron, 1955）以及一份 1932 年 2 月 2 日《纽约时报》的文章。

[2] 根据纽约市房屋管理局的一份详细报告，名为： *Project Data: January 1, 1989*。 此时纽约房屋管理局正在监管 316 个运营中的项目，总共包括了 179 045 个住房单元，在 2 787 座建筑中，服务于 472 088 的总人口。 不包括联邦房屋管理局重建与再出售的房屋。 这些项目中的绝大多数人口由联邦资助。 然而，需要指出的是，官方数字显然低估了受到服务的人口，因为存在数量翻倍的非法人口。

资助单位，不过它阐释了华盛顿和纽约之间特别联盟的非正式运作方式[1]。

　　在其就职一个月之后，拉瓜迪亚市长委任市租住房屋管理局前负责人兰登·波斯特（Langdon Post）负责新成立的纽约公共房屋管理局（New York Public Housing Authority，NYPHA）[2]。他还接受了文森特·阿斯托（Vincent Astor）的提议拆除了下东区一排破旧的（或者说无益的）廉租公寓，并从华盛顿"哄骗了300 000美元和公共工程管理局（Public Works Administration）的免费劳动"[3]，波斯特摧毁、重组并修复了一个初级法院周围

---

[1] 第一住房项目确实是第一个国内公共房屋项目。尤可参见如下简练描述：Christopher Gray，"In the Beginning, New York Created First Houses," *New York Times*，September 24，1995，real estate sec.，p.7。到1935年12月，选自3 800个申请者中的122个家庭搬入"项目"中。关于纽约公共房屋项目的更重要的来源为：Marcuse，"The Beginnings of Public Housing"以及Anthony Jackson，*A Place Called Home: A History of Low-Cost Housing in Manhattan*（Cambridge：MIT Press，1976）。关于房屋改革的早期阶段，参见：Richard Plunz，*A History of Housing in New York City*（New York：Columbia University Press，1990），chap.1。

[2] 马库斯讲述了随后的故事。第一住房项目的土地与公寓房（恶化过于严重以至于被谴责）被文森特·阿斯托卖给了市里。他接受了60年3.5%利息的免税应付债券的报酬。城市同意了，因为它没有资金。虽然公共房屋管理局的哈罗德·伊克斯（Harold Ickes）承诺了2 500万美元，但是钱并未到账。马库斯说，虽然事实上该项目没有经济意义，城市着实"由于公共关系的缘故"而恢复了。无论如何，到1944年，城市还清了所有的债务。"The Beginnings of Public Housing,"356-365.

[3] 由于有组织的劳工反对使用免费工人，1937年的房屋法案包含了一条规定，即建筑公共房屋的工人必须付给"现行工资"。

的建筑单元，这种工作在世纪交替时都是由建筑改革者所完成。这成功地证明了（根据宜居性，不然就是经济层面）这些项目不单单据有了"地标"，在 1974 年它甚至被指定为纽约城的"地标"。

到 1937 年，美国房屋法案（the U. S. Housing Act）[由纽约参议员罗伯特·瓦格纳（Robert Wagner Sr.）提出]在国会通过时，纽约已有 2 330 座公共房屋单元在建或已完成，在 1931 年至 1941 年美国参与二战期间，另有 10 648 座开始建设[1]。虽然这个总量很难令人感到惊艳，但是它确实在大萧条期间新房建设中占据了很大的比例。正如彼得·马库斯所指出的：

在接近 8 年的时间中……纽约公共房屋管理局在城中建设了 12 978 座住房单元，包含了 200 多万个家庭……[因此它]至少为 1/10 的市民[建设了]房屋……[但是在 1934 年和 1938 年末之间]城里建设的新单元总量只有 6 641 座，其中 35% 是在 1937 年房屋法案之前进行的公共建筑单元；在整个 1934—1941 年间，完成了 55 465 座建筑单元，其中 23% 是公共房屋建设。因此，公共房屋建设之所以很重要，不是因为其绝对数量，而是相对数量[2]。

[1] 这些在建的单元中，一旦生产完成，有许多将会临时被标记为战时工人的紧急房屋。

[2] Marcuse, "The Beginnings of Public Housing," 354. 马库斯继续说道："早期房屋项目中根本的一点恰恰是，它们与同时代非公共住房的相似性。**在开始的时候，公共房屋并不是为低收入人口准备的低质量房屋，而是工作者的中产阶级房屋。**"（加粗字体为作者所加）

但是从一开始，管理局便有更具雄心的计划。 有两个大规模的空地建设项目得到了成功的规划： 为白人居民建设的布鲁克林威廉姆斯伯格住宅区（Willamsburg Houses），由一个著名的瑞士建筑师设计；以及在某种程度上比较迟缓地为黑人居民建造的哈勒姆居住区[1]。

1935 年的哈勒姆暴乱

哈勒姆居住区的建设是对种族骚乱的快速回应。 据马库斯所言，1935 年 3 月的哈勒姆暴乱促使拉瓜迪亚市长宣布"下一个建设项目将置于哈勒姆"[2]。 虽然这看起来有些像"耍手腕"，不过大多数学者将拉瓜迪亚和哈勒姆黑人增长的政治权力归结为更积极的动因。 多米尼克·卡派希（Dominic J. Capeci Jr.）指出，虽然在 1933 年至 1943 年间纽约的种族关系并不理想，但"他们比其他中心城市更为和谐。 这部分是由于黑人领袖［如亚当·克莱顿·鲍威尔（Adam Clayton Powell）］，以及白人公务人员（如拉瓜迪亚）的共同努力"[3]。

---

[1] 更多的细节，参见 Marcuse, "The Beginnings of Public Housing," 365 - 370。 在此时，政府政策与"公认的用途"表述了，一个社区的"根本构成"应该由未来的居民进行再生产。（第三个项目，红钩房屋计划是为了白人所建。 在战争期间，国防工人在此处获得了区位的优先权。）与纽约不同，如我们将在第八章所见，一旦联邦政策被更改为要求整合，芝加哥事实上停止了建设公共房屋。 纽约永远未曾停止，不过可获得的联邦资金的层次与类型强制其阶段性的方法转向以及整体性的紧缩。

[2] 同上，369。 马库斯引自 1935 年 5 月 23 日的《纽约时报》。

[3] Dominic J. Capeci Jr., *The Harlem Riot of 1943* (Philadelphia: Temple University Press, 1977), 3.加粗字体为作者所加。 卡派希的阐释在某种程度上与格林伯格（Cheryl Greenberg）不一致，后者强调 （转下页）

拉瓜迪亚当然很快认识到了种族冲突的危险。"一名年轻的黑人商店扒手和一名白人仓库管理员之间的小事件引燃了席卷哈勒姆的暴动，［拉瓜迪亚］委派了一个针对哈勒姆的两色人种市长委员会……［它］举行了 25 次听证会，听取了 160 个证人的证词。"[1]之后，霍华德大学（Howard University）社会学家富兰克林·弗雷泽（Frankin Frazier）被指定了 30 名职员以对哈勒姆令人惊骇的社会经济状况进行研究，这是被大萧条打击最严重之处[2]。 调查委员会发现黑人的问题主要由于收入的不足，这一点不足为奇。

差别对待的雇佣行为剥夺了非裔美国人足够的工作机

（接上页）的是组织充分的政治运动在要求哈勒姆由白人所有的商铺雇佣黑人这一问题上的**失败**，导致了 1935 年的短暂的暴动。 参见其 "The Politics of Disorder: Reexamining Harlem's Riots of 1935 and 1943," *Journal of Urban History* 18（August 1992）: 395–441。

[1] Capeci, *The Harlem Riot*, 4.

[2] 拉瓜迪亚市长委员会就 **1935 年 3 月 19 日哈勒姆暴乱的完整报告**从未正式发布，并且一直到 1968 年，似乎都处于"消失"状态，当时有一份 1935 年的黑人报纸 *Amsterdam News*，声称有一份完整的副本在哥伦比亚大学图书馆的文献中发现，并作为其后出版的一系列的一部分，由 Robert M. Fogelson 及 Richard E. Rubenstein 编辑，题目为：*Mass Violence in America*（New York: New York Times/Arno, 1969）。 Capeci, *The Harlem Riot*, 引用自 E. Franklin Frazier, *The Negro Harlem: A Report on Social and Economic Conditions Responsible for the Outbreak of March 19, 1935*, 不过我从未发现这一作者或题目的来源。 弗雷泽随后发表了一篇关于哈勒姆社会生态学的简练且传统的文章，他唯一的直接劳动成果。 参见: E. Franklin Frazier, "Negro Harlem: An Ecological Study," *American Journal of Sociology* 43（July 1937）: 72–88。

会，以及……［随之而来的］有营养的食物、得体的居住
条件、必要的医疗保障和健康的家庭关系。因此，许多
人开始成了国家的负担，有赖于其他人，这些人往往是鉴
别者，进行慈善帮助……在 1935 年 9 月的第一周，43% 的
哈勒姆黑人家庭得到了救济。这一年，在全州范围内，
由于失业的原因，接受救济的黑人数量是白人的 2.5
倍……1937 年登记失业的黑人占据所有有收入的非裔美国
工人的 40%，而在其他所有族群中这一比例是 15%[1]。

福利协会早期发现的所有负面情况，在黑人群体中都以最极
端的形式出现了，他们居住在贫民窟双倍拥挤的房屋中，承受着
高患病率（特别是肺结核和营养失调）并且在黑人（Jim Crow）
医院中无法得到充分治疗；他们的学校由于选区重新划分而受到
隔离，并且过度拥挤、破旧、荒废且缺少充足的教学工具；另
外，学生们常常无法得到白人老师的同情并且阅读充满贬低黑人
形象的文本[2]。

不足为奇地，犯罪率也很高，尤其是考虑到警察过分热心于
逮捕黑人年轻人以及黑人倾向于将警察视为"北方种族主义最妄
为的典范……对警方的批评者将黑人贫民区大量聚集的民警比作

[1] Capeci, *The Harlem Riot*, 34-35.
[2] "教士约翰·罗宾逊（John W. Robinson），哈勒姆学校永久促进委员
会主席"指出校区如何被改变选区以保证种族隔离以及哈勒姆的学生如
何被移交给中学，"这些学校的课程将他们推到社会经济地位的边缘位
置……罗宾逊的委员会发现城市学校里几乎有 400 本书将黑人描述为奴
隶，'懒惰、无能'"。（同上，40）

'军事占领'并控诉其持续的暴行"[1]。鉴于这种情形，1935年的哈勒姆暴动便也不足为怪，它"将攻击性、憎恨的感受带到了表面。不同于更早期白人袭击黑人时的混乱。哈勒姆是'反抗种族歧视与[相对]富足中存在着的贫穷'的敌意的爆发"[2]。

虽然拉瓜迪亚拒绝了委员会的报告及建议[3]，不过几项改善哈勒姆状况的举措还是立即展开了。"到 1940 年，哈勒姆河住宅区、中央哈勒姆中心大厦、哈勒姆医院女性展馆（Women's Pavilion）、两所哈勒姆学校已经完成。同样，医院科室的黑人护士和服务人员的数量是原来的 2 倍，黑人医生和医疗委员会成员是原来的 3 倍。"[4]

哈勒姆房屋

哈勒姆河住宅区的 574 个住宅单元建在约翰·洛克菲勒（John D. Rockefeller）拥有的空置土地上，处在哈勒姆建成区域、哈勒姆河之间，毗邻邓巴合作社（Dunbar Co-ops），这是洛克菲勒早期为中产阶级黑人所建（这一项目后来丧失了抵押赎回权）。与纽约市房屋管理局签有合约的联邦公共工程管理局规划并设计了这一项目，但是公共工程管理局事实上建设这个项目是在将其租赁给纽约公共房屋管理局运营之前[5]。大约 15 000

---

[1] Capeci, *The Harlem Riot*, 41.

[2] 同上，43。不过"富足"这一短语貌似是没有根据的。

[3] 在其他事情中，委员会给出了更好地平息针对警察怨愤的建议，很不幸被拉瓜迪亚拒绝了。如果这种机制就位，那么在某种程度上，1943 年的哈勒姆暴动会有不同的走向。

[4] Capeci, *The Harlem Riot*, 7.

[5] 关于哈勒姆的房屋，参见：Marcuse, "The Beginnings of Public （转下页）

个家庭提出申请，所以准入将会是高度选择性的。

然而，由于失业以及家庭"非典型"者被取消了申请的资格（例如，直到 20 世纪 50 年代晚期，单亲母亲才被承认），即便又建筑了更多的公共房屋，它永远无法解决大萧条带来的失业问题，虽然它确实能够为建筑工人提供工作。它也永远无法解决城市及郊区为争夺资源所进行的地方竞争。

新政促进去中心化

大萧条期间，拉瓜迪亚在城市形态方面权力的主要对手是罗伯特·摩西，罗伯特·卡洛（Robert Caro）称其为"权力破坏者"，杰罗姆·卡恩（Jerome Charyn）则简单地称为"法老"[1]。摩西，一个从未担任过任何选任职务者，其对纽约区域空间格局的塑造超过了任何其他单个的历史人物，在大萧条之前、之中和之后，通过运用他在自己的独立王国中积累的权力，这一权力来自他被任命的州、市公园挂名闲职，以及自由再投资三区大桥和隧道管理局（Tunnel Authority）的丰厚过路税。因此，即便拉瓜迪亚和罗斯福之间关系密切并且他们都厌恶摩西，然而，后者面对华盛顿还是具有一种自主优势。

（接上页）Housing," 369-375。"45%的建筑成本是拨款，偿还给联邦政府余额的期限在 60 年以上。"（375）

[1] 关于罗伯特·摩西的经典文献当然是：Caro, The Power Broker。但是也可参见如下古怪的著作：Jerome Charyn, *Metropolis: New York as Myth, Marketplace and Magical Land*（New York: Penguin/Abacus, 1986）。摩西永远不是让人们觉觉平庸的那类人。

要理解这一点，必须退回到 20 世纪 20 年代。彼得·霍尔提醒我们，罗斯福十分忠于"大众返回土地"的原则，霍尔将这一立场归结于罗斯福的叔叔弗奥德里克·德拉诺（Frederic Delano）的影响，他曾经领导了纽约的区域规划并且随后被委任到国家资源规划委员会（National Resources Planning Board）[1]。鉴于这一偏爱，没有人认识到新政对城市的承诺与对郊区发展的承诺之间存在的冲突。罗伯特·摩西，作为公园理事利用公共工程管理局的劳动补贴为自己谋利，在城市和郊区重建、扩张其公园帝国，他修建的公路和桥梁最终促成了 1920 年的纽约区域规划的预言，成了现实中 20 世纪 50 年代蔓延的郊区。

作为劳工组织中关键玩家的纽约

虽然工作项目管理委员会吸收了部分无工作者，但是削减的工资和雇佣工作的不安全性形成了纽约长期的激进劳工运动，由于 20 世纪 30 年代早期联邦立法机构对于工人权利的保护，运动得到了强化。1932 年，国会通过了诺瑞斯-拉瓜迪亚法案

———

[1] Peter Hall, *Cities of Tomorrow: An Intellectual History of Urban Planning and Design in the Twentieth Century*（Oxford：Blackwell, 1988），159 中称，该项目完全沿着美国区域规划协会路线进行，但是，像许多学者一样，他难以区分纽约区域规划协会和美国区域规划协会。在查尔斯·诺顿死去之后，纽约区域规划协会实际上由德拉诺领导。霍尔是正确的，然而在（连同梅里安姆和米歇尔，Charles Merriam and Wesley Mitchell）德拉诺负责规划的 1937 年美国国家资源研究委员会都市生活报告：*Our Cities: Their Role in the National Economy* 中，假设了大规模去中心化的不可避免。（160‑161）

（Norris-La Guardia Act），终止了反罢工的联邦禁令，并宣布"黄狗契约"（或"反工会契约"）（yellow-dog contract）为非法，随后 1935 年，受前一年所出现的鲁莽的罢工所刺激，瓦格纳提出的国家工业振兴法案保证了劳工的组织权与集体议价权（在瓦格纳的倡议下，社会保障法案也在同年通过）。

　　事实上，虽然一战后的劳工运动在 20 世纪 20 年代受到了严重削弱，但是 20 世纪 30 年代的危机使之复兴了。 即便劳工的议价地位很低（你连工作都没有你怎么罢工？），美国劳工联合会（American Federation of Labor，AFL）/美国工业组织联合会（Congress of Industrial Organizations，CIO）的工作大部分出于纽约，利用新法案进行动员以获得更大的工会力量并在 20 世纪 30 年代末构建了全国工会网络，这为公平劳动标准法案（Fair Labor Standards Act）提供了充分的压力，使其于 1938 年被国会通过[1]（这一法案设置了期待已久的每周 40 小时工作制，设置了

---

[1] 在 1935 年，美国工业组织联合会在美国劳工联合会内部成立，在 3 年之后独立（两者到 1955 年再度合并）。 还有两个最初在纽约市建立的其他大型联合组织（联合服装工人工会以及国际妇女服装工人工会，都与服装业有关）也在其他主要的服装制造业城市中获得了加盟。 虽然二者仍然是竞争对手，不过在两者之间，它们确实对行业进行了组织。参见：Roger Waldinger, *Through the Eye of the Needle: Immigrants and Enterprise in New York's Garment Trades*（New York University Press, 1986）。 当然，在这三座城市中，联合的程度是产生不同阶级结构的主要变量。 如我们所见，在纽约规模相对较小的企业（主要是消费者与生产者服务，只有建筑行业和运输行业正成为大规模的"工业"类型）和服务业部门从一开始便在纽约经济中占据统治地位，这并未给它们带来对抗性的工会政治或是大规模的工厂组织。 对于联合而言，构建"规模"是必要的。 尤其是服装贸易，雇佣的曼哈顿"工业"（转下页）

最低工资，禁止童工）。

然而，工人展示力量的机会被二战干扰了，这一紧急状况导致了罢工的临时中止。罢工将会在战后马上恢复。最惊人的行动出现在繁荣的交通领域：铁路、公共交通和港口。在 1950年底，市政工人——在纽约这一人数已经过量，尤其在准独立地铁公司被统一并归于公共部门之后，由此吸收了之前的工会运输工人——同样获得了集体议价权。受到这些先例的鼓舞，纽约的警员、消防队员、社会服务者与教师迅速将其职业组织改造成了议价联盟。所以由上一代人罗伯特·瓦格纳（Robert Wager Sr.）提出的国家劳资关系委员会（National Labor Relations Board，NLRB）原则，最初仅仅适用于私企，随后由其儿子小瓦格纳（Robert Wager Jr.）在担任纽约市长时拓展到了公共雇佣中[1]。

作为文化孵化器的纽约

纽约引进"现代"建筑

我已经列出了两个典范性的"摩天大厦"（帝国大厦和克莱

（接上页）工人数目最多，但是通过小型的临时工厂和家庭作业进行，这对于发展超越单一工作场所的劳工组织技术至关重要。

[1] 关于纽约市政工会发展的翔实且论证充分的历史，以及对它们被城市以及工会官员利用以维持和平劳动的批判，参见：Mark H. Maier, *City Unions: Managing Discontent in New York City*（New Brunswick, N. J.: Rutgers University Press, 1987）。书中叙述了，在 1954 年及 1965 年里，"瓦格纳"如何"推动整个城市为其雇员争取工会的充分承认"。（47）在某种程度上，梅尔描述了政府领域内管理者和劳动者之间简要的"福特制"契约。

斯勒大厦），当大萧条袭来时，它们已经处在了施工之中。虽然接下来的时光比较艰难，不过这种趣味持续了下去，也许令人惊讶的是，还有了新的发展——不仅在曼哈顿，而且在外围行政区也是如此。莱纳德·华洛克（Leonard Wallock）将之归结为是1932 年的现代艺术博物馆的现代建筑国际展览（Museum of Modern Art's International Exhibition of Modern Architecture）将欧洲现代建筑引进到了美国。这一展览展示了勒·柯布西耶（Le Corbusier）、瓦尔特·格罗皮乌斯（Walter Gropius）、密斯·凡·德·罗和其他欧洲先锋建筑师的作品，因此，有助于普及国际风格。随后的是 1934 年"机器艺术"（machine art）的展览以及在 1938—1939 年间名为"包豪斯，1919—1928"（Bauhaus, 1919—1928）的展览[1]。

这些影响有许多都体现在 1939 年的世界博览会中[2]。但是在此之前，在洛克菲勒中心的大厦上已可看到类似的简化，如时代与生活（Time&Life），东方航空公司（Eastern Air Lines）与美联社（Associated Press）的大楼，还有其他的商业建筑运用了

---

[1] Leonard Wallock, ed. , *New York: Culture Capital of the World*, 1940 – 1965 (New York: Rizzoli, 1988), 10 – 11.

[2] 参见: Carol Herselle Krinsky, "Architecture in New York City," in Wallock, *New York*, 89 – 121。 克林斯基指出，"[在博览会中] 有两个展馆引人注目……: 即巴西 [奥斯卡·尼迈耶（Oscar Niemeyer）设计] 和委内瑞拉 [由年轻的美国公司 Skidmore, Owings & Merrill 的乔丹·本夏福特（Gordon Bunshaft）进行设计]。 巴西的展馆由很细的支墩架起，来自勒·柯布西耶的**底层架空柱**；委内瑞拉的展馆则有玻璃墙，位于支撑天花板和顶篷的纤细支撑物之后，顶篷下有壁画。 这些光线与开放结构显著区别于"博览会中众多笨拙或造作的建筑。"（92）

来自欧洲现代主义与装饰艺术的主题[1]。 克林斯基（Krinsky）暗示利用简化省钱的渴望"可能是大萧条时期节俭美学被广泛接受的真正催化剂"[2]——这是最有趣的假设。

小说与黑色电影（noir films）

比简化建筑更便宜的是图像和文字。 虽然很难将个体作家的焦虑与 20 世纪 30 年代的昏暗现实分离开来，不过当外在环境积聚于内部张力之上时，对纽约的黑暗看法甚至更加黑暗。 肖恩·奥康奈尔（Shaun O'Connell）在关于 30 年代纽约文学的章节中指出，纽约的负面文学形象之前被城市自由中的魅力和欣悦缓和，一旦繁荣消失便转向不可挽回的幻灭[3]。 20 世纪 20 年代的爵士乐时代（Jazz Age）所孕育的反偶像主义和创造性的格林威治小镇/哈勒姆文艺复兴场景的活力，在沉闷的 30 年代被新形式的创造力取代。 纳撒尼尔·韦斯特（Nathanael West）（né Nathan Weinstein），生于纽约，早期通过《寂寞小姐》（*Miss Lonelyhearts*）（写作于 1929 年，但直到 1933 年才出版）获得了名声，展示了纽约冷酷灵魂中的肮脏形象[4]。 还有克利福德·奥

---

[1] Krinsky, "Architecture in New York City". 然而，直到 1960 年纽约区域划分法案逆转之后，摩天大楼的形式才充分"摆脱"退步的设计，充分利用现代玻璃覆盖建筑的直线。

[2] 同上，89-90。

[3] Shaun O'Connell, *Remarkable*, *Unspeakable New York*（*A Literary History*）（Boston: Beacon, 1995），Esp. 206-30.

[4] 在这本书和其写于 1935 年往西迁入洛杉矶之后所写的关于洛杉矶的完美小说之间形成了有趣的对比。 如果说《寂寞小姐》表达了自我毁灭的抑郁；10 年之后 *The Day of the Locust* 表达了好莱坞的"天启式的情绪"，这一短语参见：Lionel Rolfe, *Literary L. A.*（San　（转下页）

德斯（Clifford Odets）的剧本《等待左派》（*Waiting for Lefty*），当
1935 年首次呈现在舞台时十分富有煽动性，乃至在其夸张的结
尾之后，观众不是鼓掌致敬，而是有节奏地大喊："罢工，罢
工。"[1]大概这两个例子捕捉到了对大萧条反应的幅度[2]。

　　另一方面，20 世纪 30 年代是一个电影承受不起损失的时
代；相反好莱坞通过对养尊处优的富人生活的窥探，迎合了逃离
残酷现实的渴望，哪怕只是暂时性的。真正丰富的纽约"黑
色"电影尚需时日恢复，如果说设定于"未来"的《银翼杀手》
（*Blade Runner*），是洛杉矶最（*the*）精华的黑色电影；而 20 世纪
20 年代禁止的"怀旧式"帮派电影是芝加哥主要的黑色影像；
那么，纽约持续鼓励一种立足"当代"的异乌托邦（dystopic）
电影的大量输出。

　　1994 年，一场制作于 1941—1976 年间的 64 部纽约黑色电影
的长达两个月的回顾展在纽约电影论坛开幕。这些电影间情节
与场景间的深层关联在威廉·格雷姆（William Grime）的评论中

（接上页）Francisco：Chronicle, 1981），他用以描述一件杰作。我注意到，
　　The Day of the Locust 中的虚无主义像预言一样，捕捉到了该城市在 20 世
　　纪 80 年代繁荣中的绝望，Brett Easton Ellis, *Less than Zero*（New York：
　　Simon & Schuster, 1985）。意味深长的是，*The Day of the Locust* 的母题
　　是五彩斑斓的洛杉矶的一幅画像。

[1] 这部戏基于 1934 年的纽约出租车司机罢工。关于最初反响的更多细
　　节，见：O'Connell, *Remarkable, Unspeakable New York*, 215‒216。

[2] 在这里我忽略了关于"增长中的犹太移民"的大量文学作品，这一类占
　　据了该阶段最著名的小说中相当大的一部分，正如"增长中的爱尔兰
　　人"是芝加哥在该种形式中的首选类型。在前者中，Henry Roth, *Call
　　It Sleep* 或许是一座高峰，而 James Farrell 关于 Studs Lonnigan 的小说或许
　　体现了对于在芝加哥日趋增长的爱尔兰人的同样结论。

得到了凸显：

> 若有一个城市由黑色和白色所铸就，那便是纽约。这座城市同时具有刺目的光明、深沉的黑暗、强烈的转折和极端的暴力……曼哈顿，全是黑色的衣服、苍白的皮肤。天际线自身，是城市最持久、最具破坏力的影像，获得了充分的力量。就像路西法，当黑暗降临，成千上万冰冷洁白的钻石开始闪耀。**纽约是一座黑暗的城市**……"城市不妥协的风景和其无名人海的无尽波涛形成了一个冷酷道德戏剧的理想场景，剧中命定的角色不可逆转地走向暴力的结局。**在经典纽约黑暗电影中，城市的摩天大楼和大街起到了神与诗唱班在希腊悲剧中所起的作用。**他们是冰冷道德法典之冷漠的观察者与残酷的执行者。"[1]

一个关于电影题目的粗略调查彰显了循环的主题：死亡、恐怖、局外人、幽灵、错误的人、错误的数字、迷失、无路可逃、尖叫、哭泣、孤单、黑暗的角落、牺牲、陌生人、杀手、双重人生、沉默、阴影、犯罪、丛林、夜半、裸露城市、邪恶力

---

[1] William Grimes, "The Dark Side of a Noir City, in Black and White of Course," *New York Times*, November 18, 1994, C1, C27. 加粗字体为原作者所加。在这一摘录中，作者引用了：Foster Hirsch, *Film Noir: The Dark Side of the Screen* (New York: Da Capo, 1981)，该书宣称这些电影"将城市描述为诱人且危险的，充满霓虹灯、天气阴沉、人群冷漠的所在"。

量。 这些主题都由大萧条滋生，虽然包含这些主题的电影要晚一些才出现（但是唤起了福利茨·朗对追溯至 20 世纪 20 年代之纽约的反乌托邦视角）。 在艺术中也是如此，关于城市的冷酷而肮脏的形象取代了柴尔德·哈桑（Childe Hassam）光彩夺目的印象派（impressionist）用色。

1939：未来的临界点

虽然大萧条时期的纽约经济既没有芝加哥陷得那么深，也没有洛杉矶恢复得迅速，不过到 20 世纪 30 年代，有微光出现在了隧道的终点。 像其他地方那样，直到美国参加二战，芝加哥才获得完全的恢复。 因此，我们可能只观测城市 1940 年前夕的情况，尽管很麻烦。 此时其人口——正在接近 750 万人，应该指出的是，其总数在某种程度上高于 1990 年，该年达到 730 万人（5 个自治区的人口事实上在 1970 年达到顶峰）。 这看起来是一个合适的时刻： 在美国参战之前，并且此时该区域开始通过裂变式的激增进行总体改革尚不到 10 年。 1939 年提供了一个两面神似的（Janus-like）时机，可同时观照未来和过去。

回望过去

在 1939 年，关于对"真实的"纽约城所写出的最好的"入门书"已经出版了。 这一 700 页的书是大萧条或说是联邦作家项目（Federal Writers' Project）的出色成果之一，它编列了全部有才华的失业学者、作者以及熟练的摄影师、艺术家和制图师，借鉴了联邦艺术项目（Federal Art Project），制作了这一《纽约市美国作家项目指南》（ *WPA Guide to New York City* ）[1]。 每个区及其相邻地区都绘制了地图，并且用钟情的笔调详细地描述，同时注意到了其历史发展、经济、地标以及和城市其他地区的关系。

"指南"绘出的城市"心理地图"当然十分失真，是一个一直持续到了今日的失误。 曼哈顿反映了其城市经济权力并作为标志性的中心，占城市人口不足 1/4，却几乎占据了这份文献的400 页。 布鲁克林则只有 75 页，即便它占据了约 37% 的人口。布朗克斯与皇后区各占据约 20% 与 18% 的人口，分别都只有约40 页。 还有斯塔顿岛，仅占有城市人口的 2%，被分配了约 25页[2]。 然而，这些"外围行政区"和其城郊扩展区域是未来城市进行建设的地区，并且随时间的推移，这里将会发生最为重大的变革。

"指南"中描绘的城市形象也被乡愁与感情扭曲了，这在某种意义上模糊了严峻的现实。 虽然当该书写作时纽约仍然深陷于大萧条，不过它仍再三鼓吹纽约的金融势力、工业可能性和活跃的港口，及其艺术、戏剧和音乐的创造性。 一种更加客观的观察将会揭示出，深层的去工业化已经开始进行，不过随后到来的战争暂时遮蔽了这一制造业的衰退。

---

[1] Federal Writers' Project, *WPA Guide to New York City: The Federal Writers' Project Guide to 1930s New York* （New York： Pantheon，1982 [1939] ）.

[2] 此时，曼哈顿的人口正接近 1 689 000 人；布鲁克林有 2 800 000 人；布朗克斯接近 1 500 000 人；皇后区超过了 1 340 000 人；斯塔顿岛仅有约175 000 人。

展望未来

然而，1939 年是充满乐观主义和希望的一年，这大概解释了"指南"中积极向上的语气。 1933 年，在大萧条最黑暗的日子里，芝加哥不幸召开了"进步的世纪"展览（纪念城市建立 100 周年），这与其 1893 年的博览会同病相怜，当时也遇上了经济危机。 不同的是，当纽约于 1939 年 4 月 30 日召开了最宏伟的世界博览会之时，美国似乎最终走出了 10 年衰落，在大吹大擂中，预示了新乌托邦的"黎明"[1]。 其主题是"建设明天的世界"，这一世界或许是"城市"，但具有不同的模式。

---

[1] Gelernter, *1939: The Lost World of the Fair.* 是最近一本引出这一事件的书籍。 它表现出了一种特殊的亲密和迷幻，不过有些勉强、重构，很大程度上基于作者所宣称访问过的（虚构的）中产阶级女性保存下来的日记。 格伦特尔的其中一个主题是促使整个事业前进的末世学，这一点在其一篇文章中得到了强调，参见："Since the 39 world's Fair: Utopia Gained and Lost," *Los Angeles Times*, June 25, 1995, sec. M, pp. 1, 3。 正如史蒂夫·艾瑞克森在该书评论中所指出的，"1939 年的博览会在某种程度上像一个神启的时刻（biblical moment），格伦特尔称之为美国的宗教，这种信仰不仅关乎美国的天命，还关乎其与上帝最终构想的神圣联合……在 1939 年的纽约世界博览会上，美国的宗教展示了其最令人难忘且最具决定论的末世预言以及深刻的乌托邦信仰……[其设计者] 分享了'一个根本性的信念'——即博览会应该传递一个'强大'且'预言式'的信息……这便是巅峰。 博览会的游览者在这应许之地上攀登、观望"。 Steve Erickson, "From Here to Utopia: Looking Back at the Magic of the New York World's Fair of 1939," *Los Angeles Times*, June 25, 1995, Book Review sec., p. 2.纽约将在 1965 年于皇后区的同一地点主持另一场世界博览会，但是相较 1939 年的博览会黯淡失色，并且影响小得多——大约是世界上最后一场"盛大的"博览会。 这在某种程度上暗示了，电视和航空旅行的降临削弱了该类对"世界窗口"的需求。

在今天，即便城市中"好的"一面，也仍落了一个坏名声。因此，认识到"该城市"在 1939 年的未来图景中占据了何等中心的地位是令人惊异的。 虽然博览会中的展品聚焦于科学家对新技术的贡献并极大程度上"促进了"新的消费品（电视与传真机同纯粹的食品和家庭设备争夺观注度），不过三个与之相伴的、最值得注意的展览是民主城（Democracity）、未来世界展览（Futurama）以及爱迪生公司（Consolidated Edison）制作的曼哈顿全景画。

民主城，由建筑师罗伯特·科恩（Robert Kohn）负责的博览会主题委员会提出，由亨利·德雷福斯（Henry Dreyfuss）在刘易斯·芒福德和克拉伦斯·斯坦因（Clarence Stein）的建议下实施规划，该设计本身位于一个巨大的正圆球建筑形式内部，描绘了上百万人居住的理想都市[1]。 支付 25 美分后，伴随着日夜变化的灯光和从"成千上万人的合唱"中升起的音乐，游客们会在他们川流而过的乌托邦中被飨以长达 6 分钟的表演。 周期之间的循环被名为伟大时代的拂晓[2]。 "指南"如此描绘这一表演：

[1] 科恩曾经是美国区域规划协会的创始人之一，同芒福德一起。 他和克拉伦斯·斯坦因一起建造了"花园城市"而声名显著，并指导了公共工程管理局的房屋建设。 参见 Gelernter, 1939, 25 - 26。 斯坦因设计了曾在美国建设的少量新城镇的"绿化带"（除去住宅区）。

[2] 对我们的后现代耳朵而言，这些声音难以置信的粗野，然而，如格伦特尔在与对博览会有记忆的人访谈时所发现的，它给观众留下了持久的印象，常常影响他们未来的人生选择。 我回顾了我自己生命中对诸城市的关注以及它们对展览的规划，我将之视为一个 11 岁的易受影响的少年人。 阅读它们同时为这本书做准备引发了长久沉埋的记忆。

两架封闭的自动扶梯引领游客……到达球体的入口……围绕着内部——大约是城市无线音乐厅（Radio City Music Hall）的 2 倍大——两条"魔毯"或旋转舞台会承载着旅客行进超过"2 英里"［对该展馆进行鸟瞰］……

民主城有工作人口 250 000，展现了超过 100 万人社区的商业、管理与文化中心。它位于河岸边，没有居民。居民居住在花园区边缘、城郊，与半工业化的城镇相邻。城镇为绿化带所环绕，位于集约农业的大片土地之间[1]。

这是埃比尼泽·霍华德（Ebenezer Howard）和帕特里克·戈德斯或许立即便意识到的一种幻想，但是其灵巧的布置没有预见到在战后阶段将会分裂都市区的城郊化形态。

受欢迎程度唯一超过民主城博览会的展览是未来世界展览，由诺曼·贝尔·戈迪丝（Norman Bel Geddes）设计，为通用汽车所赞助也在意料之中[2]。这一模式提供了一种获取居住地与工

---

［1］Federal Writers' Project, *WPA Guide*, 632.

［2］关于展览，*WPA Guide* 保持了神秘的沉默，将相当大的注意力投入到了克莱斯勒与福特大厦，但是关于"未来世界"仅有两句话（参见 639 页）。因此，我的描述更依赖两项其他的来源，包括：Gelernter, *1939*。这段时间有几本书是关于博览会本身的，包括：Frank Monaghan, *New York World's Fair 1939*（Chicago: Encyclopaedia Britannica, 1938），这是对于博览会的大型图像描述；以及 Rebecca Rankin, *New York Advancing*（New York: Publishers Printing, 1939）。此时这一话题被再度提起，进行了大量的阐释，参见：Richard Wurts, *The New York World's Fair, 1939－1940 in 155 Photographs*（New York: Dover, 1977）；Larry Zim, Mel Lerner, and Herbert Rolfes, *The World of Tomorrow: The 1939 New York World's Fair*（New York: （转下页）

作地点最终分离的民主城乌托邦目标（虽然并不极端）的"技术手法"（technofix）。未来世界展览许诺"把你载到 1960 年"，这是一个汽车制造业的美梦。宽阔的高速公路上配备着天桥和高架，在整个大陆上四通八达，将美国的城镇连入一个宽广的网络，能够承受无尽的汽车，最好都是由通用汽车造的。

在游客完成了未来世界展览之后，传送带移动座椅将他们送至一个巨大的美国模型前，伴随着广角和特写之间的不断交替，每个人都得到了一个蓝-白按钮，上面写着"我看到了未来"。事实上，他们确实看到了。如果说民主城是埃比尼泽·霍华德的化身，那么未来展示馆则是在罗伯特·摩西对纽约进行规划之后的模型，这大概就是为何它是一个更好的预言者：高速公路与桥梁是他的"事"[1]。更多大规模的（在纽约地区之外）高架"超级高速公路"的建设将会划过现存城市的中心或完全绕过它们，然而，这必须等待 20 世纪 50 年代联邦对高速公路建设进行大力资助。

民主城与未来世界展览都描绘了与"活着的"城市极少相似之处的"已死的"风景。全无贫民窟，更老的历史建筑，甚至

（接上页）Harper & Row, 1988）；Rosemarie Haag Bletter et al. , *Remembering the Future: The New York World's Fair From 1939 to 1964*, *with Essays by Rosemarie Haag Bletter and Others*（New York：Rizzoli, 1989）。

[1] 实际上，当世界博览会在 1964—1965 年被复活和重组之后，罗伯特·摩西成了其新任主席。非常有趣的是，此时"未来世界"展馆放弃了其关于四叶苜蓿型高速公路的古老主题——现在已经到处都是——以及对访客的运送，取而代之的是，"通过月球表面，到达南极，沿大洋底，通过丛林、荒漠，最终**经过**了城市的未来"。参见：Bletter et al. , *Remembering the Future*, 30。

是教堂（当其缺席被指出后，随后才被加上），它们缺乏人文
（humanity）、运动与激情。 依我看，真正令人兴奋的展览是爱
迪生公司所做的展品，虽然它的设计由电力"推动"：

> 梦想看到从科尼岛（Coney Island）到韦斯切斯特纽约全
> 景的游人，能够在爱迪生公司的大厦那里看到。"灯光城
> 市"，一个如城市街区一样长、三层楼一样高的透视画……
> 连同曼哈顿的高楼和地铁都一起转动，并带有使之更戏剧化
> 的配音……这促使其在城市生活中 24 小时传播[1]。

坦白地说，我仍然觉得"真实的"城市更有趣。 在这个意
义上，当下往往是最好的"预言家"，它就像"球体"与通用公
司更富创造力的那些展示一样准确（又不准确）。

"暂时搁置的"未来

但是隧道尽头出现的光明事实上最终成了一个在两次危机间
平衡的短暂时刻。 博览会召开 5 个月以后，德国人侵了波兰；
1940 年 6 月，巴黎陷落。 博览会场地在 10 月初短暂关闭，以允
许（男性）工人进行汇票登记，在 10 月 27 日，它破产倒闭了。
如果未来尚未死去，它至少"在这段时期内"被延缓了。 丰饶
的美丽新世界与博览会中所想象的服务于消费者的技术暂时碰

---

[1] Zim et al. , *The World of Tomorrow*, 90. 正是展览，而不是更加清新的花园
城市或超级高速公路的模式使我在未来的人生中成为一个城市规划专家。

壁；取而代之的是服务于死亡的技术。 起初，美国仅仅在罗斯福的"租借法案"（lend-lease）项目下（与复苏无关）为欧洲提供战争物资，但最终在 1941 年底作为参战国加入第二次世界大战。

虽然纽约都市区域的经济从未像芝加哥那样受惠于战争需求，特别是在重型武器和军械方面。 它也不如洛杉矶，其太平洋的港口和生机勃勃的航空工业受到了太平洋战争的刺激——不过它也同样受到了激励，虽然仅仅是暂时性的，并且主要在运输方面而不是重工业。

港口

特别是在短暂的"租借法案"期间，纽约/新泽西的合并港口重新获得了之前对美国航运的统治权。 整个 20 世纪 20 年代，每年有平均约 2 500 万长吨[1]（long tons）的大宗商品及一般外贸货物经过这些港口，超过了美国港口所有载重量的 1/4。世界性的萧条导致了绝对吨数在流量方面的急剧下跌，不过纽约的份额仍然相对稳定。 然而，多亏了战争，其吨位在 20 世纪 40年代飞速上涨，在 1943 年与 1944 年达到顶点，约有 3 000 万吨每年，这时纽约的份额代表了全美长吨的 40% 以上。 虽然战后进出口额在战后稳定增长，于 1965 年达到顶点，这时掌握在纽约地区港口手中的海外载重量达到了 5 000 万吨，但是该区域所占据的全国水运份额已经回落到仅剩 15% 了。 太平洋与加勒比诸港口正在成为真正的发展中心。

一般货物的"份额竞争"波动甚至更为显著。 1941 年值得

----

[1] 1 长吨 =1.016 05 公吨 =1 016.046 kg。 ——编者注

注意，因为纽约港随后掌握了几乎全美一般货物的一半，因此暂时中断了从 1923 年的 40% 到 1965 年的仅 17.5% 这一缓慢又稳定的下降势头（然而，随后的时光里，纽约在海上运输中所失去的东西，在空运中补了回来；20 世纪 60 年代，纽约的空运占据全美海外空运货物长吨份额的一半）[1]。

港口设施的地理分割

然而，该地区海港很复杂，且散布在多方政府管辖权下，这意味着纽约市本身永远无法从该地区港口中获得全部的财政收益或者乘数效应。 实际上，随着时间的前行，区域航运中心的活动被持续替代，直到其整体上完全放弃该城市。 不过一直到第二次世界大战，港口活动仍然集中在曼哈顿和布鲁克林，它们共同占据了所有运输的 4/5。 沿着新泽西的州界，霍博肯（Hoboken）和泽西城在运输中又占据了另外 12%，而纽瓦克（Newark）港仅掌握了 2%。 战争期间，布鲁克林的设施变得更加重要，尤其是其在海军船坞附近的造船业。 到 1960 年，布鲁克林掌握了全部运输的 2/5。 直到 20 世纪 60 年代早期的一般货物集装箱化之后，纽约的混合码头与站点开始被淘汰，以支持纽瓦克港新的现代设施[2]。

---

[1] 参见回溯性的表格与图表：Port of New York Authority, *Foreign Trade at the Port of New York/1966* (New York: Port of New York Authority, 1967), esp. 2-3, 6-7, 8-9。 这些趋势被 1973 年的纽约-新泽西港年报所修正，见：*Foreign Trade During 1973 at the Port of New York-New Jersey: An Analysis of the Port's Position in the Handling of Oceanborne and Airborne Foreign Trade* (New York: Port of New York-New Jersey, 1974)。

[2] David Hillyard 为我编辑了这些数据，参见其："Working Paper on the Port of New York"（未发表手稿，n.d.）。

政治上的统一

该地区诸港口间的地理与管辖权的分散吁请着治理结构上的行政改革，这一改革随后被当作其他多州集合型都市的模板。不过，准独立的纽约与新泽西港口管理局早在 1921 年便通过州立的契约建立，其规模与功能在随后的年月里得到了极大的扩张（今天，港口管理局还拥有区域内诸多机场的管辖权）。

20 世纪 50 年代晚期，罗伯特·伍德在其具卓越贡献的纽约区域规划委员会研究中，将纽约跨三州大都会区域内 1 400 多个治理单位分成两种主要的类型：完全"地方性"的城、镇政府附带具特定目的的区域，如学校、消防、水利；以及较新的"大都会"体系——其中心为"纽约港口管理局"和"三区大桥与隧道管理局"[1]。伍德强调了后一类型与通常的政府概念在何种意义上有所区别，即便它们在对都会区的塑造上有着惊人的力量：

> 取代了或多或少固定的治理边界、成熟的官方公共机构、长期维持的程序规则及或多或少清晰的责任分配机制，是一个更加排他性的政治体系。其公共职能似对区域发展进程更为关键……由独特的组织方略和**特别**协议……施行，通过分离的职责与当局部门发展成熟。行动的法定依据更为复杂；不同层面的政府参与也是如此；在财政支持的规定

---

[1] Robert C. Wood with Vladimir V. Almendinger, *1400 Governments: The Political Economy of the New York Metropolitan Region*（Cambridge：Harvard University Press, 1961），伍德的"The World of the Metropolitan Giants"。这一章从未被超越过。

以及本地选民的支持方面也是如此。 浮现出来的……行动
范式没有明确参考区域人口和经济活力的特性。 **对需求、资
源和适当的行动的定义日渐呈现出了复杂体系的影响**[1]。

　　所有这些都以一种委婉的方式表达了： 鉴于政治分裂的残
酷现实，这些像准独立帝国一样的必需品中的每一个，随着时间
的推移都倾向于发展自身的既得利益，却不对当局本打算服务的
人民负责。 另外，它们隔绝于一般政治这一点，为不受监管的
甚或是任意的权力提供了空前的机会。 许多纽约人对罗伯特·
摩西的憎恨缘于他通过控制三区大桥与隧道管理局的通行费而获
得在塑造区域交通格局方面至高无上的权力。

　　另外，罗伯特·菲奇（Robert Fitch）曝光的丑闻《纽约的刺
杀》（ *The Assassination of New York* ）中出现的"阴谋论"源于其对
纽约港口管理局权力的认识（以及城市和州权力机构中的特定个
人），菲奇指责这是对城市经济基础的**蓄意破坏**[2]。 无论阴谋
与否，港口管理局正在改变中的政策与水运技术的改革对港口活

---

[1] Robert C. Wood, *1400 Governments*, 117. 加粗字体为作者所加。

[2] 参见： Robert Fitch, *The Assassination of New York* （London： Verso，
1993）。 菲奇将洛克菲勒王朝的政治和经济权力；纽约港当局通过债
券增加公共财政的权力；洛克菲勒在曼哈顿下城区的房地产利益以及区
域规划协会有意识地使纽约市去工业化并"摧毁"其港口的"决议"结
合在了一起。 虽然其分析有很多优点（如，他简要勾画了世界贸易中
心的港口管理局的资金——其加强了投资曼哈顿下城区的大卫·洛克菲
勒的房地产财富——与洛克菲勒在中心商业区发展团体中的领袖地
位），菲奇对"大人物"甚或是"邪恶"者的成见似乎将纽约深层的社
会经济变化都视为附带现象。

动区域的"迁移"所做到的，与使海港成为可能的地理复杂性一样多。例如，早在 1947 年，港口管理局便开始对纽瓦克港进行更多的投资，并于 1962 年在这里开设了第一个集装箱原型设施。在此之后，纽约市的海港，包括布鲁克林广阔的海滩土地，在本质上都终止了它们作为港口的有效功能。在 20 世纪 70 年代末，新泽西码头掌握的海运贸易数量是纽约的 7 倍，沿着纽约滩头的长期被遗弃的土地正被规划为"重复利用"[1]。不过我们现在要回到编年顺序的讲述脉络中。

制造业去中心化

在纽约的港口可以最大程度上感受到受益于二战之处，制造业并没有被忽视。然而，最新的工业厂房，包括与国防相关的航空行业，似乎都位于城市建成区域的边缘地区，不仅仅因为它们要求更多空地超出了附近所能提供的，还因为战争生产委员会将工厂**去中心化**以防止它们经受大规模轰炸的系统政策[2]。因此主要的飞机制造工厂都远处于长岛地区，这使得它们位于城市税收管辖权之外（并且便于获得公共交通支持）。这一去中心化并没有开启新的趋势，而是强化了早在 1911 年的普拉特调查中所观察到的那种情形，这在 20 世纪 30 年代变得更加明显了。

---

[1] 参见：Michael N. Danielson and Jameson W. Doig, *New York: The Politics of Urban Regional Development* （Berkeley：University of California Press，1982），esp. 316 - 347。

[2] 集中的工业设施更容易遭到轰炸的威胁，这一课是从欧洲战争的威胁中学到的。对于今天的我们而言，在原子弹和氢弹时代，已经很难估计战略规划师是何等严肃地对待工厂激进的去工业化的论证。

　　纽约都会区研究再现了其中的一些观察，它发现在 1929 年
至 1939 年，尽管纽约旧"夕阳"产业的制造业雇佣占比在纽约
工业区全部 12 个县的制造业雇佣比例都相对稳定地约为一半，
但在同一段时间内，其在该区域工业区的新兴的成长中产业的制
造业雇佣比例，从 73% 下降到了 65%[1]。在战争期间，该区域
中制造业的各部分雇佣比例都有所增长，但是到 20 世纪 50 年代
中期，该区域内纽约城新、老工业雇佣比例的总量下降了约一
半[2]。这一相对地下降结合了纽约区在国内所有制造业岗位份
额的下降。在最近的"重组"发生之前，纽约的去工业化已经
开始处在进行中了。

种族与纽约的人口结构变化

　　即便存在如下事实：① 可追溯至一战期间的、相当规模的
非裔美国人向纽约市的迁徙，② 大萧条期间黑人相较于白人经

[1] 参见：Edgar M. Hoover and Raymond Vernon, *Anatomy of a Metropolis: The
Changing Distribution of People and Jobs within the New York Metropolitan
Region*（Garden City, N. Y.: Doubleday Anchor, 1962 [1959]），26,
Table 3。在 1956 年，纽约区域规划协会委任哈佛大学公共管理研究院
的学者们承担一项"22 郡"区域的发展研究，并制定至 1985 年的未来
规划。该项工作出产了 10 卷著作，其中最重要的是：Hoover and
Vernon, *Anatomy of a Metropolis* 以及 Raymond Vernon 的总论，*Metropolis
1985: An Interpretation of the Findings of the New York Metropolitan Region
Study*（Cambridge: Harvard University Press, 1960）。

[2] 在 1939 年及 1947 年，所有的制造业工作中约 53% 所在的区域是纽约市
内；到 1954 年降低到了 51%。参见：Vernon, *Metropolis 1985*, 114,
Table 14, and passim。

受不对等的遭遇，并且③ 相较于芝加哥或洛杉矶，二战期间纽约的雇佣机会并没有显著增加，然而进入城市的移民一直持续且稳定，这大概是因为哈勒姆作为全美最大、最重要的"黑人城市"的名声，也因为在所有目的地中，纽约作为政治上最自由的城市的名声[1]。 对于在 1930 年至 1940 年间来到这里的145 000 的黑人而言，纽约是他们的"应许之地"（promised land）。 到第二年，纽约市人口的非裔美国人从 10 年前的不到3%上升到 6%，近 750 万人。 随后，本州黑人的 90%居住在城内。 不过，随后接近 400 个城市街区构成了哈勒姆（大约在第110 和 155 大街之间，并占据了第三及阿姆斯特丹大道），囊括了黑人中的大部分人口，其次是布鲁克林，在战争期间还有布朗克斯[2]。

---

[1] "实际上，州里的民权法案是国内最先进的。 早至 1909 年，在陪审服务、法律实践、公立学校管理以及公共膳宿的一些领域中，种族歧视已经被禁止。 在大萧条期间，民权已被延伸至公共雇佣、以工代赈、公共工程项目等多个领域。 到 1937 年，立法机构建立了城市有色人口状况临时委员会。 一年以后，宪法条款禁止，对任何人'因其种族、肤色、信条或宗教'而拒绝提供同等保护的州法律。"Capeci, *The Harlem Riot*, 31 - 32.

[2] 到 20 世纪 20 年代，布鲁克林贝德福德-史岱文森的次级"贫民窟"开始沿着东-西向富尔顿大道及亚特兰大大道形成。 参见：Harold X. Connolly, *A Ghetto Grows in Brooklyn*（New York： New York University Press, 1977），esp. chap. 3。 意大利及西班牙家庭仍然居住在哈勒姆，虽然超过 80%的居民是本土出生的非裔美国人或曾来自加勒比。 在 20 世纪 40 年代，越来越多的内部移民导致了黑色哈勒姆的扩张，第 155大街以北，110 大街以南，往西则越过了阿姆斯特丹大道。 此时，这些布鲁克林区域如贝德福德-史岱文森和布朗斯维尔正在成为次级居民区。

虽然人数比例很小，但是大概由于他们太过集中，故而黑人在市政府内部已然形成了相当大的政治力量，长久以来后者都具有对新"种族"参选的敏感性。 即便在大萧条期间，纽约的黑人也通过经济与政治行动寻求、并偶尔能获得更大的权力。 卡派希指出：

例如： 组织进行经济抵制，反对拒绝雇佣黑人人员的交易。 1933 年后颁布的救济项目表示……罗斯福将非裔美国人纳入了其新政项目中……并且在纽约……雷曼（Lehman）和……拉瓜迪亚……［要求］州和市政府赋予黑人居民经济和公民权[1]。

并且虽然由战争诱发的劳动力短缺在纽约相较于芝加哥和洛杉矶而言比较轻微，但还是为黑人和妇女开辟了就业的机会，部分是由于征兵制度，部分是由于国外移民的减少[2]。 不过实际

---

[1] Capeci, *The Harlem Riot*, xii. 拉瓜迪亚同样促进了市政府中黑人的更多雇佣，包括市政服务及较高层次的职位；他批评了种族歧视并实质上起草了罗斯福总统发布的 8802 号行政令文本，该行政令重申了政府对雇佣中歧视的反对并设立了一个强制机制。 拉瓜迪亚很快将 8802 号执政令作为纽约的官方行政政策，在政府资助的项目内部调查歧视并且还涉及对管理人员莱曼最近建立的雇工歧视委员会及公共雇佣设施委员会的投诉。 尤可参见： Capeci, *The Harlem Riot*, 8 - 13。

[2] 正如一战时的案例一样，在国际及国内劳工招聘之间存在一种相反的关系。 在 1940 年，国外出生的白人居民在 5 个自治区中的数量超过了 200 万人。 10 年后，其总量下降到了不足 180 万人，很大程度上是因为老一代人的相继死亡。 相对地，本地非白人（大多数是黑 （转下页）

增长速度未曾达到预期。

1943 年的种族骚乱

到 1943 年夏天，在几个美国城市，莫比尔（Mobile）、洛杉矶尤其是底特律，种族敌意日渐沸腾，在 6 月产生了有史以来最血腥的种族暴乱。 由于底特律是战争工业的高度集中地，吸收了许多黑人工人；一个虚假的传言，即白人会分配至新的公共住房项目中，其本打算分给战时的黑人工人，这引发了一场白人对早先取得居住权的黑人申请者的袭击（被警察强化了）。 而紧张局势更为普遍了。 它们最终于本周末在贝拉岛（Belle Isle）娱乐区爆发，并很快蔓延至整个城市。 白人在黑人的社区之外抓捕、袭击黑人；黑人通过袭击白人入侵者并摧毁白人在黑人社区中的产业进行报复。

> 警察和黑人社区边界的黑人狙击兵持续交火……由于暴乱行动，城中 3/4 的地区出现了一百多起失控的火灾。 最终，联邦军队进入交火地区，重建秩序……在暴乱之后，留下了 34 具尸体——包括 25 名黑人，大多数死于警察之手——超过 700 人受伤，财产损失超过 200 万美元[1]。

———

（接上页）人）的居民从 1940 年的不足 419 000 人增长到了 1950 年的接近 705 000 人，而生于海外的非白人（几乎都来自加勒比）在同一时间段从 58 637 人增加到了 72 305 人。

[1] Capeci, *The Harlem Riot*, 69–70. 这些资源中可用于底特律的是：Robert Shogan, *The Detroit Race Riot: A Study in Violence* (Philadelphia: Chilton, 1964) 及优秀的新著作 Thomas J. Sugrue, *The Origins of the Urban Crisis: Race and Inequality in Postwar Detroit* (Princeton, N. J.: Princeton University Press, 1996)。

在纽约的反响

许多观察者期待，由于纽约更为"自由"的态度及其法律，将会免于各处发展着的种族冲突，但是大多数激烈的抱怨并不会只发生在特定的地点。 甚至在战争期间，纽约黑人的失业率仍然很高，在整个州内的国防工作中仅保留 1.3%[1]。 讽刺的是，即便在黑人被号召要为他们的国家冒生命危险时，如在军队服役中，仍承受着隔离与歧视，这些尚未在军队中清除。 因此，虽然城市采取了预防措施以避免底特律式的暴乱，即当时设置了种族间的程序委员会，但却以失败告终[2]。

在 8 月 1 日夜里，哈勒姆爆发了大规模暴乱，持续了 12 个小时，不过这期间纽约的回应相当不同于其他城市。 直接的导火索是一名白人警察与一名（女性）顾客在一个本地宾馆内发生了争执。 一个与此事无关的黑人士兵进行了调停；据说他推搡了警察，后者在他逃跑时向他开了枪。 四起的谣言说，一个白人警察杀死了一个黑人士兵，数小时内起了火，窗户被打坏，商店被抢劫——不过集中于商业性的第 125 大街（"要道"），从第 110 至第 145 大街沿第 7、第 8 与勒诺克斯大道一路蔓延[3]。当两周之后城市最终决定对该地区进行宵禁时，代价是 6 个非裔美国人死亡，上百人受伤，超过 550 个黑人被逮捕（几乎全由于抢劫或接受"赃物"），财产损失大约在 200 万美元[4]。

---

[1] Capeci, *The Harlem Riot*, 63.

[2] 更多的细节参见：同上，第四章。

[3] 在该阶段，哈勒姆几乎所有的商铺都属于白人而非本地居民所有，这些商铺大多数由犹太人所有，所以在怒火面前首当其冲。

[4] Capeci, *The Harlem Riot*, xi 引用了马尔科姆·X（Malcolm X） （转下页）

空间状况

从事美国种族冲突研究这一快速发展的运动的社会科学家们挑出了 1943 年的哈勒姆暴动作为范例事件，认为它预示了 20 世纪 60 年代后半段严重破坏了美国城市的一系列种族暴动。 他们讨论了一种"从公社模式向商业模式的暴乱形式的转变"，指出"1935 年的哈勒姆剧变……并且［乃至］1943 年，引领了瓦茨、纽瓦克与底特律的第二次暴乱"[1]。 随后在 20 世纪 60 年代，幼稚的研究者开始质问道，为何**他们**正在摧毁**他们自己**的社区。 暂不论症候式的"他们"及其所暗示的"我们"，这一质疑忽略了允许警察对"暴乱区域"施行隔离警戒控制战略的空间环境，它能阻止白人进入并使得黑人无法选择替代性目标[2]。

到 1943 年，由于哈勒姆地域广大、人种单一并且人口稠

（接上页）的评论，"人们几乎可以嗅到随时爆发的危险"。 其中一个突然的事件或许是拉瓜迪亚越过了亚当·鲍威尔（Adam Clayton Powell Jr.）的反对意见，对罗伯特·摩西的规划中的与都市人寿保险公司合约的支持——后者因歧视而知名，在租住房屋被清理干净的土地上建设准公共的史岱文森小镇（参见同上：13-14）。 反对是合理的：史岱文森镇确实在租户选择上存在歧视，直到 20 世纪 50 年代。 对于暴动本身的描述参见：99-108，随后的描述十分扼要。

[1] 同上，171。

[2] 其中一个异议是：Allen D. Grimshaw 的以毕业论文为基础的研究："Urban Racial Violence in the United States: Changing Ecological Considerations," *American Journal of Sociology* 64 (September 1960): 109-119。 重印于格雷姆肖所编辑的文选 *Radical Violence in the United States* (Chicago: Aldine, 1969), 287-298. 如我们将在第十二章所见，这一战略无法广泛地应用于洛杉矶 1992 年的暴乱，我称之为首次"钉入型"（drive-in）（或者，更准确地说，"驱逐型"）暴乱。

密，故而在冲突期间，白人中只有武装警察敢于进入。 在第一
次事件之后不久，拉瓜迪亚便命令全部警察进入全天候待命状
态，到凌晨 1：30，他将其中的 5 000 人部署至哈勒姆（同时，他
命令该地区所有的酒吧和酒肆关闭）。 当时，暴乱区域已被封
锁（正如 1935 年间的暴乱一样，甚至相关的地铁车站出口也关
闭了）。

> 整个哈勒姆西区的交通都被改道了……同时，在 8 月 2
> 日早晨，暴乱者也已经筋疲力尽了，市长前往阻止了其再次
> 发生……[他的广播讲话]小心地[规避了]对贫民窟市民
> 的任何谴责，[并且描述了]恢复所有秩序的措施。 交通
> 将会被限制，并且非本地居民禁止进入哈勒姆。 酒肆将无
> 限期关闭[1]。

志愿者们，几乎全是黑人，帮助城市和军警恢复秩序，在军
械库待命的 8 000 名纽约州国民警备队员一直没有部署的必要。
紧急医疗服务开始运作，食物被分发了下去。 暴乱仅仅一天之
后，哈勒姆 90%的牛奶配送得到了恢复，手推车和应急店铺正在
运行中，供货商已经可以进去了。 渐渐地，宵禁和交通管制放
宽了，商店开始营业（甚至是酒肆），到 8 月 14 日哈勒姆的警
察力量"恢复到了正常规模"[2]。

纽约人倾向于指责"暴徒们"的叛乱并恭贺自己很好地承受

---

[1] Capeci, *The Harlem Riot*, 104.

[2] 同上，104 - 107。

了危机的考验[1]。 但是，正如卡派希指出的那样，这些可能
"缓和了他们的良心"，也导致他们"**漠视贫民区愤恨的缘由和
对改善黑人居住区生活环境措施的要求**"[2]。 黑人被期待为战
争所作的贡献与他们从中获得的微小利益之间的矛盾越来越大。
军队中的种族隔离，被排除在国防工作之外，以及通货膨胀引起
的租金和物价的螺旋式上升（这一点黑人将之归罪于白人业主和
店主），这些是小部分最为明显的潜在不满。 就在暴乱之后，
由肯尼斯·克拉克（Kenneth Clark）所主导的一项关于哈勒姆的
调查发现，至少有 1/3 关于暴乱的反思可能产生了一些积极的结
果；他们或许是对的。

　　直到那时，纽约尚未强制推行租金控制或者实施物价管理，
虽然其他的城市已经这么做了。

　　　　在暴乱一星期之内，物价管理办公室（Office of Price
　　Administration，OPA）宣布了在哈勒姆开设一个办公室的计
　　划……另外，物价管理办公室宣布在九月中旬"一项关于在
　　纽约市建立房租控制的特别研究正在进行中。"……**联邦租**

---

[1] 事实上，虽然大多数暴乱参与者"权重"都非常倾向于年轻男性，不过
　　作为暴徒被开除的涉事人员的阶级范围与参与性都十分广泛。 卡派希
　　指出，"一旦出现混乱，阶层差异便因为暴乱者共享了白人社会中关于
　　黑人的绝对共识而土崩瓦解，"并且，"几个观察者回想起，看到了
　　'稳重可靠的市民'，女性、家庭女性，以及儿童正在抢劫"（同上，
　　122 - 123，126）。

[2] 同上，115，加粗字体为作者所加。 卡派希的分析出现的章节为：
　　"Police, Hoodlums, Race, and Riot"，115 - 133。

金控制……在这一年结束之前得到了实施,这使得纽约成为最后一个进行调节的主要城市[1]。

并且,在 1935 年的暴乱之后,有承诺说额外的公共房屋会一视同仁。 然而,交付必须等待战争结束。 所以,世界博览会的(白人)"城郊梦想"也是一样,虽然这两样成就仅仅是扩大了种族间的分裂。

战后阶段博览会愿景的实现

直到战争之后,在博览会中体现的城郊乌托邦的愿景才得以实现,然而这一乌托邦到底意味着"希望"抑或是"不幸",还尚未得到检验。 无论如何,战后的 15 年是一个人口混融并且高度流动的时段。

白人迁移:纽约战后城郊化的不完全诊断

正如肯尼斯·杰克逊在其早期城市发展史中所强调的[2],城郊化作为一个普遍的现象,几乎与美国的城市化一样古老。在战后不久,城区向城郊的大规模扩张成为一个十分普遍的现

---

[1] Capeci, *The Harlem Riot*, 158 - 159, 加粗字体为作者所加。 需要指出的是,纽约仍然是国内保留着租金控制的少数几座城市之一,尽管有了适当的修改。

[2] 参见: Kenneth Jackson, *Crabgrass Frontier: The Suburbanization of the United States* (New York: Oxford University Press, 1985)。 虽然杰克逊用了很大篇幅探索早期美国城郊化的先例,令人沮丧的是,他花了很小的篇幅用作他所谓的"土地细分的时代"(参见其231-245),即战后早期阶段。

象，乃至于直接促成了白人的逃离。首先，它出现在很少或者没有"少数族裔"人口的地方，同时也出现在"有色人种"的人口正在逐步增加的城市里；事实上，它是如此普遍以至于很难指望用单一原因进行解释。

这些动因包括：战时房屋建设的中断，创造了一种潜在的额外住房需求，一旦开始恢复便会出现；恢复被军事任务耽误的婚姻、生育，这产生了一种压抑已久的需求，不仅仅是结婚礼服和摇篮车，还包括拥有一座"起始"住房以安顿新家庭；通过想要获得理想城郊生活的老兵（严格来说，是以前的中上层阶级）——该生活由媒体描绘并部分程度上在大萧条时期的世界博览会上得到普及——联邦房屋政策促成了独户房屋的购买。所有这些都由未来世界展览中预见到的交通"革命"所促成，不仅仅是遍布全郡的通勤铁路，还包括政府资助的公路和有限人口的高速公路，这为城市开发开放了以前大部分的边缘地区。

罗伯特·摩西的高速公路

甚至在大萧条以前，美国已经革新了有限人口的高速公路建设，以促进城郊发展：长岛汽车公园大道（1906—1911，世界首条），16英里的布朗克斯河公园大道（1906—1923）；霍奇森河公园大道（1928）以及锯木厂公园大道（1929）。摩西运用他在1924年起草的州法案，其公园大道使得通勤者从20~30英里以外到达他们在曼哈顿的办公室成为可能。"这产生了一种即时的效果：由于新道路，在20世纪20年代，韦斯切斯特和拿索郡的人口增长了350 000。但是全部的深层影响在第二次世界大战之后的城郊建设繁荣中才浮现出来。"[1]

独户家庭布满了大地

在战后，整个国家都经历了显著的建设繁荣。 年度独户家庭房屋开启了，从 1944 年约 114 000 个的水平到 1946 年升为 100万个，再到 1948 年攀升至接近 120 万个，最终于 1950 年达到了空前顶峰的 170 万个[2]。 有魄力的"社区开发者"利用了这些潜在的需求和机会，从一个较低的起点崛起，获得了巨大的利润，通过政府的灵活操纵和银行刺激，鼓励了大众建设，从而以小额投资（完全无风险）获取了大宗财富[3]。 不过，平心而论，他们也革新了建筑技术，通过在已清除所有障碍的广大场地上将"制造厂"的策略应用到组装统一零件上，削减了成本。

美学家们大概会被这些"饼干模子"（cookie-cutter）的建设吓破胆，而社会上的假内行则或许会嘲弄性地贬低它们，假定这种大众生产的房屋将会大量生产同质性的居民。 但是事实上，这是一个在数量上——如果不是质量上的话——相当显著的成就： 如此迅速地建筑如此多的房屋。 这些操作的绝对量级产生了其自身对于各种类社区设施的衍生需求——公共的和私人的。这一乘数效应是相当大的。

---

[1] Hall, *Cities of Tomorrow*, 277.

[2] Jackson, *Cambridge Frontier*, 233.

[3] 特定的房屋金融保险项目以较低的首付和利率回报老兵。 语言辛辣的讽刺小说家约翰·济慈（John Keats）在其: *The Crack in the Picture Window*（Boston: Houghton Mifflin, 1956）中指出，"房地产男孩读着[退伍军人管理局]法案，带着惊喜看着彼此，发出焦躁的噪音，摩擦着双手，远在塔威塔威都能听到"。（引用自: Jackson, *Crabgrass Frontier*, 233）

纽约,莱维敦(Levittown)：普遍性的典型个案

莱维敦，这一社区的名字用来代表这一整个类型，在 1954 年由纽约大学教育学院所做的一项紧急调查中被称为"没有先例的社区"[1]。 这一描述并非不准确，由于当时 6 000 座"基础的"独户房屋突然建在了超过 6 平方英里的农场上——这些土地之前是用来"封存"土豆的，还有其他的所有生活配套设施：学校、商店、社区设施、健康服务，更不要说工作了——也很迅速地得到供应。

莱维敦建立的模式在所有大城市的城郊边缘地区都得到了复制。 郊区开始成为"美国的生活方式"（现在超过一半的美国人口居住在城郊）。 中心城市的反响同样意义重大，不过它们当然无法收获那些为其边缘新区域而保留的赞美。

---

[1] New York University School of Education Center for Community and Field Services, *Levittown's Schools and the Future of the Community* （New York：New York University Press, 1954）. 杰克逊将之归功于亚伯拉罕·莱维特（Abraham Levitt）家族（国防房屋的大型建筑商，最终贡献了超过 140 000 座房屋）在战争之后，将"小别墅市的产业转化成了制造业为主的流程"。（*Crabgrass Frontier*, 234）有三个莱维敦：一个在长岛、一个在新泽西、一个在宾夕法尼亚。 长岛的莱维敦是最大的，实际上，最终其 17 400 座房屋使其成为"有史以来由单一的建筑商所建造的最大房屋开发区"。（235）霍尔将这一地点与更早期的高速公路建设联系了起来："最早的莱维敦就在摩西的旺托（Wantagh）州立公路立交桥之外，作为琼斯海滩州立公园的入口之一，于 20 年前建立。"（*Cities of Tomorrow*, 278）需要指出的是，关于莱维敦生活的最有名的社会学研究：Herbert Gans, *The Levittowners: Ways of Life and Politics in a New Suburban Community* （New York：Pantheon, 1967），不仅涉及纽约的项目，或是宾夕法尼亚西兰花和菠菜田地上的巴克士郡下城的第二社区，还有新泽西的第三定居点，在与费城的通勤距离内。

"黑化"中的外围行政区

如果说年轻的中产和工人阶级白人在曼哈顿与外围行政区进行了"分散化",在此成长为最初的城郊并最终成为"城市远郊",而在城界内的少数族裔之中也出现了同样的去中心化。 他们之前大量集中在曼哈顿的北部地区。 但由于城内的少数族裔净增长率超过了白人,在 1940 年至 1960 年,其占比逐渐发生了变化。

迟至 1940 年,94% 的城市总人口被界定为"白人"。 多亏了哈勒姆的规模,以及在较小程度上还有像"唐人街"和其他小型"少数族裔"聚居点这种飞地,曼哈顿是唯一一个有较大"非白人"比例(17%)的区。 相反,其他包括大量"多种族"(几乎全是犹太人、意大利人、爱尔兰人)[1]人口的外围行政区中,白人几乎占据了压倒性的比例: 布鲁克林,95%;布朗克斯和斯塔顿岛,98%;皇后区,97%。 然而,城郊的居民主要从这几个区招揽。 因此,这一空缺促成了在外围各区开发房屋的机会并允许曼哈顿拥挤的黑人人口部分地(非常参差不齐)分散开来。

---

[1] 这次人口调查禁止收集宗教认同信息,这意味着其分布只能够估计。 纽约居民中犹太信仰/血统的比例估计达到了 25%;三种最大的"老种族"血统的族群——爱尔兰人、意大利人和波兰人——绝大多数都是天主教。 新教徒的"少数族裔"在黑人和白人中几乎各占一半。 即便这些作者们采取了一些有争议的价值取向,不过关于该阶段纽约"种族"的最好的书籍仍然是: Nathan Glazer and Daniel Moynihan, *Beyond the Melting Pot: The Negroes, Puerto Ricans, Jews, Italians and Irish of New York City* (Cambridge: MIT Press, 1963)。 在 1960 年由种族和民族所引发的一些问题,参见: 8-9。

　　但是由于城市里非白人和波多黎各人（Puerto Ricans）的额外迁入，非西班牙白人[1]的比例在整个城市里都有所降低。 到1960 年，仍然有 85%的纽约人被界定为"白人"。 非白人比例最高的地方出现在曼哈顿（26%），接着是布鲁克林（15%）。在斯塔顿岛、皇后区和布朗克斯，白人比例仍具压倒性（分别是95%、91%和88%）[2]。

　　然而，少数族裔的分散并不是随机的。 布鲁克林和布朗克斯内部的某些分区以非常激进的方式改变了"颜色"，与此同时，这些区的其他地方几乎未受到触及。 在"开放"自治区的过程中，公共房屋发挥的作用增加了分配过程中的"瑕疵"（参见下文）。 布鲁克林的贝德福德-史岱文森提供了一个相关的案例，部分是因为它是首个包括较大黑人比例的外围行政区之一，部分也因为它成了"新一轮"的城市暴动的首批地点之一，这些暴动在 20 世纪 60 年代晚期爆发于上百个美国城市中。 虽然1965 年的洛杉矶瓦茨暴动有时被认为是随后发生的一系列事件的开篇，不过事实上哈勒姆和"贝德福德"（还有新泽西）的事

[1] 曼哈顿存在西语裔族群社区，始建于 20 世纪，称"小西班牙"。 其人种混合了拉丁裔与西裔。 因此此处将 Hispanic 译为西班牙而非墨西哥。 ——译者注
[2] 直到后来（在 20 世纪七八十年代），城市的"局面"才经历了巨大的转变。 到 1980 年，白人仍然在城市人口中占据了 61%的比例，到 1990 年，这一比例下降到了 52%。 在曼哈顿，被分类为"白人"的比例有所下降，并随后在 1980 年与 1990 年间稳定在 59%。 在布鲁克林与布朗克斯，在这几十年里，种族演替是最为突出的。 在 1980 年，布鲁克林的"白人人口"为 56%。 10 年以后，下降到了 47%。 在 1980 年，布朗克斯的少数族裔（47%）是"白人"，但是到 1990 年，这一数字下降到了 36%。

件较之还要早上一年[1]。

贝德福德-史岱文森

贝德福德-史岱文森处于布鲁克林区的正中心，同时也处于
5 个区的地理中心[2]。 虽然其成为一个贫民区的历史变迁过程
与哈勒姆几乎并行，不过重要的是认识到从一开始，黑人在布鲁
克林（国王镇，King's County）便存在了，虽然是作为少数族裔
且大多是奴隶。 早至 1663 年时，贝德福德镇仍是荷兰农民的一个
农业/贸易站点，这些居民中有许多拥有一到两个奴隶。 到 17 世
纪末，国王镇全部人口的 15% 是黑人奴隶，这些世袭地产者中超过
40% 拥有至少一个奴隶。 从 18 世纪中叶到 1790 年，布鲁克林有
1/3 的人口由黑人奴隶组成，在该地区所有镇中占比最高。 在 19
世纪早期，一些自由黑人农民也加入了他们的行列[3]。

---

[1] 这也并非是这类事情的首次发生。 根据: *Report of the National Advisory
Commission on Civil Disorders*（常常被称为 Kerner Report）作者的重述，
早至 1963 年，"严重的混乱……便爆发于伯明翰、萨凡纳、马里兰、剑
桥、芝加哥以及费城［宾夕法尼亚］"。 到 1964 年，杰克逊维尔与圣奥
古斯丁、佛罗里达、克利夫兰、费城、密西西比加到了名单上。 在 7 月，
纽约也上了名单，还有新泽西的几个城镇。 参见: National Advisory
Commission on Civil Disorders, *Report of National Advisory Commission on Civil
Disorders*（New York: Bantam Books, 1968）, 35 - 36。

[2] 随后的描述主要基于两个出处: Fred C. Shapiro and James W. Sullivan,
Race Riots: New York 1964（New York: Thomas Y. Crowell, 1964），
chap. 6 以及更充分的社群研究: Connolly, *A Ghetto Grows in Brooklyn*。

[3] Shapiro and Sullivan, *Race Riots*, 108, 也可参见: Connolly, *A Ghetto
Grows in Brooklyn*, 4 - 5。 但是在 1820 年，就在纽约州解放奴隶约 7 年
以前，郡中一半的黑人仍然处于无意识的奴役状态。 Connolly, *A Ghetto
Grows in Brooklyn*, 6.

然而，由于耕地开始逐渐被住宅开发取代，贝德福德-史岱文森的白人数量开始迅速增加。 在19世纪的最后几十年，通往曼哈顿的交通线路一得到改善，该区域就开始转变成针对中上层阶级白人买主的两层房屋上流住宅区。 正如与此同时在哈勒姆所发生的那样，房地产投机十分猖獗。

随着上层阶级的汇集和上流社会"史岱文森高地"地区的形成，以及其富人豪宅的建立，仆人也随之而来。 这些仆人们需要地方居住。 他们在贝德福德地区形成了首个黑人社区……史岱文森高地群体的崩盘出现在20世纪20年代早期价格飙升时，随后，大萧条期间，供养可爱的褐石屋别墅对其最早的业主而言耗费太大。 他们搬了出去，房价降到了黑人家庭能够接受的范围内[1]。

住房供给被细分，而街区房地产欺诈"发展成了精致的艺术"。 就像到处都在发生的一样 [如加州环带南部的派瑞尔（Prairie）大道]，在较多的黑人进入郁葱葱的"内城"郊区之前，出现了恐慌性的抛售。 逐渐地，第一核心区沿着富尔顿（Fulton）和大西洋大道进行了扩张。 到1940年，在普瑞特艺术学院 （Pratt Institute）周围的地区，黑人占据了大多数，10年以后在扩张后的贝德福德-史岱文森区，非白人的人口比例超过了一半。 到1970年，大部分白人离开了周边区域而去向更远的布鲁克林、皇后区或是长岛。 随后，在一个更加扩大化的"贫

---

[1] Shapiro and Sullivan, *Race Riots*, 109.

民窟"中，超过 4/5 的人口都是非裔美国人（其中许多都来自加勒比）或波多黎各人[1]。

然而，打乱"白人迁移"这一单一模式的，是贫民窟清理与公共房屋建设在改变布鲁克林人种结构方面所起到的作用。 即便如此，不同于芝加哥，该区早期的公共房屋建设并没有聚焦于贫民窟本身，一些处在贝德福德-史岱文森之中或附近的最早期项目或许加速了人种过渡。 20 世纪四五十年代，在布朗斯维尔（Brownsville）、格林堡（Fort Greene）和皇冠高地（Crown Heights）兴建了大规模的项目，贫民窟中的所有区域都得到了扩张。 到 1964 年，9 个项目、接近 5 万居民（大多数是黑人）被安置在贝德福德-史岱文森贫民区，这时的总人数估计已经攀升到了 400 000 人[2]。

人口稀疏的外围地区渐变稠密

尽管僵化的叙述以隐喻性的术语如"白人迁移""种族演替"和"社区衰竭/爆裂"（neighbourhood burnout/blowout）（尤其是指布朗克斯南部和贝德福德-史岱文森，在这些地方，这些事件顺序并不总是准确）进行描述，其主要的缺陷在于没有指明二战刚结束时，纽约市的"城郊"扩张不仅仅发生在城界之外的边远小镇，或是新建设的开发区，甚或是整个的小镇如莱维敦；还

[1] Shapiro and Sullivan, *Race Riots*, 111. "40 年代同样见证了该区域政治上与社会上的非常时刻。 虽然哈勒姆人或许仍然通过放话'当一个种群再也住不起哈勒姆，就搬去了贝德福德-史岱文森'来轻视布鲁克林黑人，事实是，此时这两个地方的价格都一样，并且一种新的社会意识正在贝德福德-史岱文森黑人的心里成形。"同上，112。
[2] 同上，115。

包括外围行政区本身，在这些地方仍可获得空余的土地。 正在离开布鲁克林的白人或许为人口正在扩张中的黑人和波多黎各人留下了更多的空间，但是白人更有可能搬到城市范围内的新开发区，就像搬到郊区一样。 在皇后区和布朗克斯，这一点尤其正确，在 1950 年至 1960 年之间，这里白人、黑人和波多黎各人的人口都得到了增长。

但是，到了 20 世纪 60 年代这一点开始有所变化，到这个 10 年的末尾之时，三个群体的人口统计轨迹已然很明显地彼此分离了。 曼哈顿、布朗克斯和布鲁克林的白人人口开始急剧地下降，而这被其黑人、西班牙人与亚洲人人口大量增加抵消。 皇后区的过渡又花费了 10 年的时间，不过最终它也汇入了这一趋势。 在 1930 年，只有 100 万人居住在皇后区，大多数是白人。到 1970 年，这一自治区的人口稳定地增长到了几乎 200 万人的顶峰，其中仅有 15% 被认定为"非白人"。 然而，在 20 世纪 70 年代的 10 年，皇后区的人口总量下降了约 5%，人口净损失了约 344 000 名白人居民（下降了约 20%），非白人人口则增加了 38%[1]。 在 1930 年到 1990 年间，黑人居民的数目从少于 19 000 人增加到近 421 000 人，而"其他的"从 877 人增长到接近 400 000 人，但是白人的逃离引起的变化比人们想象的要少。虽然皇后区大概是最极端的案例，不过其中许多观察也可以应用到布鲁克林和布朗克斯。 这两个自治区的边远地带同样经历

---

[1] Mayor's Commission on Black New Yorkers, *Report of the Mayor's Commission on Black New Yorkers* （New York: Mayor's Commission, November 14, 1988），Table I-A.

了，与其说是人口种族演替，不如说是额外的人口增长，如：从其他更老的地区承袭而来的黑人和其他种族，以及该自治区内重新迁移至新开发区内的白人。

"入侵的"少数族裔的特性

不仅仅"白人迁移"是一个不准确并且具有局限性的描述，而且 20 世纪 60 年代纽约的种族演替同样在某种程度上脱离了下层阶级先头人员入侵的普遍刻板印象，这种入侵由公共房屋建设所引发。 在 20 世纪 60 年代考察纽约市种族变迁的唯一研究中，其中一项发现了一种更为复杂的模式。 雷诺·德诺维茨（Ronald Denowitz）研究了纽约市中搬入先前白人社区的黑人的社会经济状况，发现了许多相当有特点的范式，它们取决于与少数族裔聚居区现存区域相关的社区**位置**、居民的**密度**（各区有所不同），还有房屋存量的**崭新程度**。 在高密度地区，至少有三种不同的种族演替模式：

> 其中一个模式发现于黑人聚居区附近的广阔地带……它们为更年轻的黑人租客所引领，这些人教育经历超过平均水平，但收入更低……第二个模式描绘了白人住宅的部分特征……远离黑人贫民区——所有房屋中的 1/3 是独户或者两户的结构。入侵则由高收入、高教育水平的中年住宅买主为主导。 虽然黑人移民的社会经济地位要高过大多数白人居民，不过他们的进入还是趋向于促成大量白人租客的迁出……第三种模式出现在拥有更多人口的新建成居住单元中的白人居民部分。最初的黑人人口［主要是］……中等偏上收入和教育水平的中年人。 ［至少在 10 年研究期间］人种结构相对稳定并且

黑人收入水平的增长超过了平均水平[1]。

德诺维茨确信，在 25% 左右就是"临界点"，但是不确定"是否在纽约发现的特定演替模式能够用于归纳其他城市"[2]。我会指出，它们不能——尤其涉及芝加哥的时候。

种族（Race）与族裔（Ethnicity）的模糊性

在上文的讨论中，我使用了"白人"与"黑人"的区分，貌似其含义清晰而稳定。然而，种族是一个高度模糊的分类，相较于任何由个体提出的抽象特征，对这一概念的规定和使用向我们表明了更多的社会价值标准。我之前的概括在纽约被两个额外的因素困扰：首先是纽约黑人社区自身的大量变化；其次是"填充的"种族群体的存在——主要由波多黎各人构成，在 20 世纪 60 年代中期的"新一波迁移"开始之前，他们构成了纽约主要的"西班牙社区"[3]（后一种处于西班牙范畴内的变化将在第四部分进行研究）。

奴隶的解放与加勒比人的流入

鉴于纽约的人口多样性，种族尤其是一个不准确的概念，在统计与解析层面的价值非常有限。比如，"白人"是国族血统、

[1] Ronald M. Denowitz, "Racial Succession in New York City, 1960—1970," *Social Forces 59*, no. 2（1980）： 451.

[2] 同上，452。

[3] 有趣的是，德诺维茨通过消除包含大量波多黎各人的土地而避免了这一问题。

宗教信仰、到达时间、阶层、与政治权力多个维度的交叉，更不必说语言与表型性（phenotypical）的特征[1]，在此意义上，纽约的"黑人"人口挑战了单一二分法的界线。 比如说，与这种情况相反的芝加哥，贫困、南方农村出身与外表的深色皮肤，这些特征被倾向于放置在一起，这些表型与出生地之间的一致性在纽约被打破了。

纽约一个相当规模的"黑皮肤"少数族裔来自"国外"（大多数来自牙买加，也有的来自加勒比诸岛）[2]；事实上，在纽约黑人社区有许多政治领袖和商业精英都来自这一亚群体。 其次，本土的"黑人"在外观上也分很多种。 尤其是在南北战争之后，城市的自由吸引了雄心勃勃的混血新来者，他们中有一些获得了"通行"，同时还有同样具有外观模糊者，仍然被界定为黑人[3]。 纽约的"黑人"像"白人"一样，因阶级、族裔、口

---

[1] 这些点在 Glazer and Moynihan, *Beyond the Melting Pot* 中得到了合理的强调。

[2] 参见：Philip Kasinitz, *Caribbean New York: Black Immigrants and Politics of Race* （Ithaca, N. Y.： Cornell University Press, 1992 ）。

[3] 关于这一复杂性的非凡描述可参见 19 世纪 60 年代安置于布朗克斯社区的诸多"首批黑人家庭"的生命史。 参见：Judith Rollins, *All Is Never Said: The Narrative of Odette Harper Hines* （Philadelphia： Temple University Press, 1995 ）。 这一南方出生并极大扩张的"混血宗族"成员，其范围在外貌上涵盖从蓝眼金发（他们的父亲购买了土地，构建了房子，以及一个获得'通行'的叔叔，在华尔街工作，'探亲'要秘密安排）到那些更接近其非裔先辈，该先辈因她美国印第安丈夫而摆脱了奴隶地位者。 这一分类的模糊性并不能使得主角（成了全国有色人种协会的主要宣传人员）免于因黑人的缘故而被识别。 像瓦尔特·怀特一样的白皙皮肤、蓝色眼睛和金色头发并没有阻止他继任詹姆斯·韦（转下页）

音、血统以及越来越多地因语言［最近来自多米尼加共和国（Dominican Republic）的西班牙语使用者形成了纽约最大的移民群体］而变得多样化。

波多黎各人的到来：东哈勒姆的形成

20 世纪 50 年代以来，波多黎各岛出生或具有其血统的人口构成了纽约第二大的"少数族裔"。 在这一高度混合的族群（mixed population）中，"种族"（即，皮肤明暗度）更难以称得上是一个相关的标志，并且"移民身份"并不是迫切需要。 作为 1898 年西班牙-美国战争的结果，该岛屿成了首个美国的"殖民地"，并且 1917 年琼斯法案（Jones Act）对其市民授予了"部分"公民权。 法律程序与规定使得岛屿和大陆之间可自由迁徙，波多黎各人享有的福利、公共房屋与其他的社会服务与具有"完全"公民权者一致。

即便如此，城内的波多黎各人的数目仍然很小，直到 20 世纪 50 年代开始了大规模迁徙，其缘于岛上内卷化经济（economic involution）的助涨，同时还有便宜的空中直飞旅游的引进，不过准确地说，后者始于 1945 年，在 20 世纪 50 年代变得更加便宜。 在二战期间付诸实施的劳动力配置机制进一步促进了波多黎各人融入城市并获得工厂职位。 至 1940 年，纽约城内的波多黎各人尚仅有 6 万人，少于总量的 1%。 相较而言，1950 年是纽约移民的高峰。 到 1960 年，波多黎各人的数目超过了 80

（接上页）尔登·约翰逊（James Weldon Johnson）在 1931 年成为全国有色人种协会的执行秘书。 虽然"及格"与浅色皮肤的黑人也可以在芝加哥历史上发现，不过似乎在此要比在纽约或费城要少。

万，或者说占城市人口的 1/10^[1]。 那时，波多黎各人主要聚居于哈勒姆东部（拉瓜迪亚以前的国会选区），随后开始被称为"埃尔巴里奥"（El Barrio），不过这里并非唯有波多黎各人，且无论如何也不是所有的波多黎各人都住在这儿。

随着这一增长中的西班牙群体，在何种程度上"黑人"和"白人"的范畴发生了重叠？ 其他各处的"种族"问题都不像岛上的移民间那般模糊不清，他们的"种族"血统长久以来都是混杂的。 格雷泽（Glazer）和莫伊尼汉（Moynihan）捕捉到了这一群体中的种族身份在变化中的"社会性定义"：

> 一个人的肤色在其自己心中与其在美国白人心中的含义截然不同，[波多黎各移民]对其在美国人心中的含义知道得很清楚。 在 20 世纪 30 年代，纽约波多黎各群体中约 1/5 在人口统计普查表中被登记为黑人（略少于在波多黎各人口普查中被登记为有色人种的数目）……

> ……[到 1940 年，这一数字在东哈勒姆降低到]约

---

[1] 关于这一群体早期历史的最好著作是： Virginia Sanchez Korrol, *From Colonia to Community: The History of Puerto Ricans in New York City*, *1917 - 1948*（Westport, Conn.： Greenwood, 1983）。 也可参见她关于波多黎各人的最佳压缩版条目，见： Kenneth Jackson, ed., *The Encyclopedia of New York City*（New Haven, Conn.： Yale University Press, 1995），962 - 963。 Glazer and Moynihan, *Beyond the Melting Pot*, 86 - 136 中也讨论了这一群体，他们对波多黎各人数目的估计低于桑切斯·孔罗（Sanchez Korrol）的估计。 他们给出的数字中，1960 年由波多黎各人所生育或具其血缘的人口仅 613 000，仅占总人口的 8%。（参见第 94 页）

11%……到 1960 年，纽约波多黎各人中有色人口的比例仅为 4%[1]。

这是令人震惊的消息。鉴于没有理由相信在波多黎各岛会突然出现一种高度选择性的浅色皮肤"西班牙人"的向外迁移，那么唯一可以猜测的是纽约波多黎各人的逐步"变白"是一种社会性行为。

鉴于这一点，必须质疑所有将自治区人口"切分"为白人与黑人的二元描述[2]。这类数据同时高估和低估了城中各处所出现的群体数量。这一点在纽约的公共房屋项目中特别正确，现在这里租客中波多黎各人（可能会自称"白人"或者越来越多地标注为"其他"）和非裔美国人比例最大。

波多黎各社区的"去资产阶级化"（disembourgeoisement）

然而，与假定的低地位黑人拉开距离之后，并没有保障大部分波多黎各人免于社会经济地位的下跌，甚至还要在非裔美国人之下。他们被困在去工业化的"暗礁"以及哪怕拿更低的工资也愿意工作的新（亚洲）移民这一"浅滩"之间。在 20 世纪 50 年代早期，波多黎各移民"找工作时的劳工市场定位，越来越多

[1] Glazer and Moynihan, *Beyond the Melting Pot*, 92-93.
[2] 这些范畴不仅仅模糊且受制于个体选择，而且随着时间的变化极端"不稳定"。这种不稳定性可部分归结为人口调查局本身，它徒劳地尝试通过改变长时间以来的术语和交叉分类强制获得更大的"精度"。但是大多数源于西班牙裔拒绝"接收"美国的种族范畴的定义。这在 1990 年的人口调查中变得明朗起来，当时超过 90% 的纽约"西班牙裔"人口拒绝明确自己为白人或黑人，而选择"其他"这一选项替代。我将在第四卷回到这一点。

地成为中心城市的蓝领，他们为大批离去前往城郊新产业的工人
或者获得职位晋升［或退休］的现存工人所抛下。 波多黎各移
民被视为拯救那些依赖便宜劳动力的纽约产业的关键，比如服装
业"[1]。 波多黎各男性和女性的工作参加比率较其他群体较高
之处几乎全位于"技工"（operatives）的范畴，双倍（或三倍）
收入的家庭看起来将要拥有经济保障了。

　　不过，随着这类工作在纽约经济中的加速消失，以及周期性
的移民搅动脆弱的家庭安排，常常造成家庭分离，这导致上述经
济境况在后来很快便开始消失了。 女性主导的家庭成倍增加，
越来越依赖公共房屋和对未独立儿童的家庭补贴（Aid to Families
with Dependent Children），由于他们的公民地位，仅有这两个项
目他们具备直接获取的资格。 到 20 世纪 60 年代中期，波多黎
各社区内的男女比例严重地向女性倾斜，而作为一个整体，波多
黎各社区依赖者的比例超过了城内任一亚群体[2]。

　　准备提升内城居民居住条件的项目进一步加大了波多黎各人
的困境。 在城区更新和城市再开发行动的高潮，城市集中在所
能找到的恶化最厉害的租住区进行了大规模的贫民窟清理行动。

―――――

[1] Christopher Mele, "Neighborhood 'Burn-Out'," in Janet L. Abu-Lughod
　　et al., *From Urban Village to East Village: The Battle for New York's Lower
　　East Side* （Oxford: Blackwell, 1994），132. 梅勒反过来引用了: Clara
　　Rodriguez, *The Ethnic Queue in the United States: The Case of the Puerto
　　Ricans* （San Francisco: R&E Associates, 1974），121。

[2] 有一本卓越的文集收集了关于东哈勒姆长时间以来的研究，因此，该文
　　集中聚拢了波罗黎各人境况的变迁，参见: Judith Freidenberg, ed.,
　　"The Anthropology of Lower Income Urban Enclaves: The Case of East
　　Harlem," *Annals of the New York Academy of Sciences* 749 （1995）。

由于这些地方也是波多黎各社区构成的，这导致了从一个贫民窟到另一个贫民窟的相当大规模的转移。 如果说在芝加哥城市的更新被讽刺性地称为"黑人搬迁"，在洛杉矶被称为"奇卡诺人搬迁"（Chicano removal），在纽约这一俗语则成了"波多黎各人搬迁"。

东哈勒姆成为清理贫民窟的首要目标，这一选择也很合理，鉴于其沿着下东区的边缘（也居住了相当规模的波多黎各社区），它也有着集中的大规模严重恶化租住区。 凯斯那（Kessner）称其大概是城中最恶劣的贫民窟：

> 这里［东哈勒姆］林立着美国工业主义的丑陋废弃物，肮脏的工厂处在旧货栈、仓库、旧车配件市场和维修商店之间。煤场与油料仓储库排放的气态污染物将天空染成灰白色，未经处理的污水使河流腐败。 暂住人口塞满了东哈勒姆的酒吧和妓院，而其居民住在破败的租住屋和简陋的房屋中[1]。

在拉瓜迪亚担任该地区的代表之后，一旦之前主导这一地区的犹太人和意大利人死亡或逃离，波多黎各人便继承了其位置。一旦其住处被破坏，公共房屋计划就开始实施，许多人最终又回来了[2]。 虽然最早的居民几乎都不是西班牙人，不过到20世纪80年代，约80%的计划内居民都是西班牙语使用者，大部分

---

[1] Kessner, *Fiorello H. La Guardia*, 134. 作者引用了： East Harlem Study, a 1937 WPA report of the Mayor's Committee on City Planning。

[2] 关于下东区，大批的密集项目取代了沿东河的租住房屋，这些目前几乎都被西班牙裔所占据。

是波多黎各人。 同样的变迁出现在布鲁克林的红钩（Red
Hook）居民区，从刚建成时一般被认为的犹太白人居住区，到现
在转变为波多黎各人占据多数。

公共房屋功能的转化

如之前所指出的，没有工作的人与单亲妈妈最初被取消了公
共房屋的准入资格，准入许可具高度选择性，并且在战争期间，
战备工人具优先权。 不过，随着时间的过去，这些规则发生了
变化。 即便纽约房屋管理局努力保留非西班牙的白人，并将房
屋在稳定的基础上"整合"住房，不过仍然逐渐有许多的项目变
成了几乎全是黑人和/或西班牙人的项目，与此同时工人阶级则
搬了出去。 由于公共房屋计划已经在所有行政区完成了建设，有
的是建在开阔地而非贫民窟清理出来的土地上，少数族裔人口被引
入了许多外围行政区中主要为白人生活的区域，不过是处在孤立的
封闭区域中。 梅尔森（Meyerson）和班菲尔德（Banfield）在另外
的地方对芝加哥的种族和公共房屋所做的卓越分析中指出，公共
房屋政策"会摧毁"一个城市，这种分析引发了对他们不当的嘲
讽。 他们或许是暗示这一点在纽约已经发生[1]。

20 世纪 50 年代，纽约对城市更新/公共房屋的充分利用

纽约同洛杉矶甚至芝加哥形成了鲜明对比，它充分利用了

----

[1] Martin Meyerson and Edward Banfield, *Politics*, *Planning and the Public
Interest: The Case of Public Housing in Chicago* （Glencoe, Ill. : Free Press,
1955）.

所有用来清理贫民窟、建设资助房屋的联邦援助。而在 20 世纪三四十年代，这些项目由政府发起、建设并管理，1949 年的城市更新法律将私人企业引入法案中，随后项目转为了土地收回与租金补贴。无论项目是什么，纽约都迅速参与。结果令人印象深刻。

据一份纽约市房屋管理局发布的报告，到 1989 年，处在管理局监管下的运营中项目有 316 个，总共包括了 179 045 个居住单元，在 2 787 座建筑中，为 472 088 的人口提供了服务，其中不包括联邦房屋管理局修缮与再次出售的房屋[1]。这些项目中绝大多数都受到联邦资助（316 个中有 291 个；179 045 个居住单元中有 157 040 个；总量 482 088 人的受益居民人口中有 412 702 人）。相较而言，城市仅仅资助了 7 个项目，服务人口为 20 000 居民；州资助了 18 个项目，服务不到 39 000 名居民[2]。很明显，对纽约而言联邦资助绝对是至关重要的。

一份对 316 个项目完成情况的数据调查显示，纽约市自 1936 年开始提供公共服务，这些项目散布于所有的行政区，其建设速度与联邦资助的扩充或收紧几乎同步。通过统计每 10 年内新增的单元数目并以 10 年为单位计算项目的"平均"尺寸，可以获得很多内容。在 1940 年以前，纽约仅仅建设了 4 个项目——

[1] New York City Housing Authority, *Project Data: January 1, 1989.* 482 088 这一人口数字当然是少算了，因为公认但是未知数量的非法家庭是合法居民住户的 2 倍。

[2] 在 1989 年，城市有另外 7 个项目在建，额外提供了 686 座公寓，并正在规划另外的 15 个项目，按规划可再提供 1 621 座公寓，可再为 6 200 人提供服务。

"第一住房项目"，仅包括 123 间公寓；哈勒姆住房项目，有 577 个单元；红钩，有 2 545 个单元；以及威廉斯堡住房项目，有 1 630 间公寓——共产出了 4 875 个住房单元。 在 20 世纪 40 年代，城市公共房屋的供给几乎新增了 25 000 个住房单元。 在这个 10 年中完成的所有 20 多个项目中，几乎每一个都包括了 1 000 至 2 000 个住房单元。 只有 4 个少于 1 000 间公寓，在皇后区有一个超过了 3 000 个住房单元。

这一大规模高楼建设项目的模式（常常是柯布西耶式的高楼，保留着大面积公用绿地）一直持续到了 20 世纪 50 年代。在这个 10 年里，洛杉矶中断了其小规模的公共房屋项目，而当芝加哥在种族一体化处搁浅时，其项目也临时中止了。 纽约则新增了至今最大数量的公共房屋——约 70 个新项目的 75 000 间资助公寓，遍布于 5 个区中。 如在上一个 10 年中看到的案例那样，这些项目是规模很大（每个项目的平均居住单元数目超过了 1 000 间）的高楼。 其中许多处在清理出来的租住区中，并占据了"上乘的"地块[1]。

鉴于越来越多的规划师和社会学家对大规模项目进行反对，20 世纪 60 年代见证了公共房屋项目平均规模的普遍减小。 在这个 10 年里，仅仅新增了 42 500 个居住单元，散布于约 78 个项目中。 此时，公共房屋获得联邦资助已变得更加困难。 无论如何，20 世纪五六十年代代表了公共房屋的全盛

[1] 如东部下城区的 Riss，Vladeck 与 Wald 项目先占据了或许原本是最好的、可以俯瞰东河的水滨空间，虽然他们随后被罗伯特·摩西的罗斯福河（东河）大道与河流隔绝。

期：纽约公共房屋管理局所有住房单元的 43% 建于 20 世纪 50 年代，另有 24% 建于 20 世纪 60 年代。联邦层面的援助缩减持续且急剧地削弱了纽约提供援助房的能力。在 20 世纪 70 年代期间，新增住房单元不足 18 500 个（约占供给的 10.5%），但是这些趋向于小得多的单元［一些是引入（infill，直译为填塞）新住房用途的土地、一些是改装建筑、一些是新的州支持的建设］分散于接近 80 个独立的项目之中。在 20 世纪 80 年代（出版报告的数据仅到 1989 年 1 月），约新增完成了 60 个项目，但是总单元数没有达到 10 000 间——几乎全是小型的承包或修复项目，而且来自纽约州的财政份额越来越多。纽约的公共房屋阶段正在走向尾声。因此，最近公共房屋建设的下降趋势并非由于当地居民的反对，而是没有了财政资源。

但是建设如此大规模的公共房屋这一非常行为——虽然分散在多个区中，产生了两个意料之外的结果：第一，它引发了进一步的白人迁移；第二，正如马克思的观点中表明的，大工厂中工人的聚合会如何在无意中激发阶级意识的增长，房屋项目中大量贫困家庭人口的聚集为暴乱创造了潜在的爆发条件。

20 世纪 60 年代中期纽约触发的种族冲突

即便在不可任意支配的前提下有大量资助房屋的建设；市长办公室长期存在、权势雄厚的体制性力量打算平息种族冲突并为少数族裔领袖"赋权"，且有为黑人委任至更高官职与公务员职位的传统，然而纽约并没有在 20 世纪 60 年代高涨的国家种族冲突中免疫。 不过，始于 1964 年 7 月 15 日的示威运动让我们了解了诸多在 1943 年及随后的种族人口分布中发生的变革[1]。

这一导火索十分"典型"，在这一案例中，一个 15 岁大的黑人男孩遭到了一个下班的白人警察的射击。 这一事件从一些"玩耍"的孩子们与附近建筑某一个守卫之间的争执上升为一种激战——发生在上百个看到男孩尸体的学生们与被叫来镇压暴动的约 75 名警察援军之间[2]。

> 火星溅到了哈勒姆，有意或无意地，火势蔓延到哈勒姆和贝德福德-史岱文森［布鲁克林］，形成了 1964 年的暴乱……有 6 个晚上的时间，暴徒们都在两个街区中的道路上游荡。 多达 4 000 名纽约人参与攻击警察、破坏公物、抢劫商店的行动。 当一切都结束后，警察统计，有 1 个暴动者死亡，118 人受伤，并有 465 名男男女女被逮捕……可以说［1964 年的纽约暴动］导致了接下来数周内困扰其他城市的暴乱，因为这些骚乱是对在纽约引起之暴动的模仿[3]。

---

[1] 在随后的讨论中我十分依仗 Shapiro and Sullivan 在 *Race Riots* 中的描述，虽然我并不同意他们的解释。

[2] 这个年轻人正在参加罗伯特·瓦格纳初级中学（Robert E. Wagner Sr. Junior High School）的夏日补习阅读项目，远离他所居住的布朗克斯湾景房屋住房。

[3] Shapiro and Sullivan, *Race Riots*, 1-2. 在某种意义上，我并不同意暴乱在引发连续的种族冲突时所起到的作用。 其原因是深刻且具普遍性的——民权运动受挫的梦想，还有与之相伴的经济衰退的开始。

　　与 1943 年的那次暴动不同的是组织良好的民权运动，那时
黑人领袖加入了城市"当权者"以使得事态能够冷却。 当时，
种族平等协会（Congress of Racial Equality，CORE）在次日组织了
学校纠察队，其抗议暴力并示威要求公民审查委员的当权者惩罚
警察，同时在队列的末尾，"青少年们聚在电视照相机周围告诉
记者他们是何等的愤怒。"[1]在接下来的几天内，这一愤怒在
哈勒姆显现了出来，在周六达到高峰，这天是 7 月 18 日，特别
炎热的一天[2]，当然也是血腥的一天。"路易斯·史密斯
（Louis Smith），一位种族平等协会的地方联络员说，他刚从密
西西比回来，那天晚上他在哈勒姆医院之所见令他非常忧心。
'这比我在密西西比看到的任何情况都更糟糕，'他说。"[3]次
日早上的景象正趋于恶化。 有

　　　　打碎的玻璃，被洗劫的商店；大街上散落着碎玻璃、
　　　　垃圾和空弹壳；成群的愤怒黑人；带着钢盔、准军事化的
　　　　疲惫警察。 最令人吃惊的是，当晚之前，商人们在窗户
　　　　上安装的大门现在穿过人行道上疯狂地蜿蜒，躺在雷诺克

[1] Shapiro and Sullivan, *Race Riots*, 12, 13. 据夏皮罗和沙利文所言，黑人
　　穆斯林及毛泽东思想支持者同样寻求"发动"（即，在其间做政治工
　　作）示威者。 种族平等协会有充分的理由诉求一种公民警察审查委员
　　会。 随后，大陪审团拒绝起诉警察。 同上，16。
[2] "高温和黑人暴动之间存在着明确的关联。 如果当天很寒冷，或许就
　　不会有暴动。 不过这是一个大热天。"同上，43。 这当然是一个假想
　　的"理论"，虽然各种暴动和起义，包括美国革命，好像确实更多地出
　　现在炎热的天气里。
[3] 同上，61。

斯第 125、第 7、第 8 大道上的垃圾中间……警局专员墨菲
（Murphy）（在一个记者招待会的报告中）给出了当晚的
统计：1 人死亡；12 名警察与 19 名市民受伤，30 人被逮
捕，22 处商店被抢劫[1]。

　　清除工作在第二天开始，但是更深层的问题在抗拒"清
理"[2]。 夜晚的冲突复苏，到周一清晨早些时候，官方记录有
27 名警察与 93 名市民受伤（然而，医院报道，救治者超过 200
人），45 处商店被破坏或抢劫，108 人被捕[3]。 在第三个夜
晚，尽管任命了一个调查委员会并且哈勒姆的牧师也尝试转移怒
火，暴乱还是再次开始了，即便整个哈勒姆的交通都已被管制并
且派遣了专门的"技术"警察部队——分化人群并控制屋顶，居
民们会从屋顶投掷宽砖甚至燃烧瓶。
　　但是正当哈勒姆的事态看起来"得到控制"时[4]，警察从

----

[1] Shapiro and Sullivan, *Race Riots*, 62.
[2] 夏皮罗和沙利文引用了一段被他们称为冗长的、"为《先驱论坛报》
　　　对暴动大致合理的分析"，来自肯尼斯·克拉克（Kenneth Clark），
　　　他们确认他是一个城市学院的心理学"老师"以及"哈勒姆青年机遇
　　　无限"组织（Harlem Youth Opportunities Unlimited，HARYOU）的领导
　　　者。 夏皮罗与沙利文引用了该组织关于哈勒姆的统计中杀人犯、吸毒、青
　　　少年犯罪、性病及贫困的高比率，这几乎都是被警察所无视的黑人对黑人
　　　的犯罪。 他们同样引用了克拉克，即年轻黑人将警察视为"敌手，他们像
　　　最狂热的种族隔离者那样，积极地寻求维持种族地位……每一次警官射杀
　　　黑人青少年，都是一次城市罪行。"同上，68 - 69。
[3] 同上，83。
[4] 夏皮罗与沙利文指出，"曼哈顿日常的喧闹减少了。 狗吠声可以传得
　　　很远，就像在小镇中一样"。 同上，90。

贝德福德-史岱文森接到了求援的电话，那里的抢劫延续到了星期二夜晚[1]。

> 在接近黄昏时［星期三晚上］，闲逛者开始在富尔顿聚集，虽然市长让他们离开大路的讲话没什么效果，不过看起来也没促使更多人到大街上来……人群在增加，并且像前一晚一样，至少 9/10 的人来这里不是闹事或抢劫，而是"四处看看"……周三晚上，有一些新来者在围观……骑兵过来了。 一群骑警已经接管了诺斯特兰（Nostrand）与富尔顿的四角……在哈勒姆，警察害怕用马，因为它们容易被燃烧瓶攻击，**但是贝德福德-史岱文森的路更宽，房子也更矮，这削弱了房顶的危险性**[2]。

从那时起，冲突逐步升级并扩大化，带有更大规模的抢劫和财产破坏，直到周三晚上的暴乱因下雨而结束[3]。 次日，贝德福德-史岱文森平息了下来，但在哈勒姆，暴乱还要再过几天才会结束[4]。

---

[1] 更多的细节，可参见，Shapiro and Sullivan, *Race Riots*, 第 7 章（名为 "Tuesday, July 21"）与第 8 章（名为 "Wednesday, July 22"）。

[2] 同上，159，加粗字体为作者所加。

[3] 同上，168–172。

[4] 夏皮罗和沙利文的分析还有许多有待改进之处。 在修辞的意义上，他们发问道："什么终止了暴动？ 三天以来什么都没有。 看起来这就像一场疾病，需要三天时间痊愈。"同上，193。 然而，夏皮罗与沙利文确实提出了一种有趣的有关纽约的"理论"，即将该市短暂 （转下页）

纽约工业基础的"崩溃"以及重组的开始

　　然而，哈勒姆与贝德福德-史岱文森的暴动需要被放置在更广阔的背景中。 20 世纪 60 年代晚期是麻烦丛生的时代，不仅仅是美国，整个世界都是如此。 大概没有什么地方能像纽约一样成为美国经济衰退的明显征兆。 1964 年的"暴动"或许没有激起更大范围的种族冲突，但对即将来临的麻烦而言，这是一个前期预兆，尽管有民权运动的发展并且美国经济明面上也很健康。

　　重提 1973—1974 年全球经济的"重组"是必要的，数据分析者将之作为两个时代之间的"标志"，事实上在此之前已经存在相当规模的工业紧缩与动荡。 在 20 世纪 60 年代，反越战抗议、学生运动、民权斗争看起来都到达了一个极限，美国主要城市中，在居民更容易被边缘化的少数族裔地区，不计后果地暴动已经成为普遍现象。 与越南战争相关联的国防投资在一定程度上遮蔽了这种衰退，但是这种投资对于国内的贫民窟影响很小。

───────

（接上页）且分散的暴动与纽约曾经发生的种族融合关联了起来，相较于芝加哥甚或是洛杉矶，在领导者和劫掠者之间形成了一种空间性的隔离。"纽约市里的种族融合已进展到使得黑人领袖更容易更换社区而非是战斗。 大多数的贝德福德-史岱文森的领袖居住在融合后的皇冠高地（Crown Heights）。 大多数哈勒姆领袖在当天结束时就打铺盖搬到了皇后区或韦斯切斯特。 值得强调的是，黑人穆斯林提供给马尔科姆 · X 的房子……位于皇后区。 不过关于领导阶层缺席的极好例子当然是亚当 · 鲍威尔，他统治哈勒姆的同时，在其位于波多黎各的家和华盛顿的办公室之间进行通勤。"（196）

正如金丝雀是最早感知并承受矿井瓦斯之苦的动物，美国的黑人贫民窟或许最早体会到了更普遍不幸的信号。 我将在第十章探讨这些重组对纽约的充分影响。

第八章
芝加哥：福特制下的死而不僵

有一个伟大、刚强的城市，那没有人情味的、机械的城市，处在蒸汽、烟尘、风雪和暴烈的日光之中……那自我意识强烈的城市……具有非同一般的戏剧性与刺激性……许多像我们一样的迁徙者被推动着、驱赶着，在某种意义上成了希腊戏剧中的角色，倒在了失败的路上；但是幸运必然伴随着我们，因为我们莫名其妙地生存了下来……芝加哥孕育了最深刻、最激进的黑人思想；它有一种开放和粗犷之美，要么杀死人，要么赋予人生命的精神。

——理查德·赖特，德拉科和克莱顿《黑色都会》导论
Drake and Cayton, *Black Metropolis*[1]

---

[1] Richard Wright, introduction to St. Clair Drake and Horace Cayton, *Black Metropolis: A Study of Negro Life in a Northern City*, rev. ed.（Chicago: University of Chicago Press, 1993 [1945]），xvii. 赖特指出，作者和他都不是芝加哥本地人：德拉科从南方迁移而来，克莱顿来自西北部，赖特来自密西西比。在此，他们是"典型的"芝加哥非裔（转下页）

工业紧缩的危机

大萧条中的工业崩溃对芝加哥的影响要比纽约和洛杉矶更为严酷，而通常认为这种崩溃会发生在规模较大、资本密集型经典福特制工业生产线组织的城市中。　早在 1919 年，

> 芝加哥制造业内的 400 000 名工作者中，70% 就职在超 100 人的公司里，其中只有 1/3 就职在雇佣超 1 000 人的工厂中……典型的芝加哥大批量生产公司不仅在规模上很大，在资本上也是如此。　90% 的工作者为企业工作，而非个体，几乎 60% 的雇主年产值至少 100 万美元。　芝加哥找工作的人期待着大雇主……即便工作种类多样，芝加哥的准技术工人和非技术工人仍可在企业雇主的巨大厂房里分享工作经验[1]。

（接上页）美国人。

　　黑色都会被认为是一个芝加哥非裔美国社区，在二战末期演变的无可比拟的指南。　最早的研究在霍拉斯·克莱顿和劳埃德·华纳的引导下进行，并得到了公共事业振兴署的帮助。　而它开始时是一项南部青少年犯罪的研究，逐渐演变为一种全方位的社区研究，耗费 4 年时间完成，包含了约 20 位"研究生"。　厄尔·约翰逊（Earl Johnson）与路易斯·沃斯（Louis Wirth）是学术赞助人，朱利叶斯·罗森瓦德（Julius Rosenwald）基金会同样为研究提供了研究资助。

[1] Lizabeth Cohen, *Making a New Deal: Industrial Workers in Chicago, 1919 – 1939* (New York: Cambridge University Press, 1990), 13.

到 1923 年，芝加哥 4 776 个制造业工厂至少每个雇佣了
4 000 名工人，构成了所有制造业设施的一半以上，并占据了所
有制造业工人的 60%[1]。

因此，一个主要工厂的关闭，能够并着实会使上百名工人一
下子便失去工作。甚至个别几个大工厂的关闭会使上千名工人
失去工作。相比之下，纽约与之形成了最强烈的对比。其典型
的小规模设施大约使其力量更小，但是，作为补偿，面对变化中
的环境时它具有更灵活的适应性。

对大萧条期间芝加哥工业生产的估测可参见表 8.1，它展示
了 1929 年至 1945 年间，芝加哥制造业企业与工业雇佣经历的衰
退与复苏周期。这一周期与纽约和洛杉矶都形成了对比，前者
下降没那么陡峭；后者复苏出现得更早、更稳健。事实上可以
说，在某种程度上，芝加哥从不曾从大萧条的打击中完全恢复，
即便战争投资使其经济具有了暂时性的活力。

表 8.1　制造业设施与制造业务工人员数目,芝加哥,1929—1947 年

年　份	制造业设施数目/千	制造业务工人员数目/千
1929	10.2	405.4
经济危机		
1930	9.8	390.8
1931	9.5	376.1

---

[1] Lizabeth Cohen, *Making a New Deal: Industrial Workers in Chicago, 1919 -
1939* (New York： Cambridge University Press, 1990), 14 - 15, Table
1, 来自 U.S. Department of Commerce, Bureau of Census, *Biennial Census
of Manufactures: 1923* (Washington, D. C.： U. S. Government Printing
Office, 1926), 1400 - 1403。

（续表）

年　份	制造业设施数目/千	制造业务工人员数目/千
1932	9.1	361.5
1933	8.8	346.8
1934	8.4	332.2
1935	8.1	317.5
1936	7.9	354.3
1937	7.7	391.1
1938	8.1	369.5
1939	8.5	347.8
1940	8.6	387.8
二战		
1941	8.9	427.7
1942	9.1	467.7
1943	9.4	507.6
1944	9.5	547.6
1945	9.8	587.5
1946	10.0	627.5

来源：韦斯利·司可根（Wesley Skogan），《1840年以来的芝加哥：编年统计手册》（"Chicago since 1840: A Time-Series Date Handbook"），（未刊手稿，伊利诺伊大学政府与公共事务学院，1976），第24－26页，表2。

阶级结构与种族/主义的邪恶头颅[1]

如在第五章所阐明的，芝加哥的工人阶级内部在种族与人种

---

[1] 这里大约是一个比喻，作者将之比作神话里首级被斩掉又会复生的九头蛇之类的魔怪。——译者注

方面存在着多种裂隙，抑制了要抗衡单个大型雇主引导的力量所需要的那种阶层联合。 在经济低迷时期，没有构建团结和互相支持，同样的分裂导致了对剩余工作的抢夺。 因此，大萧条并非对所有工人都造成了同样的影响，像其他地方一样，它对不同职业群体的打击程度并不相同。 即便偶然有却令人震惊的前富裕投资者自杀，以及一些中产阶级专家加入苹果推销员的行列，不过管理层和白领的失业率较之工人们还是要低很多。 在后一群体中，存在着逐步降级。

鉴于芝加哥工人阶级中人种/种族的社会等级，同时白"种"人在职业层级中拥有防止下滑的刹车片，哪怕是在最差的工作中，他们也会霸凌黑人和其他少数族裔。 到 1932 年底，城市的总体失业率达到了 1/3，黑人失业率处于在 40%～50% 之间，墨西哥人失去了他们在食品加工厂和钢铁厂赢得的落脚点[1]。

作为应对措施的私人慈善

在芝加哥，私人慈善家面对大萧条的苦难所提供的帮助要比纽约的更少。 除了朱利叶斯·罗森塔尔（Julius Rosenthal）这一显著的例外，大多数麻木不仁的芝加哥本地慈善家都更多地倾向于资助华而不实的文化宫殿而不是救援贫困的移民和黑人，留下了被忽视的大众。 毕竟，在博纳姆计划中，芝加哥的精英们已

---

[1] 受雇于美国南方钢铁工厂的墨西哥人的数目从 1930 年的 1 900 人下降到了 1932 年仅 300 人。 参见: Cohen, *Making a New Deal*, 242。 到 1933 年，少数族裔实质上从工业雇佣中被排除掉了，仅是 1929 年水平的一半。 在战争驱动的复苏中，少数族裔同样是最后获益者。 直至 20 世纪 40 年代，芝加哥黑人男性中仍有 1/3 失业。

经阐明了他们能够忽略城市工人和非裔美籍少数族裔困境，除非暴动和罢工强迫他们做出临时声明和偶然性（常常是镇压）的行动。 在一战结束、工会行动爆发之后，这些工人阶级的努力失败了，既因为针对重大企业的反抗行动又由于常规的选举政治活动。

因此，在新政到达芝加哥之前，其被残酷镇压的工人们主要并不是依赖于陌生人的善意，而是他们自己的教堂（族裔与种族特色的教堂）及其结伴的同胞[1]。 迄今为止，只有当所有人都陷入贫困时，这种仁慈才得以扩展。 事实上，天主教教堂做出的英勇努力强化了对救济的质疑，它为许多教区居民都提供了帮助。 然而，在很大程度上，黑人被排除在这些援助之外，部分是因为他们更像是新教徒。 缺少了中心式层级结构，每个新教宗派、集会只好自行提供援助。

作为应对措施的政治引导

对于那些精英慈善、族裔内部互助、宗教救济所不能覆盖的人，政治体系试图进行改善。 如科恩正确指出的那样，早在 20 世纪 30 年代，芝加哥工人阶级便开始寻求以“选举政治推行阶级纲领，而那时其数目、党派与条件是完全不同的”[2]。 在共

---

[1] 实际上，移民对他们自己互助保险及银行机构的依赖具有某种反讽性；当它们破产之后，就像大社会中更为普遍的信贷组织和银行一样，其背叛似乎更为致命。 有趣的是，市内破产的首家银行位于黑色地带。 如德拉科和克莱顿所指出的，“芝加哥的银行结构在其最脆弱的环节破碎——黑色地带。 在 1930 年 7 月，宾加银行（Binga's bank）关上了大门，人群为其存款冲上大街。 一个月以内，黑色都会的所有银行都关门了”。 *Black Metropolis*, 84.

[2] Cohen, *Making a New Deal*, 51.

和党统治了 15 年之后，大萧条期间芝加哥转向了民主党，于工人的支持下构建了全国最强大的党派机器。 在 20 世纪 30 年代早期，庞大的芝加哥民主党机器最终整合为一党统治，随即在接下来的几十年里控制了芝加哥及库克郡。 区域领导者及其幕僚执行的福利职能，在需要时分发物资礼品并站在其"客户"的利益上采取介入行动，增加他们获取市内工作和社会服务机构资源的机会，这使得党派政治更深入地潜入了日常生活[1]。

　　但是，将民主党派的力量整合视为意识形态上的左倾是错误的。 在纽约，拉瓜迪亚的选任意味着这样的转向；而在芝加哥，如哈罗德·戈斯内尔在该时期所强调的，则不是。 戈斯内尔质问道："[芝加哥]选民们是否如纽约那样展示了一种支持改革运动的倾向？ 是否远离了传统的泥潭？"他的答案是明确的"否"。 虽然出现了一些"缓慢的政治洗牌"，原因是"实际上在所有的地方办事处，民主党人都替代了共和党人"，但这一腐败系统并没有从本质上改变，因为，"这些民主党人本质上并非新政的民主党"。 实际上，戈斯内尔为自己设置的问题是，"考察为何在这段经济危机时期，芝加哥政客们的面貌在本质上变化如此之少"[2]。

––––––––

[1] Cohen, *Making a New Deal*, 63.

[2] Harold E. Gosnell, *Machine Politics: Chicago Model* (Chicago: University of Chicago Press, 1968 [1937]), 2. 戈斯内尔的研究是迄今为止对大萧条期间芝加哥政治最为敏锐的考察。 如我们所见，在芝加哥和库克郡的民主党统治与纽约周期性的（融合党/共和党）的改革之间的鲜明差异持续到了今天，这对于解释这些城市政体对最近的重构所做出的不同回应是很有帮助的。

第一个原因可能出在芝加哥第一代民主党派的机器政治
（machine politics）上，它属于"白种人"而不是非裔美籍的少
数群体，他们垄断了利益[1]。 在 1931 年，前者迅速被动员起
来支持民主党，帮助安东·瑟麦克（Anton Cermak）击败汤普森
成为市长[2]。 而另一方面，黑人最初仍然坚定地站在汤普森市
长那边，经由他，他们获得了一点点的权力和影响。 当然，他
们对援助有着最为迫切的需求，不过由于他们难以迅速改变党派
从属关系，所以丧失了之前享有的议价权（与任免权）。 但是
随着多种新政措施开始进入实施，"共和党对黑人选票的掌控开
始［逐渐］崩塌，因为人们开始'为面包和黄油投票，而不再是
对亚伯拉罕·林肯的回忆'……［并且到］1936 年，黑人都会
成为一个'新政市镇'"[3]。 联邦政府为他们提供服务，当地
机构必须支持，虽然并不热心。

---

[1] 随着共和党市长"大比尔"汤普森的长期当政，黑人享有某种程度上的
　　议价权。 当其在 1932 年选举时被民主党的安东·瑟麦克所打败时，芝
　　加哥的非裔美国人仍然未曾将其效忠从共和党转向为民主党，因此失去
　　了政治影响力。 在 1932 年的选举中，投票给罗斯福的芝加哥黑人选民
　　不足 1/4，这导致"黑人选民在芝加哥临时失去了影响"。 由于失去了
　　任免权，"机器"在黑人区崩盘了。 但是到 1934 年，黑人选民转向了
　　民主党并开启了新的区域组织。 罗斯福新政的普及将"大量的黑人选
　　民从共和党支持者转化为热情的民主党支持者。"Drake and Cayton,
　　Black Metropolis, 352, 254. 在新政的普及过程中，公共事业振兴署起到
　　了重要的作用。
[2] 瑟麦克的任期很短暂。 他死于一个意在谋害罗斯福总统的刺客的
　　枪下。
[3] Drake and Cayton, *Black Metropolis*, 88.

符号性的芝加哥

在这里我先离题一下，20 世纪 30 年代早期，两个不那么讨人喜欢的芝加哥符号已经代替了大火中神性的凤凰，随后又为其再次腾飞的努力所耗尽。这些对芝加哥的描述仍然主导着外来者用以把握城市的固有印象：芝加哥，由帮派统治的暴力城市；固执地进行种族隔离的城市[1]。一旦与之相反的工业隐喻（卡尔·桑德堡之"中流砥柱之城"）于大萧条中存在被粉碎的可能，这两种形象就又回到了中心。

黑色电影

如果说纽约的黑色电影经常聚焦于个体性的"无组织"、随机犯罪、对街道的恐惧、对受害者的冷漠无情以及令人害怕的摩天大楼的客观存在[2]；而在洛杉矶，至少就目前来看，则聚焦于生态灾难，想要在关于芝加哥的异托邦电影幻想（fantasies）中找到这些则是徒劳。我为之苦思良久，之后想到了芝加哥的"梦魇"电影趋向于替代对"现实"有组织性犯罪的"真实"描

---

[1] 黑色都会以及布朗兹维尔是黑人社会科学家使用的术语，他们不但没有无视种族隔离的艰难险阻，还倾向于描述该种产生孤立的"共同体"的诸个方面。"黑色地带"这一术语常常被白人使用，用来指同样的南部区域，强调了其空间形式并笼统地概括了通常负面的社会后果。

[2] 值得一提的是，纽约的随机犯罪并没有无视城市犯罪财团的名望/恶名。黑色电影中所描述的纽约人对遇害者的冷漠是现实世界中几个案件的映射，比如基蒂·基诺维斯（Kitty Genovese）案，许多邻居从窗户看到了她遇袭，但是没有人想到去报警。

绘[1]。 就好似这座城市不需要援引对焦虑的小说化投射；其黑
色电影已然存在于不久的过去了[2]。

三部大致基于阿尔·卡彭（Al Capone）生平的"古典"帮派
电影制作于 20 世纪 30 年代，正处在他攀登芝加哥地下世界权力
巅峰的 10 年：《小凯撒》（*Little Caesar*）（1930）、《公敌》（*The
Public Enemy*）（1931）、《刀疤脸》（*Scarface*）（1932）。 所有这
些都将芝加哥描述为"［那些曾］擅长犯罪的移民者"[3]的家
园。"喧嚣的 20 世纪 20 年代"的禁酒令（Prohibition）为在美
国主要城市中组织性犯罪提供了机会窗口，被新进的移民把握为
"有利可图的"机会[4]。 而有组织性的犯罪当然并不仅限于芝

---

[1] 我在电影百科全书里和互联网上一无所获，而后勉强地总结出，芝加哥
并没有近似 *Escape from New York* 或 *Blade Runner* 这样优秀、有创造力的
异托邦作品。

[2] 需要记住的是，纽约黑色电影的开花是在 20 世纪 40 年代至 70 年代，时间设
定在现在；洛杉矶的时间主要是在 20 世纪 80 年代，设定在未来。 相较而
言，芝加哥几乎都设定在 20 世纪 20 年代——"帮会时代"的顶峰。

[3] Shirley Miller Bartell, "The Chinese Bandit Novel and the American Gangster
Film," *New Orleans Review*（Winter 1981）：102. 巴特将中世纪的中国
古典匪盗小说同美国古典帮派电影做了比较，指出两种流行的艺术形式
都"利用了历史上的反叛其社会的人物，而在彼时，社会上存在着巨大
的压力。"此外，中国的小说与芝加哥帮派电影都发展了一种相同的阐
释性主题：腐败的社会"造就了"其自身的叛逆者。"矛盾的是，既
存在着反叛者沉溺于犯罪行为以反抗权威的描述……然而他又展示或
体现了被社会所赞美的品质或行为……小说与电影显示，腐败的并不是
反叛者，而是社会及其体制。"（102－103）

[4] 虽然该原型将西西里黑手党放置于中心，不过需要指出的是，纽约犹太
人也涉及其中，暗示了这是最近的移民与决定性的"机会结构"的交
叉，而不是西西里"文化"。

加哥，这是因为此时"暴徒"已经成为一个独有的标志。

然而，当罪恶（sin）已经成为一种生意和美学时，纽约和芝加哥之间便产生了紧密的联系。卡彭实际上成长于纽约的五点贫民窟。到 1920 年，他搬到了芝加哥，在此他参加了一个意大利黑帮。到 1928 年，卡彭运作了

> 一笔 6 000 万美元的生意，用以买通警察、政客和法官，并拥有了自己的暴力武装，通过满足美国人对政府宣告的非法物品的需求而开拓出一个帝国：酒精、毒品、卖淫、赌博。在 20 世纪 20 年代，禁酒令为财团提供了 60% 的收入。这一禁令为美国大规模组织性犯罪的兴起提供了启动资金[1]。

然而，到 20 世纪 30 年代，随着禁酒令的终结，相互竞争的"匪帮"为保持其日益减小的蛋糕份额相互征战，匪帮的神话开始传奇化，至少在芝加哥如此[2]。

---

[1] Thomas Kessner, *Fiorello H. La Guardia and the Making of Modern New York* (New York: McGraw-Hill, 1989), 114. 作者转引自：Humbert S. Nelli, *The Italians of Chicago, 1880 - 1930: A Study in Ethnic Mobility* (New York: Oxford University Press, 1970), 211-212。不过奈李对于 20 世纪 20 年代芝加哥的意大利人犯罪有着比较宽泛的处理，我无法在凯斯纳提供的有关奈李的页码中找到相关信息。奈李在第 219 页中确实对卡彭的财团收入进行了估测，不过与凯斯纳给出的数字不同。

[2] 在 20 世纪 80 年代，掀起了一阵对据说曾属于卡彭的保险箱的兴趣；在一项媒体宣传专门设计的悬念之后，保险箱在电视上富有仪式性地开启，但是发现是空的。

种族：芝加哥的另一黑色现实

被电影制作者忽略、但是对芝加哥的未来日趋重要的是，其非裔美籍居民聚居区的扩张，随之而来的是，黑人/白人间的撕裂开始逐渐代替"外国人"与"本国人"之间的区分。如德拉科和克莱顿所指出的：

> 在大萧条前夕，中西部都市中，国外出生的人口仍然超过了800 000人，但是芝加哥正处在变为"美国"城市的过程之中，主要居住着黑人和本地白人……国外出生的白人正在逐渐老死（或离开），这一速度要快于其被更替的速度。在大萧条期间，国外出生的人口约有20%的下降……为黑人人口20%的增长所平衡[1]。

不过芝加哥小说和以之为基础的电影继续书写着"成长中的爱尔兰人"这主题，而黑人移民的"芝加哥之旅"，到目前为

---

[1] Drake and Cayton, *Black Metropolis*, 9. 在某种程度上，他们的数字夸张了实情，因为海外出生者的人口比例比黑人高得多。大概可以通过考察美国参加一战之前那些年之中的情况获得有关这一变迁的更为清晰的图景，当时黑人仅占据人口的3%，是国外出生者占据芝加哥人口比例多达1/3的最后一段年月。随后，趋势走向出现了分化。到美国参加二战时，芝加哥的人口中仅有20%生于海外，而非裔美国人的比例增加到了近10%。到1970年，这两个群体的地位完全颠倒了：那时，城市里1/3的人口是黑人，但是仅有11%的人口生于海外。这一数字来自：Wesley Slogan, "Chicago Since 1840: A Time-Series Data Handbook" (unpublished manuscript, University of Illinois, Institute of Government and Public Affairs, 1976), 18–20, Table 1。

止，仍然是未被讲述过的故事[1]。

贫民区的扩张

鉴于芝加哥在大萧条期间严峻的经济状况和暴力实施种族隔离的漫长历史，很难解释它为何仍会对黑人移民具有吸引力。无论如何，在20世纪30年代，城市中新增的南方黑人居民数目超过40 000[2]。唯一的解释是，新来者正在逃离家乡更为衰败的环境，符合其他移民的典型链式模型[3]。并且，虽然对于接收芝加哥的低端制造经济而言，新政所为甚少，但它确实提供了有效的救济和工作项目。新政所无法提供的是一份拥有未来的工作，以及在过度拥挤的黑色地带中更多、更好的房子。

---

[1] 爱尔兰为主题的故事中最值得注意的当然是：James T. Farrell 的《斯塔兹·朗尼根》(*Studs Lonigan*) 故事，参见：*Studs Lonigan: A Trilogy Containing Young Lonigan*, *The Young Manhood of Studs Lonigan*, *and Judgement Day* (Urbana: University of Illinois Press, 1993 [1934])。如果说 Henry Roth, *Call It Sleep* (New York: Noonday, 1991 [1934]) 是关于纽约下东区犹太人成长的古典"小说化"叙述，那么《斯塔兹·朗尼根》三部曲则提供了完美的参照：芝加哥南部爱尔兰人的成长。然而，对这两座城市而言，其相反之处或许比相似更具启发性。

　　Richard Wright 的自传 *Black Boy* (New York: HarperCollins, 1993 [1945])。当然，还有他的虚构作品：*Native Son* (New York: HarperCollins, 1997 [1940])。设定于芝加哥，与早期对芝加哥黑人经验的描述很接近；现在这些都加入了社会科学家所搜集的生命史之中。

[2] Drake and Cayton, *Black Metropolis*, 88.

[3] 参见：James Grossman, *Land of Hope: Chicago, Black Southerners, and the Great Migration* (Chicago: University of Chicago Press, 1989)。

　　贫民区中凄惨的住房条件已然于 1919 年的芝加哥种族暴动之后的调查委员会报告中得到了生动地描述。　委员会发现，城市中有超过 40% 的黑人居住在非常恶劣的房子中，超过 90% 居住在南部不令人满意的区域，挤在铁道沿线狭窄的城市边缘被隔出的破败地区中[1]。　即便在大萧条期间这些条件严重恶化，移民仍旧不断地涌入这一被充满敌意的白人围绕着的区域，他们"把持着边界"阻止空间扩张，因此强化了贫民区的地理衰败。对于"芝加哥白人"而言，问题是：　在不扩张贫民区的边界的前提下——这是比贫民区本身更让他们恐惧的——是否有别的办法消除最糟糕的房屋？　将贫民窟替换为无害的公共住房看起来是一个合乎逻辑的答案，特别是贫民窟的更换可以不必将其少数族裔人口"扩散"进白人社区[2]。

----

[1] 参见：Peter Hall, "The City of Permanent Underclass: The Enduring Slum: Chicago, St. Louis, London, 1920 - 1987," in *Cities of Tomorrow: An Intellectual History of Urban Planning and Design in the Twentieth Century* (Oxford: Blackwell, 1988), 373。所有这些的基础资源都是：*The Negro in Chicago: A Study of Race Relations*。芝加哥种族关系报告，作者为黑人社会学家：Charles S. Johnson (Chicago: University of Chicago Press, 1922)。也可参见：Alan H. Spear, *Black Chicago: The Making of a Negro Ghetto, 1890 - 1920* (Chicago: University of Chicago Press, 1967); William Tuttle, *Race Riot: Chicago in the Red Summer of 1919* (New York: Atheneum, 1970)。甚至是：Drake and Cayton, 在更乐观的 *Black Metropolis* 中，也包括了"1935 年至 1940 年间，黑人无产阶级似乎注定会成为**失业的无产阶级**"。(89)

[2] 这是一个天真的阶段，"最优秀的头脑"相信：糟糕的房屋"导致了"社会的病灶，因此，重新安置房屋能够"治疗"这种病症。同样，在该阶段，改革者也相信全城范围内疾病的爆发可以追溯至贫民窟，将之当作感染的门户。

难产的公共房屋计划

不过，芝加哥直到 1937 年的房屋法案之后才开启了其公共房屋计划，它最终适度利用了新项目，至二战结束，在全市建造了约 5 000 个住房单元[1]。 鉴于城市的密度较低，这些早期项目大多被规划为低层无电梯公寓。 这些建筑中首个且最大的一个是艾达·威尔斯项目（Ida B. Wells），最初建在 47 英亩的贫民窟清理土地上，处于其中心地带，规划重新安置 1 662 个黑人家庭[2]。 最开始时，新房屋的前景得到了黑色地带的热情欢迎。 黑人领袖，包括[3]有影响力的《芝加哥卫报》出版商，在那时不仅没有反对公共房屋管理局"维持社区种族平衡"的政策，还对芝加哥房屋管理局在施工中雇佣黑人专业人员及技术、非技术工人山呼万岁，即便贫民窟清除活动从贫民区里几乎迁走了和新计划所能提供的一样数目的房屋[4]。 此外，进展是相当缓慢，导致项目完成入住准备时已到了 1941 年，这时离该地最初的居住者被替换已经过去了多年，美国又正处于战争的边缘，优先权将会转给战争工人。

---

[1] Harold M. Mayer and Richard C. Wade, *Chicago: Growth of a Metropolis* (Chicago: University of Chicago Press, 1969), 364 - 366 中给出的数字是 5 000 个住房单元，不过其他的来源指出超过 7 000 个。

[2] 战后阶段，在芝加哥公共房屋项目在"整合"这一有争议的问题上搁浅停滞之前，对于这一已然庞大的项目的补充即将做出。

[3] 原文为 hncluding，疑为 including 印刷错误——译者注。

[4] 黑人工人甚至允许组建"临时性"工会成员参与项目。 关于这一项目的讨论，参见：Arnold Hirsch, *Making the Second Ghetto: Race and Class in Chicago, 1940 - 1960* (New York: Cambridge University Press, 1983), 10 - 12。

因此，在大多数时候，就为增长中的非裔美籍人口扩大房屋供给而言，公共房屋所为甚少，在战争时期因回应加大的劳动需求而涌入芝加哥的新来者必须安顿在现存贫民区紧绷的边界内。为他们提供的空间主要通过对该区域匮乏的房屋供给、不断加大的密度以及加速恶化的房屋储量这三者的细分和再细分实现。

战争拯救了芝加哥——不过仅是临时的

在这三座城市中，芝加哥是最后一个走出大萧条的。甚至在美国介入战争之前，纽约就已经开始恢复了，主要因为由租借航运所产生的加速的港口运作。如我们所见，洛杉矶则在 20 世纪 30 年代中期开始其上升期，即幸存的工业企业在加利福尼亚开设了现代化的工厂，与此同时，他们关闭了"铁锈地带"中的过时厂房。然而，芝加哥则必须等待军队的订单，而这一救星只有在美国成为交战国之后才到来。只有在陆军和空军的订单涌入中西部——军火和军需品，卡车、飞机、飞机引擎[1]，以及制造它们的钢铁和机械工具——芝加哥关闭的工厂才重新开张，甚至还扩大了。在战争影响力的巅峰期，钢铁厂与其他许多工厂都以三班轮换制运作。

与大萧条期劳动力的过度饱和相反，战争经济创造了新的短缺。军队动员促使劳动力在极短的时间内离开了工厂，车间内需要更多的人手。如一战时期曾经发生过的那样，南方非裔美国人再次被有力地补充进了军队。但是与芝加哥工业中管理秩序相同的社会等级为其改造提供了导向。根据德拉科和克莱顿的说法，

---

[1] 普拉特与惠特尼生产的道格拉斯 C - 54 运输机与飞机引擎全在芝加哥制造。

黑人都会区是芝加哥最后一个从"复苏"中获益的地区。在战争影响的早期阶段，黑人必须等待着白人劳动力被再次雇佣，但是在珍珠港事件之后，对于工人的需求激增并且藉公平雇用实施委员会（Fair Employment Practices Committee, FEPC）和战争劳动力委员会（War Manpower Commission, WMC）的帮助，"黑人再度被加速整合进了工业生活的主流中。""在珍珠港和诺曼底登陆日（D Day[1]）之间，约超过 60 000 名黑人进入芝加哥……在 1944 年，约有 337 000 名黑人——几乎是 1/10，居住在［芝加哥］。"[2]这些人中有 300 000（或 90%）人继续居住在"城中之城"，即黑色地带，此时仍然只有 7 英里长，0.5 英里宽[3]。

在 1943 年，底特律和纽约暴乱之后，芝加哥人害怕会产生同样的大规模叛乱，不过并没有出现。新建立的芝加哥人际关系委员会（Commission on Human Relations）致力于平息种族敌意[4]。

---

[1] D Day 为美军常用大规模军事行动的代号，D 为 Day 首字母；出于保密需要，联络时用 D 取代行动当日日期。相应地，还有 H Hour（H 时）。由于二战时的诺曼底登陆战太过著名，故而在后来也常直接使用 D Day 代指诺曼底登陆日（1944 年 6 月 6 日）。——译者注

[2] Drake and Cayton, *Black Metropolis*, 9.

[3] 同上，12。

[4] 据德拉科和克莱顿所言，由于该城市关涉到了 1943 年底特律和纽约的暴动，通过市长的种族关系委员会进行组织以解决麻烦，但是这也使得再也难以利用黑人破坏罢工（随后罢工被宣布为不合法），并且实际上，黑人在新的工厂中找到了工作，大概这些地方没有那么多根深蒂固的恨意。同上，92 - 93。我将补充一点：在战争期间，新建设的中止固定了白人与黑人，对于**任何人**而言，移动都是困难的，黑人无法扩展其贫民窟的边界。一旦他们进行尝试，在战后阶段，被压抑的紧张情绪便浮上的表面。

然而，城市的经历成了其传递种族冲突的最典型的形式：可称为"边界战争"。而这些冲突在黑色地带的边缘持续进行着，一旦在南部贫民窟之外的任何地方有黑人入侵了既有的小块贫民区，就会酿成"边界战争"——这些都处在环带的西部和西北部。西北部的个案大约具有一定的代表性。

卡布里尼之家

许多非裔美国人已经在破旧的西西里移民区建筑了破旧的房屋，名之以"小西西里"（Little Sicily）和"小地狱"（Little Hell）。20世纪30年代末，此地开始的贫民窟清理活动为小型的公共房屋项目——弗朗西斯·卡布里尼之家（Frances Cabrini Homes）[随后扩建为高楼，为声名狼藉的卡布里尼-格林项目（Cabrini-Green Project）]腾出了空间[1]。同公共住房管理局相一致，芝加哥房屋管理局已经承诺586个新的住房单元中有4/5会分配给意大利人，剩下的被指定用于其他人。然而，甚至当珍珠港遇袭时，施工还没开始，而一到美国参战，优先权便给了战备工人，其中有许多是非裔美国人。不过，当后者在1942年被加入计划中时，他们遭受到了暴力，继1943年底特律暴乱之后再次出现[2]。当然，与战后阶段爆发的"战斗"相

---

[1] 在20世纪20年代对芝加哥北部的经典研究：Harvey Zorbaugh, *The Gold Coast and the Slum: A Sociological Study of Chicago's Near North Side*（Chicago: University of Chicago Press, 1976 [1929]）中，这个贫民窟（slum）就是"小西西里"。

[2] 邻居的强硬反对阻止了芝加哥房屋管理局分配给黑人家庭的单元超出商定好的20%。因此，在严重的房屋短缺中间，迟至1943年依然有140套项目公寓无人居住。尤可参见：Hirsch, *Making the Second Ghetto*, 45–46。

比，这仅仅是次要的小规模冲突，无论是从字面上还是修辞上说，都是如此[1]。

战后时期

当战争结束，许多芝加哥人预测会有一场如 1919 年那样的经济衰退，但是这未曾出现。事实上，战争导向的复苏的余热持续到了下一个 10 年，直至逐渐消散。在 1946 年至 1956 年间，城内的工业企业数目稳定在略高于 10 000 个，制造业雇佣的工人数目在 575 000 至 660 000 人之间浮动。然而，到 1957 年，这些数目开始再次下降，到 1972 年，仅剩下了 7 318 个企业，雇佣了约 430 000 个务工人员[2]。此时，芝加哥的大企业正处在城郊化的过程中确凿无疑，不过即便考虑到这一点，也必须包含中西部福特主义的巨型发动机伴随着其余的"铁锈地带"处于衰落之中。

———————

[1] 虽然在许多有着大量黑人少数族裔的北部城市中，"边界战争"很普遍，但是并没有哪座城市像芝加哥这样持久和典型。Joseph Boskin, *Urban Racial Violence in the Twentieth Century*（Beverly Hills, Calif.: Glencoe, 1969）中指出，"从二战末期直到 1964 年……暴力出现得最为密集，这段时间内少数族裔群体尝试着改变居住格局……有几次种族冲突由高加索人唆使，他们憎恨黑人搬入全白人社区的企图。"最值得注意的是，"1946 年 11 月芝加哥机场住宅（Airport Homes）的暴力；1947 年 8 月芝加哥芬伍德住宅区（Fernwood Project）的暴力……以及……1951 年伊利诺伊，西塞罗的暴力……在 1945 年与 1948 年间，有发生超过 100 起针对已搬出，或试图从黑人贫民窟搬到其他区域的黑人及其财产的袭击"。（64）

[2] Skogan, "Chicago since 1840," 28–29, Table 2.

白人"卫星城"

在战后的第一个 10 年，自 20 世纪 20 年代便已非常明显的发展复苏成为最显著的趋势，都会区房屋建设的扩张已经超出了芝加哥城市边界之外。 20 世纪 20 年代芝加哥地区大多数居住区建设是城内公寓房的形式——在 1928 年顶峰时，约建设了47 000 个住房单元[1]。 在接近城市边缘的少量剩余土地上，也建了少量独户平房。 然而，到 20 世纪 20 年代中期，在都会区城界之外，几乎每年有 15 000 人的居民单元落成。 主要是独户房。

在大萧条期间，居住区建设完全停止，与之相伴的是 20 世纪 30 年代末产生的有利于城郊化的根本性变化。 很明显，"逃离城市"这一趋势的开始时间确实刚好早于战争，并且只是在战时建设停滞时临时性地中止了。 然而，一旦战争结束，城郊化建设便以指数级的速度开始"起飞"，远远地甩开了内城建设。

当把芝加哥和纽约进行比较时，两者便形成了鲜明的差异。虽然它们都没有通过合并扩展边界这一选项，不过在二战之后，纽约在其外围行政区仍然拥有大量的空地。 因此，两层的居民区建设与公寓建筑［包括本地白人"逃离"的奇葩大型项目，例如皇后区的勒弗拉克"城"（LeFrak "City"）与考普城（Co-op City）］在纽约的外部边界充分维持到了 20 世纪 60 年代，不过这些开发在城郊地区甚至远郊边缘也得到了独户房屋的充分补充。

---

[1] Frank A. Randall, *The Development of Chicago Building Construction* （Urbana: University of Illinois, 1949），297. 要是兰道将其系列延续到1950 年代之后多好，那么我们的阐述将得到极大充实。

在芝加哥，案例则完全不同，在战争时期，它已达到了其扩张的"极限"。 城市持续沿同一轴心／扇面进行扩张，这一模式曾在 20 世纪二三十年代得到了社会学家厄内斯特·布吉斯和经济学家哈默·霍伊特（Homer Hoyt）的生动解析，但是现在在扩张出的区域逐渐超出了城市的管辖范围[1]。 如果这些全都发生了，你可以简单地将芝加哥城市／城郊分布的变迁归因于"自然"力量。 然而，城郊扩张是一种过渡反应，不仅仅是对新房子的需求，还有城市里长期存在的根本性敌意。 实际上，这是一个"白人迁移"的经典案例，与纽约一样，由于租金管制以及城市对少数族裔的更宽容态度，导致了这一失控现象。

对这一过激反应的最清晰的证明是，芝加哥的总人口实际上随着白人逃往城郊而陡然下降，将非裔美籍人口（最终还有拉丁美洲人）留在了一个日益枯竭和去工业化的城市中。 在 20 年间，都会区居住在芝加哥城内的白人比例从 1950 年的 68% 下降至 1960 年的 51%，再降至 1970 年的 39%。 在同一时期内，非裔美籍人口几乎没有任何的"城郊化"。 在 1950 年，非裔美国人足有 90% 居住在城内，在这 20 年结束，市中心仍然保有同样

---

[1] 其中一篇最著名的论文写于城市社会学这一领域刚开始时，是：Ernest Burgess, "The Growth of the City: An Introduction to a Research Project," *Proceedings of the American Sociological Society* 18（1923）: 178-184。 当然，这座城市指的是芝加哥，布吉斯捕捉到了其同心圆的格局。 哈默·霍伊特（Homer Hoyt）运用经济数据而不是人口统计信息来揭示了芝加哥的扇形格局。 参见其：*One Hundred Years of Land Values in Chicago*（Chicago: University of Chicago Press, 1933）。 如我曾指出的，芝加哥的形式是环形和扇形的结合。

的比例[1]。 最终结果为，1970 年几乎成了该城市化区域社会
与人口结构的完全分叉点： 空心化的城市，越来越多的少数族
裔继承了这一极度萎缩的工业基地；大批的白人与富人建立了环
绕着这一半圆形城市的"卫星城"，那里不仅吸引定居者，最终
还有新的高科技工厂、总部办公室和白领服务业工作。

战后边界之争：斗与逃

如果不参考边界争斗，想解释这一变革是不可能的。 几乎
从黑色地带成形之初，白人便开始为边界而战斗；当一个又一个
的街垒于战争之后在城内崩塌，他们遭受了决定性的失败。 如
博斯金（Boskin）提到芝加哥时所指出的那样：

> 从第二次世界大战结束直到 1964 年，有几次大型城市
> 骚乱反映了根本的社会暴力潜质。 这些骚乱中没有一个升
> 级成大型城市冲突……最强烈的暴力出现于当少数族裔尝试
> 改变居住形式时……有几次城市种族冲突由一些高加索人所
> 唆使，他们怨恨试图搬入全白人社区的黑人……**在 1945 年
> 至 1948 年，针对迁移或尝试迁移出黑人贫民窟进入其他区域
> 的黑人的人身及其财产，遭受超过 100 起的袭击**[2]。

---

[1] 参见： Brain Berry et al. , *Chicago: Transformations of an Urban System*
（Cambridge，Mass. ： Ballinger，1976），44，Table 4。

[2] Boskin, *Urban Racial Violence*, 64. 加粗字体为作者所加。 1946 年 11 月
机场住宅的袭击以及 1947 年 8 月芬伍德住宅区的袭击针对 （转下页）

在 20 世纪 40 年代，由种族引发的住房相关事件逐渐增多，并从孤立的袭击转向大规模对抗和"先发制人的打击战略"（preemptive strikes）[1]。芝加哥人际关系委员会报告，在 1945 年至 1950 年间有 485 起种族"事变"，几乎有 3/4 都关乎房屋与财产。这些事件中有 85% 发生于黑人为主的地区边缘。"这种恐怖主义的类型很容易识别……它发生于黑人贫民窟所有方向的接缝处。"[2]

20 世纪 40 年代晚期边界战争的扩大化存在着重要的司法和人口原因。不仅是因为黑人人口大量拥挤在现存的贫民窟内而导致的对更大空间的需求；还因为之前发布的"合法"手段（使用权限制）以拒绝黑人进入正在崩毁过程中的毗邻区域。正如德拉科和克莱顿在分析种族限制性契约和冲突性区域之间的关系时所指出的，很大程度上"在毗邻黑人社区的中产阶级白人社区中，存在着对大规模侵入的恐惧，这种对抗变得具有高度组织性。这些地点成了'冲突性区域'"[3]。

在二战前夕，只在黑色地带东部和南部存在这样的冲突性区域。在 1937 年，芝加哥大学周围 [包括华盛顿公园和乌德罗

（接上页）的是迁往白人居住的公共房屋居住区外围的黑人，这些住宅区最初是为战争工人制造的。

[1] 如德拉科和克莱顿所指出的，即便在没有任何直接威胁的时候，恐惧也一直持续，人们的反应预示着灾难。"即便在黑色地带未曾扩张的阶段，总还是存在着入侵**开始**的**可能性**，**这反映了一种周期性的'恐惧'**。"这不仅关涉居住，还有边界地区的商业。*Black Metropolis*, 190. 加粗字体为作者所加。

[2] Hirsch, *Making the Second Ghetto*, 52.

[3] Drake and Cayton, *Black Metropolis*, 182.

（Woodlawn）]的"白色岛"正面，有95%的所有权都宣称受到所有权契约中使用权限制的"保护"，这剥夺了业主出租或售卖给非裔美国人的权利。 即便如此，少量"达到小康的黑人设法说服一或两个白人业主进行售卖"。 但是，本地业主协会收到了禁令，阻止其中一个新业主进入其购买的房子，并且"芝加哥权利信托部门拒绝赋予他明确的权利"[1]。 这一案子最终获得了伊利诺伊州最高法庭的审理，它认为这不利于黑人买主，而对所有权拥有者有利[2]。 自此之后，其他的法庭案件都争相效仿，但是直到1948年，最高法庭才规定种族性使用权限制不能通过法律强制实施[3]。

这一法庭的否定性裁决强化了白人的"不安全"感，害怕居住区融合的大量芝加哥白人人口感到只留给了自己有限的选项。租客们能够迁移到城内其他的地区或动身去仍然全为白人的郊区，或者他们可以通过对"入侵"黑人进行持续骚扰以逐步扩大"隐蔽战线"[4]。 自住业主可以搬出去，或分隔出租赁房屋和

[1] Drake and Cayton, *Black Metropolis*, 184.
[2] 最终，另一个芝加哥案（*Lee v. Hansberry*）到达最高法院，但是法院拒绝裁定"限制性协议的合宪或合法性……也没有裁定在此案之前，尤其是华盛顿公园的限制性协议的有效性或充分性"。 同上，187。 引自 Woodlawn Association *Magazine*。
[3] 法庭在 *Shelly v. Kraemer* 案中做出了这一规定。 有趣的是，这一案件最初并不起源于芝加哥及其有名的种族对抗，而是洛杉矶，被认为其"种族关系"要比芝加哥更加良性。 这一案件涉及了史劳森路的限制性规定，随后是扩张中的黑人贫民窟的南部"边界"，已经进入了今天被称为"洛杉矶南部中心"的地方。 （更多的细节见第九章）
[4] 城郊建设的繁荣以及出租管理的缺乏或许在另外的方面抑制了一些流动性，使得流动这一选项特别具有吸引力。

小型公寓建筑，以更高的价格租给黑人或以折价的方式售卖产权，这常常在有恃无恐地煽动恐慌性售卖的房地产代理人的催促下完成。 这些代理人中有许多在随后将房子转卖给急切的黑人买主，以期从中赚取溢价[1]。 在远离黑色地带的白人社区，居民们用汽油弹与孤立的"入侵者"作战。 在全为白人的社区中，公共房屋项目受到了质疑，因为其能够引来"不受欢迎的人"。

并不是公共房屋构成了大型的威胁。 在二战之后，芝加哥房屋管理局仅运营了 7 644 个低收入永久住房单元，在艾达·威尔斯、罗伯特·布洛克斯（Robert H. Brooks）以及奥特哥德花园（Altgeld Garden）项目中包括近 4 000 个隔离的黑人单元。 这些早期的黑人项目全都处在贫民窟之内。 位于白人区的莱斯罗普（Lathrop）和特兰伯尔（Trumbull）公园将黑人居民驱逐了出去；唯一的整合性项目——简·亚当斯之家——拥有种族配额[2]。 1949 年之后出现了变化，当时突然可以利用"黑人搬迁"，对环带附近免费的优质土地进行再开发而获利。

因此，少数族裔可获得的低收入房屋短缺的情况，被 1949 年的联邦城市再开发法案（Federal Urban Redevelopment Act）恶

---

[1] 关于这一现象的最好的研究是： Luigi Laurenti, *Property Value and Race: Studies in Seven Cities* （Berkeley： University of California Press, 1960）。 然而如赫希所指出的，虽然"1950 年的人口统计数据显示，这不是一个正在废除种族歧视的城市，而是在一个相对稳定的阶段之后处于重新定义种族边界的进程中。 事实上，甚至随着黑人地带的增长，黑人的孤立增加了。"*Making the Second Ghetto*, 5.

[2] Hirsch, *Making the Second Ghetto*, 13 - 14.

化了，法案通过提供城市财政为私人提供资助，促使其对被判定为"荒废土地"的区域进行二次开发，以公共支出清理这些土地（的建筑和人口），随后在价格上实质"减低账面价值"，并将空地卖给同意面向低收入房客建设租住房屋的私人建筑者[1]。写入法律的是，城市有义务为贫民窟清理中无家可归的市民寻找再次安居的房屋。如果他们在其他方面被证明有资格，则应该被赋予获得公共房屋的优先权。毋庸讳言，许多被计划进行"贫民窟清理"的地点位于黑人占主体的生活区，如果新的项目用于重新安置的目的，在逻辑上它们应该建设得更早并位于空地，即主要在城市的边缘地带获取。此外，芝加哥房屋管理局不再允许以种族为原因对其当事人进行隔离。接下来所发生的，至少以一种后见之明来看，都在预料之中。边界战争升级为公共房屋选址之争。

芝加哥的公共房屋：黑人遭逢白人

在 1949 年，芝加哥房屋管理局打算在接下来的 6 年里建设约 40 000 座新单元，他们更倾向于空旷的地点以使迁徙最小化，并在房屋供给中获得净收益。这一规划将会"涉及把大量

---

[1] 毋庸讳言，重新开发引发了许多争论和丑闻。首先，并非必然选中最糟糕的贫民窟，一些区域所宣称的"荒芜"，其问题仅仅在于，其土地被私人开发者改造了。其次，许多置换项目最终租金很高，除了中上层阶级之外，无人支付得起。芝加哥北部附近的卡尔·桑德堡村落便属于后者。

的黑人人口迁入白人区[1]"。 梅尔森和班菲尔德在其著作《政治、规划与公共利益》(*Politics, Planning and the Public Interest*)中描述了日复一日的恼人细节以及随后的政治性惨败，对于理解芝加哥政治体系的"强权"——其通过一个强大的市议会表现出的强烈的社区感情与表达——是如何对芝加哥的公共房屋运动造成了相当大的伤害，这一著作绝对是一份必不可少的资料[2]。

一旦先前的联邦公共房屋管理局的政策——它被用来资助的项目重建了区域的种族构成——被撤销，且公共房屋不能再用来强化种族隔离——并且事实上，现在被视为一个废除种族歧视的"工具"——芝加哥基本上便停止了建设公共房屋，至少暂时如此。 这一困境也很清晰：黑人区内包含了最坏的房子以及想要获得公共房屋补贴的人，而无关的白人区内则包含了仅有的、可建设重新安置房屋的空地。 就对于逐一编号地点的项目进行批准而言，市议会拥有绝对的权力，这在根本上给予了特殊区域的代表以针对某地的否决权，从而还可以决定该类房屋是否能得以建设。 市议员运用其很少受到限制的否决权，仅仅批准在那些白人比较少的地区的选址，这些区域的代表是"逃跑的自由主义

[1] Hall, "The City of Permanent Underclass," 383.
[2] 参见：Martin Meyerson and Edward Banfield, *Politics and the Public Interest: The Case of Public Housing in Chicago* (Glencoe, Ⅲ.: Free Press, 1955)。 这两位作者都是芝加哥大学规划学院的年轻教授。 梅尔森请假去芝加哥房屋管理局担任规划负责人，由伊丽莎白·伍德任命，那时是芝加哥房屋管理局的负责人。 梅尔森详细描述了他与市议会成员的互动，他们对于地点选择具有否决权。 正是梅尔森的这种描述——而不是班菲尔德有些抽象的理论话语，才使得该书成为一项珍贵的文献。

者"，他们"活该受罚"[1]。

最终，进行改革运动的芝加哥房屋管理局局长伊丽莎白·伍德（Elizabeth Wood）被解除职务，规划局局长梅尔森回来指导工作；整合的努力被放弃了。在新的领导下，房屋管理局与城市政治领袖们达成了"协议"，因此开始卷入了一个法律上巨大的种族歧视计划。

> 在 20 世纪 50 年代及 60 年代中期之间批准的 33 个芝加哥房屋管理项目中，只有一个在完成时区域内黑人比例不足 84%；除去 7 个外，其他所有项目所在区域都至少有 95% 的黑人；超过 98% 的公寓处在全为黑人的社区。如评论家们随后所控诉的那样，芝加哥房屋管理局当时正在沿着州大道（State Street）和附近从第 22 大街至 51 大街的街道施工，几乎修建了一条低租金房屋的坚固走廊。如以前一样，白人迁了出去：在 1945 年至 1960 年间，688 000 座新住房建成，超过 77% 都建在了城郊，这里很难找到任何的黑人。到 1969 年，一个法官发现，芝加哥房屋管理局的家庭房屋有 99% 都为黑人拥有，其住房单元中 99.5% 都处于黑人区或变动中的地区[2]。

----

[1] 梅尔森描述了同市议会成员一起，向其展示可能的空地时冗长的公车旅程，他们有条不紊地根据"别在我后院就行"（not in my backyard, NIMBY）的原则行使否决权（同上）。在纽约，没什么权力的议员完全不关心地点选择，地点选择由纽约公共房屋管理局决定，不过事实上在需要的时候，市议会也会进行批准。通过将地点分散在自治区中，纽约公共房屋管理局很显然，预先阻止了芝加哥出现的选址游戏。

[2] Hall, "The City of Permanent Underclass," 383 – 384. 霍尔很大程度上依靠：Hirsch, *Making the Second Ghetto*。

公共房屋的"种族问题"大概可在城内解决，接下来的事件牵涉到更为广泛且严重的有组织性暴力，并已超出了城市的范围［1951年的西塞罗暴动（Cicero Riot）］，进入了种族冲突的第三阶段，"冲突关涉到学校、运动场、公园与海滩的使用。"[1]

美国最高法院在1954年布朗 vs. 托皮卡教育委员会诉讼案的规定中宣布，"分隔但平等的"学校在根本上不平等，意味着对于一体化恐惧的白人们反对种族融合的最后一道堡垒坍塌了。然而，由于新政策仅仅要求在城市管辖权以内废除种族歧视，而未曾延伸至都会区域，因此第二次白人脱离城市的浪潮随之开始了[2]。

从边界战争到贫民窟叛乱

因此，到1960年，边界战争结束了，不是因为芝加哥的种族关系变得更加诚挚，而是因为大多数白人在黑色地带周围树立的街垒被拆除了，并且白人很迅速地撤离到了城市以外的地区。他们腾出的沿南部黑色地带南边界线的城市社区（海德公园，以

---

[1] Hirsch, *Making the Second Ghetto*, 63.

[2] 在全都会区范围内，废除学校的种族歧视这一要求从未被提出过，直到1976年缘起于芝加哥的 *Hills v. Gautreaux* 案中，美国最高法院命令住房与城市发展部"管理芝加哥都会区6个郡中由联邦资助的房屋项目，以补救过去芝加哥公共房屋中种族偏见的影响"。Alexander Polikoff, *Housing the Poor: The Case for Heroism*（Cambridge, Mass.: Ballinger, 1978），xiii.（更多的细节参见第十一章）

及，更为甚者，南部海滨，之前是一个精英社区）[1]甚至比城市稳定黑人人口所需的更多。

随着供给开始超过需求，至少还在业主认为的合适的回报率下，纵火和遗弃蔓延，在一些地区，出现了类似地毯式轰炸后德累斯顿（Dresden）的场景。 在芝加哥大学附近，中央大道以北建了新的宅邸，其通常位于该区域最大的贫民窟地主拥有的土地上，即学校自己。 除去毗邻的用作公共机构的建筑，紧挨着中央大道以南的区域被放弃，丢给了日渐被排斥的黑人居民。 随着顾客的大批下降，沿第 63 大道繁荣的南部商业带萎缩了。 再往南一点，在所谓的南部海滨地区，种族更替要平滑一些。 随着中产阶级（大多是犹太人）前往更为绿色的地区，他们为对应阶层的黑人所代替，后者获得了帮助以在这些地区置业，这很大程度上受惠于市民组织的改革努力和南岸银行（South Shore Bank）的出借政策[2]。

西部附近更小的黑人和西班牙人定居点持续扩张到被白人放弃的区域，不过城市更新了，伊利诺伊大学新的芝加哥校区的建设以及一条高速公路主干道优先获取了中心商业区附近的区域，在环带和芝加哥河附近创建了一条**防疫封锁线**（cordon

---

[1] 参见：Peter H. Rossi and Robert A. Dentler, *The Politics of Urban Renewal: The Chicago Findings* (Glencoe, Ill. : Free Press, 1961), 对于海德公园的论述；也可参见：Harvey Molotch, "Racial Change in a Stable Community," *American Journal of Sociology* 75, no. 2 (1969): 226–238。

[2] 关于南部海岸，参见：Harvey L. Molotch, *Managed Integration: Dilemmas of Doing Good in the City* (Berkeley: University of California Press, 1972)。

sanitaire）[1]。 因此，黑色地带相较南部，在西部经历了更大的扩张，芝加哥的首次"贫民窟叛乱"在 20 世纪 60 年代就此发生。 并且有趣的是，黑人和拉丁裔人口（大多数是波多黎各人，不过也包括墨西哥人）都波及了[2]。

1965 年 8 月，就在洛杉矶瓦茨"暴乱"不久，西加菲尔德公园（West Garfield Park）出现了暴动，由一辆消防车撞死一名黑人行人引起。 超过 2 000 名国民警卫队队员被召唤过来占领该区域[3]。 1966 年 6 月，当警察干涉一场民族主义集会时，波多黎各人开始放火、投掷石头、砖头、瓶子和燃烧瓶[4]。 1966年 7 月，西部爆发了第二次暴乱，诱发原因在朗代尔，警察表面上阻止青少年打开消防栓冲凉，这次暴乱导致了大规模的抢劫[5]。 动用了约 4 200 名国民警卫队员。 冲突如此激烈，在

[1] 芝加哥很快利用了允许以非居住功能置换贫民窟的城市更新法案中的变化。 在西区附近，黑人、波多黎各人、墨西哥人与（最初残留的）意大利人杂居在一起，现在都被清理干净，以建设伊利诺伊大学的芝加哥校区，最终则是环带商业/办公室空间的扩张。 因此，少数族裔被往西"推到"了朗代尔，这将是 1968 年芝加哥主要的贫民窟暴动区域。 伊利诺伊大学选址与周边反应的早期阶段的充分记录参见： Gerald Suttles, *The Social Order of the Slum: Ethnicity and Territory in the Inner City*（Chicago: University of Chicago Press, 1968）。

[2] 西区贫民窟日益增加的黑人和拉丁裔贫困人口日渐受困于，其东边扩张中的中心商业区这块滚动中的巨石到西塞罗——西边白种人的工业城郊——这块坚硬的墙壁之间的绝地。

[3] Skogan, "Chicago since 1840," 附表。

[4] Michael McCall, "Some Ecological Aspects of Negro Slum Riots（1968）", 见 *Protest, Reform, and Revolt: A Reader in Social Movements*, ed. Joseph R. Gusfield（New York: John Wiley, 1970）, 350 - 351.

[5] Skogan, "Chicago since 1840", 附录。 司克根依靠的是科纳 （转下页）

1968 年马丁·路德·金遇刺之后，芝加哥出现暴动却也不足为奇了。当时，愤怒情绪不仅仅在南部失去控制，在西部也是如此。随后，芝加哥成了一个少数族裔为主、附带着白人城郊社区的城市。

政治结构中的黑人

鉴于城市范围内日趋增大的人口压力，即数量增长和白人居民对于城市市区更大程度上的遗弃的共同作用，显著地，在 20 世纪 60 年代与 70 年代，非裔美国人没有将其新加入的、更多的人数转化为相应的、更大的政治权力。直到 1983 年，"黑人选民"和"湖畔自由派"（lakefront liberals）才最终达成了一次联合，设法选出芝加哥首位（并且至 1999 年，芝加哥仅此一位）黑人市长，哈罗德·华盛顿（Harold Washington）。但是这一对市政厅的"夺取"，注定为时不久。华盛顿在赢得二次连任之后很快死去了；他的继任者是一个非裔美国人，通过议会被委任为临时市长，但是其权力很快又通过选举重回"白人"机器手中，此人是巨头达利的儿子理查德·达利（Richard M. Daley）[1]。然

―――――

（接上页）报告中对"暴乱"的简短描述。然而，科纳报告未曾指出的是，暴动发生在马丁·路德·金为开放式房屋集结的后一天。集结在军人球场（Soldier Field），有约 25 000 到 50 000 人参加，这一次集会是本市为开放式房屋所进行的长达两年的游行与示威的顶点。尤可参见：James R. Ralph Jr. *Northern Protest: Martin Luther King, Jr., Chicago, and the Civil Rights Movement* （Cambridge: Harvard University Press, 1993）；David Garrow, ed., *Chicago 1966: Open Housing Marches, Summit Negotiations, and Operation Breadbasket* （Brooklyn, N. Y.: Carlson, 1989）。房屋，而非消防栓，才是问题。

[1] 小达利有时被专家称为 R2D2（或指电影《星球大战》中的机 （转下页）

而，如我们将在第十一章看到的，在华盛顿治下的时光虽然短暂，但已产生了不同的影响[1]。

在一开始时，芝加哥的高度种族隔离与市政府强权的区组织系统相配合，使得在芝加哥相对更少的黑人人口中产生了几个"巨头"代表，他们于 20 世纪早期几十年间在本地政府中发挥了相当关键的作用[2]。实际上，从 1915 年开始，他们"在威

（接上页）器人 R2D2——译者注）。对于"新"达利的不加批判的描述，写于 1996 年芝加哥民主党大会前夕（这引起了一系列对 1968 年大会灾难及反战抗议的"怀旧"），尤可参见：James Atlas, "The Daleys of Chicago," *New York Times Magazine*, August 25, 1996, 37 – 39, 52, 56 – 58。

[1] 不过几乎没有一种社会学上的变量，死亡率曾对芝加哥政治有着超乎的影响。老达利——罗伊科在其迷人的传记中直接称之为"大佬"——直到 1976 年死亡都对市长办公室有着操控力。参见：Mike Royko, *Boss: Richard J. Daley of Chicago*（New York：New American Library, 1971）。简·伯恩在被哈罗德·华盛顿击败后，由于强力后继者匮乏，促使她进入一个单一任期。然而，必须指出的一点是，后者在 1983 年的当选作为一个本地权力结构的改革征兆而言，比不上简·伯恩发动起来反对小达利的三方初选的异常后果，这次初选分裂了"白人"选民并允许黑人候选人经由缺口悄悄溜进来。华盛顿在其第二个任期刚开始 7 个月之后死亡，并在新的当选者上任之前临时由一个芝加哥议会的黑人成员代替。引人注目的是，这一反常现象再也未曾重现，小达利很快便赢得了下次选举，直到 1999 年，他仍在市长办公室。

[2] 如 Richard Keiser 在其富有洞察力的论文 "Explaining African-American Political Empowerment：Windy City Politics from 1900 to 1983," *Urban Affairs Quarterly* 29（September 1993）中指出的，"早在 20 世纪，芝加哥便是非裔美国人政治活动的'极乐世界'（the seventh heaven）。没有一座城市的非裔美国人赋权走得这么远"。（84）但是相较于将"政治机器［视为］一种少数族裔赋权的阶梯"，作者强调，它是（转下页）

廉·汤普森首次执政期间……成了强大的政治性力量"，当时他需要一个稳定的共和党班底[1]。 但是如我们在前文所述，早期的成就随着新政期间的民主党转向而失去了，并且"从 20 世纪 50 年代到 1983 年哈罗德·华盛顿的当选，芝加哥［已经成为］一个非裔美国人身处从属地位与无力境地的耀眼案例。"[2]这样看起来，1961 年《黑色都会》附言之极度乐观的作者尚未认识到这些，他们对布朗兹维尔的社会进步以及芝加哥黑人社区增长中的经济与政治权力表达了骄傲之情[3]。 然而，与此同时，他们提出了一项告诫： 如果"**大众被赶得太远，他们可能会反击，即便他们有时候看起来对歧视和隔离的反应比较冷漠**。 不

（接上页）"白人小集团或党派间的选举竞争，它们在非裔美国人选民能够决定选举结果以及非裔美国人领袖能具备族群赋权议价权的情况下建立"。（84）

[1] Drake and Cayton, *Black Metropolis*, 346.

[2] Keiser, "Explaining African-American Political Empowerment," 84.

[3] Drake and Cayton, *Black Metropolis* 的 1993 年版中，有两个附加的章节 "Bronzeville 1961"（793 - 825），"Postscript 1969"（826 - 836）。 在很多方面，这两个"更新"都说得很清楚。 1961 年的添加充满了希望和骄傲；到 1969 年，语气转向绝望。 但是即便在 1961 年的附录中，潜在的问题也已经浮现："银行里还有钱，士兵贷款和联邦房屋贷款仍旧可用，布朗兹维尔的房屋业主将注意力主要投放在他们新获得的财产中……甚至黑色地带的老旧地区也有了新的面貌。 广泛的贫民窟清理和重建，已经改变了黑色地带北部地区面貌，而'苦力活儿'，粉刷和草坪，防风窗和花，已经消除了昔日的大部分萧索、颓败和沮丧的外表。 但是乱蓬蓬的社区、遍布垃圾的小巷和街道无法清除；并且布朗兹维尔的大众仍然最大程度上在狭小的街区里堆叠在一起，比其他中西部都会地区更甚。"（796，加粗字体为作者所加）

应该也不能忽略黑人都会区内未来的暴力潜质"。[1]

　　然而，由于谨慎，这些"潜在的情况"直到1968年之前都没有成为现实。当"大众"开始在哈勒姆、罗切斯特（Rochester）与费城（在1964年）以及瓦茨（在1965年）反抗时，芝加哥的黑人领袖尝试在1966年通过邀请马丁·路德·金领导和平示威以获取西部白人社区居住权，从而阻止暴力。在1967年城市也没有暴乱，虽然有几十座其他城市（可能没那么多），都发生了暴乱[2]。但是底线被一再试探。在1968年4月，随着马丁·路德·金的遇刺，情绪完全鼎沸；"燃烧吧，宝贝，燃烧吧"（burn，baby，burn）毁灭了西部的绝大多数地区，沿着不断恶化的边界战争路径，蔓延到了郊区的西塞罗[3]。

　　到1969年，很少有人会对芝加哥的"种族关系"持乐观态度。不过在《黑色都会》中有一份附录，名叫《1969年后记》（"Postscript 1969"），自豪地指出1960年在芝加哥有80万的黑人，到1969年增加到了近100万，它抱怨道，社区的早期增长似乎达到了极限。"相较于1961年，1969年距离开放居住地的

---

[1] Drake and Cayton, *Black Metropolis*, 806. 加粗字体为作者所加。"大众"（the masses）一词最初是斜体。注意作者与"大众"之间的距离感。

[2] 这些事件编年记录在：National Advisory Commission on Civil Disorders, *Report of National Advisory Commission on Civil Disorders*（New York: Bantam, 1968）。值得注意的是，该报告通常称为科纳报告［奥托·科纳（Otto Kerner）在被指定为主席之后，随后担任伊利诺伊州长］，详细探讨了美国两个群体之间日渐增长的隔离——白人、黑人——发布于1968年3月。

[3] "Postscript 1969" in Drake and Cayton, *Black Metropolis*, 830-832. 分段题目，"Violence-Spectre and Spur"。

实现并不曾更加接近，在 1961 年市议会经由州立法机构通过了
年轻黑人（印第安人）公平住房法案。"减少住房租住与售卖中
歧视的共同努力没有"增加居住区的一体化……反而 [导致了]
现存贫民窟的扩大和一些新贫民窟的产生。 中产阶级的芝加哥
人仍然有逃往城郊避开黑人聚居区的倾向"[1]。

政治照旧

"暴动"（叛乱）与不断变化的城内人口"平衡"都没有改变
基本的政治治理结构。 白人主导的民主党通过其传统的领袖 [达
利市长与库克郡政治机器领袖扎克·阿维（Jake Arvey）][2]，仍
然在实质上对日渐增长的城内少数族裔人口实施了完全的控制。
确实，当非裔美国人增加其选票时，更多的黑人受益于任免权或
成了市议员，但是他们主要在政治机器的宽容下工作，即只要他
们遵守纪律[3]。

许多政治学学者曾因这一"古怪"的事实而困惑，即在 20
世纪 60 年代和 70 年代，芝加哥的政治体制仍然在财政上很保
守，同期这 20 年里，纽约在社会福利、健康、房屋、教育和市
政服务方面的支出飞速增长。 伊斯特·福克斯（Ester Fuchs）指
出，这些差异的原因是无敌的芝加哥政治机器仅需要在选举后

---

[1] Drake and Cayton, *Black Metropolis*, 826, 加粗字体为作者所加。

[2] 达利最终也成了库克郡政治机器的领袖，因此进一步巩固了他的控制。

[3] 值得注意的是，在 20 世纪 30 年代戈斯内尔的经典研究之后，有一个少
有的详述芝加哥政治机器的研究：Thomas M. Guterback, *Machine
Politics in Transition: Party and Community in Chicago* (Chicago:
University of Chicago Press, 1980)。 基于 20 世纪 70 年代早期收集的数
据，实质上忽略了种族。 不过，公正地说，该研究聚焦于白人社区。

"贿赂"支持者，而纽约市的支出需要在更具竞争性的选举之前，用以吸引选民[1]。

然而，对于为何芝加哥的政治家能够在市政社会服务方面实现节省这一问题，这可能只是一个简略的回答。 直到"大佬"（小理查德·J. 达利）在 1976 年死去和民主党机器随后的衰

---

[1] 参见: Ester R. Fuchs, *Mayor and Money: Fiscal Policy in New York and Chicago* (Chicago: University of Chicago Press, 1992)。 该书基于其博士论文完成。 福克斯曾担任芝加哥大学所组织的一项城市财政比较统计研究的研究助理，该研究由 1975 年的纽约财政危机所激发。 虽然更大的比较研究发现，到 1974 年许多美国城市都正在经历同样的财政危机，不过仅纽约以夸张的方式显示了这一点。 （更大范围的研究的结果可参见: Terry Nichols Clark and Lorna Crowley Ferguson, *City Money: Political Process, Fiscal Strain, and Retrenchment* [New York: Columbia University Press, 1983] ）。 福克斯将芝加哥同纽约做了比较，前者仍然具有财政偿付能力，后者几乎已经破产。 她在解释中利用了克拉克与弗格森著作中提出来的政治文化的理论类型划分。 在对这两座城市的预算进行研究的过程中，她发现了在人均支出中日益加大的差别。 在 1960 年以前，纽约的支出一般略高于芝加哥。 在此之后，差距越来越大，在 20 世纪 70 年代中期达到顶峰，就在财政危机推动了轻微的紧缩之前。 那时，纽约人均每年花费约 1 200 美元，而芝加哥每人的支出仅仅上升到了 200 美元。 不幸的是，福克斯的研究延续了原始分析中固有的"边界"问题，她将她的分析单元限制在两座城市里（而非是大都会区），正如较大范围的研究那样。 在第十章中，我通过将纽约市的支出与库克郡及洛杉矶郡进行比较而修正了福克斯的研究，这种对比移除了大多数差异。 也可参见: Rowan A. Miranda, "Post-Machine Regimes and the Growth of Government: A Fiscal History of the City of Chicago, 1970 - 1990," *Urban Affairs Quarterly* 28 (March 1993): 397 - 422。 米兰达通过强调这些差异可以由选民价值来追溯，以回应福克斯的研究，这是另一项由克拉克和弗格森提出的假设。

弱，那些掌权者便能够承担无视城市大量增加的、日益贫困的少数族裔人口需求的后果，只是因为后者相对没有能力影响结果。此外，更富裕的白人人口的需求——除去低税收，停车设施和高速公路的改善以及北部环带更好的城市服务，那里仍然几乎仅仅是"白人"（即服务于环带贸易"发展机器"利益的事物集合）——同样能够被相对忽略，因为如此多的白人选民已经抛弃了城市，去了几乎全为共和党的城郊。最终，如我们将在第十章看到的，芝加哥能够逃避其健康、福利以及与各级政府间交通功能中的许多支出，而纽约不能。

黑人城市/白人郊环

如果曾经有一个白人迁徙的经典案例的话，那么就是芝加哥。白人搬出城市范围，沿着芝加哥扇形同心圆相对简单的地形，离开了中心城区，让芝加哥经受了人口的净流失。纵火与"暴乱"促进了这一"自然的"进程。在 1950 年，芝加哥市有大约 360 万居民，其中约 492 000（约 14%）人是"非白人"，相对的，白人则有 3 112 000 人[1]。10 年以后，城市范围内非白人人口（主要是本土出生的黑人）增加到了约 813 000 人，而白人居民的数目降低至 2 713 000 人。到 1960 年，几乎有 1/4 的芝加哥人都不是白人。

白人的离开迅速且突兀，动因为"1947 年至 1957 年间一系

---

[1] 我没有修正这些数字以解释西班牙裔日益增长的人口，他们现在仍然很少。

列暴乱，撤离的白人……要保护其领地"，但随着屏障的接连倒塌，本质上失去了根据地[1]。 二战后的这些边界战争和芝加哥棘手的公共房屋争论象征着深层的种族恨意，这在繁荣的战后10年间驱动了芝加哥的变迁。

到20世纪60年代早期，芝加哥地区的生态结构发生了变化：有大量白人迁出芝加哥进入库克郡外围的城郊环带，使之日渐成为延伸至全郡的所谓卫星城镇（杜佩奇、凯恩、湖泊区、麦克亨利以及威尔）。 这一趋势仍然未发现有减弱的迹象。 表8.2展现了美国战后至1990年的发展情况。 到1960年，库克郡从其1950年的顶峰下降至仅有62%的人口住在芝加哥市内。 这一下滑在其后的几十年里一直持续。 因此，城内黑人（以及其他少数族裔，主要是拉丁裔）人口比例的增加是如下两种主要因素的结合：城市总人口数量的绝对下降与白人向城郊有选择性地外迁，与此同时，这一排他性的居住区几乎全是白人新来者[2]。 到1966年，非裔美国人几乎构成了芝加哥城市人口的1/3，且"贫民窟"自身也获得了极大的扩张——但是很大程度上因为白人携带着由其他联邦机构的支持所提供的不成比例的优势而"逃往"城郊。 到20世纪70年代，芝加哥的标准大都市统计区（Standard Metropolitan Statistical Area，SMSA）的人口接近700万，几乎有200万（或约30%）居住在库克郡郊区，另有150万（超过20%）居住在外围所谓的卫星城镇里。 这些郊区居民大多数都是白人。

---

[1] Drake and Cayton, *Black Metropolis*, 180–190.
[2] 第三个因素是拉丁裔继续迁入该区域，并且在市内占据大多数。

表 8.2 1950—1990 年,芝加哥标准大都市统计区(SMSA)人口(千),政治管辖区:芝加哥市、芝加哥外围库克郡城郊以及五个卫星镇

	1950	1960	1970	1980	1990
芝加哥(SMSA)	5 178	6 220	6 978	7 103	7 261[A]
芝加哥市	3 621	3 550	3 367	3 005	2 784[A]
SMSA 其余地区	1 557	2 671	3 612	4 009	4 477
库克郡芝加哥外围地区	—[B]	—[B]	1 974	2 252	2 321
卫星镇	—[B]	—[B]	1 485	1 850	2 156
杜佩奇[C]			492	659	782
凯恩			251	278	318
湖畔区[C]			383	440	516
麦克亨利			112	148	183
威尔			248	325	357

注 A: 市行政人员称在 1990 年共少算了 236 274,但是人口统计局拒绝更正少算的城市人口数据。 许多城市提起诉讼,要求修改 1990 年的数据,但是法庭并没有要求人口统计局对此进行更改。

注 B: 这部分没有现成的数据,不过数目要少于之后的年份。

注 C: 需要指出的是,它们在库克郡的北部和西北部,是传统上更受(白人和富人)青睐的城郊区域。 由于凑整,数据没有添加完全。

来源: 伊利诺伊州东北部规划委员会,《人口趋势》(*Population Trends*),(Chicago: Northeastern Illinois Planning Commission[1992?]),Table 1; Chicago Fact Book Consortium,ed.,《本地社区现状读本: 芝加哥大都会区》(*Local Community Fact Book: Chicago Metropolitan Area*)(Chicago: Review Press, 1984),Table A。 需要指出的是: 为了保有大致的比较界限,该表没有包括更大的区域的数据,即现在所认定的合并后的大都会统计区,其已经溢出到了印第安纳和威斯康辛。 但即便在此种情况下,在这两项引用来源中的数字也有细微的不同;因为相对比较小,我没有花费心思在二者之间进行甄别。

如果说房租控制和租房稳定法案(这给了他们巨大的议价权,但是只针对留在原地者)导致大比例住宅的每月耗费被抑制,从而部分抑制或延迟了纽约市的居民迁移率,在芝加哥却没

有这类诱因对迁移进行中和。 这一白人迁徙的经典案例中，他们被分散开来，进入城市边界以外新的发展繁荣之中。

对于芝加哥白人而言，城市的边界已被证明并不是不可逾越的"防护性"藩篱。 正如1948年及1954年最高法院决议中曾经在理论上移除了由限制性的契约和隔离学校所树立的"法律"藩篱，所以源起芝加哥的案例希尔斯 vs 高特罗（*Hills vs Gautreaux*），最终在1976年4月由美国最高法院通过全体一致的裁定，"联邦法官能够命令美国房屋与城市发展署在芝加哥都市区6个镇执行联邦资助房屋项目，以便纠正过去芝加哥公共房屋项目中种族偏见的影响"[1]而得以解决。

但是随后，很少有联邦资金可用于建筑新的公共住房单元，无论如何，大规模的项目名声都不太好。 第8款的资金既没有用来为老人（几乎都是白人）建房，也没有帮助更大的家庭（几乎都是少数族裔）支付散落于城市里既存建筑的房租。 确实，这些受资助单元中有一些位于"更加脆弱的"城郊，但是不足以获得任何实质性的整合。"市郊的"非裔美国人——无论是穷人还是中产阶级——被明显限制于城市南部和西部的少量郊区；正如我们将在第十一章看到的，芝加哥隔离的住房模式已经显而易见地超出了城市范围。

工业实力的持续下降

芝加哥经济基础的衰退正被证明甚至是比糟糕住房状况、日

---

[1] Polikoff, *Housing the Poor*, xiii.

益增长的少数族裔贫困居民和公共服务的廉价投资（所谓的财政保守主义）还要顽固的问题。 只有更好的工作才能改变状况，一般而言在城内沿公共交通线。 但是职业改善到来得很缓慢，并且更新的高技术产业和讲究的管理/办公设施，像白人人口一样，几乎都仅位于卫星镇，尤其是他们一度通过联邦额外赞助的电话高速公路更好地发挥了作用。 这些高速公路提供了从环带到边远郊区的快速通道，有助于城郊之间沿路线运转，并避开中心城市[1]。

　　当然，在冷战期间芝加哥的经济表现如此糟糕的一个原因是，在该地区缺少所谓的高技术国防相关的政府实质性投入，这与洛杉矶形成强烈对比（特别是其工业"周边"：伯班克、圣塔莫尼卡、橘郡），甚至是纽约-康涅狄格地区。 马库森和麦柯迪（McCurdy）的分析展示了，国防部在伊利诺伊/芝加哥地区用于研发、武器革新甚至是生产的投入少得可怜。 他们的第一个表格展示了在 1951 年至 1984 年间，选定各州的"人均基本［国防］订单与美国平均的比较"，而 1951 年，在马库森和麦柯迪研究的 18 个州中，伊利诺伊仍然处在接近中游的位置，可是到了 1984 年，它已经下降到了底部[2]。 在他们的统计中，伊利

[1] 他们的居住样式十分类似于 1909 年博纳姆计划中的设想。
[2] Ann Markusen and Karen McCurdy, "Chicago's Defense-Based High Technology: A Case Study of the 'Seedbeds of Innovation' Hypothesis," *Economic Development Quarterly* 3（February 1989）: 19, Table 1. 马库森与麦柯迪开发了一种有趣的指标："相较于美国平均数的人均合同"，任何一个给定的年份都被看作 100。 据此，1951 年伊利诺伊的数字是仅略低于平均数（指标: 90），在被研究的 18 个州中排名第 11。 到 1958 年，伊利诺伊的指标仅为 50（美国平均数（转下页）

诺伊在国防合同中甚至比其余的中西部各州受到更多的忽略，如威斯康星、密歇根、俄亥俄和印第安纳。 只有在陆军、海军和空军防御设施方面，伊利诺伊和芝加哥才比较顺利，但是这不能弥补他们在高科技订单方面的缺失。 1984 年之后，芝加哥地区，实际上全部的中西部都在持续走下坡路，即便是东部与南部都已开始复苏。

笔者将在第四篇更为充分地探究这一衰退，但是需要在此指出的是：马库森，"**军火带**"（提醒人们注意到军费与高科技工业的紧密关联）[1]概念的提出人之一，也曾使用过"**防御周界**"（defense perimeter）的概念，指代围绕着国家的外围环带，从新英格兰延伸至长岛、佛罗里达、得克萨斯、西南各州、加利福尼亚、华盛顿和阿拉斯加[2]。 重点是，芝加哥既不在"军

（接上页）的一半，甚至与新罕布什尔和弗吉尼亚差不多；排名更低的仅有威斯康星，为 30）。 在 1967 年，伊利诺伊的指标仍然是 50，同威斯康星一起，在这 18 个州里排名最低。 在 1977 年以及 1984 年，伊利诺伊的指标下降到 20，在这两年里，都排名最低（威斯康星仍然是倒数第二，指标为 40）。 东北部表现相当不错，在这段时期开始时属于最高，结束时也排名前列，即便是这几个州的特定"位置"可能有所变化（如纽约，最开始时为 190，下降到了 100。 新泽西开始是 160，下降到了 80。 而弗吉尼亚从开始时的 30 上升到了 160。 马萨诸塞从开始时候的 100 上升到了 230。 马里兰从 130 上升到了 160。 最令人惊奇的是康涅狄格州，在 1951 年为最高，达到了 440；在 1984 年仍然最高，为 330）。

[1] 参见：Ann Markusen, Peter Hall, Sabina Dietrich and Scott Campbell, *The Riot of the Gunbelt: The Military Remapping of Industrial America* （New York：Oxford University Press, 1991）。

[2] Ann Markusen and Virginia Carlson, "Losses in the Heartland： National Policies Will Decide the Fate of the Midwest Economy," *Northeast/* （转下页）

火带"里，也不在"防御周界"里。有人指出，由于伊利诺伊在华盛顿人微言轻，所以当订单转向华盛顿有更大政治影响力、人口更稠密的州时，伊利诺伊被系统性地无视了[1]，但是国防生产流向沿海地区存在着另一个重要的原因。由于武器

（接上页）*Midwest Economic Review*, May 1, 1989, 8-13. 更为详细的描述见他们的："Deindustrialization in the American Midwest: Causes and Responses," 见 *Deindustrialization and Regional Economic Transformation: The Experience of the United States*, ed. Lloyd Rodwin and Hidehiko Sazanami（Boston: Unwin Hyman, 1989），29-59。

[1] Markusen and Carlson, "Deindustrialization in the American Midwest". *"初看之下，这一偏见令人困惑。现代军事工业复合体诞生于中西部工业核心区……直到第二次世界大战，在较小程度上，于朝鲜战争及越南战争期间，该工业核心区的工厂都忙于生产坦克、飞机、军火以及其他战争物资。"* 即便存在这种领先以及顶尖的工程院校、训练有素的工人等，该地区同样衰败了。*"十年又十年，尤其是在 1950 年之后，中西部的工业城市在新兴的'军火带'面前失去了优势。"*（51-53）

"伊利诺伊州和芝加哥地区都被冷战的国防建设绕开……当时芝加哥确实说服了五角大楼，订单倾向于采用标准部件与装备的大宗商品的形式……向陆军倾斜，而这两个地区在空军订单上则落在后面……相反，加利福尼亚这一国内主要的冷战建设受益者之一从空军那里获得的订单份额则高得多。"（70）

在战后阶段，军工产业复合体随着冷战而繁荣，但与中西部关系不大。马库森与卡尔森强调了一种政治性的解释："政治家们蒙恩于一些州内新的国防导向的支持者，如马萨诸塞、加利福尼亚与得克萨斯，这些政治家把持了总统职位以及相关的国会委员会……如唐纳德·弗雷（Donald Frey）所指出的，'……**中西部没有弗雷德·特尔曼（Fred Terman），也没有蒂普·奥尼尔（Tip O'Neil）**'"（79，加粗字体为作者所加）。

生产与国际市场高度相关，武器出口大多通过沿海城市，比如纽约、旧金山、洛杉矶，还有迈阿密[1]。

建筑辨识度的失去

正如芝加哥失去了其 19 世纪末期到第二次世界大战期间享有的强大的工业领袖地位，它同样失去了特色的建筑风格。 在一战之前，其钢骨架结构方式与摩天大楼的设计曾经引领了整个国家。 反讽的是，其强大的传统强化了其对于纽约显而易见的趋势的抗拒，并且甚至还包括洛杉矶，如在 20 世纪 20 年代至 30 年代风靡整个领域的装饰艺术、现代艺术和新艺术（art nouvelle）。 甚至移植过来的包豪斯与芝加哥的接触也很浅。 如果不是凡德罗设计的建筑，可能一点也没有。 诺依特拉尔和辛德勒仅仅在他们前往洛杉矶创建其大师之作前夕，于芝加哥做了短暂的停留。 从 20 世纪 50 年代开始，无装饰的商业大厦便开始主宰全美诸城市的中心商业区；芝加哥也不例外。

到 1989 年，在高层建筑方面，曼哈顿开始成为无可争议的冠军，有 117 座至少 500 英尺高的建筑（最高的达到 1 350 英尺）。 芝加哥作为第二名被远远甩开，仅有 39 座建筑达到这一高度范围，虽然此时，他还在鼓吹（不过仅仅是暂时的）其世界上最高的的建筑：西尔斯高塔（Sears Tower），测量高度为 1 455 英尺。 洛杉矶拥有国内高度第三（1 017 英尺）的建筑，但是在高 500 英尺的建筑数量上排第 6 名（在达拉斯、旧金山和休斯敦

[1] Markusen and Carlson, "Losses in the Heartland," 10.

之后），仅有 13 座[1]。

但是芝加哥建筑失去的不是高度，而是其辨识度（distinctiveness）。芝加哥曾是摩天大楼的公认诞生地，然而到 1930 年，其高层建筑便已几乎在曼哈顿高塔的侧影下黯然失色。为何这两座城市在商业核心的三维"形式"上会出现分歧？这当然并不是由于环带地区的办公空间都相应地要求更低的建筑，或是当地资本主义或利益动力要弱于纽约。但是，如果如威利斯所说，"摩天大楼是资本主义建筑的最终形式"[2]，那么为何芝加哥没有建筑高塔？它当然足够"资本主义"。

威利斯在此处提供的回答逻辑让人信服。一个关键是更大的街区长度（每英里 8 个街区，相对于曼哈顿的每英里 20 个街区）以及芝加哥环带细分区域其原始土地尺寸更大。曼哈顿更小的土地尺寸要求建筑者建得更高。相反，在芝加哥更容易获得大块土地，这类土地很丰富，没有大量的堆积物，适合安顿大型办公室建筑。然而，鉴于对自然光线的需求，这些大的建筑要求不同的设计方案。在曼哈顿，更窄的建筑盘旋向上以攫取光线和空气；在芝加哥，常常必须要设计内部大堂或空芯以使曝光表面积最大化。因此，芝加哥典型的"摩天大楼"在外部显现为一个巨型的立方，但是内部常藏有一个玻璃天井。这一结

[1] 参见：James Vance, *The Continuing City: Urban Morphology in Western Civilization*（Baltimore：Johns Hopkins University Press, 1990），486, Table 9. 1。

[2] Carol Willis, *Form Follows Finance: Skyscrapers and Skylines in New York and Chicago*（New York：Princeton Architectural Press, 1995），181.

构最著名的例子当然是卢克里大厦（the Rookery）。 另一佳例是戴安娜法院大厦（Diana Court building）（已不复存在），它是市内少许装饰艺术风格的建筑之一。

然而，巨大的表面自身难以解释其屋顶的蹲式剖面。 威利斯提供的第二个关键点早已有所暗示，即这是市政当局有意识的决定。 早在 1893 年，建筑的高度便受到限制——而这一限制尽管会由于来自房地产的压力而起伏，一直延续到了 1923 年[1]。那一年，限制完全解除，新的区域法案应允了塔楼的建设。"到 1930 年，超过 20 个尖顶打破了以前 260 英尺的极限。 最高者是 612 英尺的交易所，不过仍然有 8 座建筑超过了 500 英尺，11 座超过了 400 英尺。"[2]这一变化的原因还有房地产的收益，伴随着第一次世界大战，办公室空间的严重短缺已经进入扩大阶段，租金亦急遽上升[3]。 大萧条终结了这一建筑繁荣，并且战后的复苏阶段也与其他地方不同，并没有使之重新开启。 20 世纪 20 年代繁荣期，芝加哥最后的摩天大楼是菲尔德大厦，在 1934 年完成，

---

[1] 在 1893 年以前，环带中一些早期的"摩天大厦"从人行道起，高至 200 英尺，城市没想过要限制它们。 但是，在 1893 年的萧条中，办公空间出现了供过于求。 在想要削减其空缺的房地产利益群体的煽动下，新建筑的最高高度被限制为 130 英尺。 "在城市通过了允许高塔的区域划分法案 [1923] 30 年以前，最高高度在 130 英尺和 260 英尺之间来回浮动。 与此同时，曼哈顿的高塔伸展到了 600 英尺至 700 英尺。"Willis, *Form Follows Finance*, 50.

[2] 同上，10。

[3] 同上。

在某种程度上，［报应］不爽，从建造时起，房屋保险大厦，公认的第一座摩天大厦，便被拉下了神坛。 直到1952年，普鲁登希尔大厦（Prudential Building）开始施工，芝加哥都没有新的办公空间。 然而在纽约，几乎在二战刚结束便开始了复苏，到1959年，有5 400万平方英尺的新办公空间已完成或正在建设。 而芝加哥在同样的时段里，仅建设了260万平方英尺的办公空间……

……在战争之后的10年里，关于芝加哥摩天大楼，其意义最为重大的事实恰恰在于它的缺席[1]。

这一状况在20世纪60年代也没有太多改变。 在这十年的后半段，市内高档商业生活的主要区域已经变成了"北部环带"——鉴于它处在典型的公共交通环线之外，这很明显是用词不当——正处在上密歇根大道的芝加哥河北部支流上。 此时，中央商业区经历了根本上的分裂，这可以再次见到芝加哥棘手的"种族问题"的痕迹。 南部环带，除了管弦乐厅（Orchestra Hall）和美术馆周围的区域以外——它们都是难以迁移的机构［新的歌剧院（Opera House）建在日益衰败的市中心外］，正在逐渐被割让给少数族裔，成为他们的中心商业区，而北部环带则成了富裕白人的"黄金水岸"专属区域。 围绕着马克斯韦尔（Maxwell）大街的西部贫民窟附近新增的再开发地区最终发展成为矗立在河边的高层有色玻璃办公大楼，但是其员工大多数都从城郊通勤。 中产阶级与工人阶级的白人继续向更远的郊区环

---

[1] Carol Willis, *Form Follows Finance*, 128 – 130.

带迁徙，几乎都避开了南部或北部商业中心的消费和娱乐区域，而更青睐于卫星城的大型边远市场，高速公路使得这些地方能够更容易到达。

因此，芝加哥持续性的种族分裂不仅继续塑造着郊区与城郊的居民关系，还有零售贸易和办公地点的位置。 在接下来的几十年里，作为"城市中流砥柱"的工业衰亡了；只要它们（可能）被取代，其工厂也远离了日益"少数族裔化"的城市而前往郊区环带。 相较而言，黑色地带的强制性构造现在在景观层面已经显而易见，1909 年的博纳姆计划中它曾被野心勃勃地划定了界限；但是较之于初始的概念，"新秩序"中不再有平等主义和包容性。 它仅仅是做了一个内外颠倒。

第九章
洛杉矶：工业化

在 20 世纪 20 年代早期，一个国际性的农业危机已经露出端倪。 大概因为洛杉矶的经济高度依赖农作物，或许使其成为美国最早体会到危机来临前的征兆的城市之一。 如果仅仅是回顾的话，有可能看到一些在 1925 年与 1929 年 10 月纽约股市崩盘之间的早期预警信号。 但是，到 20 世纪 20 年代中期，洛杉矶的产权售卖已经有所减缓，建筑许可证的申请呈现下降趋势；新建设趋向平稳，随后（1926）开始减小。 在 1928 年夏天的早期，太平洋沿岸股票交易所（Pacific Coast Stock Exchange）的股价急促下跌，比纽约股市的崩盘早了一年多[1]。

困难同样蔓延至了工业界。 虽然在 20 世纪 20 年代晚期（甚至到了 30 年代早期）洛杉矶的城市经济都主要依赖贸易和服务业，不过制造业一直在增长；事实上，工业活动在 1921 年

[1] William H. Mullins, *The Depression and the Urban West Coast*, *1929-1933：Los Angeles*, *San Francisco*, *Settle*, *and Portland* （Bloomington： Indiana University Press, 1991）, 10-11.

至 1929 年间扩张至 3 倍[1]。 讽刺的是，这一发展使得城市在
全球性波动中更加脆弱，特别是因为石油对外部需求十分依赖，
是其农产品之外的主要出口商品。 马林斯（Mullins）曾经就本
地支持者的观点，"大萧条对洛杉矶的冲击相较于国内其他地方
要小"进行论争。 他宣称，刚好相反，洛杉矶不仅"受到了和
东部城市同等程度的影响，而且［它］在时间上几近同步"。
油价在 1929 年发生了崩溃，1929 年 10 月至 1930 年 10 月，城内
工厂雇佣下降了近 1/4[2]。

无论如何，一个好现象是加利福尼亚的经济确实在某种程
度上比全国其他地方更早开始复苏。 虽然大萧条开始时一些
在 20 世纪 20 年代出现的工业扩张中止了，不过到 20 世纪 30
年代中期，出现了复兴的工业增长，并且至 1939 年，工业部

［1］ William H. Mullins, *The Depression and the Urban West Coast*, *1929 – 1933:
Los Angeles*, *San Francisco*, *Settle*, *and Portland*（Bloomington： Indiana
University Press, 1991）, 7.

［2］ 同上，12 – 14。 马林斯引用自： Philip Neff and Anita Weifenbach,
Business Cycles in Selected Industrial Areas（Berkeley： University of California
Press for the Haynes Foundation, 1949）。 他论证了："在 1929 年 9 月，洛
杉矶的经济恰好同全国其他地方一起，转向了更糟糕的境地"（66）。
凯文·斯塔（Kevin Starr）在某种意义上采取了一种不同的立场，他宣
称即便加利福尼亚在大萧条早期阶段受到了严重影响，因为"［曾］作
为［该］经济体基础的农业，被抵抗萧条的事业如电影业、国防、联邦
赞助的航运所增强，加利福尼亚人并没有承受那些工业化程度更大的地
区所承受的可见层面的骚动与混乱"。 参见他关于加利福尼亚的三卷
本演化史： *The Dream Endures: California Enters the 1940s*（New York：
Oxford University Press, 1997）, vii。 斯塔非常慷慨地允许我阅读本书校
样（当时题目有所不同）；我的引文与引用页码指的是这一早期版本。

门几乎恢复到了大萧条以前的水平。 随后，橡胶、轮胎、汽车、钢铁和航空生产补充进了传统的石油工业（产生了重大的衰退）和电影工业，事实上由绝望引发的逃避主义促使其发生了戏剧性的扩张。 对于战争期间即将出现的腾飞，城市有了充分的准备。

　　洛杉矶便宜的能源和更为"温顺的"劳工对谨慎的企业家而言，是一种吸引力。 到 20 世纪 30 年代中期，市政当局接管了自身的能源管理权，设置的电费率是全国最低的城市之一。 进一步的诱因是城市改善的供水条件；在这 10 年的末尾，供水量大幅增加，多亏了由联邦财政支持科罗拉多（Colorado）的胡佛水坝（Hoover Dam）以及增补的派克水坝（Parker Dam），它们可服务于城区的使用[1]。 但是洛杉矶也会雇佣打手，运用其警力和粗暴的"突击队"（Red Squad，直译为"红场"）规训工人。 这种"胡萝卜加大棒"被证明很能吸引商人。

　　这些发展导致另外一种逆周期的趋势。 而其他重要的城市地区事实上在 20 世纪 30 年代人口都减少了，洛杉矶却继续增加，虽然增长率与之前相比有所下降。"光脚的"人口逃离了甚至更糟糕的荒废地区，而加利福尼亚工业比其他地区更早地开始复苏这一事实，使其在整个大萧条期间对内部移民都很有吸引力。 但是，其中一些城市发展项目必须要延期，其中联合车站虽然早在 1911 年便已经规划，然而直到 1939 年才完成，该年正

---

[1] 虽然洛杉矶的领袖对新政的支持很勉强，并拒绝了一些华盛顿提供的帮助，不过在为公共设施项目如水坝、港口改善与灌溉的大规模投资进行游说时则毫不犹豫。

处在国家复苏的阶段[1]。

洛杉矶对大萧条的应对

虽然大萧条在洛杉矶的开启时间或许与其他地方是相同的，
不过本地的应对有一些独有的特征，其中最显著的是洛杉矶对其
墨西哥裔或墨西哥裔美籍居民的报复性举措，即尝试"封锁"其
边界以反对内部迁移，并让长期的反工会、反共产主义的寡头政
治对所有的"激进"工人进行无情镇压以应对危机[2]。

反移民情绪

美国社会长久以来都被对"外国人"的深层矛盾情绪折磨
着。 一方面，每一个美国人从血统上都可追溯至"外国人"（只
有土著美洲人以及某种程度上的非洲奴隶后代排除在外，后者强

---

[1] 不仅仅是大萧条阻止了这些有争议的项目，因为唐人街将会被这些项目
置换掉。 直到 1926 年，选民们才最终同意支持，那时，诉讼阻碍了执
行，直到 1933 年。 然而，这时候项目超出了城市的经济能力。 直到
1939 年 5 月，车站才完成并向公众开放。 参见：John D. Weaver, *Los
Angeles: The Enormous Village 1781－1981* （Santa Barbara, Calif.： Capra,
1980），215（这本书富含诸种细节）。 这一建筑精华直到 20 世纪 90
年代才开始修复。

[2] 这里同纽约形成了鲜明的对比。 在纽约，于 1935 年哈勒姆暴动之后，
抗议者在某种程度上得到了更好的安置。 需要指出的是，1935 年的联
邦法案使工会行动合法化了，这甚至对开放市场洛杉矶也造成了影响。
Starr, *The Dream Endures* 编年记录了大萧条之前与大萧条之中加利福尼
亚的工会行动与冲突，尤其值得注意的是，他的案例几乎全来自旧金
山。 相比之下，洛杉矶的劳工行动微不足道。

调了他们进入新世界时的非自愿的角色）[1]。 但是另一方面，排外的情绪也很常见，尤其是在经济紧缩的时候会突然爆发。虽然这三座城市都经历了同样的国家政策变迁，有时会拥抱国外移民，有时则会抗拒，在很大程度上视经济的繁荣或萧条而定，但三者政策的区别也十分明显。 今日之纽约人大约比盎格鲁-洛杉矶人更多地意识到了其当下的移民史，看起来他们对多样化的出生地接受度更大；芝加哥白人虽然对其尖锐的种族分裂更为在意，不过看起来他们同样意识到了其城市是移民的产物。 但是对洛杉矶的盎格鲁人而言，当其允许自己意识到，便饱受来自墨西哥少数族裔的折磨，大概是因为对墨西哥先前主张存在潜意识和象征性的承认[2]。 在征服中可以看到这种矛盾情绪，看起来

---

[1] 有时也强调例外是"加利福尼亚人"。 然而根据详细的人口统计分析，见：Frank D. Bean and Marta Tienda, *The Hispanic Population of the United States* (New York：Russell Sage Foundation, 1987)。 只有一小部分当代墨西哥裔美国人能自称源于 1850 年以前的疆土，虽然土地本身确实属于墨西哥（107, 116）。 无论是否准确，美籍墨西哥裔倾向于认同其血统为"原始定居者"并获得了某种程度的权利感。 对诸种相互矛盾的看法的描述可参见：Peter Skerry in *Mexican American Americans：The Ambivalent Minority* (Cambridge：Harvard University Press, 1993), chap. 1。 作者同样指出，Leo Grebler（参见：Grebler et al. , *The Mexican-American People：The Nation's Second Largest Minority* [New York：Free Press, 1970]）。 发现了一代人之前同样的矛盾心理。 然而，最好地捕捉到了墨西哥裔移民对加利福尼亚情感的卓越著作是：George Sanchez, *Becoming Mexican American：Ethnicity, Culture and Identity in Chicano Los Angeles, 1900 - 1945* (New York：Oxford University Press, 1993)。

[2] 在与北欧移民的关系中并没有体现出这一矛盾情绪，尤其是那些从德国逃离的有才能的流亡者。 在 20 世纪 30 年代甚至是 40 年代，（转下页）

同时经由浪漫主义和否认表现自己[1]。

　　这一矛盾由"临时外来工人"制度对于西南经济不断发展的中心地位组成。 从成为一个州开始，加利福尼亚便受益于无市民权利的临时工人的"周转"。 起初，是输入进来的中国"苦力"建设西部铁路线。 随后，他们被墨西哥工人替代，此外，这些墨西哥人还被招聘作为农场移民工人，在收获高峰季帮助农作物生产。 洛杉矶（被承认的一小部分）最初墨西哥人的后代，"外来工人"和墨西哥移民（已入籍且得到法律承认还有无证件的外国人）以及他们在美国出生的后代同时存在，甚至在同一家庭中，这些类别都会有所重叠，这产生了一种相当不同于纽约和芝加哥的环境[2]。

———

（接上页）他们中有许多人通过音乐［如阿诺德·勋伯格（Arnold Schoenberg）］、艺术、建筑［尤其是理查德·诺伊特拉（Richard Neutra）］以及文学（包括托马斯·曼）往洛杉矶输入了高级文化。

[1] 不同于欧洲的移民，西南部起源自墨西哥的人口可以在理论上宣称一种起源的"权利"，其在情感上和"五月花号"的血统一样强力，即便这种关联大多是象征性的。 今天很少有洛杉矶的墨西哥裔美籍居民能够将其血统追溯到1850年以前的少量加利福尼亚人，绝无可能清除周围的混乱诉求与反诉。 在某种程度上，可将奇卡诺人的看法描述为某种"民族统一主义"。

[2] "外来工人"这一制度在欧洲十分著名［参见：John Berger, *Seventh Man: Migrant Workers in Europe*（New York: Viking, 1975）这一卓越作品］。 并且最近更多是在中东引起注意，不仅仅是在阿拉伯半岛国家，还有以色列，现在已引入亚裔人口代替之前使用的阿拉伯人口，通过评估劳动同时拒绝给予权利的同时创造了怪诞的反常现象。 这一分裂必然将外来工人置于高度易受剥削的位置上。 虽然这一"理论"将工人们的旅居定义为临时的，但是大多数这类迁入的劳工面（转下页）

　　如我们曾经看到的，第一个强加于移民群体之上的国家层面的限制是一系列排华法案，1882 年最初发起时仅涉及"苦力"，但是到 1884 年扩大到了所有的中国人。 对于日本人入境的限制性法律没有那么严厉，他们最初是渔民和农民。 这些法案主要影响了西海岸。 直到 19 世纪 90 年代的大萧条，支持者同样开始限制欧洲移民以在更大程度上进行"质量控制"，尤其是因为随后的移民都来自欧洲东部和南部的"欠发达"地区。 1911 年由联邦政府委任、迪林厄姆（Dillingham）主持的大量研究形成了 42 卷的成果。 这反过来引导了首个配额法案在 1917 年的强制实施[1]。 新法案不仅仅要求读写能力（对于超过 16 岁的男性），还强调良好的健康状况和"德行"。 法案还建立了一个亚洲"禁止地区"，包括中国、东南亚、印度、波利尼西亚（Polynesia）大部、俄国部分地区、阿富汗和阿拉伯，不过并没

（接上页）临着如何对待后代以及工人配偶的困境。 这种现象在美国主要出现在西南部，针对的是墨西哥国民。 即便联邦法律理论上宣布这种活动为不合法，在劳动短缺的时段，仍然经常签订免责条款。 纽约及芝加哥都不需要或者未曾将这一体系制度化，不过由于偶然原因，他们都在各个方面错误对待了外来者，造成了类似的结果。

[1] 1917 年的移民法案并没有得到一致地应用。 劳动局回应了由种植者协会和大企业主所施加的压力，同意从 1917 年至 1920 年对"甜菜行业、铁路以及其他合同佣工的［墨西哥裔］雇佣"给予免税。 在这种情况下，约 50 000 名墨西哥裔"外来工人"进入了。 "在 20 世纪中期，大多数美国城市都有其墨西哥人的飞地…… ［如］在底特律的……福特汽车公司，［以及］在芝加哥……有大量的人口。"Abraham Hoffman, *Unwanted Mexican Americans in the Great Depression: Repatriation Pressures, 1929 - 1939*（Tucson: University of Arizona Press, 1974）, 11 - 12.

有推翻同日本的君子协定[1]。

在第一次世界大战结束，对于"不洁大众"浪潮的普遍恐惧在某种程度上为对俄国革命的歇斯底里的"红色恐慌"所加剧。配额被1921年与1924年的法案急剧削减[2]，而由政治所驱动的驱逐紧随其后。由于欧洲移民的减少，全体移民中来自墨西哥的比例开始增加，在一战前他们还相对较少。1921年至1930年，所有"合法的"移民中有11%来自南部边境。20世纪30年代的大萧条产生了一个矛盾的效果：一方面极大削减了自愿移民的数量，另一方面又强化了针对既有外国居民和潜在移民的敌意[3]。在大萧条达到巅峰的1933年，美国的劳工有至少1/4成为失业者，此时，一种本土主义的情绪复生了。这时，移民法案的限制性条款禁止了任何**看起来**会成为公共负担者入境。

在加利福尼亚，这一条款被特别积极地应用于有移民倾向的

[1] Mary Anne Thatcher, *Immigrants and the 1930s: Ethnicity and Alienage in the Depression and the Coming War* (New York：Garland, 1990). 最近的，可参见：T. Almaguer and M. -K Jung, "Enduring Ambiguities of Race," in *Society for the Twenty-First Century*, ed. Janet Abu-Lughod (Chicago：University of Chicago Press, 1999)。

[2] 年度配额在1921年约357 000人，在1924年削减到了165 000人。对于来自西半球包括墨西哥的移民没有配额限制。

[3] 撒切尔指出，在1930年至1940年间，只有1/4的可用配额空间实际上用尽(*Immigrants and the 1930s*, 63 [diss. typescript])。很明显，鉴于到达的移民即将面对的众所周知的经济问题，既难以安排旅行，也没有什么吸引力。只有有先见之明的犹太人从崛起的希特勒手下逃离，构成了一种反向趋势。

墨西哥人身上，不过寻找便宜劳动力的雇主常常绕过这一限制。另外，连同有限的可用救济金，资助"定量配给"为歧视赋予了形式，以拒斥已位于国内的移民（还有具有"外国"口音或相貌的市民）。虽然没有从法律上被禁止接受联邦救济，但外来者接收到的帮助很少，因为实际上这些救济在本地被发放的方式极具歧视性[1]。

鉴于 20 世纪 30 年代开始时的高失业率，许多洛杉矶的墨西哥社区自动离开了，带着"家乡"的条件或许不那么穷困的希望，但是盎格鲁工人中希望将他们作为外来者而遣返的情绪也愈加高涨了。针对来自欧洲的外来者而言，遣返很难完成；对于墨西哥人，可以越过边境遣送他们，因此面对这一政策时首当其冲。在加利福尼亚南部，滥用得最为严重。联邦政府不仅仅封闭边界以防止进一步的非法移民，还在加利福尼亚南部雇主的反对下——他们通常都受益于廉价的墨西哥劳动力——于 20 世纪30 年代，开始驱逐"贫困的外国人"[2]。这一政策被洛杉矶市镇管理委员会（Los Angeles County Board of Supervisors）迅速接受，它安排支付给墨西哥国家铁路遣返费用，按照每个成年人14.70 美元、每个儿童减半的标准，以"迁徙"这些令人厌恶的

---

[1] 撒切尔指出，在 1934 年接受救济的人口中，仅有 3% 是外来人口，即便在 1935 年外来人口的失业率已经达到 65%，大大高于本地出生者。在1939 年，外来人口仍旧不是公共事业振兴署的工作范围。联邦政府宣布这种歧视为不合法，在 1935 年的社会保障法案中甚至包括了外来人口，但是地方实践中仍旧将外来人口成功排除在各个项目以及他们的法定权利之外。参见同上。

[2] Mullins, *The Depression and the Urban West Coast*, 18.

移民。 马林斯报告说，在 1931 年至 1934 年（大部分是在 1931 年和 1932 年），超过 13 000 人以这种方式被遣送，但是这一数字仅仅考虑了那些在事实上被政府强行用火车运走的人[1]。 毫无疑问，马林斯的数据存在低估，而其阐释过于温和。

阿曼多·莫拉莱斯（Armando Morales）倾向于使用**驱逐出境**（deportation）这一术语，并将之放置在对墨西哥人/墨西哥裔美国人长期敌意的大框架下：

> 80 000 多一点的墨西哥人连同其家居设施、家畜、个人用品被集中在一起，装上火车厢，而后用轮船运回墨西哥，还带着他们的孩子，其中许多都出生在美国，因而也就是美国的居民……现在被拒斥的这些人，仅仅在几年以前还被美国企业积极地招聘。 ［驱逐出境的依据是新的美国法律，依照该法律可以驱逐那些］"看起来会成为公共负担的人。"……
>
> ……离开数目（自愿或非自愿）的量级可通过美国墨西哥出生人口的下降阐明，从 1930 年的 639 000 人下降至 1940 年的略多于 377 000 人。 正如字面上的意思，经由铁路，墨西哥人被运出了美国生活的主流[2]。

---

[1] Mullins, *The Depression and the Urban West Coast*, 71. 也可参见： Carey McWilliams, "Getting Rid of the Mexican," *American Mercury* 28（March 1933）： 323。 麦克威廉姆斯宣称，洛杉矶单在 1932 年便遣返了 35 000 名的墨西哥人。

[2] Armando Morales, *Ando Sangrando（I Am Bleeding）: A Study of Mexican American-Police Conflict*（La Puente, Calif.： Perspectiva, 1972）, 14.

　　对洛杉矶驱逐墨西哥人以及墨裔美籍人口的最好研究是亚伯拉罕·霍夫曼（Abraham Hoffman）的《不受欢迎的墨西哥裔美国人》（*Unwanted Mexican Americans*）。霍夫曼估计，在 1929 年至 1939 年的 10 年间，有约 50 万的墨西哥人（来自墨西哥或具墨西哥血统）离开了美国，有一些是自愿的，但是许多都是系统性的受害者，即便不是官方驱逐的话[1]。而这是一个全国性的现象，像芝加哥和底特律这样的工业中心中也可看到，"在大萧条期间，没有其他地方像洛杉矶郡一样……努力摆脱墨西哥移民……在联邦层面上，国内没有其他的郡像加利福尼亚南部一样，受到了移民局官员如此多的注意。"[2]

　　负面新闻运动旨在煽动受害者的恐惧，加剧对他们的仇恨（最初在一战结束时的"红色恐慌"中磨炼出来的策略）。这一运动被系统性地利用，以"自愿撤离"的方式补充该郡组织的

---

[1] 据霍夫曼所言，1929 年 80 000 名墨西哥人被"遣返"，1930 年为 70 000 人，1931 年为 138 500 人（峰值），1932 年为 77 500 人，1933 年为 33 500 人。在此之后，每年数字逐渐下降，直到 1937 年，仅约为 8 000 人。*Unwanted Mexican Americans*，Appendix D. 在这种残酷的驱逐中，痛苦的记忆仍然徘徊不去。朱立安·纳瓦（Julian Nava）（一个大学教授，且是首个服务于洛杉矶教育委员会的墨西哥裔美国人）在其给霍夫曼写的序中将"许多当今墨西哥裔美国成年人中，对盎格鲁-美国社会疏离的原因……[归结为]他们相信自己仍然不受欢迎，只是服务于美国的经济需求"。（ix）

[2] 同上，3。在加利福尼亚与得克萨斯（较小程度上还有亚利桑那和科罗拉多）之外，其他有大批墨西哥人被遣返的地方仅有芝加哥和底特律。同上，118ff。

装满被驱逐者的火车载荷[1]。 联邦政府甚至有帮助洛杉矶"围捕"的嫌疑[2]。 普遍同意的一点是，1/3 的洛杉矶墨西哥人/有墨西哥血统者在大萧条期间离开了。

"堵截流浪汉"

对于贫困剩余人口的歇斯底里并没有仅仅直接针对墨西哥人。 加利福尼亚人认识到了一项事实，即本州在某种程度上提供了比国内其他地方更好的条件，但是仍然缺乏充足的救济资金进行供应，也害怕他们的州被美国同胞"入侵"。 他们寻求阻止内部移民的方法，特别是来自风沙侵蚀区的（Dust Bowl）"俄州佬"（Okies）[3]。 在 1931 年，"洛杉矶商会……开启了随后著名的'堵截流浪汉'（Bum Blockade）行动。 商会委员会希望国民警卫队在州境集结驻扎，以阻止不受欢迎者进入"[4]。 在 1934 年厄普顿·辛克莱竞选加利福尼亚州长时，大众媒体针对他所发动的恶毒攻击便是对这同一种恐惧所做的无情利用。 成群结队的"入侵者"通过铁路涌入州内的画面以及很现实的一点是，违章居留地不仅仅散布于边缘区域还紧靠在上流居民区的边界，这

[1] Hoffman, *Unwanted Mexican Americans*, 43–44. 霍夫曼引用了： Robert K. Murray, *Red Scare: A Study in National Hysteria, 1919–1920*（Minneapolis: University of Minnesota Press, 1955）.

[2] Hoffman, *Unwanted Mexican Americans*, 49. 一度约有 400 人被聚拢在洛杉矶部分地区，以普韦布洛（59）知名。 这一体系很难有效："为了成功捕获被检举的 389 名外来人口，在……［一段］时间内，［当局］必须在某些地方聚拢并质询 3 000 至 4 000 人。"（64–65）

[3] 对俄克拉荷马州（Oklahoma）人的称呼，常常指代其中的无职业流浪者。 ——译者注

[4] 参见： Mullins, *The Depression and the Urban West Coast*, 70。

些都进一步让人感受到了威胁。

对抗议的镇压

即便洛杉矶作为退休的"野蛮"中西部人避难所的名声被房地产带来的大军利用,到20世纪20年代晚期,该郡仍然有一个相当规模的工人阶级,他们大部分是聚居于工业区附近的南部城郊和东部商业区的工人。 维赫指出,精英开放商户政策的成功长久以来得到了分散的洛杉矶工业区和城郊居住的工人的帮助,这使得劳工组织更加困难。 这些因素"使得工人阶级和劳工组织产生了分离",因此延长了城市"作为保守派壁垒和开放城市的声名"。[1] 或许这是真的,不过并没有阻止失业者前去示威。 1930年3月,失业者在全国进行了游行示威,洛杉矶的失业者也参加了。

将洛杉矶区分开来的并不是其穷人们的顺从,而是城市对他们行动的回应。 在许多其他的地区,当局对示威游行的反应是调解或收编。 但是在洛杉矶,从一开始,"约有1 000名警察严阵以待准备以棍棒击退游行队伍"。 即便得到这样的回应,失业者的抗议队伍还是持续到了1931年。 实际上,"在洛杉矶走向街头的失业者要多于[西雅图、旧金山和波特兰(Portland)]……每当(每月一或两次……)警察遇到游行队伍时,结果总是暴力"。[2] 组建于20世纪20年代的"突击队"(洛杉矶都市警察部门情报局)在打击共产主义的伪装之下对工会进行破坏,"贯

---

[1] Fred Viehe, "Black Gold Suburbs: The Influence of the Extractive Industry on the Suburbanization of Los Angeles, 1890 - 1930," *Journal of Urban History* 8 (November 1981): 18 - 19.

[2] Mullins, *The Depression and the Urban West Coast*, 58, 92.

穿了整个胡佛当政时期，且非常积极，并……成了洛杉矶回应萧条的一部分"[1]。

随后，洛杉矶约 20%~30% 的劳动力都失业了，尽管农作物继续丰收，但是价格很低，很难支付营销费用。像其他地方一样，自助或以物易物（barter）开始日益代替市场买卖。

> 洛杉矶自助者收集了不需要的作物，参加服装制造业和各种各样的手工业，帮助运营和组织。各团体采取以物易物的体系，促进以临时凭证付款的形式，这在加利福尼亚是非法的，导致了一些问题，不过有人争辩说，这都是值得的……部分旁观者提出了一些合理的担忧，即该组织可能在经济框架之外构建自己的体系，或者成为政治性组织。后一种担忧几乎实现了，当时厄普顿·辛克莱成功地使得自助组织成了其 1934 年终结加州贫困倡议的一部分[2]。

厄普顿·辛克莱与史诗

揭发者（muckraking author）与前社会主义者厄普顿·辛克莱（1878—1968）正处在上述的境况之下，他提出了他的控诉。他构建了一个典型的"加利福尼亚式"的乌托邦计划。辛克莱不是本土加利福尼亚人，出生于巴尔的摩，并于纽约在贫寒地长大。他加入城市学院并在转向文学前于哥伦比亚大学学习了一

---

[1] Viehe, "Black Gold Suburbs," 26.

[2] 同上，99-100。

段时间的法律，期间一直以在纽约的报纸上发表笑话和小说养活自己。　他在青少年时期成了一个社会主义者，不过在第一次世界大战期间退出了社会党（Socialist Party），因为该党反对美国参战。　由于《丛林》（*The Jungle*）的意外成功，使他摆脱了贫困。　他运用盈利于 1906 年在新泽西组建了一个乌托邦社区［叫作赫利孔厅（Helicon Hall）］，但是这里在 1907 年初被十分可疑地烧毁了。　到 1914 年，他同其富裕的第二任妻子迁入加利福尼亚的帕萨迪纳（Pasadena），在这里他创办了一个内部通讯社和出版社，以出版自己的作品[1]。

　　大萧条使辛克莱走上了一条更为激进的道路，每个人都非常惊讶：在 1934 年，他在"终结加州贫困"的讲台上赢得了民主党的加州州长提名[2]。　该倡议试图使失业的工人在破产的工厂中工作；使无业的失地农民在未使用的土地和过早细分的土地上耕作；组建一个以物易物的体系以交换食物和制造业产品。　这一规划从现存的自助运动中汲取了很多，获得了其成员们的热情支持。　在一本辛克莱准备用来竞选的书中提到了"终结加州贫困"规划的轮廓，该书被恰当地命名为《我，州长，以及我如何

[1] 他出版的书籍包括：*King Coal*（1917），*Oil!*（1927），*Boston*（关于 Sacco and Vanzetti 案）（1928）——所有的"揭露"。　一项非常有帮助的文学批评暨个人传记可参见：William A. Bloodworth Jr.，*Upton Sinclair*（Boston：G. K. Hall, 1977）。　该书将辛克莱的写作和他的人生联系起来，虽然对这一场"终结利福尼亚贫困"的竞选只是进行了表面的处理。　不过，它确实引用了常常被其他人忽略的文献。　因此，我十分仰仗该书。

[2] 民主党选票被蔑称为"Uppie and Downey"，前者是辛克莱的外号，后者是他竞选伙伴的姓氏。

终结加利福尼亚的贫困》(*I, Governor, and How I Ended Poverty in California*)(1933):

> 辛克莱［在他的书中］所概括的……终结贫困的规划，是通过将失业者安排到州立工业聚居地实现，这些聚居地由小面额债券、银行的充公赋税（confiscatory taxation）、股份、高收入和遗产所支撑。在辛克莱于 1934 年 8 月赢得民主党初选之后，他在某种程度上将其原则更改为"立即终结加利福尼亚贫困"（Immediate EPIC），放弃了充公赋税的观念，很明显试图获得中产阶级乃至上层阶级选民的支持[1]。

即便他努力缓和其计划以抚慰更多的保守派选民，他的州长竞选还是失败了，虽然差距很小[2]。他不仅未能获得罗斯福的支持，还成了美国政治中媒体参选（media campaigns）的"肮脏诡计"的首个牺牲品之一，很不幸，这种形式在随后变得非常普遍[3]。这些肮脏的细节在格雷格·米歇尔（Greg Mitchell）迷

---

[1] Bloodworth, *Upton Sinclair*, 131 - 132.

[2] 这一失败很自然地产生了一份后续的文献，他命名为：*I, Candidate for Governor, and How I Got Licked*（Pasadena, Calif. : Author, 1935）。

[3] 在选举之前，辛克莱同罗斯福总统一起待了两个小时的时间，当时他陈述了"终结加利福尼亚贫困"的观念以及他以"使用价值"替代"交换价值"的规划（他确实使用了这些术语）；罗斯福显然骗了他，他告诉辛克莱，自己将会在几个星期内通过炉边谈话发布通告支持一些辛克莱的观念，但是除了辛克莱的绝望外，一切都未发生。在同一时期，辛克莱同样与拉瓜迪亚在芝加哥世界博览会会面了，这两位革（转下页）

人的著作中得到了非常翔实的重述，书中指出，辛克莱的失败源于报业巨头（尤其是《洛杉矶时报》）、福音传道者［包括艾美·森普尔·麦克弗森（Aimee Semple McPherson）］和好莱坞电影巨头联合起来的一次精心设计。 报纸利用了过去"红色恐慌"时代的熟悉主题，连续攻击其"共产主义"倾向；福音传道者让追随者警惕其不敬神的观点；电影制作者伪造新闻影片（雇佣临时演员），展示了被辛克莱承诺的援助所吸引，而乘火车进入加州的"沸腾的"大众。 这是复仇性的"堵截流浪汉"。 在另一方面，社会主义者和共产主义者也因为他的"出卖"而反对他。

撤出政坛之后，辛克莱舔舐着伤口，幻想着能在其 1936 年的小说《合作社》(*Co-op*) 中获得成功：

> 小说的情节围绕着虚构的圣·塞巴斯坦（San Sebastian）（可能是长滩）自主交易的繁荣展开……这是一个出于生产和以物易物的目的而成立的失业者合作组织，由小说开头居住在"胡佛村"（Hooverville）的几个人所发起……出现了超过 80 个角色……从最贫穷的失业者……到最富有的资本家……由于塞巴斯坦自助交易故事的进展小心地避免了政治，故而赢得了许多富裕的资本家的青睐，因为

———

（接上页）命者坦诚了他们的差异：辛克莱强调重新分配工作以及将交换价值转换为使用价值的重要性；拉瓜迪亚则代之以重新分配财富。 关于"脏选票"，参见：Greg Mitchell, *The Campaign of the Century: Upton Sinclair's Race for Governor of California and the Birth of Media Politics*（New York：Random House, 1992）。

其目标是通过使失业者生产和自我维持（self-sustaining）来
实现成员和效率的增长，从而避免"救济"……［合作社的
领袖］去了华盛顿，最终向罗斯福展示了合作社的案例，后
者同意对此进行考虑[1]。

他无法在现实中获得这些，故而在小说中进行幻想。

20 世纪 30 年代人口与工业的增长

加利福尼亚的境况中，最糟糕的一点不过是，他们受到的损
害比全国其他地方更小。 在大萧条期间，加利福尼亚是唯一一
个吸引了大量移民的州，即便其存在驱逐与"堵截"。 在 1930
年至 1940 年间，洛杉矶几乎增长了 600 000 人（从 2 318 526 人
到 2 904 596 人），超过 87% 的增长归于净移民流入（net
migration）[2]。 不过，内部移民的来源一直在变化。 在 20 世
纪 30 年代中期，大多美国移民来自中西部，或者（少部分）
来自东海岸；而在此之后，3/4 的内部移民来自密西西比河
流域西部各州；与固有印象相反，这些新来者较之于来自风
沙侵蚀区的人而言更像是城市人。 即便在经遣送回国之后，
到 1940 年，国外出生的居民人口比例最大的仍旧是墨西哥
人，虽然在实际上城内 400 000 名的国外出生者中几乎有一

---

[1] Bloodworth, *Upton Sinclair*, 133.
[2] 这些总数可参见： Mel Scott, *Metropolitan Los Angeles: One Community*
（Los Angeles： Haynes Foundation, 1949）, 39。 "在 1930—1940 年这
10 年间……［移民］占据增长的 87.6%。" Arthur G. Coons and Arjay
Miller, "An Economic and Industrial Survey of the Los Angeles and San Diego
Areas"（California State Planning Board, mimeo, 1941）, xv.

半都来自欧洲北部国家[1]。

　　同样与国家模式相反的是，在 20 世纪 30 年代的后半段，随着已有工厂的扩大和新工厂的开张，工业雇佣人数迅速增长[2]。 到 20 世纪 30 年代中期，洛杉矶在其传统的炼油和电影业之外新增了生机勃勃的航空工业，将其未来的假定性角色安置在"军事-科学-工业复合体"之中[3]。

---

[1] Scott, *Metropolitan Los Angeles*, 45. 城市接收了一定数量的逃离希特勒统治的欧洲移民，虽然其数量不是很多，但他们对洛杉矶文化的影响很大。 音乐家、作家、导演与建筑师，一些伟大的大师，在 20 世纪 30 年代重新定居在洛杉矶。

[2] 同上，39. 据托马斯·穆勒（Thomas Muller）所言："在 1935 与 1940 年间，超过 650 000 人迁往加利福尼亚，主要在州南部。 新来者几乎占州人口的 1/10，对房屋、消费者货物与服务的需求都提高了，私人与公共都是。 加州同样受益于大量的政府项目，这些项目的目的是满足新增人口对道路、桥梁、水源以及解决失业的庞大需求。 在整个 20 世纪 30 年代，加利福尼亚在……房屋、建设、人均收入、每个工人的投入与产出方面胜过了国家经济。"Thomas Muller, *Immigrants and the American City*（New York： New York University Press, 1993），101.

[3] Ann Markusen, Peter Hall, Sabina Deitrich, and Scott Campbell, "Aerospace Capital of the World： Los Angeles Takes Off," in *The Rise of the Gunbelt: The Military Remapping of Industrial America*（New York： Oxford University, Press, 1991），see esp. 84. 汽车分公司装配工厂已经在 20 世纪 30 年代中期建立： 克莱斯勒于 1931 年；福特和史蒂贝克是在 1935 年；通用汽车则是 1936 年。 这些厂地都位于南盖特和南部中心的老工业区。 参见： John H. M. Laslett, "Historical Perspectives： The Rise of Distinctive Urban Region," in *Ethnic Los Angeles*, ed. Roger Waldinger and Mehdi Bozorgmehr（New York： Russell Sage, 1997）。

在这个十年的末尾，

　　洛杉矶郡……在 33 个国家工业地区中，于"雇佣务工
者人数"方面排名第 11 位；"产值"方面排名和"制造业附
加值"上排名第 9 位。除了电影产业外，有 5 594 个设施，
雇佣了 126 391 人，平均务工收入 166 630 467 美元，产值在
1 219 433 652 美元……在 1939 年，在零售业体量上，洛杉
矶市是国内第三大城[1]。

这一进程伴随着旧地区的衰退，它意味着：到 1939 年洛杉
矶郡不仅仍然是国内农业财富与收入第一梯队的郡；还在航空和
电影产业上排名第一；在汽车装配、橡胶轮胎和电子管产业排名
第二；家具生产和零售业排第三；女式服装是第四；在工业生
产总产值方面排第五[2]。当然，因为在电影生产方面洛杉矶仍

[1] Coons and Miller, "An Economic and Industrial Survey", xviii–xix. 更多的
　　细节参见 1–33。
[2] "接近 1939 年时，航空职员占据制造业雇佣增长总量的 2/3，成为
　　1940 年春天最大的单一雇佣来源。造船业的增长要缓慢一些。到
　　1941 年 12 月，航空雇佣超过了 120 000 人，而造船业雇佣为 25 000
　　人……在该区域主要的航空公司积压下来的工作在 1940 年 1 月从
　　183 500 000 美元扩张到了 1941 年 10 月的 1 636 828 000 美元。工资单
　　在同样的阶段从 3 815 000 美元扩大到了 20 269 743 美元。"同上，xxii–
　　xxiii。电影工业参照：Otto Friedrich, *City of Nets: A Portrait of Hollywood
　　in the 1940s* (New York: Harper & Row, 1986); John Russell Taylor,
　　Strangers in Parade: The Hollywood Émigrés 1933–1950 (London: Faber &
　　Faber, 1983), 聚焦于来自欧洲的音乐、写作、表演与导演天才的重要
　　性（尤其是 20 世纪 30 年代以来，在希特勒的帮助下，"导　（转下页）

旧排名第一，它吸引了大量的纽约作家来到好莱坞。

真正的城市增长机器：战争时代，洛杉矶的时代

　　不过相较于美国的战争物质生产所释放的红利而言，这些进步便没那么重大了，即便在美国正式成为战争国之前已是如此。安·马库森及其合作者使用**军火带**这一术语 [对于**阳光地带**（Sun belt）和铁锈地带的精彩化用] 恰如其分。 而中西部在某种程度上受惠于坦克、卡车和武器的订单；东部海港则收到了船只和一些航空订单；大多数的飞机、船只订单，以及随后甚至还有军事基地，都被授予了西海岸[1]。 鉴于随后的"热"战（朝鲜与越南冲突）仅发生于太平洋区域，最末这一倾向甚至在日本战败之后仍旧延续着。 结果是，在 1940 年至 1960 年，纽约、芝加哥、查尔斯顿（Charleston）和波士顿的中心地区全都流失了人口，洛杉矶的人口则是过去的 2 倍[2]。

（接上页）致"了许多人的逃亡，犹太人和非犹太人都类似）；这些被驱逐者形成的社区以及其对美国电影文化的影响。 不过，至今最好的书是： Neal Gabler, *An Empire of Their Own: How the Jews Invented Hollywood*（New York： Doubleday Anchor, 1988）。

[1] 洛杉矶进入航空业随即发展到航天业的一系列扩张的历史性完好记载参见： Markusen et al., "Aerospace Capital of the World"。

[2] 在大萧条期间，芝加哥大范围的工业化热潮趋于平缓，并且二战后再也没有真正恢复当年的势头。 那时，芝加哥事实上成为国家增长的新的一极。 Frederic Cople Jaher, *The Urban Establishment: Upper Strata in Boston, New York, Charleston, Chicago and Los Angeles*（Urbana： University of Illinois Press, 1982）, 539 – 540. 当然，雅赫并没 （转下页）

巨大的航空工业；便利的海港；石油工业；相对廉价丰腴的水和能源储备，洛杉矶被打造成巨量战争物资的产地……战争带来了制造业的巨大扩张，主要是轮船与飞机制造、橡胶生产、非铁金属及其产品、机械制造、化学制品和盟友的物资。**在 1942 年、1943 年、1944 年，超过 1 000 座工厂得到了扩张，同时建设了 479 座新工厂**[1]。

在新产业中，值得重视的是钢铁生产相关的产业，尤其是伯利恒钢铁工厂（Bethlehem Steel Plant）和丰塔纳的凯瑟工厂（Kaiser Works），1942 年的大规模生产便由此地开始。一份洛杉矶郡的钢铁工业报告估计，到 1942 年该郡的钢铁消耗量超过 200 万吨，其中越来越多地消耗都可由本地生产[2]。因此，报告预言了南加利福尼亚工业的光辉未来[3]。

表 9.1 展示了 1942 年至 1945 年授予洛杉矶的战争物资和设施的合同总价值。不出意料，城市的经济繁荣与对劳动力的需

（接上页）有认识到的是，在表面人口流失的扩大中，边界同样发挥了重要的作用。在战争之后，所有的城市都经历了重大的城郊化增长；在纽约市与芝加哥，这类增长几乎都发生在城界之外；在洛杉矶，城界以内仍然有"城郊化扩张"的空间。

[1] Scott, *Metropolitan Los Angeles*, 39 - 40，加粗字体为作者所加。

[2] "The Iron and Steel Industry in Los Angeles County"（Board of Supervisors of Los Angeles County and the Industrial Department of the Los Angeles County Chamber of Commerce, mimeo, [1945?]）.

[3] 同上，15。将这一预言同迈克·戴维斯（Mike Davis）所描述的丰塔纳的凯瑟工厂随后的崩溃进行对比是很有趣的。参见其：*City of Quartz: Excavating the Future in Los Angeles*（New York: Verso, 1990）最后一章。

求得到了国内不那么繁荣的地区人口的迅速响应[1]。有时会存在一种连锁式迁移(chain migration),这会导致整个社区的更替,正如在一段逸闻中所言:

> 回到 1936 年,有两兄弟⋯⋯离开了阿肯色州的莫尔文
> (Malvern),去西海岸伐木场工作⋯⋯当国防项目开始进行
> 时⋯⋯[这对兄弟]在南加利福尼亚造船厂找到了工作⋯⋯
> 他们往莫尔文的家里写信⋯⋯很快有大批人离开莫尔文前往
> 南加州。到 1944 年仲夏,莫尔文全镇的人几乎都到长滩、
> 圣佩德罗和威明顿的造船厂工作了[2]。

表 9.1 洛杉矶战争合同总价值,1942—1945 年[3]

日　　期	战争生产与设施	战争物资合同	战争设施
1942 年 6 月	3 183 446 000	2 906 053 000	277 393 000
1943 年 9 月/10 月	8 502 479 000	8 110 876 000	391 603 000
1943 年 10 月/11 月	8 472 707 000	8 077 782 000	394 925 000
1944 年 1 月	8 581 003 000	8 167 112 000	328 753 000
1944 年 3 月/4 月	10 072 565 000	9 511 527 000	452 111 000
1944 年 11 月	10 407 146 000	9 984 434 000	422 712 000
1945 年 1 月	10 558 878 000	10 076 844 000	482 034 000

来源: 数字编辑自弗兰克·肯德纳与菲利普·奈夫,《洛杉矶经济调查: 统计附录》,(Los Angeles: Haynes Foundation, 1945),586,附录 XIII。

---

[1] 关于战争引起的洛杉矶变化的信息,参见: Arthur C. Verge, *Paradise Transformed: Los Angeles during the Second World War* (Dubuque, Iowa: Kendall, 1993)。

[2] Carey McWilliams, "Look What's Happened to California", *Harper's Magazine*, September 1949, 24-25.

[3] 原文无单位,应为美元。——译者注

内部冲突：种族敌意的升温

非裔美国人

经济需求也驱动了少数族裔来到洛杉矶。 在 1930 年，住在洛杉矶城里的非裔美国人不足 39 000 人，仅占总人口的 3%；随后非裔人口被墨西哥人、日本人和其他"种族"的人口超越，后者加总数约 125 500 人，或说超过总数的 10%[1]。 到 1940 年，该城市非裔人口逐渐增加到了约 65 000 人，不过随后很明显由于战争的原因，增长变得十分急促。 到 1944 年，有接近 119 000 名的黑人住在洛杉矶；在 1945—1946 年，超过 133 000 人；在 1950 年的人口普查报告中，有约 171 200 名的黑人居民住

---

[1] 几乎没有洛杉矶黑人生活在郊区，事实上，在 1930 年，70% 居住在中央大道附近扩张中的黑人社区中。 虽然他们的家离工业区更近，不过很少受雇于制造业。 关于这一关键的历史阶段洛杉矶的黑人人口，有很多重要的研究。 基准之作仍然是：J. Max Bond 的博士论文，"The Negro in Los Angeles"（University of Southern California，1936），包括了关于"芝加哥学校"模式的非常好的材料和有趣的地图。 Lawrence B. de Graaf 贡献了两项基础性作品："City of Black Angels： Emergence of the Los Angeles Ghetto，1890 – 1930," *Pacific Historical Review* 39（August 1970）：323 – 352；以及其 1962 年的博士论文，"Negro Migration to Los Angeles，1930 to 1950"（University of California，Los Angeles）。 还有一项在这些工作基础上建立，但是直接聚焦于战争年月变革的著作是：Keith E. Collins，*Black Los Angeles: The Maturing of the Ghetto*，1940 – 1950（San Francisco： Century Twenty One，1980）。 这最初也是一篇博士论文。 然而，这些文献没有哪个像 *Black Metropolis* 对芝加哥的讨论以及几项关于哈勒姆的经典研究一样精微。

在洛杉矶[1]。

城市之外居住在洛杉矶郡的所有黑人的比例于 1930 年至 1950 年从 16% 上升到了 21%，但这大概更多地因为附近特定的独立小镇中的聚居，而不是散居或废除了种族歧视[2]。 在 20 世纪 40 年代，瓦茨从一个大体上的白人区转化为黑人为主的地区，接收了毗邻地区溢出的人口，随后在中央大道产生了严重拥挤的贫民区。

> 对大多数黑人而言，居住在洛杉矶与居住在瓦茨是一样的。 在 20 世纪 40 年代来到瓦茨的黑人也是为了寻找更稳定、报酬更好的工作机会。 不过新到达的移民［原文如此］在很多的案例中，都难以突破贫困的轮回……接近 95% 的人来到瓦茨地区都是受……战争……影响。 然而，国防工厂提供的工作是周期性的，报酬低，并且在战争期间开销

[1] 1930 年、1940 年与 1950 年的数据来源于连续 10 年人口调查。 1944 年以及 1945—1946 年的数据取自 Collins, *Black Los Angeles*, 40, Table IV。 有几种科里斯引用的特定的人口调查系列出版物，我未曾查阅。 Bernard Marchand, *The Emergence of Los Angeles: Population and Housing in the City of Los Angeles, 1940 - 1970*（London: Pion, 1986）给出的城市数据在一定程度上有所不同，宣称自己也是来自美国人口连续调查表。 据马昌德（Marchand）：黑人的数量从 1940 年的 66 889 人上升到了 10 年后的 191 000 人多。 相较而言，1960 年的数据是 404 000 人，1970 年接近 650 000 人（90, Table 4. 1）。

[2] 我计算这些百分比的数据来源于：Collins, *Black Los Angeles*, 41, Table V。 虽然科林斯总结道，1950 年郡内只有一半的黑人社区位于城内（42），不过他自己的表格并不支持这一结论。

很大，因为它们离瓦茨很远[1]。

当战争结束，许多黑人工人被置之不理。 现在瓦茨与南部中心扩张中的贫民窟社会环境开始恶化，因为种族性的限制条款继续将他们围困并使其孤立在迅速扩张的贫民窟中，即便人口在继续增加。 麻烦正在酝酿中。

"墨西哥裔"少数群体

在某种程度上，来自南方农村的无技术非裔美籍新移民对墨西哥籍新移民（同样由于战争原因开始进入洛杉矶者）及已定居的墨西哥裔美国人构成了就业竞争，定居者的社区在洛杉矶河以东正扩大中的"贫民窟"（barrios，尤指波多黎各人贫民窟）中[2]。 这一社区的坚固基础在20世纪30年代的驱逐中幸存了

---

[1] Collins, *Black Los Angeles*, 43－44. 事实上，瓦茨也完全位于洛杉矶主要的老工业区中，虽然公认其公共交通连接有所缺陷。 然而，难以达到的是港口造船业装配线以及在边缘位置的新国防工厂（航空工厂）。

[2] 普拉扎最早的印第安人聚居点最初是跳过了布鲁克林和博伊尔高地的犹太人区进入了贝尔韦代雷未被合并的区域，不过他们将逐渐地向西渗透，吸收了贝尔韦代雷和洛杉矶市中心之间的地区。 关于这一主题的最好书籍很明显是：Sanchez, *Becoming Mexican American*。 其他关于 "the barrio" 的优秀资源是：Ricardo Romo, *East Los Angeles: History of a Barrio*（Austin: University of Texas Press, 1983）；Rodolfo F. Acuña, *A Community under Siege: A Chronicle of Chicanos East of the Los Angeles River, 1945－1975*, Monograph 11（Los Angeles: UCLA Chicano Studies Research Center, 1984）。 墨西哥裔居住点的最早期的历史可参见：Richard Griswold del Castillo, *The Los Angeles Barrio, 1850－1890: A Social History*（Berkeley: University of California Press, 1979）。

下来，到 20 世纪 40 年代，幸存者中不仅加入了寻找战争工业工作（许多工作在长滩的造船厂）的新来者，还有被缺少人手收获农作物的种植者积极招募的农业劳工[1]。

要获得洛杉矶墨西哥裔或墨西哥血统的人口增长的准确数字相当困难。即便是桑切斯，在其决定性的著作《成为墨西哥裔美国人》中也对展现系统性的历时性变迁丧失了信心，不仅仅是因为人口统计局使用的分类经常变化，还因为在所有的移民群体中，墨西哥人似乎是被漏算最多的。因此，我根本无法找到任何对战争刚结束或战争期间墨西哥裔美国人群体规模的可靠统计。无论如何，到 1950 年，洛杉矶郡中具有墨西哥血统的人口估计接近 300 000 人（不足总量的 7%），1960 年的统计是这个数字的 2 倍。因此，增长是有的，即便该群体成员正在经受越来越多的偏见。

无论其人数是多少，洛杉矶墨西哥裔美国人的独特外表确实在驻扎于城里或留在当地海滨游玩的海员那里引发了奇怪的反应，这些反应并不能减少或平息被斯凯里（Skerry）和桑切斯称为"两难情绪"（ambivalence）的紧张感[2]。在 1943 年 6 月份

---

[1] 通过墨西哥政府安排的墨西哥劳工项目，数十万墨西哥农场工人在 1942 年至 1963 年间被带入了西南部。参见：Ernesto Galarza, *Merchants of Labor: The Mexican Bracero Story*（Charlotte, Calif.： McNally & Loftin, 1964）。

[2] 有趣的是，一本在别的方面很好的书（尽管得到了保守派的支持）的作者彼得·斯凯里（Peter Skerry），省略了所有关于 1943 年芝加哥人骚乱的参考文献并且没有推断海军与警察在塑造裔美国人的"两难情绪"中可能起到的作用。参见其：*Mexican Americans: The Ambivalent Minority*（Cambridge： Harvard University Press, 1993）。斯凯（转下页）

的 10 天时间内，于一系列初步的斗殴之后，约 200 名暴怒的海员

　　从洛杉矶峡谷军械库（Ravine Armory）乘出租车出发，前往"惩罚"穿着左特套装的墨西哥人。据《时代周刊》的说法，"洛杉矶警局派遣了警车跟随着大篷车[拉着海员的出租车]，监视着斗殴，监禁了受害人。他们的命令是让海岸巡逻队（Shore Patrol）和宪兵处理闹事的海员"。在周末的暴动中，墨裔美籍的小伙子们从戏院被拖走、被扒去衣服、被殴打，而后赤裸着被扔到街头……一份墨西哥政府向美国政府的抗议最终使得军事控制得以建立并终止了暴乱[1]。

———

（接上页）里与其他大多数时事评论家一样，也忽略了 1970 年由芝加哥激进主义者所主持的示威游行。相反，莫拉莱斯（在 Ando Sangrando 中）与桑切斯（Sanchez）都从芝加哥人的视角进行写作，强调 1943 年与 1970 年间是加剧其"两难情绪"的"决定性时刻"。这是桑切斯更为微妙的著作 Becoming Mexican American 第四部分的题目。

[1] Morales, Ando Sangrando, 16-17. 莫拉莱斯与许多其他人此时在墨裔美籍社区里将这种迫害归结于反墨裔的种族主义，这是洛杉矶世代以来的地方性特点。但是也需要指出的是，很少有海员是洛杉矶人或者自身与墨西哥裔有多少联系。一种更为复杂的分析参见，心理学家 Mauricio Mazon, The Zoot-Suit Riots: The Psychology of Symbolic Annihilation（Austin: University of Texas Press, 1984）。即便其题目带有一定欺骗性，不过作者责难了战时"沙文主义"，并且"怨恨"那些似乎没有为战争投入牺牲的人。然而，必须要指出的是，本地平民参与了袭击，本地促进了反日"十字军征战"的洛杉矶人最终导致了美国种族主义历史上最可悲的一章：将日裔美国人重新安置在兵营里"集中"。更深层的阐释不同于作者的表面观点，即暴动是针对符号文化特性（如服装）的反抗。

　　所有这些都进一步扩大了墨裔美籍人口与本地执法体系之间的裂隙，长久以来他们都被认为是在进行差别对待[1]。 这些愤恨会在几年后再次浮现。

日裔少数群体

　　或许战争时期的黑人和奇卡诺人的困难境况在于，他们很容易成为日裔少数群体命运的对照。 在 1942 年 2 月 19 日，珍珠港事件后不足三个月，罗斯福总统签署的一道行政命令授权"作战部长……划定……军事管制区……其中任一或所有人都有可能会被清出"[2]。 谁会想到，整个洛杉矶郡都被归进"军事管制区"，并且约 40 000 名来自日本或具日本血统的居民都将从这一广阔的区域中被随意地"迁走"。

[1] 一份 1920 年 6 月由 Interchurch World Movement of North America 出版的报告，由 G. Bromley Oxnam 起草的洛杉矶城市调查中报道了： 较之于洛杉矶居民的平均犯罪率，墨西哥裔居民并不高，不过他们的被逮捕率要更高。 同时，他们更多地承受着环境引发的疾病并且房屋条件极端糟糕。 报告同样相当准确地指出了，在联合车站建设项目最终施行时，墨西哥裔的搬迁将首当其冲。

[2] 引用自： Donald Teruo Hata Jr. and Nadine Ishitani Hata, "Asian-Pacific Angelinos： Model Minorities and Indispensable Scapegoats," in *20th Century Los Angeles: Power, Promotion, and Social Conflict*, ed. Norman Klein and Martin J. Schiesl (Claremont, Calif. ： Regina, 1990), 77。 关于在这一鲁莽的行为中，洛杉矶的施压所起到的作用，参见： Roger Daniels, *The Decision on Relocate the Japanese Americans* (Philadelphia： J. B. Lippincott, 1975)。 关于重新安置的兵营中的早期历史以及一份批判性的讨论可参见： Alexander Leighton, *The Governing of Men: General Principles and Recommendations Based on Experience at a Japanese Relocation Camp* (Princeton, N. J.： Princeton University Press, 1945)。

但是到春天，整个聚居区的第一、第二甚至第三代的日本人都被聚拢起来，并在军方可疑的监视和刺刀下进行"疏散"。同年秋天，超过 110 000 人被安置在帐篷中，一直持续到 1945 年[1]。 当被拘留者最终获得允许"回家"时，他们发现自己的家乡已经被其他人及其农场、商业占据，私人领地已经被清除干净[2]。 讽刺的是，50 年以后，日裔美国人被重新定义为亚洲"少数族裔模范"，且洛杉矶的经济现在严重依赖日本的贸易和投资，不过日本向该地区的移民已经几乎停止了。

应对增长：洛杉矶的战后统治

早在 1939 年，便有两位经济学家指出，海外贸易能够增加把 5 个镇范围内的区域经济与泛太平洋（Pacific Rim）地区一体化的机会；并且更大程度上的区域自足性（regional self-sufficiency）将会使之成为西南地区的动力室[3]。 凯里·迈克威廉斯（Carey McWilliams）在十年之后指出，加利福尼亚"今天"拥有 1 000 万居民，"明天"可能就是 2 000 万，不仅仅是一个州，而是"联邦内部的革命……面对太平洋，向西部倾泻着大规模的国家利益、财富和人口"，在这种倾泻的过程中，"加利福尼亚在选举团（electoral college）和国家政治会议上的影响

---

[1] 鉴于具有日本血统的人口几乎全集中在西海岸，并且大部分在洛杉矶，在战争期间所有"被扣押者"的 1/3 都来自洛杉矶地区也便不足为奇了。

[2] Hata and Hata, "Asian-Pacific Angelinos," 79.

[3] Coons and Miller, "Economic and Industrial Survey," xxvi‒xxvii.

力……将会得到实质性提升"[1]。 我们将在第四篇解释这一转
向如何在同等程度上削弱了纽约和芝加哥的权力时再回到这些
论点。

经济扩张与离散化

梅尔·斯科特（Mel Scott）的一个敏锐评论总结了战后时代
洛杉矶在国内外经济中功能性质的变化："在战争以前，洛杉矶
地区为本地区和西部生产了大量消费品。 当和平到来，它成为
耐用物资和重型机器的大型生产者，其市场遍布国内外。"[2]
实际上，当在其他地区生产下滑时，洛杉矶的工业增长出现了繁
荣，尤其是城市范围以内的本郡地区[3]。

在像洛杉矶这样快速发展的城市里，制造业的"手"从
旧的市中心伸出，可远达三四十英里……随着大都市成了国
家主要的制造业区域，高速公路与旧的铁路网络平行，工业

---

[1] McWilliams, "Look What's Happened to California," 23. 实际上，迈克威
廉斯准确地预测了加利福尼亚人口的增长将会要求议会席位的重新分
配，因此以纽约为代价，增加了加利福尼亚的政治力量。 选民最钟爱
的儿子尼克松和里根验证了他的先见。 迈克威廉斯同样指出，"从经
济上看，西海岸工业力量的增长，尤其是加利福尼亚的崛起，对于国家
有着深远而重大的影响……加利福尼亚，有着 10 000 000 人口，体现为
一个相当大的市场…… [并且] 这并非偶然……西海岸南北向的火车、
汽车与航空的旅客流量开始超过了东西向交通体量的重要性。"同上，
28，29。

[2] Scott, *Metropolitan Los Angeles*, 40.

[3] 在 1945 年及 1948 年之间，1 300 个工厂进行了扩大，并且有 850 座新
建。"更多的新的固定职业在战后产生，超过了战时阶段。"同上。

伸展得越来越远……

由工作地点的模式改变所获得的利益是明显且具实质性的。 随着都市高速公路的改善，巨量的工业用地和居住用地投入使用，城市用地的成本下降了……

空间束缚的解脱为各种程度的人口密度提供了空前的城市结构排列方式……

其入场费用……的主要缺点： 拥有一辆私人汽车[1]。

洛杉矶都市区工厂选址在 1924 年与 1960 年之间的对比生动地展示了工业去中心化的程度。

航空航天与去中心化

航空导弹工业导致了这种离散化，它们受益于持续性的政府投资，为"冷战"之后即将来临的"热战"做准备，随后是以空中力量为基础的朝鲜与越南战争。 称呼 20 世纪 50 年代和 60 年代的南加州为"战后"区域或许是个误用。 马库森等将航空业及相关的洛杉矶工业的发展划分为四或五个重叠的历史阶段：1905 年至 1935 年，"奠基之父"的时代；1925 年至 1946 年，"火箭科学家与将军们的时代"，包括战争时期（1941—1945）的装配线生产；"从航空到太空，1946—1960 年"；以及当前的高科技时代；从 20 世纪 50 年代中期冷战开始，"标志着军工复合体（military-industrial complex）的诞生"[2]。

---

[1] Sam Bass Warner Jr, "The New Freedom: Los Angeles 1920—Bureaucracy, Racism, and Automobiles" in *The Urban Wilderness* (New York: Harper & Row, 1972), 118 - 119.

[2] 参见: Markusen et al., "Aerospace Capital of the World"。

　　每一个阶段都有一种特别的"空间性解决方案"（spatial fix），它不仅反映了、有时还主导了都市区工业的离散化。 在第一阶段，洛杉矶仅仅是国内几个新领域的先驱之一，工厂依旧位于城市附近（虽然某种程度上是远郊，如圣塔莫尼卡和伯班克）。 到第二次世界大战期间，在 5 个顶尖的航空制造者中，加利福尼亚南部拥有 4 个（其中有 3 个在洛杉矶郡），成了该行业的领袖[1]。

　　然而，在 20 世纪 50 年代，当与战争相关的飞机与导弹生产被加强之后，由于洛杉矶国际机场附近土地短缺，导致了东南边界的扩张。 到了 20 世纪 60 年代，"橘郡 [以前只有少量的工厂] 经由资产分派（spin-offs）与分包合同（subcontracting）发展成了一个小型企业组成的工业复合体，以依赖一个共同的劳动力储备库和基础设施服务为特点"，成了国内最重要的高科技制造业中心之一[2]。

---

[1] Markusen et al. , "Aerospace Capital of the World", 93, Table 5. 1. 在 20 世纪 30 年代，加利福尼亚巩固了其工业的主导性地位。 在 1925 年，国内有 44 个主要的航空生产企业，那时纽约州数量最多（15）；加利福尼亚排在第三位，仅有 4 家（排在俄亥俄之后，5 家）。 然而，到 1937 年，国内大约有 92 个主要的企业，有 24 个位于加利福尼亚。 纽约降低到第二位，仅有 17 个。 参见：Allen J. Scott, *Technopolis: High-Technology Industry and Regional Development in Southern California* (Berkeley: University of California Press, 1993), 53, Table 4. 1.

[2] Markusen et al. , "Aerospace Capital of the World," 104. 这一非凡的历程将在第十二章讲述。 Allen J. Scott 更新过的论文："High-Technology Industry in the San Fernando Valley and Ventura County: Observations on Economic Growth and the Evolution of Urban Form"（未出版手稿，University of California, Los Angeles, n. d. ），随后名为："High-Technology （转下页）

增长与去中心化的先决条件

像以前一样，交通与居住在战后都市区域的塑造中，起到了根本性的、联结性作用。 我们已经看到，即便在战争之前，洛杉矶已经是一个比纽约甚至芝加哥都分散得多的城市。 其低密度有赖于其独户家庭。"不同于该时期任何一座其他重要城市，超过一半的居民住在独户居所里。 在另外三个美国最大的都市中，与其最近的竞争城市是芝加哥，其人口中有15.9%居住在独立住宅中。"[1]

（接上页）Industrial Development in the San Fernando Valley and Ventura County: Observations on Economic Growth and the Evolution of Urban Form," in *The City: Los Angeles and Urban Theory at the End of the Twentieth Century*, ed. Allen Scott and Edward Soja (Berkeley: University of California Press, 1996), 276–310, 描述了洛杉矶的战前工业图景, 是如何从最初的中心商业区周围城郊地点的一个圈层中少量的航空工厂在二战末期实现转变的。 那时, 两个新的区域已经成形: 一个在西部与西南部城市（在诸如圣塔莫尼卡、卡尔弗城、埃尔塞贡多、霍桑与英格尔伍德这些地方）的企业中如道格拉斯、诺斯拉普、北美航空与休斯航空; 第二个在西北部中心商业区（在伯班克、格兰岱尔、北好莱坞）。 只有在20世纪50年代中期（即在朝鲜战争之后）, 高科技工业区域才在橘郡发展起来。

[1] Scott L. Bottles, *Los Angeles and the Automobile: The Making of the Modern City* (Berkeley: University of California Press, 1987), 187, 189. 后者在独户房屋上比例的下降可归结为市内城内的高密度, 由于低层公寓和所谓的丁巴特（dingbats）（通过深入到后方的院子里建造, 将其设置为单独地块的公寓结构）取代了诸多独户房屋。 同芝加哥相比, 在某种程度上是不公平的, 因为低密度的两层或三层公寓集中在城市（转下页）

即便洛杉矶密度很低并向郊区扩张，不过其政府和商业设施仍然格外集中，绝大多数的通勤仍然发生在城郊与市中心之间。然而，进入市中心所耗费的时间越来越长。1930 年以前，你可以用半小时搭公车从圣塔莫尼卡去市中心；10 年后，"同样的旅程需要 1 个小时火车车程或 40 分钟汽车车程"[1]。在战争之后，由于商业设施跟随住房建设去了更边远的中心，公共交通系统被大幅削减，市中心经历了重大的衰退[2]。服务于已建成工厂的公共交通甚至比市中心还要少，到 20 世纪 30 年代晚期，大多数工厂工人去更分散的上班地点已经要开车了[3]。日渐增多的机动车数量亟待安排空间。

高速公路

或许可以预料的是，南加州汽车俱乐部（Automobile Club of Southern California）再次领导了高速公路的改善运动[4]。早在

（接上页）边缘，而独户房屋主要位于合并范围外的城郊区域。只有城内少量的区域，如常绿公园，与城郊类似。

[1] 同上，194。

[2] 关于中心商业区有所衰退，鲍特斯指出，"到 1956 年，中心商业区的百货公司仅仅能够聚集起郡内所有百货公司售卖的 23%"。同上，196。

[3] 同上，198 – 199。

[4] 接下来的部分参照了，同上：211 – 234。如之前所指出的，同一个汽车俱乐部早先雇佣了风景设计师劳·奥姆斯特德，规划顾问哈兰·巴塞罗缪（Harland Bartholomew）以及查尔斯·切尼（Charles Cheney）设计了：*Major Traffic Street Plan for Los Angeles*，1924 年交付。参见：Martin Wachs, "The Evolution of Transportation Policy in Los Angeles," in *The City: Los Angeles and Urban Theory at the End of the Twentieth Century*, ed. Allen Scott and Edward Soja（Berkeley: University of California Press, 1996）。我曾使用了沃茨（Wachs）出版前的打字版章节。（转下页）

1937 年，该组织的规划团队便提出了一项雄心勃勃的封闭式道路系统。该团队所做的设计随后用作了洛杉矶现有高速公路体系的框架。在某种程度上讽刺的是，这些倡议受到了中心商业区利益的驱使，初衷是希望新的道路能够便于前往市中心；但他们显然没能认识到，道路是双向的，能够将人们带往中心，同样也可以鼓励人们前往更远的地方。

　　然而，规划和项目的执行被该区域分散的政治结构复杂化了。不仅仅是城市规划委员会，还有市议会，都必须赞同规划（他们实际上在 1941 年才批准），但是达成协作要求都会区剩下的所有治理实体都同意。规划得到了洛杉矶区域规划委员会和郡委员会主官的直接许可，但是当剩下的每个人都对规划完成评估时，赶上二战爆发，规划不得不搁置。在战争期间，只有阿罗约萨克（Arroyo Seco）的一小段完成施工。并且甚至是和平时期，即便有大量的官方支持，建设依然延期了，因为无人解决高昂的财政需求[1]。

　　待战争结束之后，私人汽车占据了统治性地位。公共交通铁路完全让位于高速公路建设。太平洋电气因其在 1953 年将碍手碍脚的服务扔给一家公共汽车公司——大都会长途线路（Metropolitan Coach Lines）而兴高采烈，该公司在接下来的 5 年

（接上页）奥姆斯特德在 1930 年首次指出了这类公园大道，纽约在 1936 年
　　已经实验了其高速公路。

[1] 在最后，汽油的税收被专项指定为高速公路建设，当高速公路被宣称成
　　为州高速公路体系的一部分时，便可以获得州高速公路财政支持了。
　　参见：Bottles, *Los Angeles and the Automobile*, 232-233。联邦政府最终
　　在 1956 年通过提供高速公路建设财政支持，援救了所有城市。

中亏本运营铁路服务，直到设法将之卖给州立都会区交通局
（Metropolitan Transit Authority）。后者在 1961 年终止了所有的
铁路服务[1]。直到最近，1924 年古老的交通规划才重浮水
面——这一时段有一个地铁项目，其建设一再遭遇不幸，大概永
远也完不成了。

　　高速公路的建设承担了更多交通以外的职能。高速公路不
仅仅以牺牲穷人为代价，服务于汽车车主——前者依然依赖正在
消失的公共交通；而且高速公路建设要求频繁地清除他们的房
屋[2]。此外，高速公路的位置常常以大量的具象方式，将空间
定义为阶级和种族的藩篱，至 1948 年，这种区分已经极大程度
上获得了"法律"措施的支撑。因此，之前具备良好铁路交通
体系的瓦茨和南部中心区，由于这一体系的消亡，且越来越孤立

----

[1] Bottles, *Los Angeles and the Automobile*, 239. 许多洛杉矶发展的观察者断
　　　定有一个"阴谋"，部分汽车制造业从业者试图摧毁其竞争者：公共交
　　　通。其中不单有 Mike Davis, *City of Quartz*, 还有电影：*Who Framed
　　　Roger Rabbit*, 其中四叶苜蓿（Cloverleaf）工业的领袖吹嘘他已经收购了
　　　红色列车线（Red Car electric line）以将之拆除。然而，在洛杉矶至少
　　　有一个对公路铁道线重建的倡议具有更令人信服力的解释，而同时城郊
　　　的选择遭到了强烈的反对。参见：Robert C. Post, *Street Railways and
　　　the Growth of Los Angeles*（Los Angeles：Golden West, 1989）。也可参
　　　见：Post 的论文："The Myth behind the Streetcar Revival", *American
　　　Heritage*, May/June 1998, 95 – 100。
[2] 如 David Brodsly 在其从另一方面带有庆贺性质的 *L. A. Freeway: An
　　　Appreciative Essay*（Berkeley：University of California Press, 1981）中指
　　　出，"为保证通行权的花费在控制之下，高速公路常常选择通过便宜的
　　　地块，带来的结果是这些受到迁居或扰乱影响的穷人、少数族裔或老年
　　　人的数量不成比例——这些很少能够吸收无报酬的花费，也很少得到
　　　［交通］项目"。（39）

于中心商业区和工业区。 同时，由于宽阔、险峻的港口高速公路的建设，日益增长的黑人区既被其他区包围，又与之疏离。因此，之前本用来相联系的廊道现在成了隔离之墙。

住宅区建设

正如战后阶段实施建造的高速公路系统在战前便完成构想和规划一样，大规模社区的发展机制和制度在建设前的准备阶段也被战争打断了。 联邦政府更深地介入房屋建设财政的方式之一是利用1934年通过的国会法令，该法令成立了联邦房屋管理局。 为了促使垂死的房屋市场增长，经批准，联邦房屋管理局可将某种高吸引力的低息抵押贷款投保扩展至私人银行[1]。 但作为回报，借方和建设方被要求遵守房屋管理局的《保险业手册》(*Underwriting Manual*)中规定的详尽守则。

虽然在理论上，内城区的租住房屋有资格获得联邦房屋调查局投保的贷款，然而事实上，守则中更青睐城郊的独户房屋甚至禁止为内城的少数族裔或种族混杂的社区提供贷款保险[2]。 洛杉矶为这些偏好提供了更具吸引力的环境。 如在1940年——不具有代表性的一年，"较之于其他任何一州"，加利福尼亚获得了超过"两倍的投保抵押贷款：这些抵押贷款中83%是新建设的独户房屋"[3]。

---

[1] 到1938年，复苏完全开启时，低息贷款总量达到了90%，这是为了为期25年的前所未有的摊销。

[2] 这一行为称为拒绝贷款（redlining），即赤字屏蔽区域将被拒绝担保贷款。

[3] Mac Weiss, *The Rise of the Community Builders* (New York：Columbia University Press, 1987), 155. 在其第六章可以看到非常好的总结。

这一体系不仅给了新社区的房屋以优先权，实际上还为新建大规模住宅区开发建筑商承担了风险贷款有效"条件承诺"（Conditional Commitments）不是基于建设成本，而是基于"完成后的房屋和土地的项目评估价值"[1]。 这些机制曾经得到房地产政治掮客的强力支持，事实上，甚至是出于他们的设计。 当建设（除去联邦财政为国防工人在独立区域进行的房屋项目）在战争期间停工时，这些机制已然就位。 因此，战后时期，被压制的需求引发了一段狂热的城郊建设，这些机制便可投入使用。

南加州森林公园（Park Forest）（1947）与长岛的莱维敦（1949）大概是最著名的案例，但是这些成就同洛杉矶及其周围区域的发展相比还是相形见绌。 在这些区域中：

> 到目前为止最大的运营商是路易斯·博伊尔（Louis H. Boyer），在 1939 年他以借来的 700 美元做资本开始成为开发商。 不过联邦房屋管理局担保了他投保的巨额贷款，覆盖了大多数开发成本，随后他以相对较少的个人投资开发了大量的土地。 其最大的推广活动是湖木公园，在 1950 年……他购买了 3 375 英亩的农田进行启动工作。 在专业的城市规划师帮助下，他在这里设计了一个包含 17 000 个家庭，共 70 000 人的——国内最大的独户产权开发区，2 倍于纽约著名的长岛莱维敦[2]。

---

[1] Mac Weiss, *The Rise of the Community Builders* （ New York： Columbia University Press, 1987 ）, 147.

[2] Remi A. Nadeau, "Supersubdivider," in *Los Angeles: Biography of a city*, ed. John and LaRee Caughey （Berkeley： University of California （ 转下页 ）

　　房屋建设的迅速生长主要产生于圣费尔南多山谷的空地，在 1944 年该地区仍还主要是农业区（在像芝加哥那么大的土地上，只有 170 000 人口）。 建设于 1946 年热火朝天地开始了，在接下来的 15 年里，山谷里的人口增长到了约 850 000 人。 但是早期定居点之间的空地已经建满了，直到郡中的大部分空间成为接续的定居点，溢出人口也进入了相邻的郡。 到 1960 年，洛杉矶市的人口接近了 250 万[1]。 该郡的增长率甚至更大，这一年，有约 356 万人居住在市区以外的镇上和未被合并的地区。

　　这种增长是三种力量综合形成的： 整个郡在战后阶段所经历的"婴儿潮"；由于人口西迁在美国内部进行的选择性内部移民[2]；以及重新恢复的国外移民，主要来自墨西哥和亚洲，不过后者直到 20 世纪 60 年代中期制定的美国移民法案发生根本性变化之后才开始大规模增长。 但是一些正在进行中的趋势已经不仅仅是"去中心化"了。 之前生长出来的速成城市几乎全在郡内，现在已经遍布全都会区的 5 个行政区。 60 英里（1 英

（接上页）Press, 1977），402.（这一摘录最早见于 Nadeau, *Los Angeles from Mission to Modern City* [New York： Longman, Green]，1961.）关于湖木公园的更多细节参见： Gary J. Miller, *Cities by Contract: The Politics of Municipal Incorporation*（Cambridge： MIT Press, 1981）。

[1] Nadeau, "Supersubdivider," 403.

[2] 这部分是由于将复员军人搬迁到加利福尼亚的决议造成的，他们首次见到加利福尼亚是在服役期间。 只有 5% 的军队服役人员是受到加利福尼亚吸引，但是 9% 在此处退役。 还有一点需要指出的是，国内迁往洛杉矶地区的非裔美国人同样贡献了整体的人口增长。 到 1970 年，几乎有 642 000 名黑人居民在洛杉矶市里，是其 1950 年的 3 倍以上，1950 年反过来又是 1940 年的 3 倍多。

里 ≈ 1.61 千米）［后都会（postmetropolis）］的城市成了现实。

增长的空间与政治结果

这一区域数量级（在人口统计和空间两个层面）的突然转变产生了严重的后果，激发了远超过他们所能满足的需求，政府需要做的调整落在了后面，所引起的一系列反应对中心地区的影响不亚于外围地区。 凯里·迈克威廉斯在 1949 年指出，"在过去的 8 年里前往加利福尼亚的人，是 10 年'淘金热'时期的 30 倍"[1]，而且，他们中有许多人势必生活在这样一个区域，那里缺少学校、消防、警力、医院、图书馆、充足的水源和排污管道，甚至连直通洛杉矶电话电路都没有。 并不仅仅是各种便利设施的延迟，还是政府机构本有能力配置却没有做到。 迈克威廉斯控诉道：

> 州宪法是多达 340 页的"大"杂烩……而当前洛杉矶市的宪法仅在 20 年前才开始使用，到今天几乎就像州宪法一样陈腐了……洛杉矶郡……是一个畸形政体。 在郡内有 45 个独立的市政机关……郡内的 500 000 人生活在未整合的地区中……在洛杉矶市里存在许多"有自主意识的领域"（conscious provinces），如好莱坞和伊戈尔洛克（Eagle Rock），它们仍然认为自己是独立行政区……在过去 15 年里，这座城市表现出了一种白痴般的粗笨……无能……出现了像交通、运输、海滩遭到破坏、污水、雾霾等一系列

---

[1] McWilliams, "Look What's Happened to California," 23.

问题[1]。

新建设区域的缺陷超出了市中心附近已建成区域的退化。如其他地区已经发生的那样，整个内部社区都经历了人口更替，因为较富裕的白人都前往城郊地区，这些地方通过建房契约、土地规模尺寸最小化与种族限制性约定（一旦后者被认为无法执行，还有更正式的机制）教唆着他们到来。他们匆忙树立起了"不欢迎"的藩篱。黑人（还有一些没什么选择的贫穷白人）仍然大部分待在南部中心和瓦茨，同时增长中的西班牙裔人口继承了很多中心商业区东部的内部区域，因为之前在此地占多数的犹太人和意大利人去了更"丰饶的牧场"。

梅西（Massey）与莫兰（Mullan）的详尽分析说明，在1960年至1970年间，种族与民族间的隔离更严重了[2]。但是在之

---

[1] McWilliams, "Look What's Happened to California," 26 - 27.

[2] 参见：Douglas Massey and B. Mullan, "Processes of Hispanic and Black Spatial Assimilation," *American Journal of Sociology* 89 (1984): 836 - 873. 这并非否认仍然存在着一些黑人人口的"城郊化"。一份美国人口统计局的数据分析显示，在1970年，洛杉矶标准都市统计区相较于其他的标准都市统计区的"城郊"，包含了更多的黑人居民；其中有许多是中心城市搬来的。参见：Francine Rabinowitz, "Minorities in the Suburbs: The Los Angeles Experience"（Working paper 31, MIT Harvard Joint Center for Urban Studies, 1975）。但是需要牢记在心的是，城郊及中心间边界的特别性及任意性，我已经在第六章顺便提到了这一点，并将在第十二章回到这一主题。黑人人口表面上的城郊化常常涉及从一个"城郊"区域搬往另一个同样城市化的"城郊"，因为非常规的异常合并，便超出了城市不规则的边界。

后，西班牙人开始迁入如瓦茨和南部中心这些地区，那里之前几乎仅有黑人。当其扩大化后，种族与阶级的隔离加大了便利设施不公平分配的可能性。甚至萨姆·巴斯·华纳，一个原本不加批判的城市赞美者都勉强地、以温和的保守性描述指出：

> 像所有的美国城市一样，洛杉矶的汽车大都会并没有将其便利设施扩展至所有的居民，而是以阶级和种族进行分治，制造了尖锐的区分……
>
> 当其开始对其穷人进行种族歧视、隔离和采取不利措施时，洛杉矶并不比大多数城市好到哪儿去。郡人口中有10.8%的黑人，13.5%的西班牙姓氏居民。**对黑人的孤立几乎同芝加哥一样极端。墨裔美国人经历的隔离没有黑人**……**那么苛刻，不过尽管如此，他们还是被高度隔离了**[1]。

即便在战争期间黑人人口有所增长，但是到 1950 年，非裔美国人仍然只占城市人口的 5.5%，并少于郡域的比例（这一比例只有他们在 1970 年到达峰值时的一半），仍是城市里最贫穷的社区[2]。由于郊区建设为白人开辟了新区域，沿史劳森大街

[1] Warner, *The Urban Wilderness*, 142, 144－145, 加粗字体为作者所加。
[2] 至 1970 年，洛杉矶黑人家庭甚至比西班牙姓氏的家庭更加贫困，在这一年，"黑人家庭收入的中位数是 7 500 美元，西班牙姓氏家庭是 8 900 美元，白人家庭是 11 400 美元"。Howard Nelson and William Clark, *Los Angeles: The Metropolitan Experience* (Cambridge, Mass.: Ballinger, 1976), 38.

的对抗线瓦解了[1]，到 1960 年，三个最大的黑人社区——中央大道-弗朗道、瓦茨和杰弗逊西区——已经合并到了一起。尼尔森与克拉克在 1976 年将洛杉矶的"黑色地带"描述为：

> 一个广阔的隔离区，从洛杉矶市中心南部往南延伸超过了 12 英里，往西延伸了 3~7 英里……
>
> 不出所料，在一个**接近 40 平方英里**的区域中，洛杉矶中心南部的主要贫民窟中呈现出不少多样性，甚至其更古老、更贫困的区域在一般意义上说，并没有贫民窟的外在表现……这里没有租户，2/3 的居民是独户家庭房屋……甚至公共房屋住宅小区也由一到两层的灰泥粉刷建筑组成。[港口]高速公路以西大部分地区很明显是中产阶级生活区，鲍德温·西尔斯（Baldwin Hills）的西北边缘地区有一些精致的房产，常常配有游泳池[2]。

针对反抗的处方

尽管有独户家庭和游泳池，不过这 40 平方英里土地上，仍有部分地区的境况非常骇人。事实是，贫穷并不会总是在不同的环境中呈现出同样的面貌，但是，如住房评论员查尔斯·阿布拉姆斯（Charles Abrams）（一个纽约人）于 1950 年所说，在洛杉矶"棕榈树间已有了老鼠"。正如字面上的意思，老鼠堂皇地

[1] 美国最高法庭案件的撤销最终使得 1948 年尤其针对史劳森大街——洛杉矶空间肤色分界线南"长城"——的种族限制性契约无法执行。
[2] Nelson and Clark, *Los Angeles*, 37–38.

筑巢于上等社区的棕榈树间，不过在安装钢板对它们进行封堵之后，它们逃难到了贫民窟。阿布拉姆斯以其典型的挖苦口吻继续说道：

> 我有说是贫民窟吗？洛杉矶没有贫民窟——值得一提的是……每年有成吨的信息从这个虚构的郡发出——从无一个词提到了贫民窟……但是在棕榈树后是糟糕的四层木质建筑，为成千上万的家庭提供了衰败的避风港。根据最近一份人口普查，洛杉矶市内有 1/6 的建筑都不合规格……在一个木质租住屋里，我看到约 72 户家庭仅有 1 个热水插口，相比之下的纽约市，这种环境 50 年前就被取缔了。

然而，阿布拉姆斯指出，贫民窟不仅限于这些中心地区。它们也"隐藏于山中，道旁，或店面之后。房屋后巷中，旧车和小车库改装的棚屋安置了上千名新来的移民"[1]。

此外，为城市重新开发和高速公路所做的土地清理正在侵犯少数族裔的居住区，并且较之纽约甚或芝加哥不同，这二者都努力用补贴的公共房屋项目置换一些贫民窟住房，洛杉矶则没有利用联邦援助做任何实质性的有利于该地区的事情。虽然市房屋管理局确实为少数族裔建设了一些公共房屋（仅仅在黑人区域），阿布拉姆斯写道，但此时洛杉矶市镇管理委员会刚刚从联邦政府那里拒绝了 300 000 美元的公共房屋建设资助。阿布拉

---

[1] Charles Abrams, "Rats among the Palm Tress," *The Nation*, February 25, 1950, 177 – 178.

姆斯将之归结为加利福尼亚强大的房地产政治掮客的施压，他们刚刚还策划了在全州公民投票中，击败州立援助房屋项目。 简而言之，阿布拉姆斯总结道，洛杉矶不仅仅不承认它有贫民窟，并且房地产利益还阻碍了公共房屋项目，因为它害怕种族融合。

对洛杉矶公共房屋与城市重新开发之间的政治争议所做的最好的描述来自唐纳德·帕森（Donald Parson），他迅速地为我们对城市没有"贫民窟问题"这一见解进行了释疑[1]。 大萧条期间的洛杉矶，"有大量的房屋土地，要么荒芜要么闲置（由于承受不起租金），在另一些地区则过度拥挤，如瓦茨和位于洛杉矶河干枯河床上的'胡佛村'或纸板棚户区"。 并且"在洛杉矶所有居所中，有30%没有内置卫生间，50%没有浴缸，还有20%被认为不适合人类居住"。[2] 同时，在纽约和芝加哥，贫穷的租户组织起来抵抗驱逐，而来自自助运动的"家园保卫者"和"赫斯基人"（huskies）将被驱逐的家庭搬了回来，并重新连上公用设施[3]。

即便有这类贫困的环境，一直到1937年瓦格纳提案通过几年之后，洛杉矶才开始倡议提供房屋资助。 虽然保障方案在其

———————

[1] 参见：Donald Craig Parson, "Urban Politics during the Cold War: Public Housing, Urban Renewal and Suburbanization in Los Angeles" (Ph. D. diss., Department of Urban Planning, University of California, Los Angeles, 1985), 他的另一篇论文预示了其学位论文的要点："The Development of Redevelopment: Public Housing and Urban Renewal in Los Angeles," *International Journal of Urban and Regional Research* 6 (1982): 393 – 413。

[2] Parson, "The Development of Redevelopment", 395. 帕森引用了 *United Progressive News*, October 25, 1937 作为其信息来源。

[3] Parson, "The Development of Redevelopment", 396.

他州很快就通过了，但是加利福尼亚的统治者在通过其之前否决
了三次。新建立的洛杉矶城市房屋管理局（Housing Authority of
the City of Los Angeles，HALA）在 1940 年发布了住房调查结果，
该研究显示，被检验的超过 250 000 座居所中，几乎 1/4 都不合
格，这产生了清理的需求。"洛杉矶首个公共房屋计划，拉莫那
花园，在 1939 年 3 月开始建造，随后又开发了 9 个以上的项
目、3 468 个单元，持续了 2 年时间。"[1]但是随后，战争开始
了，在兰纳姆法案（Lanham Act）之下房屋应优先考虑供给战争
工人。"到 1943 年末尾，在洛杉矶房屋管理局管理下的瓦格纳
法案和兰纳姆法案项目中，居住着 27 000 个居民。"[2]但是这
些项目对于缓解少数族裔地区的住房短缺或进一步的实现种族融
合帮助很小。根据公认的联邦惯例，这些项目要么全是黑人，
要么全是白人，黑人的需求远超白人[3]。

在战争结束之后，与在公共房屋建设方面的勉强参与相反，
加利福尼亚率先开辟使用公共权力帮助私人重建者这一方式，它
预示了 1949 年的联邦房屋法案。在 1945 年，州立法机构通过
了加利福尼亚社区重建法案（California Community Redevelopment
Act），这允许本地政府设置重建代理以为私人投资者清理贫民
窟。作为回应：

---

[1] Parson，"The Development of Redevelopment"，397 – 398.

[2] 同上，398。

[3] "在 1942 年秋天，洛杉矶城市房屋管理局接受了 1 795 个黑人房屋申
请，362 个白人申请，238 个墨西哥裔，还有 5 个来自其他少数族
裔。"同上，帕森引用自 Collins, *Black Los Angeles*，28。

洛杉矶市在 1947 年组建了社区重建局（Community Redevelopment Agency，CRA），并且，在 CRA 的赞助下，城市规划委员会承担了内城区 70 平方英里的调查，发现洛杉矶的大片地区已经"枯萎"，（因此）重建的时机已经成熟。 调查……指出贫民窟或枯萎的区域分别构成了都会区 20% 与 33% 的人口，占据城市服务成本的 45%，然而仅贡献 6% 的税收[1]。

你可能会认为，经改善的房屋会因此受到特别的注意，然而并没有。 相反，该法案标志着对"内城区"少数族裔居民区攻击的开始。 城里不仅在 1952 年和 1953 年停止建设公共房屋，还加速推倒了现存的贫穷社区。 而同样的再定位也出现在了其他城市里，洛杉矶的案例更为极端并且在其内部政治中更为透明——这种政治中，少数族裔和工人在由冷战反共产主义情绪所感染的职业发展联盟下被意味深长地忽略了。 事实上，帕森曾将洛杉矶选作案例进行研究。

由于该地具有庞大而紧张的麦卡锡主义"红色恐慌"，在 1952 年至 1953 年间被用于反对公共房屋计划。 红色恐慌不仅损害了国家和本地的公共房屋项目，并且还是拒绝党派政治并造成随后工人阶级政治运动高涨的关键点。 在 20 世纪 50 年代晚期和 60 年代早期，洛杉矶的大规模城市更新

---

[1] Parson，"The Development of Redevelopment"，399. 不过社区重建代理对公共房屋并不上心。

项目进一步促进了民主党在城内的职业发展联盟的巩固，并在这个过程中加速了少数族裔的贫民窟化，为瓦茨和芝加哥东部地区奠定了"商业骚乱"的基础[1]。

在帕森的研究中，他详细描述了这些发展，包括洛杉矶的那些与破坏对公共住房支持相结合的反共产主义与反黑人的情绪——如"社会主义者"和"种族融合主义者"一样危险[2]。

---

[1] Parson, "Urban Politics," 11.

[2] 同上，84。 公共房屋的反对派早在 1942 年便动员起来了，当时"城市房屋管理局的种族隔离政策"成功地被市民房屋协会挑战，但是致命一击（coup de grâce）直到十年后才到来。 当时，一个洛杉矶房屋管理局的公共关系官员被控告为是一个共产党员，被"停职并随后开除了。开启了一项加利福尼亚州非美活动调查委员会（Un-American Activities Committee）的全面调查，结果是 5 名房屋管理局的雇员被解雇，10 000个单元公共房屋合同中取消了接近一半"（86）。 在 1950 年"该市于1949 年的房屋法案之下获得了其首个重要的合同，建设全城市范围内的种族融合的公共房屋项目。 控告公共房屋项目，尤其洛杉矶的项目是共产主义及社会主义式的，由位于白人及中产阶级收入区域的市议员们发起，这正是项目打算实施的区域。 这被本地新闻报纸精心地组织起来，由南加州的房地产游说团体给予资助。 在 1952 年的夏天，房地产游说团体代表与房屋管理局官员会面之时，种族主义浮上了明面：如果项目位于内城区、南部中心黑人区或东部奇卡诺区，就放弃反对意见"（92-93）。

非常有意思的是，1950 年，市议会全体一致通过了最初的合同甚至以 12∶1 的比率通过了之前选择的地点。 但是当 1951 年选举中保守主义者获得权力之后，公共房屋的承诺打了水漂。 到 1951 年 12 月，"议会反转了立场，以 8∶7 的投票反对联邦的合同"，虽然 1952 年最高法院的判决规定"议会从法律上受到联邦合同的约束"（97）。 此时战场转移到了"扣'赤色帽子'进行政治迫害"（red-baiting） （转下页）

无论如何，洛杉矶在 1955 年建立了其最后的"纯洁的"房屋项目[1]，不过重新安置的房屋在 20 世纪 60 年代再度建设——虽然只是在城市更新的背景下进行，但目标非常不同。 据帕森所说：

> 到 20 世纪 60 年代早期，洛杉矶的城市更新规划已经非常广泛、充满幻想、并公然支持种族主义。 瓦茨、小东京、贝弗利神殿（Temple-Beaufry）、林肯高地（Lincoln Heights）、托马斯·杰弗逊（围绕着南加州私立大学的贫民窟）、派克玛（Pacoima）等。 任何一个要么正在进行再开发工作要么被"社区重建局"指定为研究区域。 这些区域都主要是少数族裔贫民区或**（波多黎各人）贫民区**。 东部的激进分子称"社区重建局"为"奇卡诺人拆迁办"[2]。

两个城市更新项目尤其争议： 为庞大的政府/文化中心区所做的邦克山清理；为建设洛杉矶道奇队（Los Angeles Dodgers）

（接上页）的新领域，并且"加利福尼亚州非美活动调查委员会与政府运营房屋委员会来到洛杉矶在房屋管理局'盘查赤色分子'"（98）。 当市长根据法院命令继续履行合同时，报纸开展了一场恶毒的批斗，将市长等同于公共房屋进而等同于共产主义。 在 1953 年的选举中，他失败了。 他的继任者将约定的单元房削减至仅为原来的一半。 参见： 同上，99。 注意厄普顿·辛克莱竞选州长与芝加哥种族驱动的公共房屋位置之争类似。

[1] 同上，107。

[2] 同上，116。

的体育场所做的对查韦斯峡谷（Chavez Ravine）的贫穷奇卡诺人的清理[1]。 1954 年以前，城市被要求通过补贴地价减记取代贫民窟住房清理，不过在此之后，也允许有其他的方式。在洛杉矶，一旦公共房屋计划失败，城市更新便被用来"将低收益的房屋替换为企业办公室、文化大厦、豪华房产和购物中心"[2]。

邦克山，曾经中心区最时尚的部分，也成了中央商业区扩张的阻碍。 即便社区联盟对项目构成了反抗，不过到 1961 年，"社区重建局"已经获得了该地区。 一件提交给加利福尼亚最高法庭的诉讼（社区重建局 vs 亨利·高德曼，*CRA vs Henry Goldman*）因不在其司法权内而驳回，并且"企业总部、豪华公寓、时尚商铺与著名的办公场所开始出现在邦克山"[3]。 查韦斯峡谷的"再利用"甚至是对公共目的更过分的违背。 一开始中心区以北相对开阔的奇卡诺人半农业区被规划为公共房屋项目，但当该项目实际上终止以后，芝加哥房屋管理局将该地区卖给了洛杉矶市，"规定该土地要投入'公共用途'。 在 1953 年至 1959 年间，查韦斯谷的居民仍然住在自己的房子里，不知未来将如何"[4]。 但是为了怂恿道奇球队迁移至洛杉矶，城市更

---

[1] 邦克山本来是一个优雅的维多利亚式建筑区，在后来被改造成"破烂"的公寓房屋并写进了哈米特（Dashiel Hammett）的侦探小说中。 有一个包含了约 9 500 名低收入的奇卡诺人和白人（几乎全是上了年纪的移民）的混合族群。 查韦斯峡谷的居民几乎全是奇卡诺人。

[2] Parson, "Urban Politics," 122.

[3] 同上，127。

[4] 同上。

新法案为体育场建设免费提供土地以安置他们。"在输掉最终诉讼后，查韦斯谷的居民在 1959 年 3 月 9 日被要求于 30 日内搬出。"抗拒拆迁者在被逮捕后激起了战斗，这预示了之后的抵抗形态[1]。

即便城市更新对奇卡诺人的伤害要甚于黑人，但面对民权运动所培育的美好愿望与少数族裔在城市政治经济结构中衰落着的位置之间日趋加大的鸿沟，黑人率先做出了回应。在 20 世纪 60 年代后半段对国家产生了严重破坏的一系列叛乱中，1965 年的瓦茨暴乱并不仅仅是最早的，还是最糟糕的，同时鉴于在某种程度上黑人社区的环境更为优良，至少相对于芝加哥和纽约是这样，它也是最出乎人们意料的。

1965 年的瓦茨暴乱

在 1965 年 12 月 2 日，州长理事会（Governor's Commission）就洛杉矶暴乱发布了最终的报告，涉及了该年 8 月 11 日至 8 月 17 日 6 天时间中瓦茨及其周边区域出现的社会秩序失控。理事会简要的总结性卷册题目［有时被称为迈克恩报告（McCone Report）］是《城市中的暴力：结束还是开始？》。这比其作者们想要表达的更具有预言性[2]。而它既不是黑人抗议的开始（哈勒姆/贝德福德-史岱文森在前一年夏天已经开启了这一系列的事件），也不是最后一次（因为在 1970 年暂时的停摆之前，抗议行动将在上百座城市爆发），对洛杉矶而言，它既是开始也

---

[1] Parson, "Urban Politics," 128 – 129.

[2] Governor's Commission on the Los Angeles Riots, John A. McCone, Chair, *Violence in the City: An End or a Beginning?* （Los Angeles: Governor's Commission, 1965）.

是结束——至少直到一代人之后，于 1992 年 4 月历史再次上演之前是如此。

洛杉矶白人被这次"爆发""惊呆了"，甚至当事件结束，这一报告的卓越作者们在说明这一暴乱时仍觉得损失惨重。 暴乱导致了接近 4 000 人被逮捕，价值 4 000 万美元被毁[1]。 正如查尔斯·阿布拉姆斯之前的控诉那样，他们否认"洛杉矶黑人区"是贫民窟。 虽然他们承认那里具有很高的失业率、学校很少，但他们在本质上将暴乱归咎于联邦贫困项目没有"实践他们的公开承诺"；"几乎每天都有这里或那里的劝诫，教唆人们采取最极端甚至是非法的补救措施，以纠正各种错误，有些是真实的，也有些是假想的"；在难得地具有洞察力的时候，报告作者们承认"许多黑人感到或被鼓动而感到自己被第 14 议案中的段落冒犯，这是在 1964 年 11 月由 2/3 的选民所通过的一份新的议案举措，其废除了兰福德公平住房法案（Rumford Fair Housing

---

[1]　"惊呆"（Stunned）和"爆发"（explosion）是报告中反复使用的词汇。 作者否认出现的是种族暴动。 而是，"这里所发生的是一次爆发——无形的、相当愚蠢的、几乎绝望的暴力抗议——只有极少数人参与。"（同上，4-5）。 暴乱被称为是一场"梦魇"，作者们警告，除非他们推荐的这一"昂贵且繁重的项目"得到施行，否则"种族隔离之墙将会越来越高"，"警察安保的花费将会增加"，并且"福利花费会飞速上升"（7）。 然而作者们从未提议取消种族隔离。

　　在对报告甚至刚开头的一段内容的分析中便揭示了愤怒的情感以及该令人敬畏的调查委员会理解的脱节："黑人们带着抢来的带子走上街头"，"沉湎于无情的破坏狂热中"，直到"痉挛结束"（1）。 接着，"这一段时间的无法无天……吓坏了整个郡及其 6 000 000 名市民"（2）。

Act)……[因此]将会禁止任何州或本地政府颁布类似法律的企图"[1]。取消了这些"真实或假想的"不满之后，作者们将暴乱归咎于南方移民的落后和他们贫弱的教育及训导，不过事实上，根据随后加州大学洛杉矶分校的团队主导的详尽的学术调研揭示，暴动参与者**貌似更多地**出生于洛杉矶，并且比温顺的南方移民受过**更好的教育**。南方移民倾向于远离暴动[2]。

但是暴乱本身和洛杉矶的官方回应告诉了我们大量的与城市"种族关系"相关的内容，还有在允许乃至鼓励这两个社会的发展这一方面，"空间"所发挥的作用——克纳报告随后将这一概念当作主题。首先，催化剂本身的作用在随后加强了，通常是白人警官与"贫民窟"中黑人司机之间的争执。其次，城市警察——随后还得到了 13 900 名国民警卫队成员的补充，试图通过

---

[1] McCone and Chair, *Violence in the City*, 4. 加粗字体为作者所加。

[2] 对许多详细研究进行了整理的著作为：David O. Sears and John B. McConahay, *The Politics of Violence: The New Urban Blacks and the Watts Riot*（Boston：Houghton Mifflin, 1973）。也可参见：Nathan Cohen, ed., *The Los Angeles Riots: A Sociopsychological Study*（New York：Praeger, 1970）。科恩同样是加州大学洛杉矶分校的研究负责人。事实上，瓦茨暴乱引出了多种书籍和研究，从文献资料片，如：Robert Conot, *Rivers of Blood, Years of Darkness*（New York：Bantam, 1967）；到带插图的逐日新闻报道，如：Spencer Crump, *Black Riot in Los Angeles: The Story of the Watts Tragedy*（Los Angeles：Trans-Anglo, 1966）；到轶事类的访谈，如：Paul Bullock, *Watts: The Aftermath: An Inside View of the Ghetto*（New York：Grove, 1969）；到对迈克恩报告地严厉批判，如：Robert Fogelson, "White on Black: A Critique of the McCone Commission Report on the Los Angeles Riots"（n. p., n. d. ）及其随后的文集：*The Los Angeles Riots*（New York：Arno, 1969）。其中包括了他的批判性散文。

在 46.5 平方英里的区域颁布宵禁令来重建秩序，这一区域比旧金山市还大，是曼哈顿岛的 1.5 倍[1]。 在这一广阔的区域内集中了洛杉矶 650 000 黑人人口中的 80%。 我无法在这里探讨暴乱的细节，但是必须指出它发生在国家民权运动的背景下，并且许多黑人社区的居民，无论其是否参加暴乱，都希望暴力能够迫使美国白人承认长久以来被他们视而不见的不公。

　　在瓦茨暴乱之后所做的最吸引人的研究是一份"黑人对暴乱的态度"[2]的调查，那时在洛杉矶的社会科学界，暴动研究成了一种作坊式的产业（cottage industry）。 所谓的只有很小部分黑人社区对暴动有"好感"，或大部分黑人"将暴动视为没有目的、没有意义、没有自觉的犯罪行为"，没有什么好结果，这种迷思（myth）被调查打破了。 对宵禁区域居民的随机抽样调查发现，只有一半人对暴动持有的态度在某种意义上或许较为负面，并且只有 42% 的参与者表达了或多或少的不赞成。 此外，许多调查对象将暴乱视为革命或起义，相信其具有某种目的并将带来正面的效果[3]。 这些发现明显区别于洛杉矶白人的视角[4]，并且，不幸的是，在短暂的一阵注意之后，这次暴动的

―――――――――

[1] Sears and McConahay, *The Politics of Violence*, 9.

[2] T. M. Tomlinson and David O. Sears, "Los Angeles Riot Study: Negro Attitudes toward the Riot"（UCLA Institute of Government and Public Affairs, mimeo, June 1967）.

[3] 有 56% 认为暴动是有目的的，41% 认为它应该唤起对黑人面对的问题的注意，33% 认为它提供了被压抑的愤恨情绪的宣泄口，26% 认为它可以通过与权力结构沟通改善环境，因此使歧视走向终结。 同上，14，Table 8。

[4] 而黑人样本中有 38% 认为暴动有助于"黑人的事业"，另外 （转下页）

主要成就是该区域建成了一座现代医院[1]，重建工作中止了，并且大部分被破坏的区域仍在荒芜着。 黑人社区或许已经表态，但很显然，这些都被当作了耳边风。 所以，许多在 1965 年表达出的不满在 1992 年重新浮现便也不足为奇了[2]。

墨西哥社区内的回响

在瓦茨起义时，洛杉矶还有另一个数量更多、经济和政治权力更小的少数族裔群体。 到 20 世纪 70 年代，洛杉矶都会区已经有约 170 万人具有"西班牙"的血统，主要来自墨西哥；事实上，它号称是墨西哥城之外，世界上最大的墨西哥人城市聚居区[3]。 不过，这一人群构成了一种异常反常现象，个体"不可见"，但又是"在一座看不见的城市中，双重生活方式"不可或缺的"一部分"。 正如尼尔森和克拉克所指出的，在这一自认

（接上页）30%表示，他们不知道或者没什么区别，宵禁区之外的白人居民样本中，足有 75%认为暴动损害了"黑人的事业"。 同上，8，Table 3。

[1] 马丁·路德·金医院，在暴动之后建立，讽刺的是现在主要服务于美籍墨西哥裔客户。

[2] 在暴动的余波中，各种"人际关系委员会"被强化了。 在 1985 年，郡与市委员会举办了联合听证会，以评估由迈克恩报告所提出的雇佣、教育、房屋相关的建议中能获得什么。 报告中关于这些听讯的总结性段落令人寒心："尽管这次听证会的重点是解决方案，不出意外的是，许多实验倾向聚焦于现存的问题，**大部分与 1965 年在本质上没什么区别**。"参见："McCone Revisited: A Focus on Solutions to Continuing Problems in South Central Los Angeles"（Los Angeles County Commission on Human Relations and the Los Angeles City Human Relations Commission, mimeo, January 1985），n. p.，加粗字体为作者所加。

[3] Nelson and Clark, *Los Angeles*, 33.

为"盎格鲁"的城市中：

> 墨裔美国人的存在是到处……"可见的"，无论任何时候，只要出现了劳动者……墨西哥人的饭馆很普遍；墨西哥食物遍布每一座超市；……并且［这些食物］在每一个学校餐厅、工厂自助售卖机或机构食品店里都是标准类目。调转电视或广播的旋钮的话，好几个台都能听到西班牙的声音。有一打或者更多的电影院播放着墨西哥电影，每天的西班牙语报纸《舆论报》（*La Opinión*）广泛传播，还有道奇队棒球比赛用西班牙语和英语同时播放……西班牙语……在学校是第二语言[1]。

值得注意的是，这一"少数族裔"，仍像黑人一样容易受到压迫，依旧相当不被重视，或许尽管由于有一些政治组织，相较于瓦茨，它在喧闹的 20 世纪 60 年代更为静默[2]。

但是，在 1960—1970 年的"暴乱周期"编年史中常常被忽

---

[1] Nelson and Clark, *Los Angeles*, 35. 15 年以后，在 David Rieff, *Los Angeles: Capital of the Third World* （New York：Simon & Schuster, 1991）中将会对同一点进行强调。

[2] 这并未减少墨裔美国人面临的雇佣歧视、房租讹诈、宣示需求的政治无力这些困境。这些可怕的故事其细节可参见：Acuña, *A Community under Siege*。作者讨论了瓦茨暴乱在洛杉矶东部的影响以及为何这一不满会被忽视（109‑111）。也没有社区自满。关于奇卡诺人无意识的增长，参见：Marguerite V. Marin, *Social Protest in an Urban Barrio: A Study of the Chicano Movement, 1966‑1974* （Latham.：University Press of America, 1991）。

略的 1970 年的事件显示，墨裔美国人社区不仅分享着对警察骚扰的不满与抱怨，还充分地"美国化"了，通过同样的激起了广泛白人抗议的反越战运动而被激怒[1]。 事实上，在 1970 年共爆发了三次，莫拉莱斯称为"洛杉矶奇卡诺-警察暴动"： 时间分别为 1 月 1 日、8 月 29 日和 9 月 16 日[2]。 莫拉莱斯指出，

> 在这一阶段相似大于区别，爆炸性混合物导致了 1967 年……150 座城市中的暴乱。 将美国防暴委员会所报道的调查结果和暴乱的基本成因同洛杉矶东部环境相比照，证实了一件令人惊悚的事。 **只要将"墨裔美国人"替换"黑人"，用"西班牙语言区"替换"贫民区"，情形便完全一致**[3]。

瓦茨暴乱的直接影响是增强了警方对洛杉矶东部同样"暴乱"的警惕。 事实上，紧随而来的 1968 年贫民窟与反战暴动以及"洛杉矶东部意料中的秩序失控，多个城镇政府与商业领袖决定**在洛杉矶东部构建一个价值 567 386 美元的暴动控制中心**"。 一个特殊执法机构成立了，"在墨西哥社区出现了愤怒的传言，

---

[1] 在回忆中，1965 年标志着海军首次登陆越南作战；1968 年的新年攻势（Tet offensive）暗示着，在一场或许无法取胜的战争中，活下来的代价很大；1970 年标志着反战的顶峰以及肯特州的枪击案。 我看了一些关于"贫民窟起义"的讨论，其中将之与该时期普遍的暴力联系在了一起。

[2] Morales, *Ando Sangrando.* 由于很少有关于暴动的通行文献或者洛杉矶的文献提到这些事件，我在这里进行了更详细的处理，以与最有名的瓦茨事件进行对比。

[3] 同上，91。 加粗字体为作者所加。

即特殊执法机构是用来对付他们的"[1]。

第一个冲突迹象作为 1970 年新年庆祝的一部分，出现在惠蒂尔大道（Whittier Boulevard），当时在 5 000 名参与者之中有约 100 人打碎玻璃、抢劫商店，这些店商主要由"那些非西班牙姓氏的白人所拥有，他们［并没有］生活在墨裔美籍社区"[2]。第二个事件出现在 8 月 29 日，当时 15 000 到 20 000 人参加了洛杉矶东部全国奇卡诺停战游行"以阻止美国参与东南亚的战争，同时对墨裔美国人的高战争伤亡比率（包括行动中的受伤者和死难者）进行了谴责"[3]。 甚至在游行开始之前，警察与示威者之间便爆发了争执，导致许多游行者逃跑了。

但是最大的冲突出现于 9 月 16 日。 虽然墨西哥裔美国人社区在过去的近 30 年里都会以阅兵庆祝墨西哥独立纪念日，不过由于 8 月份的经历，这一项目几乎要取消了。 但是：

> 在 16 号之前的一星期，墨裔社区咨询了治安官办公室之后做出决定，于监督者的协助下，由墨西哥总领事和主办方主持阅兵。 主办方想将队列带到东部洛杉矶学院体育场……但是［学院］董事会的保守派以 4：3 占据多数投票，反对墨裔美国人团体使用学院体育场……［无论如何，在］下午 5：15 时，阅兵开始了……［队列向贝德弗勒尔公

［1］Morales, *Ando Sangrando*, 96-97. 随后的描述很大程度上基于莫拉莱斯的总结和分析，不过也可参见： Acuña, *A Community under Siege*, 202ff。

［2］同上，100。

［3］同上。

园（Belvedere Park）走去，但是随后绕过它走向学院，在那里，人群聚集在了体育场的停车场。］

此时，在非正式统计的 150 000 人中，有几百人在队列前面排成一排，希望在游行中加入更为军事化的元素。 第一个暴力的信号在晚上 7：10 到达，阅兵正式结束之前几分钟。 最后一个游行队列，主要是十几岁的少年和激进的年轻人，据称开始向留下的代表们投掷石头和鸡蛋，后者正骑着摩托车，监管着活动的结束。 ［另外还有小冲突在弗劳拉大街（Floral Ave）蒙特利公园，学院校园附近的贝德弗勒尔公园和亚特兰大广场购物中心爆发］……玻璃破碎与射击的声音持续了几个小时。 超过 100 人受伤，3 人——其中一个是治安官的代表——中弹。 至少 68 个人被逮捕[1]。

虽然这次事件在规模或破坏程度上无法同瓦茨相比，不过二者的潜在动因相当具有可比性： 对警方的普遍不信任和无法通过正常的政治途径达成改革的悲观信念[2]。 对于那些了解之前

---

[1] Morales, *Ando Sangrando*, 107 - 108. 有一项描述来自游行监控者，其被监禁并遭到残忍的虐待，参见 109 - 112。
[2] 据莫拉莱斯： 在涉及警察渎职的事件中，在洛杉矶被"以妨碍警察"逮捕的美籍墨裔人口占人口的比例最大（美籍墨裔社区 58%，黑人社区 24%，盎格鲁社区 18%）。 他引用了一份在夫勒斯诺（Fresno）、旧金山与洛杉矶的 64 名美籍墨裔人口中进行的最近的调查，所有的调查对象相信，法律体系对于美籍墨裔人口有差别对待。 他同样引述了另一份研究，由西部法律与贫困中心作出，发现："被判重罪的被告人中，西班牙姓氏者抑或黑人所受到的司法判决"平均"要比盎格鲁人**更加严厉**"。 同上。 莫拉莱斯关于这些研究给出的信息不够充分，所以我无法对此信息进行核实。

西班牙语区动荡局面的人而言，1992 年的南部中心［该区域在
那时由黑人和西班牙人平等分享——奇卡诺人加上萨尔瓦多人
（Salvadorans）及其他］暴乱并不足为奇，拉丁美洲人也参与了
进去；实际上，超过一半的被捕者可归类为西班牙人。

空间政治

到现在，我已经透露了洛杉矶的"边界境况"影响其空间
扩张格局的几种特定方式；种族与民族的分布；工业设施的位
置；适用于区域规划和治理的机制。 一方面，在该区域，芝
加哥与纽约之间的相似点完全消解了；另一方面，芝加哥与洛
杉矶之间的相似点也是如此。 纽约的合并**吸纳**了 5 个区，将
每个郡都降阶为仅作为联盟的成员，而芝加哥通过合并进行**扩
张**，几乎吸纳了它所包含的库克郡、洛杉矶郡的全部区域，即
便在此之后其边界逐渐收缩（参见第六章），但仍然比城市大
得多，其边界由于合并扩张变得十分杂乱。 这一特殊境况将
产生什么影响？

在第六章中，我描述了在 20 世纪 20 年代晚期对合并的抵抗
是如何兴起的，并在 30 年代和 40 年代进一步得到了巩固[1]。
最终，随着 1954 年湖木抉择的生效，使得城市外的小镇和未合
并区域可以和洛杉矶郡达成协议，在不受城市管辖的情况下能够

---

[1] "中心城市的大扩张项目在 1927 年结束，并且再也没有重新开启，虽
然相对小的增添仍在继续进行。"Winston Crouch and Beatrice Dinerman,
*Southern California Metropolis: A Study in Development of Government for a
Metropolitan Area* （Berkeley：University of California Press, 1963）, 179.

获得市政服务，最后的一块诱饵也没有了。 另外，郡接收了许多之前由城市负责的功能。 甚至出现了一连串小规模"去兼并"（deannexations），由于该市部分地区行使了脱离联邦的选择权[1]。

这证明了那些总是正确的事物，即**郡**政府的潜在重要性——如果不是更重要的话——与城市相当。 普遍而言，在美国，郡政府是州政府的代理人，具有在郊区强势而在城市里弱势的趋向。 加利福尼亚是这一规则下的显著例外。 在 1912 年，仅在城市获得了管理重组一年之后，洛杉矶郡便利用州选择权获得了郡自治的特许[2]。 两种政府单位都在争夺税收权力和首要决策权。 不过，事实上，他们不仅仅在某种程度上为相似的功能而相互竞争，而且由于城郊发展在城市之外填充了越来越多的土地，郡具有明显的优势： 它成了区域规划与发展的唯一代理人，虽然存在普遍存在的"特别区域"的补充，后者正在全国范围内的大都会区激增[3]。

鉴于根据单纯的空间条件（即依据内部核心和外部边缘），不可能从"城郊"独立出"城市"，郡和市政府层面的职责分工

---

[1] 这一迷人的故事参见： Miller, *Cities by Contract*。

[2] 参见： League of Women Voters of Los Angeles, *Los Angeles: Structure of City* （Los Angeles： League of Women Voters, 1976）。 第一章给出了市政府的简要历史。 另外有所帮助的文献是： Helen L. Jones and Robert F. Wilcox, *Metropolitan Los Angeles: It's Government* （Los Angeles： Haynes Foundation, 1949），其中加入了许多的细节。 我还部分参考了： Crouch and Dinerman, *Southern California Metropolis*, esp. 181ff。

[3] 这类特殊区域的案例是南加利福尼亚都会水管理区（Metropolitan Water District）。

仍然不清晰，并且地方之间常常互相竞争。城市与郡之间的"职责分工"也没有持续太久。这也有其积极的一面，因为随着独立城、镇的繁殖，最终郡成为唯一能够进行区域规划的单位[1]。

尽管郡（和特别区域）在管理地方服务（学校、图书馆、娱乐设施）以及监督未合并（并且常常分布很分散）地区方面起到的非凡作用，但多个本地自治政府（在 20 世纪 40 年代末有 45 个，目前超过 82 个）却可以自由地通过自己的分区制度和使用其他机制控制土地侵占[2]，故而种族和阶级隔离的"污点"在

———

[1] 在 20 世纪 60 年代早期的分析者们认为，郡能够合乎逻辑地发挥都会区的代理作用。因此克劳奇与戴拿曼沾沾自喜地总结道："该郡是一个都会区内的本地政府单位，拥有大片区域内的充分管辖权，使之成为一个潜在地都会单位。"League of Women Voters, Los Angeles, 180. 当然，随后发生的事情，即都会区溢出至许多毗邻的郡，证明就面积而言，城市与郡都不够充分。在 League of Women Voters, *Los Angeles* 中，这些问题都没被认识到，虽然该出版物对于郡和市职能的阐述尤其清晰。

[2] 常常有人指出的是，区域划分原则在社区内的竞争中常常（并被）用于"奴役你的邻居"，其中每个社区都尝试着通过吸引富裕居民且排斥穷人以使得资源最大化（税收基础）并最小化社会成本（福利支出）。一个优秀的描述可参见：John R. Logan and Harvey L. Molotch, *Urban Fortunes: The Political Economy of Place* (Berkeley: University of California Press, 1987)。我们已经看到，石油小镇是如何抗拒合并：另一个好例是所谓的工业城市，居民不足 100 人，但是税基是庞大的工业企业。在洛杉矶，这类"地方自治"特权的行使已经惹人愤恨（在市场"权力"的基础上），并且该区域成了特定种族和阶级的拼接区域。如以上所指出的，尤其是在 1948 年以及 1954 年要求市内学校取消种族隔离的布朗决议中，种族性限制性条款被宣布为非法之后（但是在接下来全都市范围内废除种族歧视时失败了，包括"城郊"），这种情况更加稳固了。

洛杉矶地区会如此显著。

不过，大约洛杉矶市与郡共有的最重要的政治特征是在这些政府层面，其选举的代表人数都很少：15 个城市议会代表，每一个都来自一个像"大城市"一样大的区（当前平均人口为600 000 人），郡监事会只有 5 个成员（使得每一位成员大概平均都要"负责"180 万人）[1]。还有三个其他特征进一步削弱了任一利益组织或地方通过政治进程进行协商或获取特许权的能力。罢免当选官员，开始考虑新法律或通过公民投票，需要获得全体选民或至少相当比例的选民的同意。因为这些活动是"普遍"进行的，相当多的积极的市民能够否决"特殊利益"，即便这些利益提出了值得追求的选择[2]。

对东部人甚或是中西部人而言，这实际上是一个不同寻常的

[1] 在 1878 年的州法律中——那时洛杉矶的人口仍然很少——建立了 15 人市议会，在 1889 年的自治宪章中，减少到了 9 人。在 1925 年，一场公民投票减少到了 11 人的规模，按"大多数"选举议员变得无效，在一个法庭判例之后，目前按区选举的 15 个成员的安排已经成形。参见：League of Women Voters, *Los Angeles*, 28 – 29。但是看起来在 1878 年甚或（即便没那么重要）在 1925 年讲得通的事，在当前尤其不合适，至少对于本地利益的代表是如此。Skerry 在 *Mexican Americans*（76 - 78）中讨论了洛杉矶的政治体系，包括"入场费"（即竞选的高成本）如何造成了大量墨裔人口得到适当代表的困难。对于黑人少数族裔来说也是如此，即便在 1973 年城市选了一位黑人市长。参见第十二章的讨论。

[2] 一个案例是 1964 年的开放房屋法案在全州范围内的公民投票的挫败，至少是临时性的，直到其在法庭中被推翻。在当时，13 号提案通过将房地产税率上限设置为总量的 1.25%给全加利福尼亚的公共服务供应造成了严重的问题。在近些年，破产的橘郡甚至不能让选民提高销售税。洛杉矶看起来也朝着这条路行进。但是，大多数全民投票的恶劣使用是最近的 187 号提案，将社会与健康服务以及教育限制（转下页）

现象，并且对于城市里少数族裔在决定政策方面的"发言"权而言，意义重大[1]。 这有些讽刺。 进步主义时代的改革于1910年在洛杉矶达到顶峰，它试图通过让与本地联系更紧密的精英取代其成员，从而推翻南太平洋铁路（由一个本地"机器"运作）对城市的专横控制。 当城市的种族、文化与民族构成主要是盎格鲁-中西部人时，这些改革运作得很好，某种程度上的共识政治（consensual politics）也很有可能且值得期待。 但是结果是让这些精英继续掌权，甚至在这一共识政治已经破裂之后[2]。

富足，终结了吗？

在20世纪50年代至60年代初，洛杉矶出现的繁荣已经足以使整体水平获得提升，因此由一个技术官僚政府来执行盎格鲁商业利益集团和业主们的愿望，似乎是一个管理市、郡的合理方

（接上页）在了"合法"居民中——这一进程对于加利福尼亚的移民产生了极端有害的影响。 更多的内容参见第十二章。

[1] 在1985年之前，只有一个墨裔美国人在洛杉矶市议会中赢得了席位［来自洛杉矶东部的罗伊鲍尔（Roybal），在1949—1962年间任职］。 南部中心区确实选举了一个黑人进入市议会，事实上就是汤姆·布莱德利，洛杉矶的首位黑人市长，任职于1973—1993年间，将其在警察局的位置以及作为市议会成员南部中心代表作为垫脚石达到了其目的。 参见：Raphael J. Sonenshein, *Politics in Black and White: Race and Power in Los Angeles*（Princeton, N. J.: Princeton University Press, 1993）。

[2] 公务员在1903年引入，当前对加利福尼亚积极举动的强烈抵制看起来可追溯到这一原因。 关于这些同样的问题，可参见：William Deverell and Tom Sitton, eds., *California Progressivism Revisited*（Berkeley: University of California Press, 1994）。

式。 在战争刚刚结束的阶段，美国经济仍然保持着一种对工业生
产的实质性垄断，洛杉矶也获得了"优质"（高收入）产业的超额
收益。 甚至到 1960 年末，在欧洲开始复苏之后，"西欧和北美
［仍然］生产了世界总产量的 70% 以上以及世界'制造业附加
值'的几乎 80%"[1]。

但是世界经济总是处于变化之中，这有几个基本的原因。
首先，帝国主义的时代过去了。 只有一小撮的"殖民地"仍然
处在帝国权力的控制之下。 其次，日本率先复兴，随后是环太
平洋的新兴工业国也正顺利前进，因此以昂贵的工业产品交换便
宜的原材料，从而摧毁了西方的霸权。 随后，美国的霸权开始
动摇了。 限定国际货币以美元为锚的布雷顿森林协定（The
Bretton Woods Agreement），目前已被放弃，出版书籍中开始不太
吉利地出现了对美国"去工业化"和"新的国际劳动分工"的讨
论[2]。 很明显，一些新状况正在出现——一种"资本主义的重
组和经济国际化的高涨"[3]。 整个生产过程都在发生变化，对
此有多种叫法，"后福特制""弹性生产"甚至"把第三世界带回

[1] Eric Hobsbawm, *The Age of Extremes: A History of the World, 1914 – 1991*
（New York: Pantheon, 1995）, 205.

[2] 其中最好的著作是: Barry Bluestone and Bennett Harrison, *The Deindustrialization of America: Plant Closings, Community Abandonment, and the Dismantling of Basic Industry* （New York: Basic Books, 1982）。 今天，其他的专家指出有一种"再工业化"，但是在铁锈带/霜冻地带，这常常难以觉察。 也参见: Folker Froebel, Jügen Heinrichs, and Otto Kreye, *The New International Division of Labor, trans. Pete Burgess* （Cambridge: Cambridge University Press, 1980）。

[3] Hobsbawm, *The Age of Extremes*, 270.

家"（bring the Third World back home）或"帝国反击战"（empire strikes back）。

这些主题将在第四篇得到研究。然而，重要之处在于，在知识分子们注意这些变化的很久之前，更贫穷的人们早就感知到了其影响[1]。危机将在 1973 年被市政府察觉，而这些，城市的贫民和少数族裔早已在 20 世纪 60 年代（因此有了"起义"）体验过了。并且，虽然"全球性重组"的起始时间被许多人定在 1973 年，不过很少有宏观分析者注意到这是越南战争结束的一年（可能由于很多理论家是欧洲人）。即便有五角大楼（Pentagon）的持续性需求，至少局部恢复到了和平时期的经济。国际化和去工业化的种子尽皆由这场失败孕育[2]，虽然这一趋势尚需要很久才会到达洛杉矶，但由于其经济与它作为"军火带"的一部分这一角色的关系如此紧密，洛杉矶注定也要在未来经历艰难岁月。

----

[1] 受雇于制造业的人口比例从 1965 年在美国开始下降。Hobsbawm, *The Age of Extremes*, 302.

[2] 回顾这场很快就被遗忘的战争的历史，也许并非不合时宜。由于越南而进行的军事力量加强始于 1961 年肯尼迪总统时，首次空袭命令在 1964 年由约翰逊总统下达，1965 年海军陆战队登陆，1968 年越共发起新年攻势，普遍认为这是战争的"转折点"。在 1973 年，美国签署了和平协定，1975 年"北方"占领了西贡，导致了大批"难民"逃离，其中有许多定居到洛杉矶。1995 年 7 月 12 日的《洛杉矶时报》中的一份栏线表格给出了如下的统计：在 1914—1918 年的第一次世界大战期间，有 116 516 名美国人死亡，美国耗费了 190 亿美元；1939—1945 年的第二次世界大战期间，相关对应数字是 405 399 人及 2 630 亿美元；在 1950—1953 年的朝鲜战争期间，这一数字是 54 246 人及 670 亿美元；在 1959—1975 年的越南战争期间，这一数字是 58 000 人及 1 500 亿美元。